LES ATTEINTES AU CORPS FÉMININ

Logiques Juridiques

Collection dirigée par Gérard Marcou

Le droit n'est pas seulement un savoir, il est d'abord un ensemble de rapports et pratiques que l'on rencontre dans presque toutes les formes de sociétés. C'est pourquoi il a toujours donné lieu à la fois à une littérature de juristes professionnels, produisant le savoir juridique, et à une littérature sur le droit, produite par des philosophes, des sociologues ou des économistes notamment.

Parce que le domaine du droit s'étend sans cesse et rend de plus en plus souvent nécessaire le recours au savoir juridique spécialisé, même dans des matières où il n'avait jadis qu'une importance secondaire, les ouvrages juridiques à caractère professionnel ou pédagogique dominent l'édition, et ils tendent à réduire la recherche en droit à sa seule dimension positive. A l'inverse de cette tendance, la collection *Logiques juridiques* des Éditions L'Harmattan est ouverte à toutes les approches du droit. Tout en publiant aussi des ouvrages à vocation professionnelle ou pédagogique, elle se fixe avant tout pour but de contribuer à la publication et à la diffusion des recherches en droit, ainsi qu'au dialogue scientifique sur le droit. Comme son nom l'indique, elle se veut plurielle.

Dernières parutions

Sylvain CHEVRON, *La réforme des structures en charge de l'immigration*, 2009.

Emmanuel AUBER, *La Répartition des compétences. Une comparaison Etats-Unis – Union européenne*, 2009

Ghislain M. MABANGA, *La victime devant la Cour pénale internationale. Partie ou participant ?*, 2009.

Anaïs HUGON, *Créances salariales impayées : le rôle de l'AGS*, 2009.

Claire BARTHELEMY, *Le Régionalisme institutionnel en Europe*, 2009.

Maristela RODRIGUES ROGET, *Le système interaméricain et les principes démocratiques : l'évolution de son engagement*, 2009.

Marie-Louise PELLETIER, *L'Entreprise publique de service public. Déclin et mutation*, 2009.

Vincent de BRIANT, *L'action commune en droit des collectivités territoriales. Contribution à l'étude des*

Valérie Rajasingam Pathiraj

LES ATTEINTES AU CORPS FÉMININ

Loi et sanction des violences physiques

Préface de Francine Demichel

L'Harmattan

Thèse pour le doctorat en droit présentée et soutenue publiquement par
VALERIE RAJASINGAM PATHIRAJ

Université Paris VIII-Vincennes
Ecole doctorale de sciences sociales
Laboratoire de droit médical

Directrice de recherche :
Francine Demichel
(Professeur émérite en droit à l'université de Paris VIII)

Membres du jury :
Jean Pierre Colin
(Professeur émérite à l'université de Reims)
Armelle Le Bras-Chopard
(Professeur à l'université de Saint-Quentin en Yvelines)

5-7, rue de l'Ecole polytechnique, 75005 Paris

http://www.librairieharmattan.com
diffusion.harmattan@wanadoo.fr
harmattan1@wanadoo.fr

ISBN : 978-2-296-10558-4
EAN : 9782296105584

Je remercie sincèrement madame DEMICHEL Francine, professeur émérite à l'Université de Paris 8, pour avoir accepté de diriger ma thèse et pour son soutien dans l'accomplissement de mon travail de recherche.

Je remercie sincèrement tous les membres composant le jury.

Je remercie sincèrement tous les membres de ma famille, plus particulièrement ma mère et mon conjoint.

SOMMAIRE

TABLE DES ABREVIATIONS

A.J.D.A.	:	Actualité juridique de droit administratif
A.J.D.P.	:	Actualité juridique de droit pénal
Al.	:	Alinéa
Art.	:	Article
Bull.	:	Bulletin des arrêts de la Cour de cassation
CA	:	Cour d'appel
Crim.	:	Chambre criminelle de la Cour de cassation
Cass.soc.	:	Chambre sociale de la Cour de cassation
CE	:	Conseil d'Etat
Ch.acc.	:	Chambre d'accusation
Chr.	:	Chronique
Civ.	:	Chambre civile de la Cour de cassation
D.	:	Recueil Dalloz
Ed.	:	Edition
FNUAP	:	Fonds des Nations unies pour la population
Gaz. Pal	:	Gazette du Palais
Infra	:	Voir les développements ultérieurs
I.R.	:	Information rapide
JCP	:	Juris-classeur périodique édition générale
J.O.	:	Journal officiel
Juris-Data	:	Banque de données juridiques
N.Q.F.	:	Nouvelles questions féministes
N°	:	Numéro
Obs.	:	Observations
OMS	:	Organisation mondiale de la santé
ONU	:	Organisation des Nations unies
Op. Cité	:	Dans l'ouvrage op. cit.
SS	:	Sous
P.	:	Page
P.A.	:	Petites affiches
P.F.	:	Projets féministes
Rev.Sc.Crim.	:	*Revue de science criminelle et droit pénal comparé*
R.T.D.civ.	:	*Revue trimestrielle de droit civil*
Supra	:	Voir les développements antérieurs
Somm.	:	Sommaire
UNICEF	:	Fonds des Nations unies pour l'enfance
O.N.G.	:	Organisations non gouvernementales

PREFACE

Le travail de recherche de Valérie RAJASINGAM PATHIRAJ est intéressant à plus d'un titre. Tout d'abord par son thème même, il est une des premières tentatives pour aborder de façon exhaustive les atteintes portées au corps féminin.

Pendant des décennies, le droit français a occulté le corps, ne connaissant qu'un sujet de droit, abstrait, universel, totalement décorporéisé. Le droit-protection s'adressait à une nature humaine totalement rationalisée, échappant au désordre, à la noirceur, à l'obscurantisme des activités corporelles jugées par trop sales. Peu à peu, non sans timidité, le code pénal s'est intéressé aux atteintes corporelles en dehors de la « saisie par corps » ; mais le corps des femmes restait encore ignoré du droit. La grossesse se fait dans le ventre de la femme mais c'est l'homme, le père, qui donne le nom à l'enfant. La vie maritale, l'intimité du couple restent ignorées du droit : il n'y a pas de viol entre époux. La domination de l'homme sur la femme est omniprésente dans le droit.

Le travail de Valérie RAJASINGAM PATHIRAJ montre lumineusement l'évolution qui a conduit aujourd'hui le droit à abandonner la logique de propriétaire (le corps de la femme traité comme un bien patrimonial du mari) pour consacrer une émancipation notable de la femme dans sa vie tant privée que publique. Le principe de la libre disposition de son corps par la femme est sanctionné sévèrement par le juge pénal : le processus de réappropriation de son corps est profondément entamé. Il n'en demeure pas moins que les violences faites aux femmes subsistent et prennent souvent des formes particulièrement graves, notamment hors du cercle familial, dans le code du crime des violences guerrières, tel le viol systématique.

Il convient enfin de remarquer que le droit est en train de changer et, à ce sujet, les développements de Valérie RAJASINGAM PATHIRAJ qui concernent le harcèlement sexuel sont extrêmement intéressants. Ce recensement exhaustif des atteintes au corps féminin est particulièrement éclairant, il démontre combien la protection du corps de la femme a progressé dans le droit notamment français. Reste l'autre question, celle de la promotion économique, sociale et politique des femmes, mais ceci est une autre histoire.

Francine DEMICHEL
Professeur émérite à l'Université de Paris 8
Agrégée des facultés de droit

INTRODUCTION

Le corps est l'ensemble des parties matérielles qui forment l'homme[1]. C'est ce qu'il y a de plus naturel en l'homme par sa matérialité. Ainsi, le corps n'est pas un concept juridique, mais une réalité anatomique et biologique[2]. Le corps est le révélateur empirique physique de l'être humain. Il se conjugue sur le mode de l'être. Le corps est la personne, il en est le support ; de ce fait, il s'identifie avec la personne. Il représente la dimension biologique de la personne humaine. Le corps est un élément indissociable de la personne, dans cette optique, l'homme est à la fois corps et esprit. Ainsi, le corps et la personne sont liés jusqu'à être juridiquement assimilés. Il y a unité du corps et de la personne. Il y a indivisibilité de la personne humaine incarnée dans un corps. Par cette conception unitaire, le corps humain est protégé comme la personne elle-même : porter atteinte au corps humain, c'est porter atteinte à la personne. La personne en son corps est protégée des atteintes des tiers par le principe de l'inviolabilité. Mais ce principe peut être écarté dans certains cas avec le consentement de la personne.

Le code civil de 1804 connaissait les personnes, sujets de droit. Ce n'est qu'à travers les personnes que le code civil appréhendait le corps humain. De ce fait, le corps n'était pas évoqué dans le code civil de 1804. La doctrine civiliste considère le corps humain comme le support ou le signalisateur de la personne ou encore comme une composante, le *substratum* de la personne[3]. L'âme serait le principe spirituel qui, joint au corps, constitue l'homme vivant. Tout ce qui est vivant est personne, l'âme est la conscience de l'individu, c'est-à-dire la faculté de discerner le bien du mal[4]. Pour Aristote, l'âme n'est qu'une force qui donne à l'organisme sa vie et elle n'a pas une existence autonome sans le corps. Le corps permet la vie en société pour une

---

[1] Dictionnaire Le Robert

[2] PRIEUR S., *La disposition par l'individu de son corps*, éd. Les études hospitalières 1999, p. 12

[3] HARICHAUX M., *La protection des libertés et droits corporels*, éd. Montchrestien 1995, p. 19

[4] LABBEE X., « La personne, l'âme et le corps », *P.A.*, 5 déc. 2002, p. 6

personne. La totalité de l'expérience vécue par une personne se rattache à son corps.

A noter qu'il existe deux types de corps, la société des hommes n'est pas unisexe. L'espèce humaine est mâle et femelle. Dans la mythologie primordiale des origines, qui véhicule les mythes fondateurs de la civilisation, la femme apparaît comme la moitié de l'homme, son double ontologique. La cosmogonie raconte la création de l'espèce grâce à la symbiose de deux êtres distincts dans leur nature, mais consubstantiels et complémentaires. Chacun est la moitié de l'autre. De même, dans la mythologie gréco-romaine Zeus[5] a créé la femme pour accompagner l'homme, certes en second lieu, mais nécessaire à son existence. Il existe une complémentarité entre le corps féminin et le corps masculin. La femme apparaît ainsi comme un élément indissoluble de l'humanité avec l'homme. Mais l'histoire démontre que cette complémentarité ontologique a été corrompue par la « volonté de puissance » de l'homme, le patriarcat en étant un exemple. Les stéréotypes de la masculinité et de la féminité sont une invention récente datant de la révolution industrielle du XVIIIe siècle. Ainsi, le masculin était le symbole de la force, du courage, de la volonté d'agir et le féminin impliquait la douceur, la patience et l'instinct maternel[6].

Le corps de la femme est considéré comme faible par rapport au corps de l'homme. En s'appuyant sur cette évidence biologique, les règles sociales se sont construites. Le but de ces règles sociales est de permettre la continuité de l'espèce. Il faut savoir que l'un des aspects de la famille patriarcale est, qu'en fonction du sexe avec lequel on est né, chaque personne a un rôle prédéfini dans la famille. Les pères sont chargés d'apprendre à leurs fils le modèle masculin et les mères sont chargées d'apprendre à leurs filles le modèle féminin. En effet, le corps des femmes représente une particularité ; c'est le lieu où s'élabore la reproduction de l'espèce humaine. L'espèce humaine se reproduit à travers le corps des femmes. L'écrivain français Louis Aragon prophétisa que « la femme est l'avenir de l'homme ». En effet, la femme est l'horizon indépassable de l'humanité. De ce fait, la femme est apparue comme une rivale, parce qu'elle donne la vie et assure un rôle

---

[5] Roi des dieux dans la mythologie grecque

[6] HIRIGOYEN M-F., *Femmes sous emprise*, éd. Oh ! éditions 2005, p. 84

fondamental dans le renouvellement des générations. Elle détient par là même une supériorité biologique sur l'homme. Symbole de fécondité, elle devient corruptrice de l'homme : celle qui cause la perte et le péché originel avec la figure d'Eve ou de Pandore[7]. Par conséquent, l'histoire de l'humanité se transforme en celle de la dévalorisation de la femme, sa mise au ban, son éviction de la société et même sa relégation dans l'espèce humaine : l'Antiquité la classe dans la catégorie des non-citoyens, avec les enfants et les esclaves, et la cantonne à la vie domestique, hors de la cité et de l'espace publique.

Dans la politique d'Aristote, la femme se situe à un niveau intermédiaire entre l'esclave et le citoyen. Dans les sociétés antiques, notamment chez les Hébreux et les Romains, le père de famille avait un droit absolu sur les membres de la famille. En effet, en tant que patriarche, le père possédait la maison, les terres, le bétail, les esclaves, l'épouse, les concubines et les enfants. Ainsi, le corps de la femme était considéré comme une chose, donc un objet appropriable par les hommes. Il faut souligner qu'en droit romain, la personne est considérée comme un rôle social, c'est-à-dire l'acteur de la vie sociale. Les personnes revendiquent et exercent un droit sur les choses. Seules les choses peuvent faire l'objet d'appropriation par les personnes. La notion de chose peut être analysée au regard du concept de patrimonialité puisque le patrimoine renvoie à la notion de chose : un objet matériel susceptible d'appropriation. A noter qu'au sens populaire, l'idée de chosification est le fait de rendre semblable aux choses, de réduire un être humain à l'état d'objet. Des êtres raisonnables sont appelés personnes, parce que leur nature les désigne déjà comme des fins en soi, c'est-à-dire comme quelque chose qui ne peut pas être utilisé simplement comme moyen. Le code d'Hammourabi indiquait clairement qu'une femme ne bénéficiait d'aucun statut d'indépendance sous la loi babylonienne. Elle était soit une vierge promise en mariage, vivant dans la maison de son père, soit une femme mariée légitimement et vivant dans la maison de son mari. Les femmes étaient ainsi considérées comme la propriété des hommes. Le patriarcat est un système social qui

---

[7] La première femme créée selon la mythologie grecque à laquelle Zeus confia une boîte contenant tous les maux et envoya sur terre pour épouser le Titan Prométhée, qui l'adressa à son frère, Epiméthée ; celui-ci ayant ouvert la boîte fatale donna l'essor à tous les maux ; il ne resta au fond que l'espérance.

soutient et justifie la prédominance des hommes. Ce système permet une concentration des pouvoirs et des privilèges entre les mains des hommes, d'où la domination et l'assujettissement des femmes engendrant une inégalité sociale entre les sexes. Le maintien de ce système dans la société explique les violences continuelles envers les femmes.

Le patriarcat s'efforce donc de s'approprier ou de contrôler le pouvoir reproducteur du corps féminin, tout en enfermant les femmes dans cette fonction[8]. La femme doit enfanter car l'enfantement assure le renouvellement des générations. Un déterminisme biologique inexorable prédestine la femme à la maternité. Ce corps féminin spécifique présente également une certaine faiblesse : taille plus ou moins petite et musculature moins développée. Pour la société traditionnelle, le corps de la femme est destiné à être épouse et mère. Par conséquent, la femme n'a aucun pouvoir sur son corps. Dans le système patriarcal où le père de famille concentrait tous les pouvoirs en ses mains, ce système est suivi par les religions pour assurer la soumission de la femme à son mari afin de garantir la stabilité de la famille[9]. Le sociologue Bourdieu a étudié cette domination masculine, imposée à la femme et reproduite. La médecine au XIXe et au début du XXe siècle considère la femme comme un être naturellement faible, en raison de sa constitution physique, de ses organes, de sa physiologie et enfin comme ayant une fragilité psychologique du fait d'une sensibilité instinctive. La femme voit s'élaborer contre elle des argumentations censées expliquer la différence de traitement qui lui est imposée afin de justifier sa soumission. Le rôle imposé à la femme est donc un élément constitutif de l'organisation sociale. Le père travaille à l'extérieur en échange d'une rémunération, la femme travaille à la maison sans recevoir aucun salaire. Selon ce modèle, il reviendrait au père de réaliser uniquement des tâches pour lesquelles il reçoit un salaire et il reviendrait à la mère de satisfaire tous les autres besoins de la famille. Le salaire du père symbolise la reconnaissance d'un tiers externe au milieu familial. Le travail de la mère, par manque de cette reconnaissance, est défini comme moins important, de deuxième ordre. La possession d'un emploi est un élément constitutif de la masculinité puisqu'un homme doit être libre et indépendant, ce qui suppose une autonomie financière ; ainsi la situation

---

[8] FRENCH M., *La guerre contre les femmes*, éd. L'archipel 1992, p. 30
[9] DEKEUWER-DEFOSSEZ F., *L'égalité des sexes*, éd. Dalloz 1998, p. 5

de précarité constitue donc une atteinte à l'identité masculine[10]. Le partage des tâches s'est effectué à partir de la moindre mobilité des femmes due à leurs maternités et de leur moindre force physique. La maternité n'est pas en soi valorisante. La société place la femme du côté de la nature ; en effet, toute l'économie féminine a pour unique fonction la maternité, la matrice résumant la femme. La femme ne vit pas pour elle-même mais pour la multiplication de l'espèce conjointement avec l'homme. La femme a le plus souvent un rapport de propriété avec son corps[11]. Les femmes sont vulnérables au sein de la société en raison des discriminations sociales, culturelles, économiques et politiques dont elles sont victimes. La femme a vu son statut évoluer. Elle avait bien une histoire très lourde : simple bien, achetée, volée, échangée comme l'apprennent les textes anciens. L'inégalité n'est pas un effet de la nature mais a été construite.

Les chercheurs en sciences humaines ont défini comme étant le « genre » la construction sociale autour de l'identité des sexes. En effet, l'identité sexuelle est déterminée par l'identité biologique, mais aussi par un processus particulier de socialisation. Les textes relatifs au droit international et aux droits humains définissent et garantissent les droits humains de la personne. Selon les sociologues, la différenciation des sexes et la répartition sexuelle des tâches ont depuis longtemps justifié la domination masculine[12]. Selon les chercheurs, notamment les féministes, le patriarcat est la racine de la violence envers les femmes. La maternité et la paternité sont des faits biologiques différents, la construction sociale qui s'est édifiée sur cette différence biologique était profondément inégalitaire au détriment de la femme[13]. Le mouvement de libération de la femme ayant pris naissance dans les années soixante revendique l'égalité des sexes, tout en évoquant la libération sexuelle des femmes. A noter que toutes les religions luttent, même aujourd'hui, contre le droit au divorce et s'opposent aux mouvements féministes

---

[10] HAMEL C., « Faire tourner les meufs : les viols collectifs : discours des médias et des agresseurs », *Revue semestrielle d'histoire et d'archives de l'anthropologie, Gradhiva 2003*, n° 33, p. 88

[11] DEMICHEL F., « Concepts juridiques et différence sexuelle », in *lecture de la différence sexuelle*, NEGRON M., éd. Les femmes 1994, p. 156

[12] LE PENNEC J.-J., « Violences », *Revue sociologie santé* n° 18, déc. 1998, p. 9

[13] DEKEUWER-DEFOSSEZ F., *L'égalité des sexes*, op. cit., p. 40

contre les oppressions familiales[14]. Cependant, les féministes des années soixante-dix avaient fait considérablement évoluer les conditions féminines. La répartition sexuelle des tâches a pu rendre dépendants et complémentaires hommes et femmes poussés par leurs incapacités respectives artificiellement établies à fonder des associations durables fondées sur un contrat d'entretien mutuel[15].

Il faut souligner le fait que le monde s'est bâti, se bâtit sur des rapports de violence. Au fil de leurs découvertes, les anthropologues et archéologues font la preuve de la violence des civilisations primitives. Les humains ont survécu dans la violence, particulièrement les femmes. Il y a quelque 100 000 années, les premières cellules familiales se forment, l'homme prend la femme et la domine physiquement. Rares sont les civilisations où l'homme et la femme bénéficient d'un régime égalitaire. Les différences physiologiques ont permis d'établir des rôles différents, l'homme étant vu comme supérieur, la femme comme inférieure. Ceci est formalisé et légalisé par les coutumes, les religions, les lois, l'enseignement. Au cours de l'histoire, dans la quasi-totalité des sociétés, nourries de coutumes, textes religieux, lois, les hommes de la préhistoire à nos jours ont le droit de battre leur femme. En droit barbare, convaincus de l'adultère de leur fille ou de leur épouse, les pères ou maris étaient libres de les châtier à leur guise ou bien de tuer l'épouse adultère. Au Moyen Age, les violences faites aux femmes sont des pratiques courantes[16]. Au XVIIIe siècle, la femme est toujours la propriété de l'homme : si un individu attaque une femme, seul son mari peut demander des dédommagements. Au XIX ^e^ siècle, aux USA, les tribunaux conviennent qu'il est préférable de ne pas se mêler des querelles domestiques[17]. Au fil du temps, la femme a toujours été considérée comme un être faible, irresponsable, qui doit être punie si elle fait une erreur. Elle a besoin d'être corrigée pour être remise dans le droit chemin. Les femmes n'étaient pas reconnues comme ayant une identité juridique et ne pouvaient faire appel à la justice pour être défendues. Celles qui n'acceptaient pas leur condition d'infériorité

---

[14]Ibid., p. 6

[15] BOUIX M., « Relations de couple et violence », *Sociologie santé* 1998, n°18, p. 15

[16] BAUDIER M., « De l'amour à l'enfer domestique », *Sociologie santé* 1998, n° 18, p. 117

[17] Ibid.., p.118

devaient affronter les coutumes, la religion et les lois pour tenter de se faire reconnaître dans la société ; les textes de lois étant le reflet d'une société.

Il faut souligner aussi que les travaux de recherche montrent que les hommes commettent davantage d'actes d'agressions physiques alors que les femmes se manifestent sous une forme passive. La violence est un rappel à l'ordre. Les femmes subissent des violences spécifiques car historiquement et culturellement elles sont considérées comme faibles et dominées. Il faut noter que la perversité est la jouissance dans la souffrance provoquée à autrui[18] et la perversion sexuelle est bien alors une déviance sexuelle. La majorité des actes criminels sont commis par des hommes quels que soient la tranche d'âge et le type des infractions[19]. Quelques travaux ont permis de retrouver une élévation en testostérone reliée à des actes agressifs[20]. En effet, la testostérone aurait une influence sur certaines caractéristiques de la personnalité : recherche de sensations, dominance, affirmation de soi, impulsivité, goût du risque, tolérance réduite à la frustration, passage à un statut supérieur et l'humeur[21]. L'explication physiologique en matière de violences est que les femmes sont fortement impliquées dans les tâches parentales devenant ainsi objet de discordances[22]. Chez les femmes, l'agression est associée à une perte de contrôle et un grand sentiment de culpabilité. Chez les hommes, ces représentations sont fondées surtout sur la valeur instrumental de l'agression. Il s'agit pour ces derniers d'un moyen efficace de contrôle des autres : c'est une explication en termes de pratique de socialisation[23]. Les femmes perçoivent en général l'agression comme un comportement inapproprié[24]. La sous-représentation des femmes dans la criminalité peut s'expliquer par le rôle social traditionnel. En effet, elles sont destinées à des activités préétablies et confinées dans la sphère privée. Ce qui explique une inégalité, les

---

[18] ALBERNHE T. (ss la dir. de), *Criminologie et psychiatrie*, éd. Ellipses 1997, p. 200
[19]Ibid., p. 355
[20]Ibid., p. 396
[21] ALBERNHE T. (ss la dir. de), *Criminologie et psychiatrie*, op. cit., p. 402
[22] PAHLAVAN F.., *Les conduites agressives*, éd. Armand Colin 2003, p. 13
[23]Ibid., p. 14
[24] PAHLAVAN F, *Les conduites agressives*, op. cit., p. 15

femmes sont tenues à l'écart des divers aspects de la vie sociale[25] d'où la faible représentation des femmes dans le domaine de la criminalité. Il faut admettre une influence relative des facteurs génétiques dans la modulation du développement de l'agression[26]. Les recherches montrent que l'agression chez les femmes se manifeste sur le plan relationnel et sous une forme passive, alors que les hommes commettent davantage d'actes d'agressions physiques[27]. Les femmes sont moins agressives que les hommes puisqu'elles pensent que l'agression peut nuire à la victime, ou être un danger pour elles car elle peut provoquer des sentiments intenses de culpabilité et d'anxiété. Cet ensemble de processus affectifs et cognitifs peut contribuer à inhiber l'expression d'un comportement agressif chez les femmes. Les croyances des femmes et des hommes concernant les conséquences de l'acte agressif sont divergentes dans le cas de l'agression physique. Ce qui expliquerait la thèse que les hommes sont plus agressifs que les femmes lorsqu'il s'agit d'une agression physique. Ces différences disparaissent lorsqu'il s'agit d'agressions verbales. La femme opte pour une agression indirecte par peur d'une sanction sociale, mais chez les hommes, au contraire, l'agression est considérée comme un moyen d'obtenir des récompenses sociales et/ou personnelles. Selon certains auteurs, la personnalité agressive est influencée par des déterminants génétiques et physiologiques et il est possible de prédire le comportement agressif sur trois générations[28]. A noter que d'un côté la victimologie consacre beaucoup aux femmes et la criminologie aux hommes.

La victimologie est une science nouvelle ouverte sur l'homme. Elle doit permettre la prise de conscience des nouvelles agressions. Elle doit dénoncer les aspects destructeurs, favoriser les politiques de précaution, ouvrir les chemins de la réparation. Elle relève de la solidarité et du respect d'autrui. La victimologie est une science permettant d'étudier la personnalité de la victime dans son ensemble, c'est-à-dire de l'analyser du point de vue biologique, physiologique et social afin d'arriver à une prophylaxie et à une thérapeutique

---

[25] OTTENHOF R., « La criminalité des femmes : mythes et réalités », *Rev.sc.crim. et de droit pénal comparé*, n° 4, 1985, p. 636

[26] PAHLAVAN F., *Les conduites agressives*, op. cit., p. 12

[27]Ibid., p. 13

[28] Ibid., p. 20

criminelles. La victime a le droit et le devoir de porter plainte et de lutter pour ses droits. Les victimes ne cherchent à panser leurs blessures qu'une fois qu'elles sont reconnues comme victimes et que l'agression a été sanctionnée par la justice. La sanction par l'auteur d'une infraction est, pour la victime, la reconnaissance publique de sa souffrance, elle est donc indispensable. La recherche et le développement des moyens de prévention et de protection vis-à-vis de certaines formes de violences ont permis de mettre en évidence la situation des femmes au sein de la société. Elles prennent une place importante dans le domaine de la victimologie. Une victime est une personne qui souffre par la faute d'autrui. Ainsi, la victime ne peut être responsable de la violence qu'elle vit. La victime est une personne qui subit la haine, les tourments d'autrui ou qui souffre d'événements malheureux. Ainsi, les femmes victimes ne sont pas responsables des violences. Les femmes victimes ont souvent honte car elles se sentent coupables et responsables. Elles ne se sentent pas comme un sujet agissant et elles s'enferment dans leur isolement. La personnalité semble donc jouer un rôle important dans l'engagement des individus dans les agressions comme agresseur ou victime.

Les recherches démontrent que les hommes s'engagent plus souvent dans des agressions physiques et directes[29]. Les femmes apparaissent ainsi comme victimes de la société traditionnelle. Face à cette situation, la révolte des femmes se fait jour. La violence à l'égard des femmes est demeurée longtemps un sujet non exploré. L'affirmation et la mise en place des mécanismes visant à protéger les droits de la personne humaine ont servi de base pour lancer la lutte contre les violences. La violence à l'égard des femmes est devenue visible en Europe à partir des années 1970. La révélation progressive de ce phénomène et de son ampleur coïncide avec la reconnaissance du principe de l'égalité des sexes.

Le XXe siècle a été marqué par un mouvement sans précédent d'émancipation des femmes. La distribution traditionnelle des rôles sociaux a été largement remise en cause. Le principe d'égalité entre les hommes et les femmes est inscrit dans notre Constitution. Ces conquêtes sont notamment le fruit des mouvements féministes. Les pays développés ont assisté au cours de ce siècle à des bouleversements

---

[29] PAHLAVAN F., *Les conduites agressives*, op. cit., p. 24

importants dans les rapports hommes/femmes. Malgré ces évolutions, les stéréotypes perdurent. Historiquement, l'homme a toujours été considéré comme le seul détenteur du pouvoir et la femme a toujours été exclue du domaine du pouvoir. Cette situation a conditionné leur mode de pensée. Cette représentation sociale maintient les stéréotypes, malgré l'évolution des mœurs[30]. Le patriarcat a rendu d'une part les hommes dominateurs et d'autre part les femmes à être passives et résignées. L'accession à l'état de sujet leur est difficile. Certes, le féminisme a bousculé cette attitude passive[31]. A la fin du XIX e siècle, mais surtout au XXe siècle, divers courants de pensée à travers l'Europe et aux Etats-Unis, relayés par le féminisme, sont venus remettre en cause le rôle traditionnellement dévolu à la femme par la société. Ainsi, au cours du XXe siècle la situation de la femme a beaucoup changé. Plusieurs facteurs sont à l'origine de cette transformation : les courants d'opinion, le féminisme, les guerres, le progrès de la médecine, la naissance de la victimologie et de la criminologie.

La Première Guerre mondiale a modifié la société française, beaucoup d'hommes étaient sur le front ou prisonniers, ou morts. La guerre détruit les structures patriarcales de la société. Au sein de l'effondrement des valeurs morales, des traditions, des coutumes et des communautés, la guerre crée des ouvertures et des commencements nouveaux. La guerre a créé de nouveaux horizons pour les femmes. Ce qui permet de nombreuses possibilités pour un changement positif dans les relations sociales notamment dans les relations entre hommes et femmes. Les femmes ont dû contribuer à l'effort de guerre en rejoignant le monde du travail. Le travail est la première étape pour devenir autonome et sortir de la sphère familiale. Le législateur suit toujours les modifications de la société. Le second événement est déterminant pour l'évolution de la situation de la femme est la révolution sociale de 1968. Les événements de 1968 ont consacré la liberté sexuelle. La femme devient alors l'unique propriétaire de son corps. Si les événements qui ont émaillé le XXe siècle ont eu une influence certaine sur la vie des femmes, leur impact aurait été moindre si le législateur n'avait pas modifié les normes pour tenir compte de l'évolution de la société.

---

[30] HIRIGOYEN M.-F., *Femmes sous emprise*, op. cit., p. 85
[31]Ibid., p. 89

Les modifications législatives concernent la femme, personne physique et sujet de droit. La femme a un statut égalitaire, identique à celui de l'homme. Il ne devrait pas y avoir un droit distinct pour les hommes et pour les femmes. Le droit doit être le même pour tous, ce qui permet de favoriser l'égalité entre hommes et femmes. Le droit est un ordre normatif, un système de normes qui réglant principalement la conduite des êtres humains à l'équilibre d'autres êtres humains. C'est aussi un ordre de contraintes et ses sanctions sont immanentes et socialement organisées, comme l'est l'attribution des droits et des capacités d'action ou le fait de soumettre des individus à des obligations. Le droit se présente de façon neutre, il est discret et refuse l'ostentation. Le droit ne considère pas le statut spécifique du corps de la femme.

La Révolution française a proclamé le principe de l'égalité des citoyens sans consacrer l'égalité des sexes. La Déclaration universelle des droits de l'homme de 1789 ne comporte aucune allusion aux droits des femmes. Le progrès du droit moderne du XXe siècle a consisté dans un combat contre l'inégalité entre les hommes et les femmes. En droit public interne, ce mouvement s'est manifesté au lendemain de la Seconde Guerre mondiale par la conquête du droit de vote par les femmes et l'affirmation de l'égalité des sexes dans le préambule de la Constitution de 1946. Depuis, il a été aussi illustré par des textes de portée internationale. Ce qui a été recherché par un combat contre les inégalités fondées sur le sexe, c'est de faire respecter que « Tous les êtres humains naissent libres et égaux en droits »[32]. Par conséquent, la femme est un sujet humain avec tous les droits et devoirs dans une société. Le principe d'égalité entre les hommes et les femmes est proclamé après la guerre. Le préambule de la Constitution de 1946 intégré au préambule de la Constitution de 1958 précise que « la loi garantit à la femme, dans tous les domaines, des droits égaux à ceux de l'homme ». L'évolution de la situation juridique de la femme est donc récente. Ainsi, vers la fin des années soixante, le droit français était engagé dans un processus d'égalisation des droits entre les hommes et les femmes. Et le slogan féministe des années soixante-dix du droit de disposer de son corps peut être considéré comme représentatif des nouveaux rapports qui allaient s'instaurer entre les sexes. Ces conquêtes sont le fruit des mouvements féminins et féministes.

---

[32] Article 1er de la Déclaration universelle des droits de l'homme de 1948

Tout individu a droit à la vie, à la liberté et à la sûreté de sa personne[33]. De plus, le droit de toute personne à la vie est protégé par la loi[34]. En effet, le droit à la vie est inhérent à la personne humaine. Ce droit doit être protégé par la loi. Nul ne peut être arbitrairement privé de la vie[35]. La neutralité sexuelle du système et du raisonnement juridique introduit la notion d'égalité. En effet, les constructions sociales qui divisent les femmes et les hommes sont nuisibles pour les femmes. De plus, la montée de l'individualisme et la montée de la liberté individuelle ont permis la révolte des femmes. Ainsi, la femme s'est libérée du joug masculin avant de pouvoir revendiquer et conquérir ses droits. Le XXe siècle est un siècle d'or pour les revendications féminines et la conquête des droits. En effet, la démocratie postule l'égalité entre les individus et la prise en compte de leurs intérêts distincts. La femme apparaît faire partie intégrante de la société. Le XXe siècle a permis une émancipation de la femme, en raison du contexte, des nécessités [36] de l'autonomisation des femmes. Ce n'est que grâce à la démocratisation de la société que la femme a pu revendiquer plus de droits.

D'un point de vue sociologique, la loi pose des limites aux actions possibles des individus, leur permettant ainsi de vivre en collectivité de manière organisée et évolutive, dans le respect des uns et des autres. Elle est à la fois un processus répressif et un processus de normalisation sociale[37]. Les actes de violences et leurs conséquences sont codifiés par la loi, en fonction des règles et des normes qui incluent l'auteur, la victime, le degré de relation entre eux, les caractéristiques de l'acte et l'impact qu'il a eu ou n'a pas eu sur la victime. Ces règles incluent aussi les tiers, par exemple l'obligation de porter secours[38]. Le droit pénal est défini comme l'ensemble des règles juridiques organisant la réaction de l'Etat vis-à-vis des infractions et des délinquants. Le code pénal a pour vocation première de protéger l'être humain. Le code pénal renforce la protection des personnes les plus vulnérables. Depuis une cinquantaine d'années, les femmes ont acquis plus de pouvoir dans la

---

[33] Article 3 de la Déclaration universelle des droits de l'homme de 1948

[34] Article 2.1 de la Convention européenne des droits de l'homme de 1950

[35] Article 6.1 du Pacte international des Nations unies relatif aux droits civiques et politiques de 1966

[36] Durant les guerres mondiales

[37] ALBERNHE T. (ss la dir. de), *Criminologie et psychiatrie*, op. cit., p.82

[38] CHRISTEN M., *Vivre sans violences*, éd. Erès 2004

société, mais les rôles sexués demeurent toujours inchangés dans leurs fondements, que ce soit dans le monde du travail ou au niveau familial[39]. Une véritable protection pénale pour les femmes victimes implique une juste qualification des faits et une correcte caractérisation du statut des auteurs. Ainsi, la criminalisation en matière de violences a été très forte durant ces dernières décennies dans les législations des pays évolués, notamment avec la multiplication des incriminations en matière de violences atteignant le corps d'une femme[40]. L'incrimination est le fait pour le législateur de rendre un comportement criminel. L'infraction est l'attitude du citoyen qui transgresse les interdits du législateur. A la demande du secrétariat d'Etat aux Droits des femmes, afin de suivre les recommandations faites aux gouvernements lors de la conférence mondiale sur les femmes à Pékin en 1995 de produire des statistiques précises concernant les violences faites aux femmes[41], une enquête nationale sur la violence envers les femmes en France est réalisée durant l'année 2000. C'est la première enquête inscrite dans un contexte international de lutte contre les violences envers les femmes. Elle a permis de briser le silence de nombreuses femmes. Toutes les victimes d'emprise psychologique se heurtent à une sourde incompréhension de la part de leur entourage et dans tous les contacts avec les institutions. Cette maltraitance sociale les rend doublement victime[42].

Au niveau international, le 10 décembre 1948, l'Assemblée générale des Nations unies a adopté et a proclamé la Déclaration universelle des droits de l'homme. Le préambule évoque les droits fondamentaux de l'homme, la dignité et la valeur de la personne humaine et l'égalité des droits des hommes et des femmes. En 1945, la charte des Nations unies établissait qu'hommes et femmes étaient égaux en droit. En 1979, constatant la difficile application de ce principe, les Nations unies adoptaient la convention pour l'élimination de toutes formes de discrimination à l'égard des femmes. La Déclaration sur l'élimination de la violence à l'égard des femmes, adoptée en 1993 par les Nations unies, selon laquelle la violence à l'égard des femmes

---

[39] HIRIGOYEN M.-F., *Femmes sous emprise*, op. cit., p.85
[40] PRADEL J., *Droit pénal général*, éd. Cujas 2000, p. 237
[41] ZEBRINSKA N., *La guerre secrète*, éd. L'Harmattan 2003, p. 14
[42] LOPEZ G., PORTELLI S., CLEMENT S., *Les droits des victimes : victimologie et psychotraumatologie*, éd. Dalloz 2003, p. 239

désigne tous les actes de violence dirigés contre le sexe féminin, et pouvant causer aux femmes un préjudice ou des souffrances physiques, sexuelles ou psychologiques, y compris la menace de tels actes, la contrainte ou la privation arbitraire de liberté, que ce soit dans la vie publique ou dans la vie privée. La Charte internationale des droits de l'homme proclame le droit à l'égalité, à la liberté et à la sécurité et le droit de ne pas subir de discrimination, de torture ni de traitement dégradant ou inhumain. De plus, de nombreuses conventions existent dans ce sens : la Convention internationale sur l'élimination de toutes les formes de discrimination raciale, la Convention sur l'élimination de toutes les formes de discrimination à l'égard des femmes. Cette dernière est entrée en vigueur en 1981 et impose aux Etats signataires de prendre des mesures appropriées pour éliminer la discrimination pratiquée à l'égard des femmes par une personne, une organisation ou une entreprise quelconque. Ces textes ont pour but de protéger le droit des femmes à la vie, à la liberté et à la sécurité, à l'égalité. La violence contre les femmes est définie par les Nations unies à travers différents textes qui se complètent. Le préambule de la Charte des Nations unies reconnaît l'égalité des sexes comme un droit humain fondamental.

Au niveau européen, le Conseil de l'Europe avait adressé une première recommandation aux Etats membres pour lutter contre la violence familiale, mais il s'agissait avant tout de protéger les enfants. En 1993 a eu lieu à Rome une conférence européenne pour établir un plan d'action sur la lutte contre la violence faite aux femmes. Il s'agissait d'établir la responsabilité de la personne qui a recours à la violence et le droit à être protégées pour les femmes victimes. Il est recommandé une tolérance zéro à la violence. En 1995, une plate-forme d'actions a été annoncée à Pékin, lors de la quatrième conférence mondiale des Nations unies sur les femmes. La déclaration suivante était publiée : « la violence à l'égard des femmes constitue un obstacle à la réalisation des objectifs d'égalité, de développement et de paix ». En 1997, la Commission européenne lance le programme Daphne, à hauteur de trois millions d'euros. La même année, le Parlement européen pressait la Commission de déclarer une tolérance zéro envers la violence à l'égard des femmes. Au niveau européen, la volonté de lutte contre les violences domestiques s'est récemment matérialisée par un certain nombre d'initiatives[43]. Par conséquent, les réactions sur le plan communautaire sont vives pour prôner la tolérance zéro à l'égard des violences contre les femmes[44]. En 1997, le lobby européen des femmes crée le Centre européen d'action politique sur la violence à l'égard des femmes et son observatoire européen sur la violence à l'égard des femmes. Les changements viennent avant tout des organisations non gouvernementales qui ont activement contribué à la promulgation de nouvelles législations, afin de sanctionner les agresseurs dans les Etats membres, et ont incité les gouvernements à adopter des politiques offrant une meilleure protection aux femmes victimes. Et, grâce à ces débats, la définition des Nations unies s'est élargie : « Est considéré comme acte violent tout acte, omission, ou conduite, servant à infliger des souffrances physiques, sexuelles ou mentales, directement ou indirectement, au moyen de tromperies, de séduction, de menaces, de contraintes, ou de tout autre moyen, à toute femme, ayant pour but et pour effet de l'intimider, de la punir, ou de l'humilier, ou de la maintenir dans des rôles stéréotypes liés à son sexe, ou de lui refuser sa dignité humaine, son autonomie sexuelle, son intégrité physique, mentale, ou morale, ou d'ébranler sa sécurité personnelle, son amour-propre, ou sa personnalité, ou de diminuer ses capacités intellectuelles »[45]. L'évolution du sort de la femme n'est pas l'apanage de la France, beaucoup de pays d'Europe occidentale et les Etats-Unis connaissent la même tendance. Dans beaucoup de pays, la situation de la femme reste identique, inchangée et n'a pas suivi les mêmes évolutions qu'en France. C'est le cas dans beaucoup de pays musulmans ou en Inde, où la femme est encore considérée comme une citoyenne de seconde zone, ses droits ne sont pas reconnus, sa sécurité n'est pas toujours assurée.

Pour protéger la femme, le combat international et national se focalise d'abord sur la notion d'inégalité entre les sexes[46] et ensuite sur

---

[43] Recommandation 1681 (2004) de l'Assemblée parlementaire du Conseil de l'Europe intitulée « Campagne pour lutter contre la violence domestique à l'encontre des femmes en Europe »

[44] Séance du 16 septembre 1997 du Parlement européen, résolution sur la nécessité d'une campagne européenne de tolérance zéro à l'égard de la violence contre les femmes

[45] HIRIGOYEN M.-F., *Femmes sous emprise*, op. cit., p. 289

[46] Résolution 34/180 du 18 déc. 1979 des Nations unies : convention sur l'élimination de toutes les formes de discrimination à l'égard des femmes

la lutte spécifique de la violence envers les femmes[47]. En effet, les atteintes à l'intégrité du corps de la femme sont désormais officiellement reconnues comme une violation des droits de la personne et des libertés fondamentales. La personne humaine a une dignité. La dignité est le respect scrupuleux de soi-même et d'autrui, c'est une acquisition de l'être humain, issue d'actes librement posés sur le plan relationnel et dans un climat d'égalité[48]. C'est une notion se basant sur des critères subjectifs. La dignité est ce qui fait qu'un être humain est une personne humaine et elle ne peut être remise en question. Le droit romain avait très clairement établi la distinction entre la chose et la personne. C'est la dignité absolue de la personne humaine qui permet cette distinction. Cette qualité de personne fait que l'être humain est une personne raisonnable et donc libre et autonome[49]. La personne humaine est dotée de dignité quand sa volonté est autonome et cette dignité de la personne humaine existe jusqu'à la mort. Pour faire respecter les droits de la personne humaine, la loi doit chercher à condamner les actes non conformes à la dignité. Le Conseil constitutionnel affirme l'existence du « principe constitutionnel de sauvegarde de la dignité de la personne humaine ». Par conséquent, la dignité de la personne humaine doit être protégée contre toute forme d'asservissement et de dégradation. La dignité est une qualité attachée à la personne humaine et cette dignité permet la préservation des valeurs. Le droit protège ce qui, en chaque personne, fait qu'elle est personne humaine : c'est la dignité de la personne qui fonde l'apparition progressive, en droit positif, de l'humanité. Le principe de dignité recouvre ce qu'il y a d'humain dans l'homme, la protection de la personne humaine à la fois dans son corps et son esprit. Ainsi les actes dans lesquels le corps est considéré comme un simple objet dépourvu d'humanité sont strictement interdits par la loi.

---

[47] Résolution 48/104 du 20 déc. 1993 des Nations unies : Déclaration sur l'élimination de la violence à l'égard des femmes. De plus le programme d'action de Pékin, adopté le 15 septembre 1995 à l'issue de la 4e conférence mondiale sur les femmes, invite les gouvernements à mener des actions pour prévenir et éliminer les violences envers les femmes

[48] ALBERNHE T. (ss la dir. de), *Criminologie et psychiatrie*, op. cit., p. 495

[49] MAURER B., « Notes sur le respect de la dignité humaine ou petite fugue inachevée autour d'un thème central », in *Le droit, la médecine et l'être humain*, éd. Presses universitaires d'Aix-Marseille 1996, p. 192

Le féminisme a revendiqué l'égalité des droits, la libération de la femme. La libération de la femme passe par la sexualité, l'éducation, le travail, la libre disposition de son corps. Une bilatéralisation[50] des droits permet de garantir le maintien des droits acquis par la femme. Une meilleure connaissance du corps, la déchristianisation, les progrès de l'éducation des filles et une plus grande inscription des femmes dans le monde du travail ont permis une évolution du statut de la femme dans la société. Ainsi, la femme exprime une réelle volonté de se réapproprier son corps. Par conséquent, la liberté des femmes à disposer de leur corps est reconnue comme un droit en s'appuyant sur le droit à l'égalité des sexes. Les mesures favorisant une reconnaissance active des droits de la femme ont eu des conséquences bénéfiques. Mais la reconnaissance des droits des femmes et les pratiques se modifient lentement. De plus, la loi protège les droits des victimes. La recherche des principes de protection de la personne à propos du corps humain est une actualité. La protection des libertés et la protection des droits du corps humain sont assurées en premier lieu par des textes ayant une valeur supralégislative. Cependant, le consentement suffit à légitimer un acte sur le corps de telle manière que la dignité humaine s'identifie désormais avec la liberté de disposer de soi-même. La lente évolution du statut du corps des femmes a permis de transformer les définitions juridiques de nombreuses atteintes volontaires à l'intégrité physique. Ce qui permettra à la femme de se réapproprier son corps. Ce sont des textes nationaux et internationaux qui garantissent la libre disposition de son corps par la femme, seul moyen d'atteindre le principe de l'égalité des sexes.

Le code civil énonce que « la loi assure la primauté de la personne, interdit toute atteinte à la dignité de celle-ci et garantit le respect de l'être humain dès le commencement de sa vie [51]». Le droit des personnes définit au sein de la société la place et le statut de chacun, les droits et devoirs de chacun. Le droit pénal garantit l'intégrité corporelle de tout être humain. Le droit au respect de l'intégrité physique est certes un des principaux attributs de la personnalité. Le nouveau code pénal a pour objectif la défense de la personne humaine dans son intégralité et la protection contre toute atteinte à sa vie, sa sécurité, sa dignité, son corps. Dès lors, toute infraction commise envers les personnes, à caractère

[50] En matière de garde des enfants, le nom et usage des époux, le nom de la famille
[51] Article 6 du code civil

sexuel ou non, avec violences ou non, constitue une atteinte directe à la personne. Le nouveau code pénal qui est entré en vigueur le 1er mars 1994 a redéfini les valeurs de notre société actuelle. L'échelle des peines est en fonction des critères de gravité de l'acte. Les affaires sont respectivement déférées devant un tribunal ou une cour.

Il faut noter que les violences faites aux femmes sont apparues comme l'émergence d'un thème nouveau dans le champ des droits humains et de la santé publique. Les atteintes au corps de la furent tolérées pendant de nombreux siècles, mais depuis le XXe siècle, ces violences portant sur l'intégrité physique de la femme sont reconnues comme un problème sociopolitique et sanitaire. Les altérations corporelles portent atteinte à la dignité, à la liberté, à l'intégrité du consentement, à l'intégrité physique et enfin à la vie des femmes victimes. La dignité de la personne humaine est une des bases de la civilisation et de l'humanisme. Ce principe est tellement important qu'il l'emporte sur les autres libertés. La barbarie est de traiter une personne comme une chose ce qui est contraire au respect de la dignité de la personne humaine. La personne doit être protégée contre toutes les atteintes qui peuvent être portées à son Moi intime, tout ce qui la méprise[52]. Pour la Cour européenne des droits de l'homme, le premier des droits de l'homme est le droit à voir respecter sa personne et sa dignité. La sauvegarde de la personne humaine contre toute forme d'asservissement et de dégradation est un principe à valeur constitutionnelle. La reconnaissance de la dignité inhérente à tous les membres de la famille humaine constitue le fondement de la paix dans le monde. Le principe de dignité de la personne humaine que le législateur a attaché à la personne humaine s'applique également au corps de la femme. En effet, l'indissociabilité du corps et de la personne fait que c'est dans le corps que s'exprime le respect de la dignité de la personne humaine[53]. Les principes d'inviolabilité, l'indisponibilité et l'inaliénabilité permettent de garantir cette dignité. En conséquence de cela, la dignité apparaît comme la limite à la disposition par la personne de son propre corps. La volonté de déposséder la femme de son corps est

---

[52] MALAURIE P., « La dignité de la personne humaine, la liberté sexuelle et la Cour européenne des droits de l'homme », *P.A.*, 1er août 2006, n° 152, p. 6

[53] HENNETTE-VAUCHEZ S., GIRARD C. (ss la dir. de), *La dignité de la personne humaine : recherche sur un processus de juridisation*, éd. PUF 2005, p. 90

contraire aux droits humains. Toutefois, la liberté de disposer librement de son corps ne permet pas l'utilisation de son propre corps à des fins lucratifs. En effet, le corps n'a pas une valeur marchande.

L'agression est un comportement social. Un acte est agressif lorsque dudit acte vise à blesser intentionnellement la victime. La prise en compte de la notion d'intentionnalité permet néanmoins de distinguer les actes accidentels des actes intentionnels. De plus, l'agression implique de la part de la victime le désir de l'évitement, sauf exception dans le cas de rapports sadomasochistes. Par ses attaques, l'agresseur essaye de créer chez sa victime l'impression de se trouver en présence d'une personne forte et puissante. Les atteintes au corps féminin posent le problème notamment de la libre disposition du corps par la femme pour garantir l'égalité des sexes. En effet, certains actes transgressifs portent atteinte à la libre disposition du corps par la femme. Tout être humain devrait avoir un droit inconditionnel à la libre disposition de son corps. La femme a le droit de disposer librement de son corps, comme les hommes, en respectant certains principes : le respect de la dignité de la personne humaine, la non patrimonialité du corps en sont les plus importants. Il faut savoir protéger l'individu contre lui-même car une trop grande liberté porterait atteinte à l'humanité tout entière. La liberté de disposer librement de son corps par la femme permet la réappropriation de son corps par celle-ci.

L'étude sur les atteintes au corps féminin présente un intérêt particulier pour la société. C'est un sujet d'actualité. L'étude démontre l'existence de mesures protectrices du corps féminin dans le but d'attribuer un droit à la libre disposition du corps pour la femme. Le législateur a introduit de nombreuses dispositions nouvelles pour protéger le corps de la femme. L'étude sur les atteintes au corps féminin permet de démontrer que ces altérations du corps de la femme sont des actes volontaires et attentatoires à la libre disposition du corps par la femme et au droit à l'égalité des sexes. De plus, ces atteintes ont des incidences sur la santé des femmes. Pour commencer l'étude, il est intéressant de poser certaines questions, à savoir quelles sont ces atteintes ? Qui sont les auteurs ? Quelles sont les mesures répressives ? L'intervention du législateur est-elle efficace dans le processus de réappropriation du corps par la femme ?

L'atteinte à l'intégrité du corps des femmes est un problème majeur qui concerne tant la santé que les droits de la personne humaine. La femme en tant que personne doit être protégée dans son intégrité physique : attenter au corps de la femme, c'est attenter à sa personne. Nul ne peut être obligé de faire ce qu'il ne veut pas faire sauf dans l'intérêt général. Toute obligation de faire se résout en dommages et intérêts[54]. A tout moment de leur vie, que ce soit dans l'espace publique ou au sein de l'espace familial, les femmes sont exposées à des atteintes à leur intégrité physique. Ces actes sont préjudiciables à l'intégrité du corps de la femme et à la dignité de la femme. La prise en charge des victimes de violences a longtemps été considérée comme un problème social et judiciaire. Progressivement, la prise en charge de la violence dirigée contre le corps de la femme s'impose comme faisant partie intégrante de la santé publique, impliquant de plus en plus les médecins et tous les professionnels de santé. Les femmes semblant toujours être victimes des agressions venant de la part des hommes, ces faits appellent une protection particulière. En effet, les femmes sont également différentes des hommes et l'égalité des sexes exige la prise en compte de cette différence. La différence des sexes est un fait, mais elle ne prédestine pas aux rôles et aux fonctions.

Les femmes sont encore plus exposées au risque de la violation de leurs droits. Les droits des femmes sont inaliénables et indivisibles. Ils font partie intégrante des droits de l'homme. Néanmoins, ces droits ne sont pas pour autant respectés dans la société. Les violences envers les femmes sont un énorme problème et sont à l'origine de nombreuses atteintes à l'intégrité du corps féminin. Les femmes sont souvent victimes d'atteintes volontaires à leur intégrité physique parce qu'elles sont considérées comme des êtres inférieurs par la société. Certaines normes sociétales attribuent toujours un statut défavorisé pour les femmes. Le problème de la violence portant atteinte à l'intégrité physique de la femme est d'envergure mondiale. La femme a le droit d'être protégée contre les atteintes à son corps aussi bien dans les rapports privés que dans ses rapports avec la société. Et, toute atteinte sur le corps humain non consentie est illégale et toute coercition sur le corps est interdite. Toute personne a le droit d'être protégée contre les atteintes au corps. Le principe d'inaliénabilité du corps humain présente

---

[54] Article 1142 du code civil

deux aspects : d'une part un aspect préventif qui est le droit d'opposition de la personne et d'autre part un aspect sanctionneur qui est le droit à l'indemnisation de la personne victime d'une atteinte corporelle non consentie.

Toute atteinte à l'intégrité physique d'une femme est subordonnée à deux conditions [55]: le consentement préalable de la femme et une cause licite à cette atteinte, c'est-à-dire une finalité thérapeutique pour la personne ou dans l'intérêt thérapeutique d'autrui. L'atteinte réalisée sans consentement entraîne la responsabilité civile ou pénale de l'auteur. Les atteintes au corps de la femme sont des violences physiques exercées plus particulièrement sur le corps de la femme. Un attribut de la personne humaine s'exprime toujours par l'intermédiaire du corps. A ce titre, il est indispensable que la femme soit maître de son corps pour exercer entièrement ses droits. Cette appropriation du corps par la personne permet de définir le droit sur le corps ; elle permet aussi d'assurer une garantie efficace pour le corps[56] et de fixer les limites d'usage de ce même corps. Les recherches démontrent que c'est au sein de la famille que subsistent les inégalités. Ce qui est logique puisque c'est la spécificité du rôle familial de la femme qui a fondé historiquement le système de son oppression. Le confinement de la femme à la sphère domestique s'est accompagné historiquement d'un pouvoir exercé sur elle par l'homme et d'une dévalorisation à la fois de ses fonctions et de sa personne. Actuellement, les pouvoirs publics s'inquiètent beaucoup de l'incidence de la violence à l'intérieur de la famille face à une augmentation apparente des violences portant atteinte à l'intégrité du corps de la femme.

La famille idéale est considérée comme étant libre de toute agression, un lieu de compréhension mutuelle et d'affection. Mais, pour certains, la famille est une institution sociale répressive et nuisible[57]. La famille est l'unité de la société. Lorsqu'il y a de la violence intrafamiliale, celle-ci reflète la violence au sein de la société. Ainsi,

---

[55] Article 16-3 du code civil

[56] BAUD J.P., *L'affaire de la main volée : une histoire juridique du corps*, éd. Seuil 1993, p. 224

[57] MCCLINTOCK F.H., « La violence à l'intérieur de la famille : problèmes de justice pénale et de politique criminelle », *Rev.Sc.crim.* n° 3, 1978, p. 573

pour effectuer une étude sur les atteintes au corps féminin, il est intéressant de commencer par une première partie qui s'intitule « les atteintes dans le cadre de la vie familiale » puis de continuer dans une deuxième partie qui s'intitule « les atteintes dans le cadre de la vie en société ».

PREMIERE PARTIE :

LES ATTEINTES DANS LE CADRE DE LA VIE FAMILIALE

La famille est une institution indispensable à la vie en société. Elle a longtemps été considérée comme un lieu protecteur des individus. De ce fait, la famille demeure jusqu'aujourd'hui comme un refuge naturel des personnes. Cette structure est le premier lieu de l'expérience de la vie sociale. Dans la famille, il existe des liens affectifs plus ou moins forts et interdépendants. C'est au sein de la famille que l'enfant peut faire ses premières expériences d'une relation sociale fondée sur l'amour. A ce titre, la famille apparaît comme le lieu d'élaboration de l'identité de la personne humaine tant sur le plan psychique, sexuel que social[58].

Pourtant l'insécurité et la violence se développent dans certaines cellules familiales. Il faut remarquer que la violence est le symptôme du dysfonctionnement des interactions d'un système[59]. A noter que la femme était entièrement protégée par cette petite structure et était autrefois considérée comme une mineure à vie. La femme n'avait aucun droit propre et elle était soumise entièrement aux ordres des membres de la famille, notamment au chef de famille. Elle est souvent victime des atteintes à l'intégrité physique. La famille ne lui laisse aucun droit sur son corps. C'est pourquoi la femme est souvent victime dans son milieu à caractère privé. De plus ces violences domestiques contre les femmes n'ont pas cessé et demeurent l'une des causes principales des blessures qui leur sont infligées, voire de certains décès. Selon les féministes, l'endroit le plus dangereux pour les femmes occidentales n'est pas la rue, mais l'espace privé de leur domicile. Selon les statistiques, le domicile familial est l'endroit où la femme et l'enfant ont le plus de risques de subir des violences[60]. D'après les enquêtes, elles atteignent des proportions inquiétantes au Pakistan, en Amérique centrale et du Sud, en Afrique du Sud, en Russie et aux Etats-Unis[61].

La violence physique est condamnable dans la sphère familiale. Elle semble néanmoins être tolérée par l'opinion publique parce que ce

---

58 BATTEUR A., « L'interdit de l'inceste, principe fondateur du droit de la famille », *R.T.D. Civ.* 2000, p.759

59 WELZERLANG D., *Les hommes violents*, éd. Payot 2005, p. 71

60 HIRIGOYEN M.-F., *Femmes sous emprise*, op. cit., p. 204

61 LANG J., *Enquête sur la situation des femmes dans le monde,* Rapport d'information, éd. Assemblée nationale 1998, p. 7

type de comportement ne met pas en danger l'ordre social[62]. Par conséquent, les femmes victimes risquent de se trouver dans une situation de vulnérabilité et d'isolement, en raison de l'appartenance de la famille à la sphère privée. La reconnaissance du dommage par autrui est un élément important pour faire de la personne qui le subit une victime. Cependant, ce fléau a longtemps été ignoré par le législateur, mais grâce à la révolte des féministes, la société a pris conscience de la situation précaire de la femme. La société a compris son devoir en la matière pour venir en aide aux femmes victimes des atteintes à l'intégrité physique.

L'intervention de l'Etat, dans la sphère privée qui est la famille, est un fait récent et cette intervention est fondée sur la notion d'ordre public. Le repérage et la qualification des violences domestiques sont concomitants avec la révolte des femmes à travers le monde. L'évolution d'une société permet parfois de prendre en considération une situation comme *victimisante* alors qu'antérieurement elle était acceptée ; l'arsenal juridique sera adapté à cette prise de conscience. Ainsi, de nombreuses lois sont intervenues pour réprimer les comportements volontaires et qui dégradent l'intégrité du corps féminin. Le droit pénal français prend en compte les relations familiales pour aggraver la répression en cas d'infraction dans la sphère familiale. Il faut savoir que les violences délictuelles de la sphère privée (Titre I) sont jugées devant le tribunal correctionnel[63] et les crimes[64] relèvent alors de la cour d'assises (Titre II).

---

[62] GUILLAIS J., « Emergence du crime passionnel au XIXe siècle », *Rev.sc.crim. et de droit pénal comparé* 1985, n° 3, p. 550

[63] Lorsque le tribunal de grande instance statue en matière pénale, il s'appelle le tribunal correctionnel et juge les délits, c'est-à-dire des peines d'emprisonnement allant de 6 mois à 10 ans et/ou amende et/ou par des peines complémentaires.

[64] Infraction punie d'une réclusion criminelle à temps ou à perpétuité

TITRE I / LES ATTEINTES DELICTUELLES

Le délit étant une infraction de gravité moyenne, intermédiaire entre le crime et la contravention, le délit pénal est toute action ou omission que la société interdit sous la menace d'une sanction pénale. Les violences délictuelles sont du ressort du tribunal de grande instance, plus particulièrement du ressort du tribunal correctionnel.

Auparavant, les coups et blessures à l'encontre des femmes n'étaient pas considérés comme un problème de société mais comme un fait relevant du domaine privé[65]. La société n'intervenait pas dans ces conflits, sauf en cas de perturbation de l'ordre public. Les mouvements féministes ont été les premiers à sensibiliser l'opinion publique. Actuellement, le nouveau code pénal prévoit un certain nombre de circonstances aggravantes, notamment des circonstances tenant à la fois de l'auteur et de la victime, ce qui permet de protéger efficacement les victimes, notamment les femmes. En effet, la famille devrait être un lieu idéal pour les individus, mais elle est parfois le lieu de violences graves dont les victimes sont souvent des femmes. La violence interne à la famille est souvent dissimulée, silencieuse. Seules les violences manifestes sont détectées, c'est-à-dire les plus atroces ou les plus visibles, comme par exemple la découverte d'un cadavre, des traces de coups. Il faut cependant accepter l'existence d'une face cachée de la famille. Cela permet de prendre des mesures adaptées pour garantir la sécurité au sein de la famille. Actuellement, la femme a des droits égaux au sein de la famille. Les violences volontaires sur son intégrité physique sont sévèrement réprimées par les lois actuelles. Les violences sur le corps de la femme portent atteinte au droit de la femme de disposer librement de son corps. Ce qui est à l'origine des inégalités au sein de la famille.

Il existe une circonstance aggravante en présence d'atteintes délictuelles entre les membres de la famille dont nous verrons dans un premier temps les atteintes à caractère traditionnel (Chapitre I) et dans

---

[65] COENEN M.-T. (ss la dir. de), *Corps de femme*, éd. De Boeck 2002, p. 175

un deuxième temps, les atteintes à l'intégrité physique dans les relations conjugales (Chapitre II).

CHAPITRE I / LES ATTEINTES A CARACTERE TRADITIONNEL

La féminité ne s'exprime pas seulement biologiquement, mais aussi par rapport à la pratique d'une culture ou des traditions. Cette dernière définit les valeurs féminines, ce qui permettrait de donner une origine traditionnelle pour le corps féminin. L'existence de certaines traditions[66] dans une société est source de préjudices pour le corps des femmes. La plupart du temps, la tradition est l'exercice d'une force, d'une pression sur les individus, notamment sur les femmes. Toutes les traditions imposent une certaine forme d'assujettissement de la femme parce que c'est le seul moyen de perpétuer une tradition, une forme d'identité pour un groupe de populations. La tradition est un signe distinctif. De ce fait, dans toutes les traditions, il existe des pratiques visant à marquer physiquement les femmes. En effet, la survivance d'une tradition n'est possible que par l'intermédiaire des femmes, il appartient aux femmes de la transmettre de génération en génération.

Le corps de la femme constitue un objet d'échange dans toutes les sociétés humaines, seule la tradition permet de différencier les qualités d'une femme à l'autre. De ce fait, la tradition a pour but de contrôler l'autonomie de la femme et constitue un frein à l'émancipation[67]. Le droit est parfois impuissant face à la pratique de certaines traditions tenaces ; de ce fait la protection des femmes par le droit reste difficile, voire inexistante. Dans de nombreux pays, la primauté de la coutume sur la loi persiste dans les faits, voire dans le droit[68] notamment dans de nombreux pays d'Afrique. C'est la preuve de la force extrême de la tradition, par conséquent le droit protège peu les femmes de ces pays. En effet, les coutumes et les traditions sont à considérer comme les ennemis les plus tenaces de la dignité et de la sécurité du corps féminin. C'est aussi la tradition qui perpétue la pratique des assassinats liés à la dot, la jeune épouse étant tuée parce

---

[66] La pratique de certaines coutumes et de la religion

[67] LANG J., *Enquête sur la situation des femmes dans le monde, rapport d'information*, op. cit., p.6

[68] Ibid., p.7

qu'incapable de verser la dot exigée par sa belle-famille. Ce type de cas est très fréquent en Inde[69], dans le milieu modeste. De nombreuses femmes meurent par suite de différends de ce genre essentiellement dans des incendies de cuisine destinés à faire passer des assassinats pour des accidents[70].

Une autre pratique issue des milieux islamiques est celle des certificats de virginité qui sont exigés des jeunes filles au moment de leur mariage. La tradition donne une importance à la partie la plus petite du corps de la fillette appelée l'hymen[71]. Mais le conseil de l'ordre des médecins français a déclaré en 1995, dans un avis, que ces certificats constituent une violation du respect de la vie privée de la femme et du secret professionnel à son égard si elle est mineure et qu'il n'a aucune justification médicale. De ce fait il a donc été prescrit de les refuser. Mais certains médecins acceptent d'en délivrer avec le développement d'une pratique de réfection d'hymen. Ces pratiques sont attentatoires à l'égalité des sexes « puisqu'il n'est pas question d'exigences symétriques pour les futurs maris[72] », seul le corps de la femme est contrôlé. Les traditions n'accordent pas la liberté sexuelle au corps féminin.

Les traditions veulent à tout prix préserver la soumission du corps féminin dans la société, seule façon d'assurer la continuité de certaines pratiques de génération en génération. Certaines traditions posent problème à l'échelle internationale notamment les mutilations génitales féminines (Section I) et la maternité obligatoire (Section II). Ces actes portent atteinte à l'intégrité corporelle des femmes ; c'est un obstacle à la liberté de disposer de son corps par la femme. La

---

[69] RAO A., « Droits de l'homme et vie privée : Perspectives théoriques féministes sur les conventions internationales traitant des droits de l'homme », *P.F.*, n° 3, octobre 1994, p. 18

[70] Pour plus d'informations sur ce sujet voir les ouvrages de WERNER M., *South asians and the dowry problem*, éd. Vistaar publications New Delhi 1998 ; BUTALIA S., *The gift of a daughter : encounters with victims of dowry*, éd. Penguin New Delhi 2002, et SIROHI S., *Sita's curse : stories of dowry victims*, éd. Harper collins publishers New Delhi, 2003

[71] Une petite membrane qui obstrue partiellement l'orifice vaginal chez une femme vierge. Les sports et mouvements brusques pourraient provoquer la rupture de l'hymen

[72] DEKEUWER-DEFOSSEZ F., *L'égalité des sexes*, éd. Dalloz 1998, p. 22

législation est plus sévère dans les pays occidentaux pour éradiquer ces actes et favoriser l'égalité des sexes.

SECTION I / LES MUTILATIONS GENITALES FEMININES

La propension des hommes à s'infliger des mutilations corporelles est universelle et intemporelle[73]. De toutes les altérations corporelles intentionnelles qui ont traversé le cours de l'histoire, seules les mutilations sexuelles continuent de jouer un rôle important[74]. En effet, les mutilations sexuelles sont toutes celles qui altèrent les structures corporelles et les organes relevant du domaine des caractères sexuels primaires et secondaires[75]. Quant à la position des grandes religions face à ces pratiques barbares ce fut d'abord une condamnation formelle, mais la tolérance et la légitimation ne sont pas absentes. La victimologie ethnologique[76] permet une meilleure connaissance du statut des victimes de ce type dans le monde[77]. L'ethnologie confirme que pour être victime, il faut être reconnu dans ce statut par le groupe humain dans lequel on évolue[78]. La victime elle-même ignore souvent son état, elle est martyre au travers du regard d'une autre culture. Les pratiques religieuses mutilatrices concernent aussi ces approches de la victime au sens ethnologique. La circoncision fait partie des rites religieux mutilateurs les plus courants[79]. La circoncision féminine est un acte grave pour le corps féminin, ce terme est à bannir. En effet, ce sont des mutilations graves qui ont été qualifiées de manière abusive de « circoncision féminine ».

La pratique de mutilations génitales féminines notamment l'excision fait l'objet d'une grande mobilisation pour son abolition. En effet, ces pratiques portent de graves atteintes au corps féminin. La force des coutumes permet la perpétuation de cette pratique attentatoire au corps des femmes. D'après l'OMS, 130 millions de femmes et de

[73] ALBERNHE T. (ss la dir. de), *Criminologie et psychiatrie*, op. cit., p. 291
[74] ERLICH M., *Les mutilations sexuelles*, coll. Que sais-je, éd. PUF 1991, p. 3
[75] ALBERNHE T. (ss la dir. de), *Criminologie et psychiatrie*, op. cit., p. 291
[76] C'est une étude comparative du statut des personnes et des victimes dans les différentes sociétés
[77] AUDET J., KATZ J.F., *Précis de victimologie générale*, éd. Dunod 1999, p. 35
[78] Ibid., p. 38
[79] Ibid., p. 36

fillettes sont mutilées dans le monde et 23 000 le seraient en France[80]. L'origine de ces actes est plus difficile à déterminer, il n'existe quasiment aucune trace écrite de ces pratiques. Les ethnologues pensent que la réalisation de telles pratiques date de plusieurs millénaires et qu'elle perdure pour des raisons essentiellement rituelles. Le Coran est muet au sujet des mutilations génitales féminines. Selon certains auteurs, la religion ne joue aucun rôle dans ces pratiques, car en Egypte, les chrétiennes coptes sont mutilées comme les musulmanes, et également d'autres adeptes de certaines religions traditionnelles pratiquent les mêmes rites[81]. C'est ainsi que dans les sociétés où les mutilations génitales féminines sont une norme acceptée, ce type d'actes est pratiqué par des personnes de toutes croyances religieuses et aussi par des non-croyants. Selon la définition de l'Organisation mondiale de la santé, les mutilations génitales féminines sont des actes chirurgicaux consistant dans une excision rituelle qui est pratiquée pour des raisons exclusivement culturelles et traditionnelles sur des fillettes ou des jeunes femmes, souvent sans leur consentement ou sans qu'elles en comprennent les conséquences.

Pour une étude plus complète sur ces pratiques, il est intéressant d'examiner la notion des mutilations génitales féminines (§1) et les tentatives nationales et internationales d'éradication de ces atteintes (§2).

---

[80] PY B., *Le sexe et le droit*, coll. Que sais-je, éd. PUF 1999, p. 35
[81] DESFORTS J., *Violence et corps des femmes du tiers-monde*, éd. L'Harmattan 2001, p. 139

§1 / LA NOTION DES MUTILATIONS GENITALES FEMININES

Les mutilations génitales féminines sont un nom collectif qui englobe plusieurs pratiques traditionnelles. Il existe diverses formes de mutilations (A) selon la gravité de l'acte pratiqué sur le corps de la femme. Ces actes portent atteinte au corps féminin et également à la santé physique et psychique des femmes victimes. En effet, les conséquences pour la santé sont nombreuses (B).

A / LA TYPOLOGIE DES MUTILATIONS GENITALES FEMININES

La clitoridectomie[82], l'excision et l'infibulation sont des pratiques mutilatrices sanglantes. Les mutilations des organes génitaux féminins comportent divers degrés selon les ethnies qui les pratiquent. Ces pratiques incluent l'excision partielle ou totale du clitoris, l'ablation des petites ou grandes lèvres, la suture ou le rétrécissement de l'ouverture vaginale[83], l'action de crever, percer et brûler le clitoris et l'excision du capuchon du clitoris. Selon l'Organisation mondiale de la santé, ce sont des interventions incluant l'ablation partielle ou totale des organes génitaux externes de la femme ou la lésion des organes génitaux féminins pratiquée pour des raisons culturelles ou pour toute autre raison non thérapeutique. Il existe quatre types de mutilations qui sont les suivantes :

Type I : l'excision du prépuce, avec ou sans excision partielle ou totale du clitoris, également appelée « circoncision sunna ».
Type II : l'excision du clitoris, avec excision partielle ou totale des petites lèvres[84].

---

[82] Ablation du clitoris
[83] Infibulation
[84] Le terme médical est la vulvectomie subtotale

Type III : l'excision partielle ou totale des organes génitaux externes[85], avec suture et rétrécissement de l'orifice vaginal.[86] L'infibulation en est la forme la plus extrême[87], également appelée « la circoncision pharaonique »
Type IV : piqûre, perforation ou incision du clitoris et/ou des petites lèvres et des grandes lèvres ; étirement du clitoris et/ou des lèvres ; cautérisation par brûlure du clitoris et du tissu avoisinant ; grattage de l'orifice vaginal ou incision du vagin ; introduction de substances corrosives ou de plantes dans le vagin pour provoquer des saignements ou pour resserrer ou rétrécir le vagin ; enfin, toute autre intervention qui répond à la définition des mutilations sexuelles.

La forme la plus courante est l'excision du clitoris et des petites lèvres, la forme la plus extrême est l'infibulation. L'acte est effectué par un tradipraticien à l'aide d'instruments rudimentaires sans anesthésie, comme par exemple une lame de rasoir ou un couteau. Les bords des plaies sont parfois suturés à l'aide d'épines, et les plaies elles-mêmes recouvertes de bouse de vache[88]. Seule la population riche se dirige vers un établissement de santé à la recherche du personnel qualifié. Mais l'Organisation mondiale de la santé s'oppose à la médicalisation de toutes les formes de mutilations sexuelles féminines. L'âge auquel sont pratiquées les mutilations varie selon la région. Elles sont pratiquées sur les nouveau-nés, les fillettes, les adolescentes et parfois sur les femmes adultes.

Dans certains pays l'ablation du clitoris n'est pas suffisante, il est indispensable de coudre la femme pour qu'elle soit totalement dépossédée de son corps. En effet, l'infibulation est pratiquée sur les jeunes filles et la réinfibulation[89] existe sur les femmes après la naissance d'un enfant afin de diminuer l'importance de l'orifice

---

[85] C'est-à-dire, l'excision du clitoris, des petites lèvres et dans certains cas l'excision partielle ou totale des grandes lèvres suivie d'une suture des bords de la plaie.
[86] Le terme médical est la vulvectomie subtotale ou totale et infibulation
[87] L'infibulation vise à supprimer la majeure partie des grandes lèvres et à coudre les deux parties de la vulve, de telle sorte qu'il ne reste plus qu'une minuscule ouverture pour l'écoulement de l'urine et des règles.
[88] DESFORTS J., *Violences et corps des femmes du tiers-monde*, op. cit., p. 140
[89] La réinfibulation consiste à refermer la vulve d'une femme adulte

vulvaire[90], ou en cas d'absence du mari [91]pour une période supérieure à un an,[92] ou dans les cas de remariage ou en cas de divorce ou de veuvage. L'infibulation est possible après un viol afin de camoufler l'acte[93]. La désinfibulation désigne l'opération d'ouverture des voies génitales occluses, comportant une incision qui élargit l'orifice résiduel postérieur[94]. Cette intervention a pour but de permettre les rapports sexuels et ultérieurement l'accouchement. Traditionnellement, ce droit appartient au mari, qui doit le soir de ses noces, réaliser l'opération par des moyens naturels. Parfois, la désinfibulation se situe à la veille du mariage. En milieu urbain, cette opération nécessite le concours d'un tradipraticien ou un médecin. Il est intéressant de situer dans un premier temps, la répartition géographique de ces pratiques (1) pour comprendre dans un deuxième temps, les motivations implicites (2) et explicites (3) de ces altérations.

1 / LA REPARTITION GEOGRAPHIQUE DE CES PRATIQUES

La pratique de ces mutilations est très répandue dans le continent Africain notamment en Egypte, Soudan, Erythrée, Ethiopie, Djibouti, Somalie, Kenya, Mozambique, Tanzanie, Botswana, Guinée, Sierra Leone, Ghana, Nigeria, Haute Volta, Côte d'ivoire, Libéria, Cameroun, Tchad, Niger, Mali, Congo, Zaïre, Angola.

Dans le continent asiatique, cette tradition existe essentiellement dans les pays musulmans tels que : Syrie, Irak, Jordanie, Arabie Saoudite, Yémen, Emirats unis, Pakistan et certaines zones de l'archipel

---

[90] Dans ce cas, c'est une infibulation partielle destinée à rétrécir l'orifice vulvaire afin de rendre le coït plus agréable pour le partenaire.

[91] L'infibulation dans ce cas est totale

[92] ERLICH M., « Observation ethnopsychiatrique de l'infibulation des femmes en Somalie, in Les femmes et les psychotiques dans les sociétés traditionnelles », *Revue d'ethnopsychiatrie*, éd. De la maison des sciences de l'homme 1981, p. 25

[93] ALDEEP ABU-SAHLIEH S.A., *Circoncision masculine circoncision féminine*, éd. L'Harmattan 2001, p. 303

[94] ERLICH M., *La femme blessée : essai sur les mutilations sexuelles féminines*, éd. L'Harmattan 1986, p. 126

malais. Et, à l'Amérique du Sud notamment à l'Amazonie péruvienne et Orénoque.

Les cas s'observent aussi dans les pays occidentaux avec le processus d'immigration. En effet, « une des conséquences des migrations internationales en provenance des pays où ont lieu des mutilations génitales féminines est l'exportation de cette pratique en Europe ou en Amérique du Nord [95]». En France, les excisions du clitoris se sont développées à partir des années quatre-vingt avec l'arrivée de ressortissants de pays où cette tradition était pratiquée[96].

2 / LES MOTIVATIONS IMPLICITES DE CES ALTERATIONS

Les communautés refusent de mettre un terme à des traditions anciennes. Elles estiment que les mutilations définissent et maintiennent leur identité culturelle. Ces pratiques sont considérées comme des rites sacrés approuvés par les ancêtres et protégés par les croyances culturelles. Il ne faut pas oublier qu'une dimension de secret entoure le sujet, effectivement tabou dans la mesure où ces pratiques concernent une partie du corps qui ne fait pas l'objet de discussions ouvertes[97] et aussi à cause d'un faible niveau d'éducation.

L'excision est présentée par les intéressés comme une coutume obligatoire pour faciliter la procréation et l'accouchement[98]. Selon la croyance, les filles qui se marient immédiatement après la circoncision tombent rapidement enceintes, si la fille n'est pas circoncise, les secrétions produites par les glandes des organes sexuels tuent les

---

[95] VERON J., *Le Monde des femmes : inégalité des sexes, inégalités des sociétés*, éd. Seuil 1997, p. 111

[96] Notamment Bénin, Burkina Faso, Mali, Tchad

[97] RAMBERG I., *La violence à l'égard des jeunes femmes en Europe,* Rapport du séminaire, éd. Conseil de l'Europe 2001, p.135

[98] ALBERNHE T. (ss la dir. de), *Criminologie et psychiatrie*, op. cit., p. 294

spermatozoïdes déposés dans le vagin[99]. Les mutilations sont utilisées pour initier les filles lors de leur passage vers l'âge adulte. C'est une initiation des fillettes à la condition de femme, une intégration sociale et cela permet le maintien de la cohésion sociale. C'est une initiation à supporter les douleurs de l'accouchement et toutes celles qui conditionnent leur statut de femme. En effet, la circoncision féminine fait partie des préparatifs au mariage et en est une condition. La fonction essentielle de ces mutilations est de confirmer la femme dans son statut social[100] puisque la fille non mutilée risque la rupture avec sa culture et les femmes de son clan[101]. Les mères acceptent que leurs filles soient mutilées de crainte qu'elles ne trouvent pas de maris, une femme non excisée étant considérée comme impure, obsédée par le sexe et impossible à marier. La mutilation est un moyen de garantir un mariage[102]. En Guinée, aucun homme n'épouse une femme qui n'est pas excisée et qui n'est pas vierge sauf rares exceptions[103]. L'excision des filles en Guinée est destinée à supprimer le pôle érotique clitoridien pour favoriser le passage à un érotisme vaginal dont la finalité est la procréation[104]. Le mariage somali se situe dans le cadre des liens intertribaux, les filles se marient entre 13 et 20 ans. Après le choix d'une jeune fille par un homme, le père de la jeune fille reçoit de la part de cet homme une dot appelée *yelad* fixée d'un commun accord. Avant la consommation du mariage, les femmes viennent constater la virginité de l'épouse encore cousue, ensuite une matrone procède à l'ouverture de la couture avec un petit couteau pour permettre au mari d'accomplir son devoir conjugal. Si l'épouse n'est pas vierge, l'homme a le droit de faire annuler le mariage et de se faire rembourser le montant de la dot[105].

---

[99] ALDEEP ABU-SAHLIEH S.A., *Circoncision masculine, circoncision féminine*, op. cit., p. 313

[100] ERLICH M., « Observation ethnopsychiatrique de l'infibulation des femmes en Somalie », op. cit., p. 32

[101] COUCHARD F., *L'excision*, coll. Que sais-je, éd. PUF 2003, p. 100

[102] ALDEEP ABU-SAHLIEH S.A., *Circoncision masculine, circoncision féminine*, op. cit., p. 311

[103] VERON J., *Le monde des femmes*, op. cit., p. 111

[104] ERLICH M., « Observation ethnopsychiatrique de l'infibulation des femmes en Somalie », Op. cit., p. 32

[105] ERLICH M., « Observation ethnopsychiatrique de l'infibulation des femmes en Somalie », op. cit., p. 24

Selon certaines croyances, les hommes parviennent plus facilement au plaisir sexuel avec une femme excisée et que le plaisir sexuel est un droit réservé aux hommes et que tout doit être fait pour la satisfaction du mari. Pour certains, ces pratiques garantissent l'hygiène des organes génitaux féminins. Les mutilations sont utilisées par certains pour prévenir l'immoralité, c'est ainsi que dans la communauté de Sabiny en Ouganda, ces altérations ont été introduites pour réguler le désir sexuel, la virginité et l'infidélité. La croyance était qu'en l'absence de leurs conjoints, les femmes étaient de mœurs légères, la communauté a donc initié une méthode pour prévenir l'immoralité[106]. En effet, le clitoris grossit considérablement et pousse tellement qu'il ne suscite pas seulement le sentiment de honte et de dégoût, mais aussi par le frottement continuel contre les habits, il devient excité et il éveille le désir de copulation. C'est pour cette raison que les Egyptiens ont commencé la pratique de mutilation de clitoris[107]. Mais il existe des motivations très importantes pour le maintien de cette pratique.

3 / LES MOTIVATIONS EXPLICITES

Pour comprendre les motivations explicites, il est important de comprendre les caractère et fonctionnement du clitoris (a), avant d'aborder la finalité de ces mutilations (b).

a / LA PHYSIOLOGIE DE L'ORGANE SEXUEL FEMININ

Le clitoris est le corps érectile de la vulve[108]. C'est une petite masse cylindrique de tissu érectile et de nerfs. Un organe musculeux et

[106] RAMBERG I., *La violence à l'égard des jeunes femmes en Europe*, op. cit., p. 135

[107] ERLICH M., « Observation ethnopsychiatrique de l'infibulation des femmes en Somalie », op. cit., p. 27

[108] Ensemble des organes génitaux externes de la femme : capuchon de clitoris, clitoris, petites et grandes lèvres, entrée du vagin, fourchette, méat urétral, vestibule et mont de Vénus

cutané[109] qui est situé à la jonction antérieure des petites lèvres. Le prépuce du clitoris est une couche cutanée qui se trouve au point de rencontre des petites lèvres et recouvre le corps du clitoris. La partie exposée du clitoris est le gland du clitoris. Le clitoris est l'homologue féminin du pénis, c'est-à-dire que les deux organes ont la même structure, la même position et la même origine. Le clitoris est l'organe le plus sensible au plaisir sexuel, c'est lui qui conduit la relation sexuelle du début jusqu'à sa fin ; sans lui, la femme ne peut pas parvenir à l'orgasme[110]. Tout comme le pénis, le clitoris est capable de se gonfler à la suite d'une stimulation tactile. Ainsi, il joue un rôle dans l'excitation sexuelle chez la femme[111]. Chez la femme comme chez l'homme, la relation sexuelle implique une érection, une lubrification et un orgasme.

La stimulation de la femme, comme celle de l'homme, dépend des réactions psychiques et tactiles. La stimulation des organes génitaux de la femme, notamment du clitoris, entraîne une érection et une excitation sexuelle généralisée. Cette réaction est réglée par les influx parasympathiques partant de la partie sacrée de la moelle épinière et allant jusqu'aux organes génitaux externes[112]. Ce mécanisme permet en grande partie la lubrification du vagin, c'est-à-dire que ces influx entraînent la production d'un liquide mucoïde par l'épithélium de la muqueuse vaginale. Les glandes de Bartholin[113] produisent également une certaine quantité de mucus. Un manque de lubrification entraîne des douleurs.

Les grandes lèvres, les homologues féminins du scrotum, contiennent une grande quantité de tissu adipeux et de glandes sébacées et sudoripares. Situés médialement par rapport aux grandes lèvres, se trouvent deux replis cutanés : ce sont les petites lèvres qui contiennent

---

[109] ERLICH M., « Observation ethnopsychiatrique de l'infibulation des femmes en Somalie », op. cit., p. 26

[110] ALDEEP ABU-SAHLIEH S.A., *Circoncision masculine, circoncision féminine*, op. cit., p. 227

[111] TORTORA G. J., ANAGNOSTAKOS N.P., *Principe d'anatomie et de physiologie*, éd. Frison-Roche 1988, p. 772

[112] Ibid., p. 776

[113] Les glandes de Bartholin s'ouvrent à la face interne des petites lèvres et ont pour fonction de lubrifier l'entrée du vagin au cours de l'acte sexuel

des glandes sébacées[114] et des glandes sudoripares[115]. La compréhension de la fonction de ces parties permet de dégager la finalité explicite de ces mutilations.

b/ LES FONCTIONS EXPLICITES DE CES MUTILATIONS

Les mutilations génitales féminines sous leurs différentes formes ont été utilisées comme moyen de contrôle de la sexualité avant, comme après le mariage. En effet, les fonctions et rôles de l'homme et de la femme dans la tribu sont au centre inconscient de ces pratiques de soumission et asservissement de la femme[116]. En effet, les mutilations génitales féminines ont pour but de s'assurer de la chasteté des femmes et de leur fidélité. C'est une atteinte à l'intégrité du corps de la femme qui a pour but d'anéantir une grande partie de sa capacité de jouissance sexuelle[117]. Cette pratique permet simultanément de contrôler la sexualité des femmes et le potentiel de reproduction par élimination de tout plaisir dans l'acte sexuel[118].

L'infibulation est une pratique destinée à préserver l'intégrité féminine jusqu'au mariage, tout en supprimant les possibilités d'auto-érotisme[119], véritable ceinture de chasteté privant la femme de sa liberté sexuelle. La femme n'est pas libre de disposer de son corps et est réduite au rang d'objet de plaisir sexuel et à sa simple fonction biologique qui est la reproduction. En effet, cette pratique est une mesure violente prise par des sociétés pour le contrôle du corps des femmes. De ce fait, elle renvoie à un complexe d'infériorité, les femmes ne se percevant pas comme des partenaires, mais comme des objets de plaisir[120]. Il ne faut

---

[114] Ces glandes produisent le sébum : une sécrétion grasse
[115] Ces glandes sécrètent la sueur
[116] AUDET J., KATZ J.F., *Précis de victimologie générale*, op. cit., p. 37
[117] PY B., *Le sexe et le droit*, op. cit., p. 36
[118] VERON J., *Le monde des femmes*, op. cit., p. 110
[119] ERLICH M., « Observation ethnopsychiatrique de l'infibulation des femmes en Somalie », op. cit., p. 33
[120] RAMBERG I., *La violence à l'égard des jeunes femmes en Europe*, op. cit., p. 136

pas oublier que la femme a été longtemps considérée comme la terre dans laquelle l'homme déposait la semence ; et le propriétaire d'un terrain n'apprécie pas l'empiètement d'autrui. De même, le corps de la femme est protégé comme la terre[121] pour qu'il soit en mesure d'être utilisé et fécondé exclusivement par son propriétaire[122]. C'est pourquoi la pression sociale fait perdurer cette pratique qui porte atteinte à l'intégrité physique des femmes. Cette pratique est un moyen d'oppression de la femme. Elle est également à l'origine de nombreux problèmes de santé.

B / LES EFFETS DE CETTE MUTILATION SUR LA SANTE DES FEMMES

Les mutilations génitales féminines provoquent de nombreuses complications par la santé. Cette pratique peut avoir des conséquences irréversibles et douloureuses sur l'intégrité du corps de la femme qui la subit. Ces mutilations ont des répercussions sur les femmes durant toute leur vie. Ces atteintes à l'intégrité physique réduisent les fonctions naturelles et conduisent à des complications physiques, psychiques et sexuelles et parfois à la mort ; de ce fait, ces altérations sont une violation du droit à l'intégrité physique et du droit à la vie[123]. Les chercheurs ont identifié plusieurs types de conséquences. Certaines sont immédiates (1), d'autres sont à long terme (2).

1 / LES COMPLICATIONS IMMEDIATES

Les conséquences à court terme comprennent les douleurs, le choc opératoire. Les infections aiguës sont possibles à cause de l'utilisation d'instruments ou de matériel contaminés ou du fait que la blessure soit proche de l'urètre et de l'anus. Et, si ces infections ne sont

---

[121] On dit souvent une terre vierge comme la femme vierge

[122] DESFORTS J., *Violence et corps des femmes du tiers-monde*, op. cit., p. 143

[123] ALDEEP ABU-SAHLIEH S.A., *Circoncision masculine, circoncision féminine*, op. cit., p. 448

pas soignées, elles peuvent provoquer de nombreuses maladies comme le tétanos, la gangrène, la méningite, la diphtérie, l'infection des os, la septicémie, etc. Les antibiotiques par voie buccale sont utilisés, mais souvent sans avis médical[124].

Les mutilations provoquent des hémorragies, le décès[125] est possible en raison de l'hémorragie et des infections. La rétention d'urine est fréquente parce que la fille sent une grande douleur lorsque l'urine touche la blessure. Cette rétention peut aussi résulter de l'inflammation, ce qui provoque une grande douleur et favorise l'augmentation des microbes dans l'urine accumulée dans la vessie. La femme peut être atteinte d'infection de l'urètre et des reins. L'ulcération de la zone génitale et des lésions des tissus adjacents sont possibles car la fille s'agite à cause de la douleur et de la peur, rendant difficile la concentration sur l'organe à amputer, cela occasionne des lésions des organes avoisinants comme l'ouverture de l'urètre, le vagin, le périnée ou l'anus, donnant lieu à un problème d'incontinence sur le plan de l'urine ou de l'excrément. Lors des mutilations, les glandes de Bartholin[126] peuvent être lésées et s'infecter en raison de leur fermeture par cicatrice. Il y a eu aussi des cas de fractures des jambes, des bras ou de la clavicule en raison de la forte pression exercée sur la fille pour l'empêcher de bouger. Les anémies post-hémorragiques sont également fréquentes[127]. Le lien entre les mutilations et la transmission du sida a également été mis en exergue puisqu'un seul instrument est utilisé pour de nombreuses personnes, mais cette question n'a pas fait l'objet de recherches approfondies et devrait faire l'objet de nouvelles recherches.

---

[124] ERLICH M., « Observation ethnopsychiatrique de l'infibulation des femmes en Somalie » op. cit., p. 22

[125] 10 à 30 % des filles au Soudan en meurent, ce qui expliquerait selon certains auteurs le montant élevé des dots des femmes dans ce pays

[126] Ces glandes secrètent la matière qui humidifie le vagin pour faciliter les rapports sexuels

[127] ERLICH M., *Les mutilations sexuelles*, coll. Que sais-je, éd. PUF 1991, p. 29

2 / LES COMPLICATIONS A LONG TERME

Les complications lointaines sont d'ordre sexologique et gynéco-obstétrical. Les mutilations génitales féminines engendrent souvent la frigidité définitive[128]. Selon le sexologue Gerard Zwang, la femme dispose d'un circuit orgasmique qui commence à se développer à l'âge de deux ou trois ans pour fonctionner à l'âge de six à sept ans. Dans ce cas, même si le clitoris a été coupé, la fille de dix ans peut sentir le plaisir à travers les nerfs du vagin s'ils ont été développés avant l'âge de six à sept ans. Mais si la mutilation a lieu avant le développement de ces nerfs, il est exclu que la femme mutilée puisse parvenir à l'orgasme[129]. Par conséquent, les femmes mutilées sont souvent des frigides totales et définitives. Cela conduit à la rupture de la coopération sexuelle entre les deux conjoints, ce qui provoque une congestion dans le pelvis, des douleurs, une tension nerveuse et psychique[130]. Mais, actuellement, il existe une chirurgie réparatrice, le Docteur Pierre FOLDES, un chirurgien urologue français, a mis au point une technique de réparation du clitoris en dégageant sa partie interne et en le réinnervant[131].

La blessure se cicatrice en laissant des tissus fibreux avec des kystes pénibles, notamment lors des rapports sexuels. Parfois, la chair n'est pas coupée de manière égale, nécessitant une chirurgie esthétique. Dans le cas de l'excision, la blessure en cicatrisant peut aussi fermer l'ouverture du vagin comme s'il était infibulé. Des abcès vulvaires, voire des cancers sont aussi possibles. Les difficultés menstruelles peuvent être le résultat du choc initial qui se répète à chaque période. Elles peuvent aussi provenir des infections et de l'accumulation du sang. La stérilité n'est pas absente, les infections pouvant s'étendre au vagin et boucher les conduites aux ovules, provoquant ainsi la stérilité. Lorsque la femme est infibulée, le mari peut provoquer une ouverture marginale

---

[128] AUTAIN C., *Les droits des femmes*, éd. Les essentiels Milan 2003, p.41

[129] ALDEEP ABU-SAHLIEH S. A., *Circoncision masculine, circoncision féminine*, op. Cité, p. 228

[130] Ibid., p. 227

[131] Pour plus d'information, consulter l'ouvrage de PROLONGEAU Hubert, *Victoire sur l'excision : Pierre Foldes, le chirurgien qui redonne l'espoir aux femmes mutilées*, éd. Albin Michel 2006

par laquelle il pratique les rapports sexuels pensant qu'il s'agit du vagin. Il faut alors l'intervention du chirurgien pour effectuer l'ouverture normale afin que la femme puisse tomber enceinte. Une lésion de l'urètre entraînant une incontinence urinaire n'est pas inexistante, la dyspareunie c'est-à-dire des rapports sexuels douloureux, dysfonctionnements sexuels et problèmes pendant l'accouchement sont probables. En effet, l'accouchement est rendu difficile et peut même engendrer la mort du nouveau-né et de sa mère[132]. Une femme excisée est menacée plus souvent qu'une autre de déchirure du périnée, car les tissus cicatriciels du vagin ne présentent pas la même élasticité que les tissus normaux. Il faut alors procéder à un élargissement du vagin en coupant le périnée afin d'éviter les difficultés relatives au dégagement de la tête de l'enfant. Si la tête reste coincée longtemps, les souffrances fœtales par compression céphalique provoquent des troubles : l'enfant peut en mourir ou naître anormal en raison du manque d'oxygène.

La santé psychosexuelle et psychologique est très perturbée. Les mutilations génitales peuvent marquer à vie la mémoire de celles qui les ont subies, à plus long terme. Les femmes peuvent souffrir d'un sentiment d'inachèvement, d'angoisse ou de dépression, ainsi que de perturbations dans l'épanouissement de la jeune fille parce qu'une fille excisée est souvent considérée comme bonne à marier et retirée de l'école.

L'infibulation présente un taux de morbidité nettement supérieur à celui de l'excision. Dans le domaine obstétrical, les incidents divers augmentent les taux des stérilités[133]. Ce type de mutilations a des complications particulières qui sont les suivantes : formation de calculs derrière les cicatrices, difficulté à effectuer des examens des organes sexuels en raison de leur fermeture, accumulation de sang et d'urine derrière les cicatrices. Leur infection augmente les risques de la stérilité, des mauvaises odeurs existent. Les périodes menstruelles peuvent durer

---

[132] AUTAIN C., *Les droits des femmes*, op. cit., p. 41

[133] ERLICH M., « Observation ethnopsychiatrique de l'infibulation des femmes en Somalie », op. cit., p. 33

une dizaine de jours, empêchant la femme d'aller à l'école et au travail et enfin existe la difficulté de l'enfantement[134].

Il est donc plus facile de conclure que les mutilations génitales féminines portent une atteinte grave à la santé physique[135] et psychique des femmes. Face à ce fléau répandu dans le monde entier avec le processus d'immigration, les tentatives d'abolition de cette pratique notamment par la législation sont fortes.

§2 / LES TENTATIVES D'ERADICATION PAR LA LEGISLATION

Les articles dans la presse et le processus d'immigration ont permis à des millions de personnes de découvrir l'existence des coutumes qualifiées de barbares et de révoltantes. Ces mutilations sans intérêt thérapeutique pour le corps de la femme portent de graves conséquences pour la personne, elles sont inacceptables. Les mutilations génitales féminines sont ressenties comme un phénomène irritant par l'opinion publique occidentale et la France s'oppose clairement (A) à cette pratique. Les organisations internationales prennent des mesures différentes (B) pour l'abolition de ces pratiques attentatoires et discriminatoires pour le corps de la femme.

A / LA POSITION FRANCAISE FACE A CETTE TRADITION

Ces pratiques dont les risques infectieux et hémorragiques sont importants et qui modifient complètement l'avenir sexuel de la femme, sont interdites en France. La législation française respecte d'abord la personne et son intégrité physique. Elle s'oppose à toutes

---

[134] ALDEEP ABU-SAHLIEH S.A., *Circoncision masculine, circoncision féminine*, op. cit., p. 219

[135] LANG J., *Enquête sur la situation des femmes dans le monde*, op. cit., p. 6

discriminations fondées sur le sexe. C'est ainsi que la coutume de faire reconstituer médicalement l'hymen des jeunes filles musulmanes déshonorées ou sexuellement précoces dans le but de leur permettre un mariage ultérieur avec les apparences de la virginité a fait l'objet de poursuites pénales pour coups et blessures volontaires avec préméditation contre un médecin de Montpellier[136]. En effet, les atteintes au corps humain ne sont autorisées que dans l'intérêt thérapeutique de la personne. Cet intérêt est absent dans les mutilations sexuelles féminines. Les mutilations sexuelles féminines attentent à la dignité, à l'intégrité et à la vie d'un être humain et tombent donc sous le coup de la loi. De ce fait, l'excision du clitoris en France est condamnable par la législation française (1) et cette pratique porte un préjudice sexuel (2).

1 / LA QUALIFICATION JURIDIQUE DE L'EXCISION PAR LA FRANCE

Les mutilations constituent une violation des droits humains fondamentaux et aucune revendication d'empiètement culturel ne devrait empêcher leur reconnaissance en tant que telles[137], d'où la chancellerie a fait connaître sa position[138] : « Bien que répondant à des coutumes ancestrales observées par certaines communautés ethniques, les mutilations sexuelles infligées à des enfants et des adolescentes constituent une atteinte grave au respect de la personne humaine dont la France ne saurait accepter la pratique sur son territoire ». Le problème en France est posé à son plus haut niveau : celui du respect de la personne humaine[139]. Par conséquent, les mutilations génitales ne sont plus tolérées en France au nom du respect des cultures d'origine et conduisent à des peines de prison tantôt pour l'exciseuse que pour le père et la mère d'une fille excisée[140].

---

[136] PY B., *Le sexe et le droit*, op. cit., p. 34
[137] RAMBERG I., *La violence à l'égard des jeunes femmes en Europe*, op. cit., p. 136
[138] Publiée au journal officiel du 4 novembre 1982
[139] SAUREL R., *Bouches cousues : les mutilations sexuelles féminines et le milieu médical*, éd. Tierce 1985, p. 248
[140] PY B., *Le sexe et le droit*, op. cit., p. 112

Le diagnostic médico-légal de l'excision repose sur l'examen immédiat de la région vulvaire qui révèle une plaie clitorido-labiale fraîche. Ce constat est généralement réalisé au dispensaire de la protection maternelle et infantile[141]. La constatation peut faire l'objet du dépôt d'une plainte par la direction de la PMI[142] pour mutilation sur mineur par personne ayant autorité. Ce qui est souvent à l'origine d'une procédure judiciaire. La loi pénale condamne l'omission de porter secours à une personne en péril[143]. Le délit de non-assistance à personne en danger est donc applicable à celui qui ayant connaissance d'une excision commencée ou accomplie n'intervient pas pour aider la victime en danger. C'est ainsi dans une affaire dans laquelle les parents d'une enfant de trois mois avaient fait appel à une exciseuse qu'ils avaient aidée à pratiquer une excision complète à la suite de laquelle l'enfant devait décéder des suites d'une hémorragie interne. En l'espèce, devant la cour d'appel d'Amiens les prévenus ont été condamnés pour abstention de porter secours et pour n'avoir pas alerté le médecin après l'opération alors que des signes d'hémorragie apparaissaient[144]. Toute personne, médecin ou un citoyen qui a connaissance d'un tel risque a l'obligation de signaler le danger pour éviter une condamnation. Il faut signaler les faits au procureur de la République du tribunal de grande instance ou les services sociaux ou médico-sociaux[145]. La pratique de l'excision sur le territoire français est parfois la cause de décès des petites filles mutilées. En cas de poursuites pénales, les tribunaux préfèrent la qualification de coups mortels à celle d'homicide par imprudence. Il faut noter que les violences de celui qui excise sont volontaires[146] et seule l'issue fatale n'est voulue par l'exciseuse.

Le droit pénal peut qualifier d'atteintes involontaires à l'intégrité[147] de la victime les effets non voulus mais néfastes pour la santé que peuvent entraîner l'excision et l'infibulation[148]. De 1988 à 1994, quatorze procès en assises se succéderont avec des verdicts

---

[141] ALBERNHE T. (ss la dir. de), *Criminologie et psychiatrie*, op. cit., p. 294
[142] La protection maternelle et infantile
[143] Article 223-6 du nouveau code pénal
[144] PY B., *Le sexe et le droit*, op. cit., p. 37
[145] Notamment la PMI et le service départemental de l'aide sociale à l'enfance
[146] Article 222-7 du nouveau code pénal
[147] Article 222-19 du nouveau code pénal
[148] PY B., *Le sexe et le droit*, op. cit., p. 37

comportant des peines de prison avec sursis : jusqu'en 1991 pour deux exciseuses et jusqu'en 1993 pour de nombreux parents[149].

Jusqu'en 1994, le code pénal français mentionnait la castration comme étant un crime passible d'une peine de réclusion à perpétuité[150]. Celle-ci a disparu du nouveau code pénal qui ne distingue plus la nature de la mutilation[151]. La loi pénale ne connaît pas de dispositions spécifiques réprimant l'excision. Il faut donc analyser cette pratique au regard des qualifications pénales protégeant l'intégrité physique. Le fait de détériorer définitivement un organe humain est une mutilation. Le clitoris étant considéré comme un organe fonctionnel, l'ablation de cet organe constitue une mutilation[152]. La suppression de cet organe est de nature à entraîner pour la victime une infirmité permanente[153]. Par conséquent, la mutilation du clitoris d'une femme de plus de quinze ans est un délit correctionnel. Ainsi l'excision est punie de dix ans d'emprisonnement et de 150 000 euros d'amende[154]. L'aggravation des peines existe. Ainsi, si la victime est un mineur de 15 ans, la peine est de quinze ans de réclusion criminelle[155]. La peine encourue est portée à vingt ans de réclusion criminelle lorsque la mutilation est commise sur un mineur de quinze ans par un ascendant légitime, naturel ou adoptif ou par toute autre personne ayant autorité sur le mineur[156].

La France est pratiquement le seul pays occidental à poursuivre pénalement cette pratique sur son territoire. Certains pays occidentaux ont des lois spéciales interdisant expressément ces mutilations, mais ferment les yeux sur les agissements des Africains. Même en France, les poursuites sont peu nombreuses[157]. Le nombre des cas portés devant les tribunaux français ne correspond certainement pas au nombre des

---

[149] ALBERNHE T. (ss la dir. de), *Criminologie et psychiatrie*, op. cit., p. 294
[150] Ancien code pénal, article 316
[151] ALBERNHE T. (ss la dir. de), *Criminologie et psychiatrie*, op. cit., p. 291
[152] La législation française ne mentionne pas l'excision et a assimilé cette pratique à une mutilation
[153] Crim. 9 mai 1990 : Dr. Pénal 1990, p. 291
[154] Article 222-9 du nouveau code pénal
[155] Article 222-10 alinéa 1, 1°
[156] Article 222-10 alinéa 11
[157] ALDEEP ABU-SAHLIEH S.A., *Circoncision masculine, circoncision féminine*, op. cit., p. 367

mutilations génitales féminines pratiquées sur le territoire national en violation des dispositions pénales[158]. Très peu de peines sont prononcées pour excision en France[159]. Certaines familles profitent des vacances pour faire exciser les fillettes dans leur pays d'origine. Mais la loi française s'applique même en cas de mutilation dans un autre pays[160]. En effet, l'extension du champ d'application de la loi française est intervenue par la loi du 4 avril 2006[161] pour protéger les mineures de nationalité étrangère mais résidant habituellement sur le territoire français[162]. Selon ladite loi, la plainte de la victime ou de ses ayants droit ainsi que la dénonciation officielle par l'autorité du pays où les faits ont été commis ne sont pas nécessaires dans l'hypothèse d'un délit. Ainsi, la poursuite est rendue plus facile. De plus, il faut remarquer l'existence d'un régime dérogatoire de prescription institué par la loi du 9 mars 2004[163] en la matière. Selon ces dispositions, les violences ayant entraîné une mutilation ou une infirmité permanente sur un mineur, auront une durée de vingt ans de réclusion criminelle. Le point de départ de la prescription du crime est fixé à la majorité du mineur victime. De même, en matière de délit, la prescription est identique si les violences ont entraîné une incapacité totale de travail pendant plus de huit jours dès lors qu'elles ont été commises sur un mineur.

L'ablation du clitoris est pratiquée par des individus qui n'ont pas encore assimilé les valeurs protégées par la société française. Sa répression montre que l'excision n'est pas devenue une coutume dérogatoire au droit français[164]. La volonté individuelle ne peut pas faire plier le principe d'intangibilité du corps affirmé par la loi pénale. Les

---

158 ALDEEP ABU-SAHLIEH S.A., *Circoncision masculine, circoncision féminine*, op. cit., p. 408

159 CHETCUTI N., JASPARD M., *Les violences envers les femmes : trois pas en avant et deux pas en arrière*, éd. L'Harmattan 2007, p. 164

160 Article 113-7 du nouveau code pénal

161 « La loi n° 2006-399 du 4 avril 2006 renforçant la prévention et la répression des violences au sein du couple ou commises contre les mineurs », *J.O.* du 5 avril 2006, p. 5097

162 VIRIOT-BARRIAL D., « Commentaire de la loi n° 2006-399 du 4 avril 2006 renforçant la prévention et la répression des violences au sein du couple ou commises contre les mineurs », Chron., *D.* 2006, p. 2350

163 BONFILS P., « Les dispositions relatives aux mineurs de la loi n° 2004-204 du 9 mars 2004 dite Perben II », *JCP* 2004, I, p. 140

164 PY B., *Le sexe et le droit*, op. cit., p. 35

habitudes socialement marginales ne peuvent pas modifier l'état du droit. Dans une décision du tribunal administratif de Lyon[165], l'excision est qualifiée de traitement inhumain et dégradant au sens de la Convention européenne de sauvegarde des droits de l'homme et des libertés fondamentales du 4 novembre 1950[166]. Par conséquent, le tribunal a annulé un arrêté de reconduite à la frontière d'une Guinéenne au motif que le retour dans son pays entraînerait l'excision de ses deux fillettes car elle ne serait pas en mesure de s'opposer à la volonté de sa belle-famille de procéder à l'excision de celles-ci[167].

Dans une brochure intitulée *Protégeons nos petites filles contre l'excision*, le ministère français du Travail et des Affaires sociales affirme que l'excision est en contradiction avec la loi française puisqu'elle mutile le corps de l'enfant. En France, la loi protège tous les enfants qui vivent sur son territoire quelle que soit leur nationalité. Supporter que des petites filles d'Afrique soient excisées, c'est d'introduire une discrimination entre les enfants en fonction de leur origine, ce qui est tout à fait contraire au principe d'égalité de tous devant la loi. En effet, la loi sanctionne les violences ayant entraîné une mutilation sur des mineures de moins de 15 ans[168]. Elle protège tous les enfants résidant en France, quel que soit le pays d'origine de leurs parents. Quelles que soient leurs croyances, leurs habitudes et leurs rites, les personnes qui résident sur le territoire français sont soumises aux règles juridiques françaises sans qu'il leur soit possible d'écarter l'application de la norme pénale en vertu de leurs convictions personnelles[169].

Les matrones, qui font l'objet de procès pour avoir pratiqué une excision, sont averties qu'il s'agit d'une grave transgression, passible de sanctions pénales devant la justice[170]. Les mères ont été averties dans des consultations de protection maternelle infantile ou mises en garde

---

[165] Trib. Adm. Lyon (6ème ch.), 12 juin 1996, CONDE, *P.A.* du 18 oct. 1996, p. 18, note H. Fourteau

[166] L'article 3 de la Convention, selon lequel nul ne peut être soumis à la torture ni à des peines ou traitements inhumains ou dégradants.

[167] Trib. Adm. Lyon, 12 juin 1996, *J.C.P.* 1997, I, 3996, obs. H. Fulchiron

[168] AUTAIN C., *Les droits des femmes*, op. cit., p.41

[169] PY B., *Le sexe et le droit*, op. cit., p. 35

[170] COUCHARD F., *L'excision*, coll. Que sais-je, éd. PUF 2003, p. 99

par d'autres femmes. Mais ces informations ne les empêchent pas de pratiquer les mutilations. Certes, toutes ne parlent pas la langue du pays d'accueil, elles sont souvent mal intégrées[171]. A noter que la législation récente impose aux femmes bénéficiaires du regroupement familial l'apprentissage de la langue française avant l'entrée sur le territoire.

2 / LE PREJUDICE SEXUEL ET L'ABLATION DU CLITORIS

La notion de préjudice sexuel recouvre trois demandes [172]qui sont les suivantes : atteinte à la fonction sexuelle[173], atteinte à la fonction de reproduction[174] et atteinte à la fonction érotique[175]. Le préjudice sexuel constitue un préjudice psychoaffectif indépendant du dommage sexuel fonctionnel. Il ne faut surtout pas oublier que le rapport sexuel est une relation humaine avec ses dimensions psychologiques et sociales. De ce fait, une atteinte même minime peut totalement bouleverser le statut affectif de la personne et donc justifier une indemnisation. Les principes juridiques du droit de la responsabilité imposent à la victime d'un dommage d'en apporter la preuve pour espérer une indemnisation. En matière de préjudice sexuel, la collaboration des médecins experts est indispensable pour effectuer le constat d'une atteinte à la fonction sexuelle ou reproduction ou bien à la fonction érotique.

Il est difficile de prouver un dommage sexuel notamment lorsqu'il n'existe pas de lésions organiques graves[176]. De ce fait, la cour d'appel de Saint-Denis-de-la-Réunion, en 1989, refuse d'indemniser la victime d'un préjudice sexuel alors que celle-ci a été blessée à la vulve et a subi l'ablation du clitoris. Les juges du fond considèrent que les

---

[171]COUCHARD F., *L'excision*, op. cit., p. 100

[172] PY B., *Le sexe et le droit*, op. cit., p. 15

[173] L'ensemble des séquelles qui rendent impossibles ou très difficiles les relations sexuelles, le défaut de sensations, la douleur lors des rapports

[174] Les séquelles qui rendent impossible ou très difficile la reproduction : stérilité, impossibilité d'accoucher normalement

[175] Cette atteinte fait référence à l'agrément lié à la sexualité

[176] BOURRIE-QUENILLET M., « Le préjudice sexuel : preuve, nature juridique et indemnisation », *JCP* 1996, I, 3986, p.496

allégations de la victime ne sont pas médicalement vérifiables alors que la réalité scientifique du préjudice sexuel est indéniable. Mais, en 1990, la Cour de cassation casse cet arrêt, en affirmant la légitimité de la réparation du préjudice sexuel dès lors que celui-ci découle de lésions organiques : « n'a pas justifié sa décision, laquelle est entachée de contradictions, une cour d'appel qui, pour refuser d'allouer à la victime une indemnité du chef du préjudice sexuel invoqué, retient que les allégations de la victime ne sont pas médicalement vérifiables, alors qu'il résulte des énonciations de l'arrêt que la victime, blessée notamment à la vulve, avait subi l'ablation du clitoris [177]». En effet, il est évident que l'ablation du clitoris, si elle ne perturbe pas la faculté de reproduction, est à la fois une lésion organique et une atteinte à la fonction érotique sans qu'un médecin ait besoin de le certifier[178]. Le fait de ne plus pouvoir accéder au plaisir est un des aspects du préjudice sexuel. La frigidité provoquée par la faute d'autrui est donc un préjudice juridiquement réparable[179], même en cas de difficulté de preuve et d'évaluation. Il faut noter que le conjoint ou le concubin peut également faire valoir en justice son propre préjudice sexuel. Ainsi, la chasteté imposée devient donc une source d'indemnisation[180]. Les statistiques sur les sommes allouées au titre du préjudice sexuel montrent que les sommes sont d'autant plus élevées que la personne est jeune. Les célibataires sont mieux indemnisées que les personnes mariées du fait du préjudice d'établissement. Les dommages et intérêts ne dépendent pas de la situation sociale des personnes victimes du préjudice sexuel[181].

Il faut noter que la France n'est pas le seul pays à s'opposer à la pratique de ces altérations, la volonté internationale l'est également.

---

[177] Cass.crim., 14 juin 1990, *Juris-Data* n° 002300, cassation de CA Saint-Denis-de-la-Réunion, ch. Corr., 24 août 1989

[178] PY B., *Le sexe et le droit*, op. cit., p. 16

[179] 3048, 98 euros ont été alloués à la femme au titre de sa frigidité et de son apragmatisme sexuel : CA de Rennes, 3ème ch., arrêt de 12 juillet 1991

[180] PY B., *Le sexe et le droit*, op. cit., p. 16

[181] BOURRIE-QUENILLET M., « Le préjudice sexuel : preuve, nature juridique et indemnisation », op. cit., p. 499

B / LA POSITION INTERNATIONALE FACE AUX MUTILATIONS GENITALES FEMININES

La reconnaissance internationale des mutilations génitales féminines comme une atteinte aux droits de la personne humaine et une menace sur la santé publique dépasse toutes les frontières culturelles. Mais les traditions ethniques et religieuses empêchent l'éradication de ces pratiques. Les tentatives d'abolition de cette pratique existent depuis le début du vingtième siècle (1) et se poursuivent jusqu'aujourd'hui (2).

1 / LES TENTATIVES D'ERADICATION AVANT 1950

En 1931, pour la première fois, le législateur international s'est intéressé à cette pratique dégradante du corps féminin[182]. Les organismes internationaux[183] ont publié des études démontrant que cette pratique mutilante est une atteinte préjudiciable à la santé physique et psychique de la femme.

Les Anglais qui avaient tenté de mettre fin à l'excision au Kenya en 1925 eurent à faire face à des émeutes. Ce qui les amenèrent à revenir sur leur décision. De même, en 1946, au Soudan, une loi d'abolition de cette pratique provoqua des émeutes et précédèrent son entrée en vigueur d'une recrudescence des infibulations. Malgré celle-ci, vingt ans après, la plupart des jeunes filles soudanaises sont excisées, la moitié d'entre elles étant infibulées[184]. Malgré les risques sanitaires, les mutilations sont perpétrées par des femmes plus âgées sur des jeunes filles qui n'ont pas le choix. La disparition de ces pratiques n'est possible que par l'intermédiaire des sociétés concernées, avec l'adoption d'un nouveau mode de vie. En effet, la survivance des mutilations

---

[182] ALDEEP ABU-SAHLIEH S.A., *Circoncision masculine, circoncision féminine*, op. cit., p. 398

[183] Organisation des Nations unies et l'Organisation mondiale de la santé

[184] ERLICH M., « Observation ethnopsychiatrique de l'infibulation des femmes en Somalie », op. cit., p. 33

génitales féminines constitue un défi à la dignité humaine. Pour éviter ces conséquences dramatiques il convient d'œuvrer à sa disparition en accord avec les populations concernées.

2 / LA POURSUITE DES MOUVEMENTS ABOLITIONNISTES

Grâce à l'impulsion des organisations humanitaires internationales et des mouvements féministes émus par les témoignages d'observateurs étrangers[185], les tentatives d'abolition de cette pratique se poursuivent. Il existe le développement d'une campagne de sensibilisation de l'opinion publique occidentale visant à faire pression sur les gouvernements des pays dans lesquels se pratiquent l'excision et l'infibulation féminines en vue de leur abolition[186].

Un colloque réuni sous l'égide de l'Organisation mondiale de la santé en 1979, une conférence des Nations unies en 1979 et une réunion organisée par l'UNICEF en mars 1980 ont unanimement condamné les mutilations génitales féminines. Ces organismes internationaux ont tenté d'élaborer une stratégie de lutte pour l'avenir. Les répercussions des mutilations génitales féminines sur les droits de la personne ont été dénoncées dans plusieurs instruments internationaux, notamment la Convention des Nations unies sur l'élimination de toutes les formes de discriminations à l'égard des femmes.

Malgré les campagnes d'information menées par de nombreuses organisations non gouvernementales et les interdits édictés tant par la convention que par la législation des Etats concernés, l'excision et l'infibulation continuent d'être pratiquées[187]. Les Occidentaux tentent d'empêcher une telle pratique sur leurs territoires[188], en même temps,

---

[185] Notamment les ethnologues, missionnaires, médecins, fonctionnaires coloniaux

[186] ERLICH M., « Observation ethnopsychiatrique de l'infibulation des femmes en Somalie », op. cit., p. 15

[187] LANG J., *Enquête sur la situation des femmes dans le monde*, op. cit., p. 6

[188] ALDEEP ABU-SAHLIEH S. A., *Circoncision masculine, circoncision féminine*, op. cit., p. 367

ces pays n'ont pas manqué de faire connaître leur opposition à ces mutilations là où elles se pratiquent. Certes, il y a des pressions économiques sur ces pays pour favoriser l'adoption de lois justes en vue d'imposer la volonté occidentale, mais ces lois sont peu ou prou appliquées[189].

Grâce aux médias occidentaux, les gouvernements de certains pays commencent à prendre des mesures. Au Burkina Faso, le gouvernement a engagé la lutte contre les mutilations génitales féminines, le sujet n'est plus tabou, les membres du comité de lutte se rendent de village en village pour rencontrer les Anciens, ceux qui détiennent l'autorité, afin de les convaincre de renoncer aux lois ancestrales qui régissent la tribu[190]. La lutte peut aussi utiliser l'expression théâtrale ; ainsi au Mali, la forme théâtrale est utilisée dans les campagnes de sensibilisation. Depuis longtemps, les organismes internationaux s'occupant de la santé ont véhiculé une représentation négative de ces pratiques. Actuellement, grâce au développement des médias télévisuels, tout le monde peut avoir accès à ces informations.

Les différentes conventions internationales dénoncent les pratiques discriminantes à l'égard des femmes et des enfants. De nombreux Etats ont ratifié les diverses déclarations des Nations unies et les conventions internationales qui font appel au respect des droits humains, notamment la déclaration relative aux droits de l'enfant, le pacte relatif aux droits économiques, sociaux et culturels et la convention sur l'élimination de toutes les formes de discrimination à l'égard des femmes. La Déclaration universelle des droits de l'homme établit le caractère fondamental du droit à la santé. Les gouvernements sont responsables de la santé de leurs populations et de la protection de l'intégrité corporelle des femmes. Les mutilations génitales féminines sont contraires à l'éthique médicale qui repose sur des principes universellement acceptés par les associations professionnelles[191]. La Convention internationale sur les droits de l'enfant[192], en son

---

[189] ALDEEP ABU-SAHLIEH S.A., *Circoncision masculine, circoncision féminine*, op. cit., p. 366

[190] DESFORTS J., *Violence et corps des femmes du tiers-monde*, op. cit., p.141

[191] RAMBERG I., *La violence à l'égard des jeunes femmes en Europe*, op. cit., p. 137

[192] Entrée en vigueur le 6 septembre 1990

article 24-3 énonce que « les Etats parties prennent toutes les mesures efficaces appropriées en vue d'abolir les pratiques traditionnelles préjudiciables à la santé des enfants ». La Convention internationale sur l'élimination de toutes les formes de discrimination à l'égard des femmes, entrée en vigueur le 13 janvier 1984 énonce que « les Etats parties prennent toutes les mesures appropriées pour éliminer la discrimination à l'égard des femmes dans le domaine de la santé en vue de leur assurer des soins, sur la base de l'égalité de l'homme et de la femme »[193].

En dépit de la ratification des traités en question, de nombreux pays n'ont pas mis leurs engagements en œuvre[194]. Certes, les Etats membres ont élaboré des lois et ont adhéré à certaines chartes notamment :

- la charte africaine des droits de l'homme et des peuples, entrée en vigueur le 21 octobre 1986 selon laquelle « la personne humaine est inviolable. Tout être humain a droit au respect de sa vie et à l'intégrité physique et morale de sa personne : nul ne peut être privé arbitrairement de ce droit [195]» ;
- Et la charte africaine des droits et du bien-être de l'enfant, entrée en vigueur le 29 novembre 1999, interdit les pratiques négatives sociales et culturelles, les Etats parties à la présente charte prennent toutes les mesures appropriées pour abolir les coutumes et les pratiques négatives, culturelles et sociales qui sont au détriment du bien-être, de la dignité, de la croissance et du développement normal de l'enfant, en particulier les coutumes et les pratiques préjudiciables à la santé, voire à la vie de l'enfant et les coutumes et les pratiques qui constituent une discrimination à l'égard de certains enfants pour des raisons de sexe ou autres raisons [196].

---

[193] Article 12-1 de la Convention internationale sur l'élimination de toutes les formes de discrimination à l'égard des femmes.

[194] RAMBERG I., *La violence à l'égard des jeunes femmes en Europe*, op. cit., p. 137

[195] Article 4 de la charte africaine des droits de l'homme et des peuples

[196] Article 21-1 de la charte africaine des droits et du bien-être de l'enfant

Ces textes demeurent lettres mortes et la pratique reste un problème répandu. Cette pratique est perpétuée en raison d'une insuffisance en matière de protection sociale et juridique de l'intégrité corporelle des femmes. Le droit favorise l'égalité des sexes ; de ce fait, la femme est considérée comme un être humain digne de respect. Mais la tradition a pour effet de contrôler le corps féminin et voit en la femme non pas un être humain mais une fonction : une fonction de reproduction.

SECTION II / LA MATERNITE OBLIGATOIRE

Les constructions sociales divisant les femmes et les hommes relèvent de stéréotypes culturels particulièrement nuisibles pour le corps des femmes[197]. Selon les anthropologues, la différence des sexes apparaît comme le principe organisateur des sociétés[198]. Selon Lévi-Strauss, la femme est incontestablement « la plus précieuse des marchandises » que les hommes échangent et la plus appréciée[199]. Les hommes échangent les femmes, c'est une façon de communiquer entre eux pour construire une société masculine où les hommes sont les seuls sujets. De ce fait, dans la société traditionnelle, la femme doit enfanter, au besoin par contrainte, c'est le rôle social du corps féminin. En France, l'avortement était interdit durant la première moitié du vingtième siècle. La loi prévoyait une peine d'emprisonnement de un à cinq ans et d'une amende de 1800 à 100 000 francs[200] à l'encontre de « quiconque, par aliments, breuvages, médicaments, manœuvres, violences ou par tout autre moyen, aura procuré ou tenté de procurer l'avortement d'une femme enceinte ou supposée enceinte, qu'elle y ait consenti ou non [201]». En outre, la femme qui « se sera procuré l'avortement à elle-même ou aura tenté de se le procurer ou qui aura consenti à faire usage des moyens à elle indiqués ou administrés à cet effet »[202] encourait un emprisonnement de six mois à deux ans et une amende de 360 à 20 000 francs[203]. Et, enfin, des aggravations et des interdictions d'exercer frappaient les médecins, les étudiants en médecine et tous les professionnels de santé[204]. Mais la reproduction est impossible sans porter une atteinte au corps de la femme. Le consentement est à la base de toutes les atteintes au corps humain. Par conséquent, les féministes ont dénoncé la *maternité-esclave*, la *maternité-destin*. De ce fait, la lutte fondamentale des femmes de disposer de leur corps et de décider elles-

---

[197] BELLEAU M-C., « Les théories féministes : droit et différence sexuelle », *RTD civ.* janv.-mars 2001, p. 14

[198] EPHESIA, *La place des femmes*, colloque, éd. La découverte, 1996, p. 47

[199] Ibid., p. 133

[200] Soit de 270 à 15 000 euros

[201] Article 317 de l'ancien code pénal issu du décret-loi du 29 juillet 1939

[202] Article 317 alinéa 3 de l'ancien code pénal

[203] Soit de 54 à 3000 euros

[204] Article 317 al. 4 et 5 de l'ancien code pénal

mêmes d'un acte qui engagerait leur existence entière constituait une urgence. C'est ainsi que l'évolution juridique en matière de la maîtrise de fécondité de la femme a pris une place indiscutable dans l'émancipation des femmes.

Pour le droit actuel, la femme est également un sujet humain. Le droit accorde à la femme la liberté de disposer de son corps. Ainsi, la femme a le droit de choisir les moyens de contraception pour éviter une grossesse. En cas de grossesse non voulue, elle a également le droit de décider d'interrompre la grossesse. La loi protège le droit à l'intégrité du corps de la femme. De ce fait, la loi protège la volonté de la femme dans le domaine de l'interruption volontaire de grossesse. La maternité doit comporter certaines normes de sécurité, c'est-à-dire le droit à la femme de ne pas mourir en accouchant et le droit à la femme de décider librement et en toute sécurité, d'avoir ou de ne pas avoir d'enfants. En l'absence de ces droits, la dimension féminine, avec le droit au respect de son corps et à la liberté dans l'exercice de la sexualité, n'existe plus. Désormais, la femme a le droit au respect de son intégrité physique. Il ne peut être porté atteinte à son intégrité physique sans l'accord de sa volonté. Mais la tradition impose à la femme une maternité, sans tenir compte de l'état de détresse de la femme, dont la conséquence est la pratique de l'avortement clandestin, préjudiciable pour le corps de la femme (§1). Dans les sociétés évoluées comme la France, les avancées législatives, sociales et médicales ont permis aux femmes d'acquérir une grande autonomie dans la gestion de leur corps et notamment de leur capacité reproductive[205] (§2), et ainsi préserver le droit à l'intégrité physique. Le contrôle de son corps par la femme est un élément fondamental dans l'amélioration du statut de la femme.

---

[205] EPHESIA, *La place des femmes*, op. cit., p. 275

§1 / L'ETAT DE DETRESSE DE LA FEMME ET LA POURSUITE DE LA GROSSESSE DANS LES SOCIETES TRADITIONNELLES

Les traditions imposent au corps de la femme le mariage et la maternité. Par conséquent, le droit à la maîtrise de fécondité est interdit aux femmes sans tenir compte des dangers des grossesses répétées (A) et les femmes sont dans l'obligation de subir la maternité imposée à leur corps (B).

A / L'INTERDICTION DE LA MAITRISE DE LA FECONDITE

Cette interdiction est due à l'influence d'une tradition ou d'une religion (1), dont les effets pervers sont énormes à l'intégrité physique de la femme, notamment en Afrique (2).

1 / L'INFLUENCE DE LA TRADITION ET DE LA RELIGION EN LA MATIERE

Dans les sociétés traditionnelles, le corps de la femme n'est pas respecté. Il y a un véritable contrôle sur le corps de la femme. Le droit au respect de la personne humaine n'est pas applicable pour les femmes. Elles n'ont pas la liberté de décider et notamment la liberté de disposer de leur corps. Il faut rappeler que les religions exercent une influence considérable sur le droit et sur les mentalités. La religion reconnaît une certaine valeur à la personne humaine et introduit dans les mentalités les notions de pureté et de péché[206]. La religion rend la femme responsable du péché, dissocie l'âme du corps et condamne les plaisirs de la chair[207]. La religion cherche à préserver l'organisation sociale, à savoir le

[206] DESFORTS J., *Violence et corps des femmes du tiers-monde*, op. cit., p. 84
[207] OUVRARD L., *La prostitution*, éd. L'Harmattan 2000, p. 157

mariage et la procréation. Par conséquent, toute tentative ayant pour objet d'empêcher la fécondation ou d'interrompre une gestation est considérée comme le plus grand des péchés[208]. L'acte sexuel est encadré par le mariage en vue de la reproduction des générations. D'où dans certains pays l'avortement est illégal. Il ne faut pas oublier que l'église catholique s'oppose aux méthodes modernes de contraception et à l'avortement. Par conséquent, plusieurs pays nient l'intégrité corporelle de la femme quelle que soit sa situation[209]. C'est ainsi, l'Irlande s'illustre au sein de l'Europe par une protection rigide de la moralité, ancrée dans une tradition religieuse vivace. Dans ce pays, l'avortement reste interdit même en cas de menace pour la vie de la mère. Le droit à la protection de la vie de l'enfant à naître s'inscrit dans une profonde tradition catholique[210] dont toute la constitution est empreinte, notamment concernant la protection des droits fondamentaux.

La maîtrise de la fécondité, clé de l'émancipation des femmes et du développement, est également freinée par les traditions et la croyance religieuse, alors qu'elle devrait constituer un impératif de santé publique dans des pays où les femme se marient jeunes. Le développement, très néfaste, voire mortel, des avortements clandestins, près de 20 millions par an, résulte de son interdiction sous la pression des grandes religions : catholicisme et, dans certains cas, Islam. Ainsi, la pratique des interruptions volontaires de grossesse demeure prohibée ou extrêmement restreinte, en Amérique centrale et du Sud, ainsi que dans presque toute l'Afrique et aux Philippines. Aux Etats-Unis, des commandos anti-avortement sont allés parfois jusqu'à assassiner les médecins qui pratiquent ce type d'intervention. Ce retour à l'ordre moral s'opère au détriment du corps des femmes femmes[211].

---

[208] DESFORTS J., *Violence et corps des femmes du tiers-monde*, op. cit., p. 87
[209] *Dictionnaire Lamy*, « Droit de la santé, Encadrement normatif de la santé », Tome 1, éd. Lamy 2002, p. 160-9
[210] *Dictionnaire Lamy*, « encadrement normatif de la santé », op. cit., p. 160-25
[211] LANG J., *Enquête sur la situation des femmes dans le monde*, op. cit., p. 8

2 / LES EFFETS PERVERS POUR LE CORPS DES FEMMES AFRICAINES

Le droit pour la femme africaine de contrôler son corps se heurte à une difficulté relative aux normes sociales en Afrique. La reproduction est un élément central de l'organisation des sociétés africaines. Dans certaines sociétés africaines, la reconnaissance sociale des femmes passe par l'excision et les progénitures nombreuses[212]. Selon sa position dans le groupe familial et son âge, la femme valorise son statut d'épouse et de reproductrice[213]. Avoir des enfants constitue une reconnaissance sociale et un pouvoir économique. Dans ces sociétés, le « désir d'enfant » est source de manipulations pour désapproprier le corps de la femme[214]. Il y a une surexploitation du corps de la femme dans la reproduction[215]. La pratique du mariage précoce est le fait de coutumes visant à cantonner les femmes dans leur foyer[216]. Dans certains Etats, la femme est purement et simplement considérée comme la propriété de son mari ou de son clan et demeure mineure à vie[217].

C'est dans les années soixante que la planification familiale est mise en pratique en Afrique. Face à l'hostilité des Africains à la limitation des naissances, les associations de planification familiale se sont couvertes du label de bien-être familial, pour développer des thèmes favorables à l'espacement des naissances, concept connu et fortement valorisé dans ces sociétés pour préserver la santé des enfants. Mais la pratique est très faible. La morbidité et la mortalité sont très importantes chez les femmes africaines pendant la grossesse et l'accouchement, dont les causes sont : hémorragies et infections, épuisement maternel dû à des grossesses nombreuses et rapprochées, anémie, toxémie gravidique. De plus, le mariage précoce est fréquent dans les sociétés africaines. Le mariage précoce et la grossesse précoce entraînent toute une série de conséquences négatives pour la santé et l'avenir professionnel des trop

---

[212] EPHESIA, *La place des femmes*, colloque, op. cit., p. 32
[213] Ibid., p. 274
[214] EPHESIA, *La place des femmes*, op. cit., p. 276
[215] Ibid., p. 278
[216] LANG J., *Enquête sur la situation des femmes*, op. cit., p. 9
[217] Ibid., p. 7

jeunes femmes, dont la maturation physique, psychologique et intellectuelle n'est pas achevée. C'est parmi les mères les plus jeunes que les décès sont les plus nombreux[218]. Un grand nombre de décès liés à la maternité pourraient être évités grâce à la pratique de la planification familiale. La planification permet en effet de retarder l'arrivée d'une première grossesse, d'espacer les naissances ou de mettre fin à la vie féconde. Mais, dans les sociétés traditionnelles, la maîtrise du corps de la femme est impossible et parfois interdite. En cas de grossesse non désirée en dehors du mariage, l'enfant est élevé dans la honte ou l'avortement clandestin avec ses risques est la seule solution offerte aux femmes. En effet, la planification est destinée aux femmes mariées et ces dernières rencontrent également des difficultés pour y accéder, parce que l'autorisation du mari, parfois écrite, est réclamée[219].

Face à ce contrôle absolu du corps des femmes par les conjoints, le corps des femmes est mis en danger par des maternités nombreuses. Les femmes africaines doivent mener la lutte pour faire cesser des pratiques qui les réduisent à un utérus et des trompes[220], pour faire ou ne pas faire des enfants selon les intérêts du groupe considéré. La reproduction et la sexualité doivent être considérées en termes de droit des femmes. Et, à ce titre, les femmes ont le droit de prendre les décisions concernant leur corps. La maternité est une identité imposée pour la femme, c'est une fonction essentielle de la femme. C'est aussi la cause principale de contrôle sur le corps des femmes et de l'oppression des femmes. Toute création humaine est née d'une femme, mais la femme doit échapper à la fatalité biologique de la reproduction, une condition nécessaire à la libération des femmes. La maternité volontaire se réduit essentiellement à celle du droit à l'avortement. La maternité se réduit à un esclavage, à l'imposition faite aux femmes par le système patriarcal de la fonction sociale de reproduction de l'espèce et d'élevage des enfants[221].

---

[218] EPHESIA, *La place des femmes*, op. cit., p. 309
[219] Ibid., p. 310
[220] EPHESIA, *La place des femmes*, op. cit., p. 312
[221] DE VILAINE A.M., GAVARINI L., LECOADIC M., *La maternité en mouvement*, éd. Saint-Martin 1986, p. 37

Les femmes appartiennent à l'humanité ; de ce fait, le corps féminin doit être respecté. La grossesse présente également des risques pour la santé.

B / LES DANGERS DE LA GROSSESSE POUR L'INTEGRITE DU CORPS FEMININ

Une enquête sur les raisons qui poussent les femmes à se faire avorter a été réalisée en Afrique du Sud. Dans ce pays l'avortement est illégal. L'enquête a été conduite dans les hôpitaux où les femmes étaient hospitalisées pour des complications provoquées par des avortements clandestins. La première motivation invoquée par ces femmes a été leur rejet par leur partenaire. En effet, lorsque le partenaire était mis au courant de la grossesse, il changeait de comportement et leurs relations devenaient instables. Certaines femmes ont déclaré que leur partenaire s'était mis en colère et avait disparu ; pour d'autres, le partenaire niait sa coresponsabilité et leur demandait de choisir entre l'avortement et la rupture de leurs relations[222]. Ce sont les conséquences en cas de relations sexuelles en dehors du mariage surtout en l'absence de droit pour la femme de maîtriser sa fécondité.

La mortalité maternelle est importante chez les grandes multipares à partir du cinquième accouchement[223], car la société refusant la contraception et l'avortement, de ce fait le syndrome d'épuisement maternel est inévitable. De plus, il existe de nombreuses complications des grossesses par manque d'encadrement médical. En effet, durant le premier trimestre de la grossesse, les complications de grossesse extra-utérine et les avortements spontanés sont possibles. En cas de grossesse extra-utérine, la mort de la femme est possible s'il n'y a pas de diagnostic à temps. Le traitement chirurgical est indispensable pour arrêter l'hémorragie interne et sauver la vie de la mère. Des données plus récentes publiées par l'Organisation mondiale de la santé en 1999 confirment l'étroite relation entre la défaillance des soins de santé

---

[222] DESFORTS J., *Violence et corps des femmes du tiers-monde*, op. cit., p. 30
[223] Ibid., p 31

maternelle et l'importance des décès obstétricaux[224]. Selon l'Organisation mondiale de la santé, 600 000 femmes meurent chaque année de complications obstétricales[225]. Durant le troisième trimestre, ce sont surtout les problèmes placentaires qui mettent en danger la vie de la future mère, à savoir l'hémorragie extériorisée provoquée par l'insertion basse du placenta[226] ou hémorragie interne provoquée par le décollement prématuré du placenta[227]. Et, enfin, il existe également d'autres complications, à savoir la toxémie gravidique et la gravité des crises convulsives de l'éclampsie, conséquences d'une grossesse non surveillée et les maladies aiguës[228] ou chroniques[229] aggravées par la grossesse.

Il existe également de nombreuses complications durant la délivrance. Si l'accouchement a lieu à domicile, la mort de la mère est possible. L'hémorragie de la délivrance est la première cause de mortalité maternelle notamment chez « les grandes multipares » à partir du cinquième accouchement[230]. Il ne faut pas oublier le risque des mutilations obstétricales[231]. L'accouchement artisanal[232] est d'une part un facteur de risque de mortalité maternelle et d'autre part un facteur de risque de mutilation, à savoir des déchirures cervicales, périnéales et les fistules ou à long terme les risques de cancer du col de l'utérus. Il existe également des interventions chirurgicales mutilantes que le chirurgien est obligé de pratiquer pour sauver la vie d'une femme arrivée en catastrophe à la maternité. La prévention des déchirures consiste en la surveillance attentive du périnée, les conséquences à long terme de ces déchirures sont les risques de prolapsus de l'utérus[233]. Les soins incorrects de ces déchirures peuvent provoquer des dyspareunies[234].

---

[224] DESFORTS J., *Violence et corps des femmes du tiers-monde*, op. cit., p. 51
[225] Ibid., p. 53
[226] Placenta prævia
[227] Hématome rétroplacentaire
[228] Par exemple hépatite virale
[229] Par exemple cardiopathies, diabète
[230] DESFORTS J., *Violence et corps des femmes du tiers-monde*, op. cit., p. 31
[231] Ce sont les atteintes à l'intégrité corporelle qui sont en relation avec l'accouchement
[232] L'accouchement sans assistance compétente
[233] DESFORTS J., *Violence et corps des femmes du tiers-monde*, op. cit., p. 66
[234] Douleur au moment des relations sexuelles

Le mariage et la maternité précoce[235] portent atteinte à la santé des femmes : vagin détruit, sphincter en lambeaux et une double fistule, orifice qui s'est ouvert à la suite d'un accouchement trop difficile et par où s'écoulent l'urine et les excréments, sans la possibilité de faire quoi que ce soit par la jeune fille. Deux millions de femmes souffrent de ces infirmités tenues secrètes. Le premier accouchement est le plus long et présente plus de risque de déchirure et de fistule pour la femme. Dans le cas des primipares trop jeunes qui n'ont pas encore terminé leur croissance, lorsque le travail de délivrance dure trop longtemps, les vaisseaux sanguins et les nerfs sont comprimés par la tête de l'enfant qui essaye en vain de sortir et les tissus des différents organes ne sont plus vascularisés manquant d'oxygène et de ce fait se nécrosent, ce qui est à l'origine des fistules. Dans le nord du Nigeria, des milliers de femmes ainsi mutilées sont renvoyées par leur mari. Pour survivre, ces femmes trouvent refuge dans des « maisons de femmes » encore appelées « maisons de l'urine » et elles se prostituent[236]. Selon la cartographie des fistules obstétricales dressée par l'Organisation mondiale de la santé, le risque appartient aux régions du monde où les taux d'accouchements à domicile sont les plus élevés, particulièrement en Afrique sub-saharienne. Il ne faut pas oublier l'importance de la relation du cancer du col de l'utérus avec le nombre d'accouchements, et plus récemment dans le tiers-monde[237] du fait des traumatismes subis par le col de l'utérus lorsque l'accouchement a lieu dans de mauvaises conditions.

Les femmes algériennes sont également victimes de la société traditionnelle. En effet, certaines n'ont pas le pouvoir d'avoir accès aux structures hospitalières pour l'accouchement. L'accouchement à domicile peut parfois, en cas de complications, entraîner l'ablation de l'utérus, par conséquent la femme ne pouvant plus avoir d'autres enfants, son mari peut la renvoyer pour stérilité[238]. L'Organisation mondiale de la santé et les différents organismes internationaux[239] ont

---

[235] Fille de 14 ans par exemple
[236] DESFORTS J., *Violence et corps des femmes du tiers-monde*, op. cit., p.66
[237] Ibid., p.68
[238] DESFORTS J., *Violence et corps des femmes du tiers-monde*, op. cit., p. 70
[239] FNUAP, UNICEF, Banque mondiale

solennellement déclaré que la maternité sans risque était un droit absolu pour toutes les femmes[240].

L'expérience de la maternité est considérée comme déterminante dans la vie d'une femme[241]. Dans les pays développés, l'accès à la contraception a été l'une des grandes victoires des mouvements de libération des femmes. Mais, dans les sociétés traditionnelles, c'est une source de coercition. La reproduction est le domaine par excellence du contrôle social. Le droit des femmes à gérer leur procréation reste à conquérir dans beaucoup d'autres sociétés traditionnelles[242]. La découverte de moyens anticonceptionnels efficaces a permis l'émancipation des femmes. En France, la femme est totalement libre de maîtriser sa fécondité.

§2 / LA MAITRISE DE LA FECONDITE EN FRANCE

La maîtrise de la fécondité fut longtemps interdite en France sous l'influence de l'Eglise catholique. Face à l'évolution de la société, le changement législatif s'est imposé (A). La loi actuelle cherche à favoriser l'égalité des sexes, d'où les avancées législatives remarquables qui ont eu lieu ces dernières années dans le domaine du droit à la maîtrise de fécondité (B). La loi sanctionne l'entrave à l'interruption volontaire de grossesse (C).

A / LA NECESSITE DE L'EVOLUTION LEGISLATIVE

En France, les lois interdisaient la maîtrise de la fécondité (1). Pour favoriser le droit à l'égalité des sexes, le droit à la maîtrise de la fécondité est indispensable pour le corps de la femme (2).

---

[240] DESFORTS J., *Violence et corps des femmes du tiers-monde*, op. cit., p. 72

[241] DE VILAINE A.M., GAVARINI L., LECOADIC M., *La maternité en mouvement*, éd. Saint-Martin 1986, p. 40

[242] EPHESIA, *La place des femmes*, colloque, éd. La découverte 1996, p. 276

1 / L'INTERDICTION DE MAITRISE DE LA FECONDITE EN FRANCE

Les lois très dures réprimant l'avortement et la propagande en faveur de la contraception n'ont pas été supprimées à la Libération. L'avortement clandestin assorti de souffrances, d'humiliations et de périls était important. Les féministes ont lutté pour obtenir la maîtrise de leur fécondité[243]. En effet, le plus puissant des désirs, enraciné dans le corps de chaque femme, est celui de maîtriser sa fécondité en toute liberté et en toute sécurité. L'avènement de la contraception médicale lui en a offert la possibilité. L'avortement a longtemps été considéré comme un crime en France, l'ancien code pénal de 1810 punissait l'avortement d'une réclusion criminelle à perpétuité[244]. Cette situation a perduré jusqu'à la loi du 31 juillet 1920 interdisant les pratiques abortives, contraceptives et leur publicité. Cette loi a produit l'effet inverse de celui escompté et a abouti à la loi du 27 mars 1923 correctionnalisant l'avortement. Un décret-loi du 29 juillet 1939 a aggravé les sanctions, mais a admis la licéité de l'interruption de grossesse thérapeutique. Avec la loi du 15 décembre 1942, l'avortement devient un crime contre la nation et est puni de la peine capitale. L'assouplissement de la législation en matière d'avortement intervient à partir de la Quatrième République. En effet, la loi du 11 mai 1955 autorise l'avortement thérapeutique quand la vie de la mère est en danger.

2 / L'EVOLUTION DES LOIS EN FAVEUR DE L'EGALITE DES SEXES

Le slogan féministe des années 1970 du droit à disposer de son corps a été conçu comme un droit prépolitique, né d'un rapport originaire des femmes avec elles-mêmes que ni la société ni le père ne pouvaient troubler sans porter atteinte à leur liberté naturelle. Par

---

[243] ZANCARINI-FOURNEL M., *Notre corps, nous-mêmes*, éd. Les éditions de l'atelier 2004, p. 210

[244] Article 317 du code pénal de 1810

conséquent, les lois libératrices ont dépénalisé la contraception et l'avortement[245]. En effet, le droit à disposer de son corps comportait un versant négatif, à savoir la contraception et l'avortement et un versant positif : la procréation[246].

De plus, vers la fin des années 1960, le droit français était engagé dans un processus d'égalisation des droits entre les hommes et les femmes. Mais l'impossibilité de maîtriser la procréation pesait d'une façon bien différente sur les hommes et sur les femmes notamment selon que les femmes étaient mariées ou pas. Cette impossibilité portait atteinte à une liberté sexuelle et corporelle de la femme que les hommes n'avaient pas à subir. La sexualité des hommes ne les menaçait pas de se trouver « enceints » ni d'avoir à accoucher[247]. Toutes les femmes, en raison de l'impossibilité de maîtriser leur fécondité, devaient voir leur liberté sexuelle et corporelle limitée. La libéralisation des pratiques contraceptives et la dépénalisation de l'avortement ont mis fin à ces inégalités fondées sur le corps et qui étaient préjudiciables à toutes les femmes[248].

La célèbre loi du 17 janvier 1975[249] dépénalise l'interruption volontaire de grossesse sous certaines conditions. Une telle dépénalisation visait à soulager de dramatiques problèmes humains et sociaux. En effet, cette loi a été votée à l'initiative de madame Simone Veil. Le législateur a justifié cette loi par l'importance de l'avortement clandestin qui mettait en danger la vie des mères. La loi de 1975 était prévue au départ pour une durée de cinq ans, mais la loi du 31 décembre 1979[250] est venue la pérenniser. Une loi[251] a permis le remboursement de l'intervention par la Sécurité sociale. Ce qui assure un effort de solidarité financière de la nation pour aider non seulement les femmes dont la grossesse met la vie en danger, mais également celles en état de détresse. L'évolution dans ce domaine se poursuit par la loi du 27

---

245 COENEN M.T. (ss la dir. de), *Corps de femme*, éd. De Boeck Université 2002, p. 12

246 IACUB M., *Le crime était presque sexuel*, éd. Flammarion 2003, p. 343

247 Ibid., p. 324

248 IACUB M., *Le crime était presque sexuel*, op. cit., p. 327

249 Loi n° 75-17 relative à l'interruption volontaire de grossesse, *J.O.* 18 janvier 1975

250 La loi n° 79-1204 du 31 décembre 1979, dite loi « Pelletier »

251 La loi n° 82-1172 du 31 décembre 1982, dite loi « Roudy » au *J.O.* du 1er janvier 1983, p. 15

janvier 1993[252] qui abroge la disposition du code pénal sanctionnant l'auto-avortement et établit le délit d'entrave à l'interruption volontaire de grossesse[253]. Et enfin, la loi du 4 juillet 2001[254] a permis de faire passer le délai légal de l'interruption volontaire de grossesse de dix à douze semaines[255], le contenu de l'information préalable à l'intervention est allégé et l'entretien psychosocial devient facultatif pour les femmes majeures. Ladite loi permet à la mineure de se passer du consentement de ses parents.

Le domaine de l'avortement a énormément évolué en accordant une faculté de plus en plus large à la femme sur son corps, notamment la prise en compte de sa détresse et la volonté de ne pas lui imposer une grossesse qui soit une trop lourde épreuve. Dans certains cas extrêmes, le droit de la femme sur son corps est supérieur à la vie de l'embryon qui n'est pas une personne. Certains Etats, comme la France et les Etats-Unis, reconnaissent à la femme un droit sur son corps supérieur à la valeur accordée à la vie embryonnaire, surtout lors des premières semaines. Le Conseil constitutionnel, par une jurisprudence successive, constate un véritable droit de la femme sur son corps. L'interruption volontaire de grossesse est une affaire de femmes.

La maternité et la paternité sont des faits biologiques différents. La construction sociale qui s'est édifiée sur cette différence biologique était profondément inégalitaire au détriment de la femme. Les droits des femmes sur leur corps passent par la maîtrise de leur fécondité[256]. Un mouvement d'égalisation législative s'est produit dans ce domaine sous certaines conditions : l'état de détresse de la femme. En fin de compte la législation sur l'interruption de grossesse a pour objectif la protection de la mère, personne humaine, dans un cadre précis et dérogatoire qui constitue une exception[257].

---

[252] La loi n° 93-121 du 27 janvier 1993, dite loi « Neiertz »
[253] Article L 2223-2 du code de la santé publique
[254] La loi n° 2001-588 du 4 juillet 2001 relative à l'interruption volontaire de grossesse et contraception
[255] Le délai légal est de 14 semaines en Suède et de 22 en Grande-Bretagne ou en Espagne
[256] DEKEUWER-DEFOSSEZ F., *L'égalité des sexes*, op. cit., p.40
[257] DAILLE-DUCLOS B., « En droit pénal le fœtus n'est pas une personne », *P.A.* 10 sept. 2002, p. 14

B / L'ETAT DE DETRESSE DE LA FEMME

L'appréciation de l'état de détresse appartient à la femme (1). Les avortements sont en augmentation (2).

1 / L'APPRECIATION EXCLUSIVE PAR LA FEMME

La loi du 17 janvier 1975 autorisant l'interruption volontaire de grossesse à condition qu'elle soit pratiquée dans un établissement hospitalier par un médecin est donc une conquête des droits des femmes. Elle l'est d'autant plus que la loi laisse à la femme seule la liberté de décision. Le mari ou le compagnon de la femme ne peut pas s'y opposer. Il faut remarquer que l'interruption volontaire de grossesse donne lieu à une réflexion en termes de liberté ou de droits des femmes[258]. La femme est exclusivement concernée dans son corps et dans sa liberté.

L'interruption volontaire de grossesse pour motif personnel est autorisée par la loi en cas de détresse de la femme du fait de son état. Dans ce cas, l'interruption peut être pratiquée avant la fin de la douzième semaine de grossesse[259]. Le code de la santé publique prévoit une exception humanitaire selon laquelle « l'interruption volontaire de grossesse peut, à toute époque, être pratiquée si deux médecins attestent, après examen et discussion, que la poursuite de la grossesse met en péril grave la santé de la femme ou qu'il existe une forte probabilité que l'enfant à naître soit atteint d'une affection d'une particulière gravitée reconnue comme incurable au moment du diagnostic[260] ». Cette interruption de grossesse pour motif thérapeutique peut être effectuée à tout moment de la grossesse.

Le droit à avorter est justifié par des considérations de santé publique, c'est également l'expression décisive de l'autonomie des

---

[258] DEKEUWER-DEFOSSEZ F., *L'égalité des sexes*, op. cit., p. 42
[259] Article L 2212-1 du code de la santé publique
[260] Article L 2213-1 du code de la santé publique

femmes, l'enjeu concret de l'émancipation de ces dernières[261]. La décision d'interrompre la grossesse appartient entièrement à la femme. La femme est entièrement libre d'apprécier son état de détresse puisque le corps de la femme appartient à elle seule. La liberté de disposer de son corps par la femme impose d'être maîtresse de son corps donc de sa décision. Elle n'a pas besoin de l'autorisation de son conjoint. Aucune des réformes successives n'a jamais supprimé la condition relative à la détresse de la femme. L'appréciation de la détresse appartient exclusivement à l'intéressée à laquelle nul ne saurait se substituer. Le Conseil d'Etat a eu l'occasion de juger que le mari n'a pas la qualité pour contester l'état de détresse dans lequel son épouse s'estime placée[262].

La femme désirant une interruption volontaire de grossesse doit consulter un médecin pour en faire la demande. Le médecin qui refuse de pratiquer une interruption volontaire de grossesse est tenu d'en informer immédiatement la femme et de lui communiquer les noms de ses confrères qui pratiquent l'interruption volontaire de grossesse[263]. Si le médecin accepte de pratiquer l'avortement, il doit informer sa patiente des diverses méthodes de contraception, de la manière dont elles sont pratiquées, de l'endroit où elles sont pratiquées, de leurs risques et effets secondaires[264]. L'interruption volontaire de grossesse donne lieu à une réflexion en termes de liberté ou de droits des femmes[265]. En effet, le droit de la femme sur son corps, lorsqu'elle doit subir une grossesse non désirée, n'est respecté qu'à la condition de lui permettre de détruire l'être qu'elle porte. L'encadrement législatif de l'interruption volontaire de grossesse est le fruit d'une conciliation entre le droit à la vie de l'être à venir et le respect du droit à l'intégrité corporelle de la femme[266]. Il appartient donc à la femme, et à elle seule, d'apprécier sa situation de détresse et de décider si cette détresse justifie une interruption de

---

[261] CANTO-SPERBER M., « Séparer droit et pensée morale, la question de l'avortement », coll. Philosophie et sciences humaines, éd. PUF *res publica hors série* n° 1, oct. 2002, p. 23

[262] CE, 31 oct. 1980, Dalloz 1981, Jurisprudence, p. 36, Concl. B. Genevois

[263] Article L 2212-8 code de la santé publique

[264] Article L 2212-3 code de la santé publique

[265] DEKEUWER-DEFOSSEZ F., *L'égalité des sexes*, op. cit., p. 42

[266] *Dictionnaire Lamy*, « Droit de la santé », Tome 1, éd. Lamy 2002, p. 160-9

grossesse[267]. En effet, le recours à l'IVG reste une affaire personnelle, mais les difficultés du couple, de la famille ou des difficultés économiques sous-tendent cette décision[268].

L'IVG est une infraction pénale si l'intéressée n'a pas donné consentement, tout avortement étant désormais présumé licite. Seule la preuve du non-respect de quelques-unes des conditions légales pourra entraîner le prononcé de sanctions pénales par ailleurs plus douces que dans la législation antérieure. L'interdiction de l'avortement est passée du rang de principe au rang d'exception[269]. En outre, la loi sur l'avortement a permis de mettre fin aux avortements sans les garanties médicales et l'environnement psychologiques indispensables. Cette loi a permis de mettre fin à l'inégalité sociale, à la clandestinité et enfin pour briser l'isolement de la femme confrontée à un problème déchirant[270]. En effet, les avortements artisanaux étaient terriblement dangereux. Les évolutions extraordinaires en matière de contraception réalisées en moins de cinquante ans ont permis à la femme de se réapproprier son propre corps qui, en fait, ne lui avait jamais appartenu[271]. En effet, la maîtrise de la fécondité a permis à la femme de disposer librement de son corps.

2 / LES AVORTEMENTS EN CHIFFRES

Selon les estimations, le nombre annuel de grossesses non désirées est de 80 millions, et les avortements, souvent illégaux et clandestins, sont à 20 millions. Toutes les minutes, une femme meurt des causes liées à une grossesse, et 61 % de ces décès se produisent après l'accouchement[272]. 220 000 interruptions de grossesse sont pratiquées

---

267 DHAVERNAS O., « L'entrave à l'interruption volontaire de grossesse, esquisse d'un bilan », *Rev. Sc.crim.*, (4) , oct.-déc. 1997, p. 824

268 COENEN M. T. (ss la dir. de), *Corps de femmes*, op. cit., p. 210

269 PY B., *Le sexe et le droit*, op. cit., p. 23

270 COENEN M.T. (ss la dir. de), *Corps de femme*, op. cit., p. 211

271 DESFORTS J., *Violences et corps des femmes du tiers-monde*, op. cit., p. 98

272 BOURGEOIS D., *Les droits de la femme*, éd. de Vecchi 2003, p. 22

chaque année et la France occupe une position moyenne en Europe[273]. En Grande-Bretagne, l'avortement est autorisé jusqu'à la 22e semaine de gestation, pourtant le pourcentage d'avortements par rapport aux accouchements est nettement plus faible qu'en France. Le cas de la Grande-Bretagne montre qu'il n'y a aucun lien direct entre le libéralisme de la loi et le nombre d'avortements[274]. Chaque année, environ 5000 femmes se rendent à l'étranger pour mettre fin à leur grossesse[275].

En 1976, les avortements ont atteint 250 000, et dans les années 80, ils sont au nombre de 270 000, puis se stabilisent aux environs de 220 000[276]. L'avortement diminue de façon lente. Mais depuis quelques années, il y a augmentation. En effet, ce sont les femmes de 20 à 24 ans qui avortent le plus, du fait que ces femmes gèrent mal leur contraception ou sont confrontées au chômage, à la pauvreté, à leur famille, à la demande parfois du père.

Le code pénal a complété le dispositif en incriminant l'entrave à l'interruption volontaire de grossesse licite mais aussi l'interruption volontaire de grossesse qui serait pratiquée sur une femme mineure. Les personnes qui entravent l'accomplissement d'une interruption volontaire de grossesse privent la femme du droit de mettre fin à sa grossesse. Cet acte est donc interdit par la loi.

---

273 *Dictionnaire Lamy*, « droit de la santé, interruption volontaire de grossesse », éd. 2002, p. 326-5

274 CANTO-SPERBER M., « Séparer le droit et pensée morale, la question de l'avortement », coll. Philosophie et sciences humaines, éd. PUF, *res publica, Hors série* n° 1, oct. 2002, p. 25

275 *Dictionnaire Lamy*, « droit de la santé », op. cit., p. 326-10

276 BOURGEOIS D., *Les droits de la femme*, op. cit., p. 27

C / LE DELIT D'ENTRAVE A L'INTERRUPTION VOLONTAIRE DE GROSSESSE

Les lois libératrices sont à l'origine de nombreuses oppositions, les opposants s'organisant et se manifestant (1). Pour mettre fin à ce type de mouvement, la loi a prévu des éléments constitutifs de l'infraction pour appliquer des sanctions (2). La loi reconnaît l'action civile des associations en la matière (3).

1 / LES MOUVEMENTS D'OPPOSITION

Face à un mouvement d'opposition à la solution médicalisée de l'avortement, le législateur introduit un délit d'entrave pour protéger le droit de la femme. Selon les convictions catholiques traditionalistes, les relations sexuelles sans fécondation sont interdites ; par conséquent, la maîtrise de la fécondité est inacceptable. Avant la création du délit d'entrave à l'interruption volontaire de grossesse, les actions de « commandos » étaient nombreuses : action de harcèlement des femmes et du personnel[277], occupation des locaux et dégradation du matériel. Ces actions ont été poursuivies pour dégradations mobilières, violation de domicile ou violences légères. Face à ce phénomène, le législateur a introduit une loi spécifique. L'infraction a été créée par la loi du 27 janvier 1993 pour réprimer les agissements de militants de certaines organisations anti-avortement organisées en « commandos » depuis le début des années 1990[278]. En effet, les actions contre l'avortement provoquent un traumatisme psychologique pour les femmes et le personnel médical. Ainsi, la cour de Versailles a déclaré que les faits sont eux-mêmes porteurs d'une intimidation et d'une contrainte que le code pénal assimile à la violence[279].

---

[277] DAYRAS M., *Femmes et violences dans le monde*, éd. L'Harmattan 1995, p. 144

[278] *Dictionnaire Lamy*, « droit de la santé, actes spécifiques et recherche », éd. 2004, p.326-33

[279] DHAVERNAS O., « Entrave à l'interruption volontaire de grossesse, esquisse d'un bilan », *Rev. sc. Crim.*, oct.-déc. 1997, p. 825

2/ LES ELEMENTS CONSTITUTIFS DE L'INFRACTION

L'infraction se caractérise par des actes précis : perturbation de l'accès aux établissements protégés ou à la libre circulation à l'intérieur de ces établissements, menaces ou actes d'intimidation.

Dans sa rédaction résultant de la loi de 1993, l'article L 2223-2 du code de la santé publique punissait l'infraction de deux ans d'emprisonnement et de 30 000 F[280] d'amende. Mais la loi du 4 juillet 2001 a modifié le montant de l'amende et les éléments constitutifs afin de tenir compte des nouveaux modes d'actions adoptés par les opposants à l'interruption volontaire de grossesse. Ainsi, le fait d'empêcher ou de tenter d'empêcher une interruption volontaire de grossesse est puni de deux ans d'emprisonnement et de 30 000 € d'amende [281]:
- soit en perturbant de quelque manière que ce soit l'accès aux établissements de santé pratiquant l'interruption ou la libre circulation des personnes à l'intérieur de ces établissements ou les conditions de travail des personnels médicaux et non médicaux ;
- soit en exerçant des pressions morales et psychologiques, des menaces ou tout acte d'intimidation à l'encontre des personnels médicaux et non médicaux travaillant dans ces établissements, des femmes venues y subir une interruption volontaire de grossesse ou de l'entourage de ces dernières.

L'incrimination tient compte des comportements constitutifs de violences ou de contraintes physiques et de certaines manifestations non violentes, mais qui perturbent le déroulement des interruptions légales. Ces comportements étaient parfois poursuivis en tant qu'organisation de manifestation interdite[282]. Saisie à plusieurs reprises sur pourvoi formé par des personnes condamnées pour délit d'entrave, la Cour de cassation a affirmé que les dispositions pénales n'étaient pas contraires à l'article 2 de la Convention européenne des droits de l'homme, à l'article 6 du Pacte de New York relatif au droit à la vie, et aux Conventions de

---

[280] Soit 4500 €
[281] Article L 2223-2 alinéa 1 du code de la santé publique (CSP)
[282] Cass. Crim., 3 avr. 2001, n° 00-86.515, Bull. crim. n° 89

Genève de 1926 et 1956 relatives à l'esclavage. Et l'interruption volontaire de grossesse ne constitue ni un génocide ni un acte de torture[283]. La Cour de cassation a également rejeté la justification de l'infraction sur le fondement de l'état de nécessité ou de l'omission de porter secours. En effet, l'embryon n'est pas considéré comme une personne par le droit et il n'a pas un droit absolu à la vie, en conséquence, les tribunaux écartent tous les faits justificatifs allégués par les prévenus fondés sur la défense des personnes, à savoir : légitime défense, l'état de nécessité, obligation d'empêcher un crime ou d'un délit contre l'intégrité corporelle d'une personne, obligation de porter secours à une personne en péril.

Devant les prétentions des commandos à contrôler l'état de détresse de la femme en demande d'interruption volontaire de grossesse, les tribunaux ont été amenés à rappeler au respect du secret médical et de la vie privée. Ainsi, le juge saisi d'une poursuite pour entrave à l'interruption volontaire de grossesse et non pour avortement illégal rejette les demandes faites par les prévenus de voir ordonner l'audition, à titre de témoin, de femmes dont l'interruption volontaire de grossesse a fait l'objet d'une entrave, la production de leur dossier médical ou la désignation d'un expert puisque de telles mesures violeraient le secret médical et le respect de la vie privée des femmes concernées[284]. La jurisprudence tient compte des éléments constitutifs du délit d'entrave prévu par l'article du code de la santé publique sans ajouter la condition qui n'y figure pas. Les prévenus invoquent leur liberté de conscience, d'opinion et d'expression. Mais les tribunaux rejettent ces arguments de défense en déclarant que ces libertés peuvent faire l'objet de restrictions par des mesures nécessaires à la protection de la santé ou des droits d'autrui, conformément à l'article 10 de la Convention européenne des droits de l'homme. Les tribunaux ont rappelé aux justiciables les principes du pluralisme, de la tolérance et de la laïcité en soulignant que la loi reconnaît la liberté de convictions aux opposants, mais il est intolérable qu'ils contraignent les autres citoyens à subir leurs convictions. En effet, le droit est un ordre normatif, les normes règlant principalement la conduite d'êtres humains à l'égard d'autres êtres

---

283 DHAVERNAS O., « Entrave à l'interruption volontaire de grossesse, esquisse d'un bilan », op. cit., p. 822

284 Ibid., p. 824

humains. Il est indiscutable sur le fait que le droit produit un effet considérable sur les croyances morales.

3 / LE DROIT A L'ACTION CIVILE DES ASSOCIATIONS

Toute association régulièrement déclarée depuis au moins cinq ans à la date des faits, dont l'objet statutaire comporte la défense des droits des femmes à accéder à la contraception et à l'interruption volontaire de grossesse, peut exercer les droits reconnus à la partie civile lorsque les faits constitutifs du délit d'entrave ont été commis[285]. L'intérêt protégé par l'institution du délit d'entrave à l'interruption volontaire de grossesse est donc le droit des femmes à accéder à la contraception et à l'avortement, car tel est l'objet statutaire des associations admises à se constituer parties civiles en matière d'entrave à l'interruption volontaire de grossesse[286].

La protection du corps de la femme est difficile sans l'intervention des pouvoirs publics. Ainsi, la vie en couple n'est pas sans risque pour le corps de la femme.

---

[285] Article L 2223-1 code de la santé publique

[286] DHAVERNAS O., « Entrave à l'interruption volontaire de grossesse, esquisse d'un bilan », op. cit., p. 823

CHAPITRE II / LES ATTEINTES A L'INTEGRITE PHYSIQUE DANS LES RELATIONS CONJUGALES

Les droits des femmes sont inaliénables. Ces droits font partie intégrante des droits de l'homme. Mais ces droits ne sont pas respectés suffisamment surtout dans le cadre des relations conjugales : les femmes sont les premières victimes des violences conjugales. La question des femmes battues renvoie d'une part au comportement agressif inhérent à la personnalité humaine, et d'autre part au statut de la femme au cours des siècles et des civilisations.

Les coups et blessures sont le quotidien de centaines de milliers de femmes dont la société a longtemps refusé de parler. Ces agressions ne sont pas un phénomène nouveau. Le droit coutumier de Bruges au XVIe siècle stipulait que « le mari peut battre sa femme, la taillader de bas en haut, se chauffer les pieds dans son sang, il ne commet pas d'infraction s'il la recoud et si elle survit »[287]. Et, en Angleterre comme aux Etats-Unis, le droit coutumier accordait aux hommes le droit de châtier leurs femmes. Cette autorisation s'accompagnait d'un calcul sur les limites des longueurs et grosseurs de la baguette avec laquelle le conjoint pouvait corriger sa femme[288]. Ces coutumes perverses ont entraîné de graves conséquences au droit à l'intégrité du corps féminin. Et la société a tardé à prendre de l'importance du phénomène.

Les violences physiques au sein du couple existent dans toutes les sociétés et ce sont surtout les femmes qui en sont victimes. La subordination économique et sociale des femmes peut être à la fois une cause et une conséquence de la violence qu'elles subissent. En effet, ce phénomène touche toutes les couches sociales, tous les milieux, toutes les personnalités et toutes les tranches d'âge[289]. Selon les auteurs, ces violences physiques indiquent les rapports de domination masculine sur les femmes et aussi la construction religieuse et culturelle d'un corps

---

[287] CHRISTEN M., HEIM C., SILVESTRE M., VASSELIER NOVELLI C., *Vivre sans violences*, éd. Erès 2004, p. 79

[288] MONNIER V., « Du côté des victimes », *Revue sociologie santé* 1998, n° 18, p. 48

[289] ZEBRINSKA N., *La guerre secrète : vaincre la violence conjugale*, éd. L'Harmattan 2003, p. 28

féminin docile, d'une personnalité féminine soumise. La domination masculine est reconnue par la loi ou par la norme sociale dans l'époque ancienne. De ce fait, la femme a toujours connu la soumission et la dépendance. Dans la politique d'Aristote, la femme se situe à un niveau intermédiaire entre l'esclave et le citoyen. Ces considérations sont sources d'inégalités entre les sexes et sont à l'origine des violences physiques envers les femmes, particulièrement dans les relations conjugales. Selon les chercheurs, la violence conjugale s'inscrit dans le fonctionnement patriarcal des sociétés[290].

La violence physique au sein du couple est responsable de graves blessures ou de la mort des femmes et en conséquence viole le droit des femmes à l'intégrité physique. En effet, ces violences portent atteinte au corps féminin et font obstacle à la réalisation des objectifs d'égalité[291]. Les violences au sein du couple constituent une violation des libertés et des droits fondamentaux des femmes car ces violences empêchent partiellement ou totalement de jouir de ses droits et libertés. De plus, la domination du corps de la femme par le conjoint ou concubin porte atteinte à la libre disposition du corps par la femme.

Les atteintes à l'intégrité de la femme résultent d'un acte volontaire du conjoint. Ces atteintes sont réprimées par la loi. Les coups sont la plus grande cause de blessures mortelles chez les femmes. Certes, les atteintes à l'intégrité physique de la femme au sein du couple posent de nombreux problèmes de santé et sociaux. Les violences physiques du conjoint sont à l'origine de divers préjudices corporels, et par conséquent, il est plus facile de constater un aspect destructeur sur le corps féminin dans ce genre de violences (Section I). De plus, les lois et les mœurs ont évolué de façon significative en faveur des femmes victimes. Le droit de correction du mari est contesté et limité dès la fin du Moyen Age mais l'incapacité juridique de la femme a posé problème[292]. C'est après le mouvement féministe que l'importance des phénomènes de violences conjugales au sein de l'institution familiale a été démontrée. Pour les féministes, la violence conjugale est l'une des

---

[290] MONNIER V., « Du côté des victimes », op. cit., p. 49
[291] RAMBERG I., *La violence à l'égard des jeunes femmes en Europe*, op. cit., p. 66
[292] BURGUIERE ANDRE, « Histoire de la violence conjugale », *Revue de sociologie santé* n° 18, déc. 1998, p. 64

formes de l'expression au niveau individuel de la domination masculine collective. Les atteintes à l'intégrité physique dans les relations conjugales sont un phénomène de société et elles sont actuellement considérées comme des actes inacceptables dans la société. Les textes de lois ont été durcis à l'encontre des agresseurs en fonction de l'évolution des mœurs (Section II).

SECTION I / L'ASPECT DESTRUCTEUR DE LA VIOLENCE PHYSIQUE SUR LE CORPS DE LA FEMME

Selon les chercheurs, c'est dans la vie du couple que les femmes adultes subissent le plus de violences physiques dont la cause est souvent l'inégalité et la domination. L'inégalité des époux avait une double racine : d'une part, l'idée de faiblesse de la femme qui devait donc être protégée, selon l'expression latine *imbecillitas sexus*, et d'autre part, le souci de l'unité dans la direction du foyer. Cette dualité explique la complexité de l'évolution historique des rapports entre époux[293]. De plus, il ne faut pas oublier certains facteurs favorisant les violences au sein du couple : ce sont d'abord des changements survenus dans la société moderne qui ont modifié radicalement la structure familiale. Tous les groupes sociaux sont exposés aux risques et les inégalités socio-économiques en sont des facteurs aggravants. De plus, certaines cultures donnent aux hommes le droit de soumettre leur femme. Mais ces pratiques sont devenues inadmissibles, surtout dans les pays développés. En effet, suite aux mouvements féministes dans les années soixante, la femme a acquis des droits sur son corps. Depuis ce jour, les violences physiques au sein du couple sont devenues inacceptables. De plus, il s'agit d'une violence intime s'exerçant dans le cadre de la vie privé donc cette violence est liée à la proximité affective[294]. De ce fait, la violence s'exerce toujours dans le cadre d'une relation privilégiée[295]. Malgré l'existence d'une répression, près de cent femmes meurent chaque année en France des suites des violences perpétrées par leur conjoint ou concubin[296].

La violence physique dans le cadre des relations conjugales a été longtemps socialement tolérée voire acceptée. Elle s'inscrivait dans un contexte historique où les hommes bénéficiaient de l'approbation sociale

---

[293] DEKEUWER-DEFOSSEZ F., *L'égalité des sexes*, op. cit., p.23

[294] HIRIGOYEN M.-F.., *Femmes sous emprise*, op. cit., p. 86

[295] LE PENNEC J.-J., « Violences », *Sociologie Santé* 1998, n° 18, p. 10

[296] VIRIOT-BARRIAL D., « Commentaire de la loi n° 2006-399 du 4 avril 2006 renforçant la prévention et la répression des violences au sein du couple », op. cit., p. 2352

pour contrôler leur épouse[297] et à ce titre les hommes avaient le droit légal d'exercer de la violence physique sur le corps de la femme. De plus, la femme n'avait pas de droits sur son corps ainsi ne pouvait pas disposer librement de celui-ci. Dans le cadre des relations conjugales, l'époux disposait de tous les droits sur le corps de sa femme avec un droit de correction. La consommation de substances comme l'alcool ou la drogue facilite le passage à l'acte dans le cadre des relations conjugales. Sous l'empire des pulsions, de l'agressivité, de la colère, de l'ivresse, le conjoint s'acharne sur le corps de la femme. La violence physique au sein du couple présente certaines particularités (§ 1) par rapport aux autres actes de violences physiques. De plus, ces violences produisent de nombreuses conséquences plus ou moins graves pour le corps de la femme (§ 2).

[297] CARIO R. et MBANZOULOU P. (ss la dir. de), *La victime est-elle coupable*, L'Harmattan 2004, p. 63

§1 / LES CARACTERISTIQUES DES ATTEINTES A L'INTEGRITE PHYSIQUE DE LA FEMME

Il est possible de dégager certains caractères particuliers des coups et blessures : d'une part, c'est un acte volontaire du partenaire (A) dirigé sur le corps de la femme dans le but d'une dégradation et d'autre part, c'est un acte répétitif dans le temps (B).

A / UN ACTE VOLONTAIRE DU PARTENAIRE

Dans les violences conjugales, l'ivresse du conjoint reste la cause principale favorisant le passage à l'acte de violences [298]. Les violences sont diverses avant d'arriver au stade plus grave (1) qui est l'atteinte physique du corps féminin par coups et blessures (2).

1 / LE PREALABLE A LA VIOLENCE PHYSIQUE

Il est intéressant de voir dans un premier temps le commencement de la tyrannie au sein du couple (a) avant d'aborder la diversité des formes de violences (b).

a / LE DEBUT DE LA TYRANNIE AU SEIN DU COUPLE

La violence est un comportement interpersonnel avec intention de faire du mal et attire surtout l'attention par ses conséquences extrêmes surtout dans le cadre des relations conjugales. Les situations qui conduisent à l'explosion de la violence sont variées : l'aboutissement d'un conflit ou d'une discorde de longue date, jalousie sexuelle ou de

[298] VERON J., *Le monde des femmes*, op. cit., p. 103

tout autre choc des volontés, ou des problèmes mentaux comme par exemple la dépression, symptômes de névrose ou toutes les autres formes de maladies mentales du conjoint ou concubin, auteur des faits. La majorité des violences se passent pendant les week-ends et les jours de la semaine entre dix-huit heures et une heure du matin[299]. En effet, c'est le moment où les deux partenaires sont ensemble. Les scènes de violences se passent souvent dans la résidence habituelle, très peu de cas se passant dans la rue, dans des lieux de divertissement ou dans un magasin. La violence commence par la dévalorisation systématique de la femme.

Selon les auteurs, la tyrannie au sein du couple s'exerce d'abord sur le plan psychologique[300]. La violence psychologique a également des effets désastreux comme ceux induits par la violence physique. En effet, la violence psychologique peut détruire la personnalité de la victime. Il existe plusieurs formes de sévices psychologiques permettant d'affaiblir la femme. La manipulation est une manœuvre visant à tromper et à éteindre toute vigilance chez la femme victime. Ainsi, le manipulateur parvient à influencer les pensées de son épouse pour la soumettre à son système de pensée.

Les violences physiques n'arrivent pas brusquement, mais au contraire sont introduites par des microviolences[301] qui sont diverses.

b / LA DIVERSITE DES FORMES DE LA VIOLENCE

Il existe six formes de violences mais certaines formes ne portent pas atteinte à l'intégrité physique comme par exemple les violences verbales, les violences psychologiques, les violences matérielles et économiques.

---

[299] MCCLINTOCK F.H, « La violence à l'intérieur de la famille : problèmes de justice pénale et de politique criminelle », *Rev. Sc. crim.* N° 3, 1978, p. 581
[300] ZEBRINSKA N., *La guerre secrète*, op. cit., p. 14
[301] HIRIGOYEN M.-F., *Femmes sous emprise*, op. cit., p. 103

La violence verbale se manifeste par des éclats de voix, cris, hurlements, injures, menaces, sarcasmes, interdictions. Ce sont de simples insultes ou des menaces alors que les violences psychologiques peuvent revêtir différentes formes : humiliations, mépris, dénigrement et certaines pressions. La violence psychologique consiste à nier l'autre et considérer la femme comme un objet. Ces actes sont destinés à soumettre la femme. Le contrôle efficace sur cette dernière est exercé pour garder le pouvoir. Selon les dires des femmes victimes, la violence psychologique commence par un regard méprisant, une parole humiliante, une tonalité menaçante. Cette situation peut créer une tension chez la femme pour l'effrayer. C'est une action visant à porter atteinte à l'intégrité psychique de la femme : son estime de soi, sa confiance en soi et son identité de sujet. Les violences indirectes comme par exemple en torturant un animal familier ou en malmenant un enfant d'un autre lit sont aussi observables. L'isolement de la femme de ses proches et des moyens de communication est fréquent. Le but est de porter atteinte à l'intégrité psychique de la femme et de la blesser sur le plan émotionnel[302]. Cet acte portant atteinte à l'intégrité psychique ou mentale de la femme est qualifié de violence psychologique[303]. Les recherches démontrent qu'il n'existe pas de violences physiques sans qu'il y ait eu auparavant de violences psychologiques[304]. La violence psychologique ne laisse aucune trace observable par les témoins. Certains conjoints n'hésitent pas à exercer des violences matérielles par les dégradations volontaires de certains biens appartenant à la femme. Les violences économiques se manifestent par spoliations, contrôle des biens essentiels, interdiction de travailler, impossibilité d'accès au compte bancaire pour la femme, l'absence de toute ressource financière, confiscation des documents essentiels comme par exemple la pièce d'identité, passeport, carte de séjour, livret de famille. Cette violence économique a pour objet de déposséder la victime de toute possibilité d'autonomie financière[305].

---

302 CANTIN S., « Violence conjugale », *Revue Sociologie santé* 1998, n° 18, p. 44

303 BAUDIER M., « De l'amour à l'enfer domestique », *Revue sociologie santé* 1998, n° 18, p. 124

304 HIRIGOYEN M.-F., *Femmes sous emprise : les ressorts de la violence dans le couple*, éd. Oh ! éditions 2005, p. 28

305 MONNIER V., « Du côté des victimes », op. cit., p. 52

Les deux autres formes de violences sont plus graves puisqu'elles portent atteinte à l'intégrité physique de la femme. Ce sont des violences physiques et des violences sexuelles[306]. Il ne faut jamais oublier que l'augmentation des violences verbales aboutit à la violence physique.

2 / LE MARQUAGE DU CORPS

Les coups et blessures volontaires (a) sont fréquents et entraînent parfois l'atteinte volontaire à la vie (b).

a / LES COUPS ET BLESSURES VOLONTAIRES

Il s'agit de l'ensemble des atteintes physiques visant le corps de la femme. Selon les auteurs, les marquages du corps de la femme par son conjoint sont utilisés dans le but de la dominer et de la soumettre à sa volonté[307]. Ces atteintes physiques sont analysées comme un contrôle que réalise le conjoint ou concubin sur sa partenaire.

Parmi ces atteintes physiques, on observe les actes suivants : frapper, empoigner, donner des coups de pied, des coups de poing, des claques, frapper avec un objet, lancer de l'eau ou de l'huile bouillante, faire usage de l'acide, pincer, cracher, la jeter par la fenêtre, la séquestrer, l'enfermer dans un placard ou dans une cave, l'empêcher physiquement de sortir ou de fuir, l'obliger à mettre la main sur un fil électrique dénudé, l'électrocuter, lui taper la tête contre le mur, déchirer ses vêtements, lui tenir la tête sous l'eau, la mordre, l'étouffer, lui arracher un bout de doigt en la mordant, lui casser le bras ou les côtes ou bien le nez, l'étrangler, tirer sur elle avec un pistolet, un fusil, poignarder, mutiler, voire tuer[308]. Les coups de pied sont fréquents au niveau du visage, aux seins, au ventre même si la femme est enceinte[309].

---

[306] Voir infra Titre 2, chapitre 2

[307] MONNIER V., « Du côté des victimes », op. cit., p. 49

[308] BAUDIER M., « De l'amour à l'enfer domestique », op. cit., p. 125

[309] MONNIER V., « Du côté des victimes », op. cit., p. 51

Le partenaire violent fait usage d'objets comme par exemple de couteaux, arme à feu, un rasoir ou un outil du travail comme par exemple un bâton, pioche, maillet pour porter des blessures volontaires dans le seul but d'altérer l'intégrité du corps de son épouse. Il faut noter que parfois certaines femmes ont été noyées, étranglées ou jetées par la fenêtre. La défenestration est une pratique assez répandue[310].

La violence physique n'empêche pas la réalisation d'autres violences. Les autres violences s'entrecroisent avec les atteintes à l'intégrité physique. Les violences physiques sont souvent accompagnées d'injures, menaces et précèdent le plus souvent des rapports sexuels forcés[311]. Ce sont des atteintes au corps de la femme. Les traces sont visibles et témoignent du dysfonctionnement des relations au sein du couple. C'est à ce stade que les constats médicaux, témoins, procès-verbaux de la police soutiennent la femme victime. C'est souvent à la suite de violences physiques que la femme appelle la police ou les associations. De plus, quand les agressions physiques ne sont pas fréquentes, les femmes se sentent rarement victimes. Et, quand les traces sont minimes, les femmes hésitent à dénoncer.

Il faut noter que certains actes comme par exemple tirer les cheveux, bousculer, tordre les bras, obliger la femme à mettre sa main sur un fil électrique dénudé ne laissent pas de traces pour preuve. Il suffit d'un foulard ou d'un col roulé pour dissimuler une tentative de strangulation. Les violences graves aboutissent au meurtre de la femme.

b / L'ATTEINTE VOLONTAIRE A LA VIE

Du 17e au 20e siècle, les hommes frappent ou tuent leurs conjointes aussi bien sous l'emprise de la colère, de la jalousie, de l'ivresse que par désir de vengeance[312]. Les atteintes à l'intégrité physique dans les relations conjugales conduisent souvent à la mort des

---

310 BURGUIERE A., « Histoire de la violence conjugale », *Revue de sociologie santé* n° 18, déc. 1998, p. 64

311 Voir : Infra Titre 2, Chapitre 2 sur viol par le partenaire

312 BURGUIERE A., « Histoire de la violence conjugale », op. cit., p. 63

femmes soit directement, soit indirectement si la femme violentée décide de se suicider. Selon les estimations, les femmes victimes de violences conjugales font cinq fois plus de tentatives de suicide que dans la population générale.

La violence dans les relations conjugales est une des causes principales de la mortalité des femmes. Selon les auteurs, cette violence est la première cause de mortalité chez les femmes de 16 à 44 ans avant le cancer, les accidents de la route et la guerre[313]. D'après le ministère de l'Intérieur, en France trois femmes meurent du fait de violences conjugales tous les quinze jours.

En Irlande du Nord 40% des meurtres de femmes sont commis par leurs époux. En Grèce, une étude a démontré qu'un homme sur quatre entre 25 et 35 ans a fait usage de la violence physique sur le corps de son épouse au moins une fois[314]. Selon le Conseil de l'Europe, chaque semaine, une femme est tuée par son mari ou concubin au sein des pays de la Communauté. Les études démontrent qu'aux Etats-Unis, 70% des femmes sont tuées par leur compagnon ou ex-compagnon et, dans deux tiers des cas, le décès était précédé de violences physiques graves[315].

Il faut noter que la majorité des homicides se produisent pendant la phase de séparation car la violence et l'emprise s'accentuent pour éviter celle-ci. Le conjoint ou le concubin commet le meurtre de sa femme pour s'opposer à la rupture ou à la fuite de celle-ci. Lorsque la femme, par son désir de fuir, adopte une attitude rebelle à la domination de son conjoint ou concubin, la réponse de ce dernier est le meurtre de sa femme qu'il associe assez souvent à son suicide[316]. La moitié des femmes assassinées le sont par un homme qu'elles connaissent intimement ; un quart d'entre elles l'étant alors juste après la séparation[317]. Le meurtre de la partenaire constitue un acte criminel. La prise d'alcool ou de drogue peut faciliter le passage à l'acte en levant les

---

313 ZEBRINSKA N., *La guerre secrète*, op. cit., p. 19
314 Ibid., p. 18
315 HIRIGOYEN M.-F., *Femmes sous emprise*, op. cit., p. 66
316 WELZERLANG D., *Les hommes violents*, éd. Payot 2005, p. 41
317 HIRIGOYEN M.-F., *Femmes sous emprise*, op. cit., p. 67

inhibitions et en libérant les pulsions agressives. La violence à l'extrême conduit toujours à la destruction dont la mort devient inévitable dans le cadre de relations conjugales pathologiques.

Ces violences se développent le plus souvent de manière cyclique et progressive. Les crises sont de plus en plus intenses et fréquentes, entrecoupées de courtes périodes de rémission.

B / LA REITERATION DES ACTES

La vulnérabilité des femmes facilite les violences répétitives. Cette vulnérabilité peut être d'ordre social, liée à leur position de femme, particulièrement sous prétexte de diversité culturelle, ou bien peut être d'ordre psychologique en lien à leur histoire ou à leur personnalité. Les atteintes à l'intégrité physique dans les relations conjugales ont un caractère particulier, ce ne sont pas des actes isolés, mais une répétition des actes dans le temps. Ainsi, certaines femmes subissent des violences depuis plusieurs années. De plus, cette violence s'inscrit dans des rapports complexes, où l'un des partenaires cherche à contrôler, à dominer et à maintenir sous son emprise alors qu'en contrepartie, la femme victime développe des mécanismes de survie pour éviter ou contourner la violence, voire essayer de la comprendre. Alors que la violence se manifeste de façon répétitive, entraînant des blessures ainsi que des séquelles affectives et psychologiques extrêmement graves. Ce qui constituera une emprise psychologique.

L'emprise psychologique est une relation de soumission de la femme considérée comme une simple chose. Il faut savoir que l'emprise psychologique constitue toujours un meurtre ou une tentative de meurtre psychique[318]. En effet, la victime d'une emprise psychologique est incapable de distinguer ce qui est bon pour elle de ce qui ne l'est pas. La relation d'emprise bloque la femme et l'empêche d'évoluer et de comprendre sa situation. Ainsi, il est plus facile pour le partenaire violent de neutraliser le désir de sa compagne. Il réduit ou annule son

---

[318] LOPEZ G. PORTELLI S., CLEMENT S., *Droits des victimes : victimologie et psychotraumatologie*, éd. Dalloz, 2003, p. 232

altérité pour la transformer en objet[319]. Par conséquent, la femme ne se révolte pas contre les violences. Elle devient au contraire obéissante. Cette emprise incite la femme à protéger son agresseur. Ce qui permet au partenaire violent de soumettre petit à petit sa compagne pour la garder enfin à sa disposition. Ainsi, la femme devient un objet.

La mise sous emprise correspond au lavage de cerveau ou persuasion coercitive. Il faut noter que, selon les chercheurs, toutes les personnes sont vulnérables au lavage de cerveau si elles y sont exposées durant un temps suffisamment long, si elles sont seules et si elles n'ont aucun espoir de sortir de cette situation[320]. Les techniques de lavage de cerveau qui sont décrites à propos des sectes sont valables dans le cadre des violences au sein du couple.

En l'absence de dénonciation des actes de violences physiques, la fréquence et l'intensité des violences augmentent de façon notable. Les violences au sein du couple obéissent à des cycles.

1 / L'EXISTENCE D'UN CYCLE

La violence conjugale se développe à travers des cycles dont l'intensité et la fréquence augmentent avec le temps.

a / LES PHASES DU CYCLE

Selon les chercheurs, particulièrement Lenore E. Walker, la violence au sein du couple se manifeste sous forme cyclique[321]. C'est le mode le plus fréquent, mais des exceptions existent. Le cycle des violences se déroule en quatre phases[322].

---

319 HIRIGOYEN M.-F., *Femmes sous emprise*, op. cit., p. 107
320 Ibid., p. 110
321 HIRIGOYEN M.-F., *Femmes sous emprise*, op. cit., p. 69
322 MONNIER V., *Du côté des victimes*, op. cit., p. 52

La première phase commence par la tension du conjoint qui provoque la peur chez la femme. Cette phase de tension débute par l'irritabilité de l'homme et pendant cette phase la violence n'est pas exprimée directement. Mais elle apparaît à travers certains actes comme par exemple des silences hostiles, des regards agressifs ou le timbre de la voix avec le ton irrité.

La deuxième phase débute par l'agression du conjoint et par conséquent la femme devient triste ou bien en colère. Une phase d'agression caractérisée par la perte du contrôle de l'homme. Durant cette phase, il est facile de constater des cris, des insultes et des menaces. Il peut casser des objets et/ou commencer la violence physique. La femme victime ne réagit pas et ne se défend pas par peur. L'agression amène chez la femme de la tristesse et un sentiment d'impuissance. En effet, la colère de la femme en réponse à l'agression ne fera qu'aggraver la violence du partenaire. La femme est incapable d'agir et en raison de l'emprise elle n'a pas d'autre solution que de se soumettre.

La troisième phase consiste par l'invalidation de l'auteur de ses violences et en une responsabilisation de la femme victime. Une phase d'excuses durant laquelle le partenaire cherche à annuler ou à minimiser son comportement. En effet, l'explosion de violence suivie de remords est un sentiment désagréable. Pour s'en débarrasser, le partenaire cherche une explication qui pourrait le déculpabiliser. Cette phase a pour fonction de culpabiliser la femme et de l'amener à oublier sa colère. L'auteur affirme que la femme victime n'avait pas à le provoquer, ce qui permet de minimiser le caractère et la gravité de l'agression. Ainsi, la victime se sent responsable des comportements violents de son conjoint. C'est aussi une phase de promesses. Durant cette phase, si la femme réussit à quitter le domicile conjugal, le partenaire contacte un proche pour la convaincre de revenir.

La quatrième phase débute par la rémission du conjoint qui entraîne un espoir chez la femme. Une phase de réconciliation ou phase de « lune de miel » durant laquelle le partenaire adopte une attitude agréable, est attentif, prévenant pour rassurer sa femme. L'auteur exprime des regrets. Cette phase est parfois interprétée comme une phase de manipulations perverses de l'homme pour garder la femme dans le domicile conjugal[323]. La cause de ce changement ponctuel est la peur de l'abandon. Pendant cette phase, les femmes reprennent espoir. Cet espoir de la femme augmente le seuil de tolérance à l'agression. Si la femme a porté plainte, c'est souvent à ce moment-là qu'elle la retire. Le comportement agréable de son partenaire durant cette phase de contrition incite la femme à rester au domicile conjugal.

L'une des spécificités des violences au sein du couple est que les femmes victimes sont particulièrement traumatisées du fait du lien affectif fort les unissant à leur agresseur, de profonds sentiments mêlés de crainte, de culpabilité et de honte. Ces sentiments risquent de les conduire à la rétractation à tout stade de la procédure. Selon les recherches, c'est durant cette quatrième phase que l'entourage, amis, famille, travailleurs sociaux, policiers, gendarmes, médecins, avocats et toute autre personne se disent que c'est la dernière fois qu'ils interviennent puisque la femme victime ne sait pas ce qu'elle veut[324]. Or, dans ce type de contentieux, les victimes ont besoin d'un soutien et d'un accompagnement constants dans leurs démarches.

b / LA REPETITION DANS LE TEMPS

Si la continuité de vie entre le couple agresseur/victime reprend, le cycle de la violence peut aussi recommencer. Les cycles se répètent, ainsi la spirale des violences va s'accélérer dans le temps avec une intensité croissante. Au fur et à mesure, la période de rémission raccourcit et le seuil de tolérance de la femme augmente. Le conjoint auteur a de moins en moins peur de perdre sa compagne. Le raccourcissement de la durée entre les phases du cycle est notable[325], pour arriver à une disparition du délai entre deux phases d'agression et par conséquent une agression qui s'installe de façon permanente. Ainsi, la femme victime finira par trouver cette violence normale. Elle vit dans

---

[323] HIRIGOYEN M.-F., *Femmes sous emprise*, op. cit., p. 72

[324] MONNIER V., « Du côté des victimes », op. cit., p. 53

[325] CHRISTEN M., HEIM C., SILVESTRE M., VASSELIER-NOVELLI C., *Vivre sans violences*, éd. Erès 2004, p.76

un état de terreur constant puisque l'agresseur est totalement imprévisible. En l'absence de rupture du cycle de la violence, la vie de la femme peut être en danger. En effet, la fréquence et l'intensité des scènes de violences augmentent avec le temps, pouvant aboutir au suicide de la femme ou à un homicide[326].

Il s'agit bien d'une manifestation pathologique du lien conjugal. Les victimes ont souvent du mal à dénoncer le conjoint ou concubin agresseur à cause de la honte qu'elles éprouvent. Ce sont les femmes jeunes et les plus diplômées qui déclarent le plus facilement les violences[327]. Malgré les violences, la relation est maintenue par le conjoint ou concubin refusant la séparation. Ainsi, il exerce un contrôle sur la volonté de la femme victime. Certaines femmes se font harceler par le conjoint ou concubin même après le départ du domicile conjugal. La violence peut se poursuivre même après la séparation[328]. Malgré la séparation, le conjoint cherche à rencontrer son épouse ou concubine ; de ce fait, le problème des violences se poursuit sans fin. Dans ce cas, le traitement individuel de l'agresseur et/ou de la victime est nécessaire[329]. Aux Etats-Unis, des mesures de protection ont été prises en faveur des femmes victimes de ce type de harcèlement[330]. En effet, ce type de harcèlement est considéré comme extrêmement dangereux car il peut se terminer par un meurtre.

Certains facteurs jouent un rôle primordial pour que la violence puisse se perpétuer dans le temps. Ces facteurs sont d'abord l'isolement de la femme et la proximité d'un couple victime-agresseur.

---

[326] HENRION R., *Les femmes victimes de violences conjugales, le rôle des professionnels de santé*, éd. Documentation française 2001, p. 9

[327] ZEBRINSKA N., *La guerre secrète*, op. cit., p. 20

[328] HIRIGOYEN M.-F., *Les femmes sous emprise*, op. cit., p. 58

[329] CHRISTEN M., HEIM C., SILVESTRE M., VASSELIER- NOVELLI C., *Vivre sans violences*, op. cit., p. 113

[330] HIRIGOYEN M.-F., *Femmes sous emprise*, op. cit., p. 64

2 / LE PROFIL DES PARTENAIRES VIOLENTS

Il est difficile de dégager un profil type de l'auteur et de la victime. Les recherches ont mis au point difficilement un profil type des auteurs et de leurs victimes. Ainsi, il est possible d'effectuer une classification des conjoints violents :

- les hommes immatures et impulsifs ;
- les hommes psychorigides, autoritaires ;
- les hommes qui ont été témoins ou victimes de violences ou d'abus sexuels dans leur enfance ;
- les hommes jaloux ;
- les hommes paranoïaques ou psychopathes ;
- les hommes alcooliques ou toxicomanes ;
- les hommes qui ont des fonctionnements pervers narcissiques.

La plupart des hommes violents sont assez jeunes et de toutes les classes sociales.

Les femmes victimes ont un caractère particulier. Ainsi, la personnalité des femmes victimes traduit un fort désir de se lier à un homme de manière consciente ou non sur un mode fusionnel[331]. L'affection de la femme envers le partenaire violent peut également expliquer la passivité de la femme. Il ne faut sans doute pas oublier que le modèle féminin a été traditionnellement passif. D'où il existe souvent une absence de démarche par la femme pour sortir de l'engrenage.

3 / LES CAUSES D'UNE ABSENCE DE DEMARCHE PAR LA FEMME POUR METTRE FIN AUX VIOLENCES

La femme victime a certaines difficultés pour mettre fin au cycle de la violence. En effet, la victime doit assumer la réprobation de la famille et de son entourage, car la femme n'est pas toujours considérée comme une victime innocente. Ainsi, l'espoir, la crainte, la honte et

[331] KACZMAREK S., *Violence au foyer*, éd. Imago 1990, p.64

l'ignorance sont des obstacles qui entourent la femme et qui ne lui permettent pas d'entreprendre les démarches nécessaires.

Il existe de nombreuses autres raisons pour justifier le maintien d'un système conjugal violent : le souhait de la femme de préserver l'unité familiale pour le bien-être des enfants et de ne pas les priver d'un des parents, le désir de maintenir une image vis-à-vis du monde extérieur, l'isolement et l'absence d'aide, la dépendance physique ou psychologique, la crainte de représailles sur les enfants ou soi-même, la méconnaissance de ses droits, la réticence à affronter les institutions et l'appareil judiciaire et enfin le maintien de la femme dans l'illusion que tout peut changer naturellement sans effort. De plus, il y a aussi la peur des représailles, la peur de se lancer seule dans une nouvelle vie, la peur que le conjoint se suicide et la crainte de l'isolement. Il faut aussi faire face à la dépendance matérielle et économique. Elle se sent incapable de se défendre juridiquement en apportant des preuves tout en recouvrant rapidement intégrité et autonomie[332]. Certaines femmes travaillent avec leur partenaire, de ce fait, elles sont rarement déclarées fiscalement comme « conjointe collaborateur » ; par conséquent, en cas de risque de séparation, ces femmes n'ont aucune protection[333]. D'où l'absence de réactions de la femme. De nombreux exemples de conflits conjugaux confirment les manifestions de perversité sadomasochiste[334] face à l'absence de démarche de la femme pour sortir de la violence et de sa passivité dans ce type de violences.

Malgré une organisation et une multiplication des permanences médico-légales et les campagnes visant à sensibiliser la population générale, les femmes battues ne dénoncent pas leur mari et portent rarement plainte par honte, peur ou besoin de sauvegarder une situation personnelle[335]. Souvent, les femmes victimes de sévices souhaitent simplement faire constater leurs blessures sans intenter une action judiciaire. Mais les jeunes femmes prennent des décisions plus facilement puisqu'une grande partie de la vie reste devant elles. A noter

---

[332] MONNIER V., « Du côté des victimes », op. cit., p. 54
[333] HIRIGOYEN M.-F., *Femmes sous emprise*, op. cit., p. 63
[334] AUDET J., KATZ J.F., *Précis de victimologie générale*, éd. Dunod 1999, p. 144
[335] ALBERNHE T. (ss la dir. de), *Criminologie et psychiatrie*, op. cit., p. 147

que ces violences physiques entraînent des conséquences plus ou moins graves.

§2 / LES EFFETS DE CES ATTEINTES PHYSIQUES POUR LE CORPS DE LA FEMME

Les conséquences de ces violences sont à la fois physiques (A) et psychologiques (B). En effet, la violence conjugale a des effets dévastateurs à la fois sur la santé physique et sur la santé mentale des femmes victimes et sur leurs enfants : c'est l'enjeu de la santé publique le plus important de ce début de XXIe siècle. Pour l'organisation mondiale de la santé, cette violence constitue un authentique problème de santé publique puisque les femmes victimes perdent une à quatre années de vie en bonne santé[336].

A / LES PREJUDICES CORPORELS

Il est plus facile de déceler les conséquences physiques qui peuvent se manifester dans l'immédiat (1) puisque les blessures corporelles sont très visibles. Mais il existe également des manifestations pathologiques à long terme (2).

1 / L'ATTEINTE A LA SANTE DANS L'IMMEDIAT

Les études montrent que les femmes victimes des atteintes à l'intégrité physique dans les relations conjugales ont un état de santé moins bon que les autres femmes. Un nombre croissant de travaux de recherche révèle que le fait de partager la vie d'un partenaire violent

---

[336] RAKOTOMAHANINA L., GREGOIRE B., AUBERT M., CARNINO F., FORNES P., SOUSSY A., « Réflexions sur l'efficacité de la médiation pénale dans les violences conjugales faites aux femmes », *Gaz. Pal.* 2005, n° 363, p. 5

peut avoir un impact profond sur la santé d'une femme. Les femmes victimes de la violence physique ont une perception beaucoup moins favorable de leur condition physique et ont davantage recours aux services de santé[337]. De plus, ces violences physiques répétitives sont à l'origine de certaines séquelles comme par exemple la fatigue intense, des douleurs musculaires limitant l'activité, entraînant une impotence fonctionnelle plus ou moins grave. Par conséquent, les incidences sociales sont également importantes. En effet, la prise en charge ambulatoire d'une femme victime de violences conjugales coûte deux fois et demie plus cher à la société que celle des autres femmes[338]. Les violences aggravent les dépenses de santé, ce qui est préjudiciable à la fois à la victime et à la société. Dans certains pays, la violence conjugale est devenue pour les femmes la première cause d'invalidité et de mortalité. C'est un problème de santé publique nécessitant une approche médicale pluridisciplinaire.

Les atteintes au corps de la femme ont une incidence majeure sur le bien-être physique du fait des blessures provoquées par ces violences. Le risque d'être victime d'un homicide, de blessures et séquelles sont fréquents[339]. Les lésions traumatiques sont une conséquence de la violence physique. Elles sont multiples et de nature variée comme par exemple : érosions, ecchymoses, hématomes, contusions, plaies, brûlures, morsures, traces de strangulation, fractures. Les lésions siègent principalement au visage, au crâne, au cou, aux extrémités. Les traumatismes dentaires, maxillo-facial, ophtalmiques et otologiques sont assez fréquents. En effet, il est assez fréquent de constater des fractures dentaires, des os propres du nez[340] et du massif maxillo-facial, à savoir l'os zygomatique et mandibules. La victime peut présenter aussi des hémorragies conjonctivales et des décollements de rétine responsables d'une baisse de l'acuité visuelle, des perforations tympaniques responsables d'une baisse de l'acuité auditive. Ces violences physiques

---

337 CANTIN S., « Violence conjugale : la recherche au cœur de nouvelles solutions », *Sociologie santé* 1998, n° 18, p. 41

338 HENRION R., *Les femmes victimes de violences conjugales, le rôle des professionnels de santé*, op. cit., p.23

339 COGNALONS-NICOLET M., « Voir et agir : responsabilités des professionnels de la santé en matière de violence à l'égard des femmes », *N.Q.F.* 2004, vol. 23, n° 1, p. 129

340 HIRIGOYEN M.-F., *Femmes sous emprise*, op. cit., p. 50

laissent sur le corps de la femme victime des fractures ou des hématomes le plus souvent localisés au niveau du visage, le crâne, ou sur les extrémités.

La situation des femmes enceintes est un peu plus délicate. Les violences physiques peuvent entraîner des avortements spontanés, des ruptures prématurées des membranes et des accouchements prématurés, des décollements prématurés du placenta suivis de souffrance et de mort fœtales, des hémorragies, voire des ruptures utérines. La mort est fréquente chez les femmes enceintes à la suite des traumatismes physiques. En effet, dans les coups et blessures, un acharnement particulier se fixe sur les parties sexuelles et le ventre surtout quand la femme est enceinte[341]. Les violences physiques dans le cadre des relations conjugales sont l'une des causes principales de mortalité des femmes avec des décès dus à des pathologies en lien avec la violence telles que des lésions du foie ou rupture de la rate.

Les effets ne s'arrêtent pas là. La femme victime doit faire face à de nombreuses autres conséquences à long terme.

2 / LES CONSEQUENCES A LONG TERME

Les femmes victimes consomment plus de psychotropes[342] et souffrent de nombreuses affections chroniques. Elles ont des symptômes physiques et psychiques plus nombreux que les autres femmes n'ayant jamais subi de violences. Une mauvaise santé par la suite risque d'engendrer divers maux et maladies : syndrome de douleur chronique, trouble psychosomatique.

Les troubles psychosomatiques sont nombreux : les troubles digestifs comme par exemple le côlon irritable et les troubles gastro-intestinaux, des dorso-lombalgies chroniques, des céphalées, l'obésité,

---

[341] BURGUIERE A., « Histoire de la violence conjugale », *Revue sociologie santé* n° 18, déc. 1998, p. 62

[342] HIRIGOYEN M.-F., *Femmes sous emprise*, op. cit., p. 52

l'asthénie, la malnutrition, des troubles de la reproduction[343], des sensations d'engourdissement et de fourmillements dans les mains, la tachycardie et les palpitations, le sentiment d'oppression et des difficultés à respirer en sont des exemples. La blessure infligée à la victime laissera toujours chez celle-ci des marques physiques.

De plus, toutes les pathologies chroniques comme par exemple les affections respiratoires ou cardiaques ou les troubles métaboliques nécessitent un traitement continu et un suivi régulier. Mais du fait des violences, il y a souvent un déséquilibre ou une aggravation de ces pathologies chroniques car il est difficile pour la femme de suivre son traitement ou de consulter un médecin du fait de son asthénie, de son mauvais état de santé physique voire d'un état dépressif.

Les femmes victimes de violences ont plus souvent déclaré des fausses couches. En cas de grossesse, elles se font suivre moins régulièrement par le médecin et participent moins à la préparation à l'accouchement. Les conséquences sont l'accouchement prématuré, le retard de croissance *in utero* et le risque de mortalité périnatale[344].

Les violences sont à l'origine de nombreux effets désagréables sur la santé mentale de la victime.

B / UN EFFET PERVERS SUR LA SANTE MENTALE

Les troubles les plus graves sont incontestablement les traumatismes psychologiques d'une part pour la femme victime (1) et d'autre part pour ses enfants (2).

---

[343] COGNALONS-NICOLET M., « Voir et agir : responsabilités des professionnels de la santé en matière de violence à l'égard des femmes », op. cit., p. 129

[344] HIRIGOYEN M.-F., *Femmes sous emprise*, op. cit., p. 204

1 / LE PREJUDICE PSYCHOLOGIQUE DE LA VICTIME

La violence répétée avec l'alternance de périodes calmes et périodes de violences entraîne des troubles psychologiques chez la femme victime. Ainsi apparaissent confusion mentale, stress, asthénie, nervosisme, troubles de l'humeur, troubles du sommeil. Des troubles psychiques avérés peuvent apparaître à long terme : angoisse chronique, dépression, paranoïa, sénescence précoce.

Les violences constituent un risque pour la santé mentale des victimes : dépressions, suicides, conduites addictives (tabac, alcool, drogues ou médicaments psychotropes). Les traumatismes multiples prolongés détruisent l'identité et l'estime de soi des sujets victimes[345]. Durant des années, les femmes subissant de graves violences physiques dans leur vie de couple se sentent comme d'éternelles victimes, particulièrement lorsque leur enfance a déjà connu des violences familiales. Cette situation de victime tend à être interprétée comme une position secrète de complicité avec l'agresseur. L'énigmatique position de ces femmes dans les relations conjugales se verrait éclairée par la théorie psychanalytique du masochisme[346]. Mais, en réalité, la femme se sent faible et incapable de réactions face à une tristesse et à un sentiment d'échec dans sa vie. Les violences conjugales enferment la victime dans des comportements et des raisonnements de codépendance avec l'agresseur. Elle raisonne en fonction de l'agresseur, la victime se rend complémentaire de la cause de son agresseur, d'où la culpabilité de la femme. Il y a une inversion de la culpabilité. En effet, la femme victime porte la culpabilité que son partenaire n'éprouve pas[347]. La femme, ayant vécu la violence physique et morale pendant des années, a des capacités de défense affaiblies, il y a manque d'autonomie et de confiance en soi[348]. La victime souffre de la honte, d'un sentiment de culpabilité et d'un sentiment d'échec.

---

[345] LOPEZ G., PORTELLI S., CLEMENT S., *Les droits des victimes*, op. cit., p. 230
[346] MORHAIN D., MARTINEAU J.P. (ss la dir. de), *Violences familiales*, éd. L'Harmattan 2003, p. 62
[347] HIRIGOYEN M.-F., *Femmes sous emprise*, op. cit., p. 125
[348] MONNIER V., « Du côté des victimes », op. cit., p. 47

Une étude récente américaine a démontré l'augmentation des états dépressifs en cas de violences conjugales, avec une sorte de relation « effet-dose ». Les climats les plus violents aboutissent aux dépressions les plus sévères[349]. Par conséquent, une femme victime de violences risque de présenter un état dépressif avec des tentatives de suicide graves par défenestration ou pendaison[350]. Les femmes victimes feraient cinq à huit fois plus de tentatives de suicide que les personnes de la population générale. Aux Etats-Unis, les études montrent qu'un quart des femmes ayant accès aux urgences sont victimes de violences conjugales et, en psychiatrie, un quart des femmes suicidées ont été victimes de violences conjugales[351].

La femme victime s'enferme et s'isole par honte. Elle développe une culpabilité, une dépendance accompagnées d'une peur et d'un désespoir. Les troubles émotionnels comme par exemple les états d'anxiété, de panique, les manifestations phobiques, la colère, empêchent d'agir. De plus, on peut constater un isolement psychologique, une perception du réel déformée et une capacité de jugement fortement altérée[352]. Les troubles cognitifs comme par exemple la difficulté de concentration, d'attention et la perte de mémoire aggravent la situation de la victime. Les troubles de l'alimentation tels que les prises de repas irrégulières, l'anorexie ou la boulimie ne sont pas absents et sont souvent à l'origine des troubles psychologiques.

Les femmes victimes de violences dans leur couple, comme toute personne exposée de façon répétée à des traumatismes, peuvent présenter, longtemps après la séparation, des troubles de stress post-traumatiques. Elles sont traumatisées et peuvent présenter un haut niveau d'activité mentale et physique. De ce fait, les troubles anxieux peuvent perdurer même après la séparation chez les femmes victimes. Il est possible d'observer des difficultés d'endormissement et des cauchemars mettant en scène le passé[353]. Les troubles de sexualité sont présents. Les femmes victimes conservent un trouble du désir, des

---

[349] HIRIGOYEN M.-F., *Femmes sous emprise*, op. cit., p. 201
[350] AUDET J., KATZ J.F., *Précis de victimologie*, éd. Dunod 1999, p. 144
[351] HIRIGOYEN M.-F., *Femmes sous emprise*, op. cit., p. 287
[352] ZEBRINSKA N., *La guerre secrète*, op. cit., p. 63
[353] HIRIGOYEN M.-F., *Femmes sous emprise*, op. cit., p. 127

réactions de dégoût ou d'évitement. Elles refusent longtemps après la cessation de la violence toute relation intime[354]. Les enfants du couple peuvent également manifester certains troubles, le plus souvent de nature psychologique du fait de la violence.

2 / LA PERTURBATION DE LA SANTE MENTALE DES ENFANTS

Il conviendrait de voir dans un premier temps la manifestation des troubles divers chez l'enfant (a) et dans un deuxième temps la possibilité d'une transmission transgénérationnelle (b).

a / LA MANIFESTATION DES TROUBLES DIVERS CHEZ L'ENFANT

La violence envers la femme a des conséquences sur l'avenir des enfants. En effet, les mauvais traitements sont infligés la plupart du temps en présence des enfants. Ces incidences sont plus importantes en milieu urbain que rural[355]. Ceci s'explique par un manque d'espace en milieu urbain et par le fait que les enfants deviennent souvent des témoins des actes de violences. Dans certains cas, les enfants reçoivent également des coups[356]. De ce fait, un enfant élevé dans un milieu de violences est aussi victime de violences. En effet, 20 à 30 % des enfants vivant au sein de couples violents subissent eux-mêmes des violences physiques. Les plus jeunes enfants sont les plus exposés[357]. Les enfants victimes peuvent présenter des troubles posttraumatique dès deux ans, avec des séquelles cérébrales qui peuvent être graves[358]. L'enfant peut présenter des troubles du développement[359], des troubles

---

[354]HIRIGOYEN M.-F, *Femmes sous emprise*, op. cit., p. 202
[355] VERON J., *Le monde des femmes*, op. cit., p.103
[356] ZEBRINSKA N., *La guerre secrète*, op. cit., p. 24
[357] HIRIGOYEN M.-F., *Femmes sous emprise*, op. cit., p. 204
[358]Ibid., p. 206
[359] Retard staturo-pondéral, immaturité, difficultés scolaires

psychosomatiques[360], des troubles émotionnels[361] ou des troubles comportementaux[362]. Du fait des violences à caractère répétitif, les enfants vont ressentir les mêmes sentiments que leur mère. Ainsi, l'équilibre psychique est menacé et les difficultés scolaires ou comportementales apparaissent. De nombreuses autres conséquences sont possibles selon l'âge des enfants : troubles de l'alimentation, troubles du sommeil, asthénie, mélancolie et l'agressivité. En effet, les adolescents tentent de protéger leur mère victime. Par conséquent, ils chercheront à aller au-delà du rôle qu'ils peuvent assumer au sein de la famille et de la société, ce qui est souvent impossible. De ce fait, certains troubles apparaissent, à savoir la détresse, la dépression et certains troubles du comportement comme par exemple fugue, suicide, alcool, médicaments, drogues[363]. L'enfance perturbée a des incidences sur la santé physique à l'âge adulte. Ainsi, les niveaux les plus élevés de surmorbidité se rencontrent chez les adultes ayant connu un conflit parental. Ils déclarent 45% de maladies en plus que les autres[364].

b / LA POSSIBILITE D'UNE TRANSMISSION TRANSGENERATIONNELLE

Il semblerait qu'une transmission transgénérationnelle de la violence conjugale soit possible. Dans de nombreux cas, la biographie des auteurs et des victimes de violences retrouve l'existence d'une relation parentale pathologique[365]. Certaines études démontrent que les femmes ayant subi des violences dans leur enfance ont quatre fois plus de chances d'en être victimes dans leurs relations conjugales. C'est un impact du modèle relationnel parental[366]. Selon des études américaines, le fait d'avoir grandi dans un contexte où le père était violent envers la

---

360 Troubles digestifs, céphalées
361 Anxiété, tristesse, colère, mauvaise estime de soi
362 Mauvais contrôle pulsionnel, prise de drogue
363 BOURGEOIS D., *Les droits de la femme*, op. cit., p. 61
364 BERTIN-GILBERT F., « Les enfants de parents violents », *Revue sociologie santé* n° 18, déc. 1998, p. 71
365 ALBERNHE T. (ss la dir.de), *Criminologie et psychiatrie*, op. cit., p. 147
366 ZEBRINSKA N., *La guerre secrète*, op. cit., p. 28

mère augmente la probabilité d'être violent s'il s'agit d'un garçon et de devenir victime d'un homme violent s'il s'agit d'une fille[367]. Il s'agit d'un apprentissage qui a commencé dès le plus jeune âge des enfants. En effet, les enfants apprennent par l'observation du comportement des autres individus, la façon de se comporter à l'égard des choses, y compris l'agression et la violence[368]. Les comportements agressifs sont acquis par l'intermédiaire d'agents socialisants[369], perçus comme des modèles de référence. Ainsi, ils peuvent renforcer ou inhiber certains comportements[370].

Le fait de voir continuellement de la violence peut chez l'enfant créer et stabiliser une vision négative du monde social. Pour faire face, l'agression serait alors le comportement le plus adapté[371]. C'est ainsi qu'apparaît un risque de reproduction du schéma familial par identification[372]. Selon des études américaines, s'il s'agit d'un petit garçon qui a été victime ou témoin de violences au sein de sa famille, il a une probabilité trois fois plus grande qu'un autre de devenir violent à l'âge adulte[373]. En effet, il ne faut surtout pas oublier que le cycle des violences familiales se perpétue au travers des générations. De ce fait, la famille est considérée comme le lieu le plus violent au sein de notre monde moderne. En effet, certains petits garçons, ayant observé sans comprendre la violence conjugale, la reproduisent plus tard avec leur partenaire[374]. Mais les filles sont confrontées au risque inverse, c'est-à-dire qu'elles deviennent à leur tour victimes. En effet, certains facteurs de vulnérabilité de la femme facilitent l'accrochage avec des hommes particulièrement violents, tout en diminuant les défenses de la femme face aux violences. Ce qui est évident notamment dans le cas d'une femme qui a été fragilisée par une histoire infantile lourdement chargée par les violences[375]. En effet, les études prouvent que les femmes ayant subi de la maltraitance physique ou morale dans leur enfance ont un

---

[367] HIRIGOYEN M.-F., *Femmes sous emprise*, op. cit., p. 94
[368] PAHLAVAN F., *Les conduites agressives*, op. cit., p. 51
[369] Parents et institutions
[370] PAHLAVAN F., *Les conduites agressives*, op. cit., p. 52
[371]Ibid., p. 52
[372] ZEBRINSKA N., *La guerre secrète*, op. cit., p. 24
[373] HIRIGOYEN M.-F., *Femmes sous emprise*, op. cit., p. 207
[374] ZEBRINSKA N., *La guerre secrète*, op. cit., p. 65
[375] HIRIGOYEN M.-F, *Femmes sous emprise*, op. cit., p.82

risque plus grand de se trouver, à leur tour, victimes de violences conjugales[376]. C'est pourquoi une attention particulière doit être apportée aux problèmes liés à la violence au sein du couple.

La société contemporaine est consciente de la souffrance des femmes victimes et des enfants. Ainsi, la violence dans les relations conjugales, dont les femmes sont des victimes, est considérée comme un fléau social.

[376]HIRIGOYEN M.-F, *Femmes sous emprise*, op. cit., p. 93

SECTION II / LA PRISE EN COMPTE DE CE FLEAU PAR LA SOCIETE

Les actes de violence contre les femmes commis par l'époux au foyer n'avaient pas le même statut que si ces mêmes violences avaient été commises dans la rue ou tout autre lieu public ou privé. C'est ainsi qu'apparaît la sphère privée du couple où la femme risque des coups et blessures volontaires. Il y avait jusqu'à l'époque moderne deux manières pour le couple d'éviter le conflit intérieur, soit par la médiation des proches, soit par la médiation du groupe familial[377]. Mais l'époque moderne supprime tous les pouvoirs intermédiaires.

Au XVIIIe siècle, le législateur français accordait à l'homme le droit de porter des coups à son épouse lorsque celle-ci n'était pas assez docile. Cette culture s'est poursuivie jusqu'à nos jours. En effet, la femme abandonnait ses biens, sa personne physique et sa liberté entre les mains de son conjoint. Le XIXe siècle est marqué par un développement de la violence dans la sphère domestique, avant tout masculine. Les recours au divorce et séparation de corps par les femmes étaient fréquents sur le fondement des sévices et des mauvais traitements[378]. Il faut souligner qu'au XVIIe siècle, la séparation du corps ne pouvait être prononcée pour brutalités du mari. Au début de XXe siècle, aux USA, les tribunaux refusaient de poursuivre un mari violent parce que cela pouvait ouvrir la porte à toutes sortes d'accusations[379].

Les violences sont très répandues dans certains pays où la femme a un statut inférieur dans la société. La société ne s'occupait pas de ce qui se passait au sein du ménage, même si des actes très violents y étaient commis. La violence conjugale était réduite à un problème d'ordre privé. La mobilisation du mouvement féministe a fini par émouvoir l'opinion publique du drame des femmes battues[380]. Selon les féministes, dans une société sexiste et patriarcale, les femmes sont les

---

[377] BURGUIERE ANDRE, « Histoire de la violence conjugale », op. cit., p. 65
[378] Ibid., p. 62
[379] BAUDIER M., « De l'amour à l'enfer domestique », op. cit., p. 118
[380] COENEN M.-T. (ss la dir. de), *Corps de femme*, op. cit., p. 184

victimes de violences conjugales tandis que les hommes en sont les auteurs.

En France, dans les années 75, des femmes issues du mouvement féministe ou engagées dans la vie associative, sociale et politique portent à la connaissance du public le problème des violences conjugales et la souffrance des femmes victimes nécessitant une prise en charge. En France, ce n'est qu'en 1985 qu'une loi statue sur l'égalité totale des droits dans le couple. En 1989, pour la première fois, une campagne nationale déclare que la violence conjugale est inacceptable[381]. La campagne nationale contre les violences conjugales de 1989, lancée par le Secrétariat d'Etat aux droits des femmes, a confirmé l'ampleur du problème. Cette opération médiatique conseille aux femmes de parler et en même temps a augmenté considérablement les demandes d'accueil, d'écoute et/ou d'hébergement de ces femmes. Les statistiques montrent un accroissement de ce type de violences[382] parce que les femmes victimes en parlent librement. Selon les chercheurs, ce qui a progressé au fil des années, c'est la baisse de la tolérance et non une augmentation de la violence elle-même[383]. Aujourd'hui, la violence conjugale est moins admise. En effet, dans la société actuelle, il y a une véritable baisse du niveau de tolérance à l'égard des violences conjugales.

La violence conjugale et la souffrance de la femme victime sont devenues depuis quelques années un fait connu en France comme dans tous les pays développés dont les effets de la prise de conscience par la société sont nombreux (§1). La société est plus sensible à ce sujet qu'auparavant. Devant l'ampleur du phénomène, les milieux d'intervention, notamment médico-sociaux, et les autorités politiques ont été interpellés pour répondre aux besoins des femmes et pour agir auprès des conjoints en cause. C'est ainsi que de nombreuses dispositions législatives ont été prises à l'aube du XXIe siècle (§2).

---

[381] BAUDIER M., « De l'amour à l'enfer domestique », op. cit., p. 118
[382] Ibid., p. 119
[383] BURGUIERE A., « Histoire de la violence conjugale », op. cit., p. 60

§1 / LES EFFETS DE LA PRISE DE CONSCIENCE PAR LA SOCIETE

Les relations d'alliance étaient considérées comme des justifications à une atténuation, voire à une exclusion de la répression. Dans l'ancien code pénal, les violences conjugales n'étaient pas spécifiquement reconnues. Ce n'est qu'en 1992 que la loi du 22 juillet 1992[384] portant réforme des dispositions du code pénal concrétise les attentes de certaines femmes en créant un délit spécifique en matière de violences conjugales (A). Toutefois, la plainte de la femme victime est nécessaire pour obtenir une réponse judiciaire (B).

A / LA CREATION D'UN DELIT SPECIFIQUE DE VIOLENCES CONJUGALES

Pour la première fois, dans le code pénal issu de la loi du 22 juillet 1992, la qualité de conjoint ou de concubin apparaissait comme une circonstance aggravante de l'infraction commise. C'est la première fois que le terme de concubin entrait dans le code pénal. Mais l'intervention des pouvoirs publics nécessite une démarche par la femme victime (1) pour briser le cycle de la violence du conjoint dont le statut constitue une circonstance aggravante (2) après l'évaluation de la gravité des violences (3).

1 / LA NECESSITE D'UNE DEMARCHE PAR LA FEMME

La dénonciation des faits par la victime (a) est nécessaire. De plus, ces faits doivent être prouvés par la victime (b).

---

[384] Loi 92-683 du 22 juillet 1992

a / LA DENONCIATION DES FAITS PAR LA FEMME VICTIME

La femme peut faire valoir ses droits en entreprenant des démarches auprès de la police, d'un médecin, d'un avocat ou d'associations spécialisées. La victime a le droit de déposer plainte au commissariat le plus proche de son domicile. La plainte est prise par procès-verbal par l'autorité de police ou de gendarmerie pour que l'affaire soit traitée par l'autorité judiciaire. La femme victime peut dénoncer les violences directement au procureur de la République, soit par écrit, soit en se rendant directement au service du procureur du tribunal de grande instance de son domicile. Le dépôt de plainte permet à la justice de prendre des mesures immédiates pour assurer la sécurité de la femme victime et celle de ses enfants. Le procureur de la République peut faire procéder à une enquête et envoyer l'affaire devant le tribunal compétent, ce même si la victime ne souhaite pas déposer plainte[385]. Il faut savoir qu'en général le parquet tient compte de la volonté de la victime. Si la femme ne souhaite pas porter plainte immédiatement, elle peut néanmoins consigner simplement les faits au commissariat de police sur le registre de main courante pour conserver la date et le numéro d'enregistrement. Cette formalité n'entraînera pas de poursuites judiciaires contre l'agresseur. Mais elle sera un élément utile si la femme décide de porter plainte ultérieurement, de divorcer ou de se séparer. A noter que pour obtenir un divorce pour faute, il faut que les violences physiques soient suffisamment graves pour rendre le maintien de la vie commune impossible[386].

Il faut noter que ce sont les femmes qui prennent l'initiative de mettre fin au cycle de la violence en faisant appel à un tiers : le juge, travailleur social, un thérapeute[387]. Mais il faut aussi souligner que les professionnels qui ont encouragé une femme à quitter son conjoint

---

385 ROTHE O., « L'intervention de la loi - approche pénale », *Sociologie santé* 1998, n°18, p. 109

386 HIRIGOYEN M.-F., *Femmes sous emprise*, op. cit., p. 255

387 CHRISTEN M., HEIM C., SILVESTRE M., VESSELIER NOVELLI C., *Vivre sans violences*, op. cit., p. 86

violent s'irritent souvent de voir celle-ci retourner auprès de lui[388]. Les femmes victimes de violences conjugales hésitent même aujourd'hui à dénoncer au parquet les faits de violences[389]. D'ailleurs, seulement 13% des femmes concernées dénoncent les violences conjugales et seulement 8% des femmes portent plainte. Reconnaître que son conjoint est violent, le dénoncer est une démarche douloureuse. Elle est encore vécue comme une ingérence dans la vie privée. D'après une enquête récente, 95 % des Européens pensent que celui qui bat sa femme doit être condamné par un tribunal, mais un seul cas de violences sur 20 est signalé à la police[390]. Toutefois, la justice civile constate une explosion du nombre de cas de contentieux familiaux depuis 1992[391].

b / LA RECHERCHE DES PREUVES

L'examen médical permettra à la femme victime de faire constater les traces de coups, les blessures et les traumatismes psychologiques. En effet, ce constat permet d'établir un certificat médical précisant une éventuelle incapacité totale de travail. De plus, la victime doit rassembler d'autres éléments prouvant les violences, à savoir des témoignages. Il faut savoir que le certificat médical est une preuve qu'il y a bien eu des violences mais il ne démontre en aucun cas que les coups sont imputables à la personne supposée les avoir donnés. Ainsi, le certificat médical faisant état de traumatismes, hématomes et contusions n'est pas toujours accepté comme preuve de violence par le conjoint puisque ces blessures sont susceptibles d'avoir été provoquées par une chute[392]. De ce fait, le certificat médical doit toujours être accompagné des témoignages écrits des membres de la famille, des amis, des voisins, des collègues. Ces écrits doivent être datés, signés et accompagnés d'une photocopie d'une pièce d'identité.

---

388 HIRIGOYEN M.-F., *Femmes sous emprise*, op. cit., p. 99

389 LABBEE X., « Le juge civil ne vient pas au secours de la concubine battue », *D.* 2006, Jur. p. 1350

390 HIRIGOYEN M.-F., *Femmes sous emprise*, op. cit., p. 289

391 LE PENNEC J-J., « Violences », op. cit., p. 12

392 Crim. 21 fév. 2006, *D.* 2006, Som., p. 2430

De plus, au moment des faits, la femme peut appeler la police ou le SAMU ou bien les pompiers. Dès que possible, la victime doit se rendre au commissariat pour dénoncer les faits et la police organisera un rendez-vous aux urgences médico-judiciaires de l'hôpital. En effet, une main courante ou un récépissé de la plainte ne vaut pas preuve car cela ne prouve pas la réalité des faits ni que ceux-ci sont dus à la personne supposée responsable[393]. Les frais médicaux seront pris en charge par le ministère de la Justice. Elle peut aussi consulter un médecin de son choix pour faire pratiquer un examen médical. Toutefois, l'examen médical rapide par un médecin légiste expert relevant de l'unité fonctionnelle de médecine légale est incontestable[394].

Dans tous les cas, la preuve reste indispensable. En effet, les plaintes pour violences psychologiques sont rarement enregistrées dans les commissariats ou bien sont classées sans suite pour infraction insuffisamment caractérisée ou bien parce qu'il n'y a pas de preuves[395].

En cas d'infraction, il est possible de constater l'existence d'une circonstance aggravante en matière d'atteintes à l'intégrité physique dans les relations conjugales dont les victimes sont souvent des femmes.

2 / L'EXISTENCE D'UNE CIRCONSTANCE AGGRAVANTE POUR L'AUTEUR

Il appartient au législateur de spécifier officiellement que le partenaire féminin est une personne et non un objet dans les relations conjugales. La violence conjugale n'a un statut particulier que depuis la loi du 22 juillet 1992. Ainsi, depuis l'entrée en vigueur du nouveau code pénal de 1994, la qualité de conjoint ou de concubin de la victime constitue une circonstance aggravante des atteintes volontaires à l'intégrité de la personne. Toutes les violences prévues par la loi, à savoir physiques, verbales, psychologiques sont punies de peines

[393] POUCHET A-M., « L'intervention de la loi - approche civile », *Sociologie santé* 1998, p. 114

[394] ROTHE O., « L'intervention de la loi - approche pénale », op. cit., p. 111

[395] HIRIGOYEN M.-F., *Femmes sous emprise*, op. cit., p. 263

aggravées lorsqu'elles sont commises par le conjoint, le concubin ou le partenaire. En présence de circonstances aggravantes, la peine est plus élevée. Ladite aggravation a pour but de renforcer le statut juridique de la femme au sein du couple et de la protéger des violences physiques au sein du couple. En matière de violences conjugales, dans le but de protéger les droits de la femme, il existe actuellement une prise de conscience nationale, internationale, européenne et communautaire.

Les violences conjugales sont aujourd'hui réprimées de manière progressive. Il en ressort que même s'ils n'ont entraîné aucune incapacité totale de travail, ces faits de violences sont constitutifs d'un délit, donc peuvent être jugés par le tribunal correctionnel. De plus, les aggravations de peines sont nombreuses. Il faut toutefois remarquer que cette circonstance aggravante tenant à la qualité de conjoint ou de concubin de la victime ne figurait pas dans les dispositions générales du code pénal définissant lesdites circonstances aggravantes[396]. De plus, la circonstance aggravante n'était prévue que pour quelques incriminations. Actuellement la circonstance aggravante s'applique en matière de crimes et délits commis par le partenaire.

La circonstance aggravante liée à la qualité de conjoint concerne essentiellement les actes de torture et de barbarie[397], les violences ayant entraîné la mort sans intention de la donner[398], les violences ayant entraîné une mutilation ou une infirmité permanente[399], les violences ayant entraîné une incapacité totale de travail de plus de huit jours[400], les violences ayant entraîné une incapacité totale de travail inférieure à huit jours[401] et enfin le meurtre[402]. Toutefois, il semblerait que les femmes victimes soient souvent déçues des décisions de justice car la sanction de l'auteur est rarement en proportion. Cependant, il y a une évaluation de la gravité des violences pour l'application d'une peine.

---

[396] VIRIOT-BARRIAL D., « Commentaire de la loi n° 2006- 399 du 4 avril 2006 renforçant la prévention et la répression des violences au sein du couple ou commises contre les mineurs », op. cit., p. 2351

[397] Articles 222-1 et 223-3-6° du code pénal

[398] Articles 222-7 et 222-8-6° du code pénal

[399] Articles 222-9 et 222-10-6° du code pénal

[400] Articles 222-11 et 222-12-6° du code pénal

[401] Article 222-13 du code pénal

[402] Article 221-4-9° du code pénal

3 / LA METHODE D'EVALUATION DE LA GRAVITE DES VIOLENCES

Les violences s'apprécient selon leur degré de gravité. L'incapacité totale de travail est une mesure des conséquences des violences, pour laquelle le médecin se prononce en qualité de technicien. Il donne un avis qui ne lie pas celui qui le reçoit. C'est la jurisprudence qui définit la notion d'incapacité totale de travail comme la durée pendant laquelle une victime éprouve une gêne notable dans les actes de la vie courante. L'incapacité totale de travail ne doit pas traduire uniquement des lésions d'ordre physique, mais doit aussi inclure les traumatismes psychologiques.

L'incapacité totale du travail est une mesure qui permet aux victimes de faire valoir leurs droits devant la justice. En effet, les violences conjugales s'apprécient selon la gravité. Les violences physiques au sein du couple sont appréhendées d'une part sur le plan du droit pénal et d'autre part sur le plan du droit civil. Il est possible pour la femme victime de se faire dédommager, ainsi le versement des dommages et intérêts est possible en matière civile. Le Comité des Nations unies pour l'élimination des discriminations à l'égard des femmes a énoncé dans sa recommandation générale que les Etats peuvent être tenus pour responsables « d'actes privés s'ils n'agissent pas avec la diligence voulue pour prévenir la violation des droits ou pour enquêter sur des actes de violence, les sanctionner et les réparer »[403]. En effet, la réparation exonère les victimes d'une quelconque responsabilité. Ce qui est important sur le plan psychologique des victimes. En matière pénale, en fonction de la gravité de la violence, l'auteur encourt des peines privatives de liberté et une amende. Il faut savoir que les violences sont souvent des coups et blessures et ce sont souvent des délits. Mais, certaines violences peuvent être considérées comme un crime[404]. L'appréciation de la gravité des faits est indispensable pour obtenir une réponse judiciaire.

---

[403] ZEBRINSKA N., *La guerre secrète*, op. cit., p. 22

[404] Voir infra Partie I, Titre II, Chapitre 2

B / LA REPONSE JUDICIAIRE SUITE A UNE PLAINTE DE LA FEMME VICTIME

Pour donner suite à la plainte, le procureur de la République peut engager des poursuites pénales à l'encontre de l'auteur des faits, dans ce cas l'auteur encourt des sanctions (1), ou bien il peut prononcer une mesure qui soit une alternative aux poursuites pénales comme par exemple un simple rappel à la loi ou une médiation pénale (2). Le procureur de la République peut également classer sans suite l'affaire, si les faits ne sont pas suffisamment établis ou si l'exercice de poursuites est juridiquement impossible.

1 / LES SANCTIONS PENALES POUR L'AUTEUR VIOLENT

La peine est de cinq ans d'emprisonnement et de 75 000 euros d'amende, contre trois ans d'emprisonnement en l'absence de circonstance aggravante dans le cas des violences entraînant une incapacité totale de travail de plus de huit jours[405]. Le code pénal prévoit également une sanction en cas de violences ayant entraîné une incapacité totale de travail inférieure ou égale à huit jours, ou n'ayant entraîné aucune incapacité de cette nature. Dans ce cas, ces violences sont punies d'une peine de trois ans d'emprisonnement et de 45 000 euros d'amende lorsqu'elles sont commises par le conjoint ou le concubin de la victime[406]. Alors qu'en dehors de ces hypothèses ces faits sont punis par une contravention de la cinquième classe. En effet, le code pénal actuel, dans le but de protéger la femme victime des violences conjugales, a créé le délit de violences conjugales même en l'absence d'incapacité totale de travail chez la victime. L'utilité de cette mesure est importante. En effet, aujourd'hui, grâce à cette mesure, les auteurs présumés peuvent être placés en garde à vue et faire l'objet d'une parution immédiate devant la juridiction de jugement.

---

[405] Article 222-12-6° du code pénal

[406] Article 222-13-6° du code pénal

La peine est de vingt ans de réclusion criminelle pour les tortures et les actes de barbarie lorsque l'auteur des faits est le conjoint ou le concubin[407], contre quinze ans de réclusion criminelle en l'absence de circonstance aggravante. De même, dans le cas des violences entraînant la mort sans intention de la donner, la peine est de vingt ans de réclusion criminelle[408] contre quinze ans de réclusion. La peine est de quinze ans de réclusion criminelle contre dix ans dans le cas de violences ayant entraîné une mutilation ou une infirmité permanente[409].

De plus, si la femme victime est en état de grossesse, le conjoint auteur aura une peine de trente ans de réclusion criminelle lorsque les violences ont entraîné la mort de la victime, vingt ans de réclusion criminelle en cas de mutilation ou d'infirmité permanente, dix ans d'emprisonnement et 150 000 € d'amende lorsqu'elles ont entraîné une incapacité totale de travail de plus de huit jours et cinq ans d'emprisonnement et 75 000 € d'amende lorsqu'elles n'ont pas entraîné une incapacité totale de travail de plus de huit jours[410].

De plus, certaines formes de violences conjugales peuvent être également incriminées depuis l'entrée en vigueur du nouveau code pénal sans que le lien entre la victime et l'auteur soit considéré comme une circonstance aggravante et qui sont les suivantes : l'administration de substances nuisibles, la menace de commettre un crime ou un délit, les risques causés à autrui, la séquestration, les appels téléphoniques malveillants ou agressions sonores, les agressions sexuelles autres que le viol, les entraves aux mesures d'assistance, l'omission de porter secours.

La justice peut également obliger l'auteur des violences à consulter dans le cadre d'une obligation de soins. Elle peut également effectuer un classement sous conditions, si l'auteur se fait soigner et ne récidive pas[411]. La justice peut même organiser une médiation pénale pour éviter des poursuites.

---

407 Article L 222-3, 6° du code pénal
408 Article 222-8, 6° du code pénal
409 Article 222-10, 6° du code pénal
410 Art. L. 222-14 du Nouveau code pénal
411 HIRIGOYEN M.-F., *Femmes sous emprise*, op. cit., p. 222

2 / LA MEDIATION PENALE EN MATIERE DE VIOLENCES CONJUGALES

L'organisation d'une médiation (a) a des effets (b) plus ou moins avantageux.

a / L'ORGANISATION D'UNE MEDIATION

L'intervention de l'autorité judiciaire est nécessaire pour déterminer les modalités de la poursuite. Le procureur de la République dispose d'un pouvoir d'enquête suite à la plainte de la victime. Il peut décider le classement sans suite de la procédure ou déterminer le type de poursuites, à savoir ouverture d'une information, comparution immédiate devant le tribunal, comparution différée dans la juridiction de jugement par convocation par officier de police judiciaire, ou bien le recours à la médiation.

Dans le domaine de la violence conjugale, les juges peuvent proposer une médiation. La médiation pénale est une mesure alternative aux poursuites judiciaires, sur mandat du parquet, à la suite du dépôt de plainte de la victime. Il n'y a aucune poursuite pénale contre la personne mise en cause : il y a classement sans suite. La médiation pénale est une mesure fréquemment ordonnée dans les cas où il apparaît qu'un travail peut être fait au niveau du couple dans un objectif d'apaisement ou lorsqu'il s'agit d'un premier fait. Les objectifs sont les suivants : rappeler la loi, faire comprendre à l'auteur le dommage physique et moral qu'il a causé à sa victime directe, mais aussi aux victimes indirectes que peuvent être les enfants, faire rencontrer l'auteur et la victime, réparer le préjudice causé à la victime, apaiser le conflit né de l'infraction et réconcilier[412].

Il faut savoir que deux structures interviennent dans la prise en charge des femmes victimes de violences conjugales à la suite de leur

---

[412] ROTHE O., « L'intervention de la loi - approche pénale », op. cit., p. 110

dépôt de plainte. La première structure est l'unité de consultation médico-judiciaire, habilitée à accueillir, à examiner les femmes victimes et à déterminer l'incapacité totale de travail sur réquisition judiciaire. La deuxième structure étant le service régional d'action judiciaire et d'insertion, habilité par le ministère de la Justice pour le traitement des dossiers de médiation pénale. La médiation vise à mettre en relations l'auteur et la victime sous le contrôle d'un tiers. La médiation a pour objet de trouver un accord sur les modalités de réparation, tout en rétablissant un lien entre le couple. Ceci tout en favorisant les conditions de non-réitération de l'infraction. La médiation est proposée aux deux parties. Le consentement de l'auteur et de la victime est nécessaire pour prendre la mesure d'une médiation pénale. Elle n'est pas obligatoire. Lors de la médiation, le médiateur doit laisser les deux parties s'exprimer librement pour qu'elles puissent trouver elles-mêmes la solution à l'amiable à leur litige. La solution à l'amiable est consignée dans un procès-verbal d'accord.

b / LES EFFETS POSITIFS ET NEGATIFS DE LA MEDIATION

La médiation pénale a des avantages. Elle permet de donner une suite rapide à la plainte de la victime. Elle permet de rétablir le dialogue pour restaurer le lien entre le couple. De ce fait, la médiation est une mesure idéale pour une femme non préparée à une rupture brutale de son couple par une mesure répressive. La médiation pénale est une mesure favorable uniquement pour une première violence sans gravité. Dans certains cas, la médiation pénale semble être inutile, particulièrement dans les cas suivants : cas de refus de l'un ou des deux parties, échec possible de la médiation. La médiation pénale peut être une perte de temps, voire être dangereuse dans certains cas. En effet, dans certains cas, la vie de la femme violentée est en jeu et/ou le risque des séquelles physiques et psychologiques est important. La médiation pénale est également inutile en cas de violences répétitives.

Selon les auteurs, la médiation n'est possible que dans les relations entre deux personnes vivant déjà dans deux systèmes de références distincts[413]. Ainsi, la médiation s'applique aux litiges opposant deux parties en conflit dans le cadre général des désunions familiales et aborde les enjeux de la désunion, principalement relationnels, économiques, patrimoniaux[414]. Par contre, les actes de violences conjugales ne sont pas des situations de désunion familiale en soi, puisque l'agresseur et la victime sont en permanence ou périodiquement, en contact. Il existe donc une relation entre eux. Ce qui est dangereux pour la victime. En effet, la médiation dans les situations de violences au sein de couple est une solution qui maintient le problème ou l'aggrave. Elle met en place un dispositif qui replace la femme victime en présence de son agresseur. Ce qui est souvent préjudiciable pour la femme victime qui risque parfois la mort. C'est pourquoi, il avait été évoqué d'interdire au procureur de la République de proposer une nouvelle médiation pénale dans l'hypothèse où la première aurait échoué. Mais le procureur de la République dispose d'une appréciation propre en la matière. Il conviendrait d'utiliser une médiation dans des hypothèses précises de violences isolées et de moindre gravité[415]. Mais, pour Lisette Boyer, thérapeute conjugale et médiatrice québécoise, la médiation n'est ni une thérapie conjugale ni une réconciliation. Le but premier de la médiation n'est pas d'aider les conjoints à se réconcilier, mais de les aider à vivre chacun séparément[416]. Ceci pour éviter toute aggravation de la situation.

Les violences au sein du couple sont considérées comme un fléau social. Face à ce fléau, la lutte pour sauvegarder la femme victime devient une priorité politique. D'où la prise de nombreuses mesures nouvelles à l'aube du XXIe siècle.

---

413 CHRISTEN M., HEIM C., SILVESTRE M., VASSELIER-NOVELLI C., *Vivre sans violences*, op. cit., p. 113

414 Ibid., p. 112

415 VIRIOT-BARRIAL D., « Commentaire de la loi n° 2006-399 du 4 avril 2006 renforçant la prévention et la répression des violences au sein du couple ou commises contre les mineurs », op. cit., p. 2354

416 CHRISTEN M., HEIM C., SILVESTRE M., VASSELIER-NOVELLI C., *Vivre sans violences*, op. cit., p. 112

§2 / LES DISPOSITIONS LEGISLATIVES RECENTES A L'AUBE DU XXIe SIECLE

De nombreuses dispositions dans le but de protéger la femme victime ont été prises. Ce sont l'élargissement nouveau de la notion d'époux (A), l'aggravation de la sanction pour le meurtre (B), l'éviction du conjoint violent du domicile conjugale (C), la remise en cause de l'immunité familiale en matière de vol spécifique (D) et enfin les mesures à titre préventif (E).

A / L'ELARGISSEMENT NOUVEAU DE LA NOTION DE PARTENAIRE

La législation tient compte du pacte civile de solidarité (1), des anciens partenaires (2) et impose le respect au sein du couple (3).

1 / LA PRISE EN COMPTE DU PACTE CIVIL DE SOLIDARITE

Le législateur a tenu compte de l'évolution de la société. Aujourd'hui, le renforcement de la protection des victimes n'est possible que par un élargissement de la notion d'époux, c'est-à-dire l'élargissement de la notion de conjoint à toute personne avec laquelle la victime cohabite ou a cohabité et entretient ou a entretenu une relation affective et sexuelle durable[417]. Dans le but de garantir une protection efficace, la loi française prend en compte les trois types de situations juridiques : mariage, concubinage, pacte civil de solidarité. En effet, les comportements de violences au sein du couple ne sont pas seulement un dysfonctionnement privé, familial, mais aussi un dysfonctionnement social. Selon Jorge Barudy, un psychiatre, « la famille est un système ouvert, en interrelation continue avec le système social. Ainsi, ce qui se

---

[417] COHENEN M.-T (ss la dir. de), *Corps de femme*, op. cit., p. 175

passe à l'intérieur d'une famille est le reflet de ce qui se passe dans la société [418]».

Après la législation spécifique en date de 1994, récemment, la loi du 4 avril 2006[419] a renforcé la répression à l'égard des violences physiques au sein du couple. Cette loi introduit une répression aggravée des violences au sein du couple, un nouvel article énonce que « dans les cas prévus par la loi, les peines encourues pour un délit sont aggravées lorsque l'infraction est commise par le conjoint, le concubin ou le partenaire lié à la victime par un pacte civil de solidarité [420]». Le législateur a défini dans la partie générale du code pénal la circonstance aggravante liée à la commission d'une infraction au sein du couple[421]. Cette circonstance est logiquement étendue au partenaire lié à la victime par un pacte civil de solidarité alors qu'elle est déjà prévue pour les conjoints et les concubins. De plus, le législateur tient compte des anciens partenaires.

2 / LA PRISE EN COMPTE DES ANCIENS PARTENAIRES

La circonstance aggravante pouvait également jouer lorsque les faits incriminés avaient été commis après la séparation des époux ou des concubins. La Cour de cassation s'était prononcée en ce sens dans le cas d'époux séparés[422]. Elle n'a pas eu l'occasion de statuer dans le cadre du concubinage. En effet, dans le cadre du concubinage, il ne pouvait pas y avoir aggravation de la sanction sur un tel fondement puisque la séparation entraînant *ipso facto* la fin du concubinage, par conséquent la qualité de concubin n'existait plus au moment des faits[423]. Mais il faut

---

[418] CHRISTEN M., HEIM C., SILVESTRE M., VASSELIER- NOVELLI C., *Vivre sans violences*, op. cit., p. 81

[419] La loi n° 2006-399 du 4 avril 2006 renforçant la prévention et la répression des violences au sein du couple ou commises contre les mineurs

[420] Article 132-80 du code pénal

[421] Ibid.

[422] Crim., 7 avr. 1998, *D.* 1999, Somm., p. 156

[423] ROUJOU DE BOUBEE G., GARE T., GOZZI M-H., « Panorama de droit pénal », *D.* 2006, Somm.commentés, p. 1654

remarquer que 10% des homicides et certaines atteintes volontaires sont commis après la séparation. En tenant compte de cette réalité, le législateur introduit un nouvel article qui énonce que « la circonstance aggravante prévue au premier alinéa est également constituée lorsque les faits sont commis par l'ancien conjoint, l'ancien concubin ou l'ancien partenaire lié à la victime par un pacte civil de solidarité »[424]. Ainsi, l'extension de la circonstance aggravante se fait aussi à l'encontre de l'ancien conjoint, de l'ancien concubin ou de l'ancien partenaire de la victime. Cet élargissement paraît tout à fait adapté. En effet, la période consécutive à la rupture étant souvent le moment où la violence se manifeste de manière exacerbée. Par ailleurs, les violences après une rupture peuvent être exercées sur une longue durée. De ce fait, le législateur n'a pas fixé de limites dans le temps quant à l'application de cette aggravation aux anciens conjoints, concubins ou pacsés. Cette solution de la circonstance aggravante de violences conjugales n'est applicable à l'ancien conjoint, concubin ou pacsé que si l'infraction a été commise en raison des relations ayant existé entre l'auteur des faits et la victime[425]. C'est une condition nécessaire pour que l'infraction soit établie. Il appartient à la partie victime de prouver ce lien de causalité en cas de poursuites. De plus, le législateur introduit le devoir de respect au sein du couple.

3 / LE DEVOIR DE RESPECT AU SEIN DU COUPLE

Pour favoriser l'égalité au sein du couple, le législateur met l'accent sur l'importance de la notion de respect au sein du couple. Le mariage comporte un certain nombre de devoirs réciproques. Ce sont la fidélité, l'assistance, le secours[426]. La notion du respect est ajoutée dans l'optique d'une lutte contre les violences au sein du couple. Pour le législateur, c'est le manque de respect envers le conjoint qui est source de violences. Ainsi, le législateur a ajouté le devoir de respect[427] aux devoirs de fidélité, de secours et d'assistance traditionnellement

[424] Article 132-80 al. 2 du code pénal
[425] Ibid.
[426] Article 212 du code civil de 2005
[427] Article 212 du code civil de 2007

reconnus. Par conséquent, le manque de respect va être sanctionné en cas de violence. En effet, le respect est la base d'une vie harmonieuse au sein du couple. Ce respect est indispensable pour éviter toutes violences conjugales puisque l'objectif est d'éviter les comportements violents de domination. La volonté de domination au sein du couple est souvent à l'origine de véritables drames.

B / L'AGGRAVATION RECENTE DES SANCTIONS POUR LE MEURTRE

Les rédacteurs du code pénal ont érigé en circonstance aggravante de l'infraction de violences le fait que l'auteur soit le conjoint ou le concubin de la victime. Cette cause d'aggravation de la sanction a été sur certains points remaniée par la loi du 4 avril 2006 renforçant la prévention et la répression des violences au sein du couple ou commises contre les mineurs. Ladite loi a le mérite de résoudre certaines difficultés rencontrées par le passé.

Il faut noter qu'aucune circonstance aggravante n'avait été prévue en matière de meurtre dans le code pénal de 1992. La loi du 4 avril 2006 comble cette lacune en introduisant une circonstance aggravante en matière de meurtre. Par conséquent, l'auteur d'un meurtre sera puni d'une réclusion criminelle à perpétuité et non plus de trente ans d'emprisonnement s'il est le conjoint, le concubin ou le pacsé de la victime[428].

C / L'EVICTION DU CONJOINT VIOLENT DU DOMICILE CONJUGAL

Actuellement, il existe certaines modalités d'éviction du conjoint violent (2). Toutefois, il faut remarquer une intervention tardive de la France en la matière (1).

---

[428] Article 221-4 al. 9 du code pénal

1 / L'INTERVENTION TARDIVE DE LA FRANCE EN LA MATIERE

La France est en retard sur les autres pays voisins sur la prise de mesures efficaces en matière de violences conjugales. D'après le sondage Eurobaromètre 1999, une femme européenne sur cinq a été, au moins une fois dans sa vie, victime de la violence de son compagnon[429]. Par conséquent, de nombreux pays ont adopté des mesures spécifiques en la matière. En Autriche, depuis 1996, le juge civil peut ordonner à un homme agresseur de quitter le domicile conjugal même s'il en est propriétaire. En Suède, l'interdiction pour un mari de battre sa femme date ainsi de 1858. Le code pénal suédois, depuis 1998, comporte une infraction dénommée violation grossière de l'intégrité d'une femme. Elle consiste dans la répétition de certaines infractions, à savoir contre la vie, la santé, sexuelles ou encore violation du domicile qui sont susceptibles d'entraver la confiance en soi de la victime dont l'agresseur peut être le conjoint, le compagnon, l'ex-conjoint, l'ex-compagnon[430]. En Israël, une loi de 1991 sur la violence domestique interdit toutes les formes d'agressions physiques sur les femmes[431]. Dans d'autres pays européens comme par exemple en Angleterre, en Autriche ou encore en Belgique, il existe un renforcement des moyens d'action des tribunaux civils et, par conséquent, les tribunaux peuvent rendre des ordonnances générales de protection. Les tribunaux civils peuvent aussi octroyer la jouissance exclusive du domicile familial aux victimes. Le non-respect de ces ordonnances peut constituer une infraction pénale.

En Espagne, un dispositif législatif permet d'éloigner l'agresseur de sa victime[432] et l'entrée en vigueur de la loi organique du 9 juin 1999 relative à la protection des victimes de mauvais traitements introduit une incrimination spécifique. En effet, selon ladite loi, il est possible d'incriminer de manière autonome tout individu qui se livre de façon

---

[429] HIRIGOYEN M.-F., *Femmes sous emprise*, op. cit., p. 287

[430] VIRIOT-BARRIAL D., « Commentaire de la loi n° 2006-399 du 4 avril 2006 renforçant la prévention et la répression des violences au sein du couple ou commises contre les mineurs », op. cit.. p. 2356

[431] VERON J., *Le monde des femmes*, op. cit., p. 104

[432] ZEBRINSKA N., *La guerre secrète*, op. cit., p. 22

habituelle à des actes de violences physiques ou psychologiques sur son conjoint, son ex-conjoint ou sur toute autre personne avec qui il entretient ou a entretenu des relations affectives similaires à celles qui existent au sein du couple. De plus, la loi du 13 juillet 2003, entrée en vigueur le 2 août 2003, a créé l'ordonnance de protection des victimes de la violence domestique. Cette mesure permet de protéger la femme victime de violences conjugales. Le nouveau gouvernement a pris des mesures encore plus fortes avec la loi de protection intégrale contre la violence de genre. Ladite loi a été approuvée par toutes les associations. Cette loi propose une augmentation des unités spécialisées dans la police, des mesures d'emprisonnement pour l'agresseur si l'éloignement n'est pas respecté. La loi prévoit une prestation de 300 € par mois pendant dix mois pour la victime et une assistance pour son déménagement. Il est proposé également une téléassistance aux femmes victimes, en leur fournissant par exemple des portables avec une connexion directe à un centre de secours. La communauté de Madrid délivre gratuitement depuis janvier 2004 aux femmes qui sont placées sous la protection de la justice des bracelets de protection contre les mauvais traitements. Ces bracelets fonctionnent en complément d'un brassard que devront porter les personnes condamnées pour agression. Des signaux sont émis lorsque l'agresseur s'approche de sa victime habituelle à une distance de moins de cinq cents mètres ou quand il tente d'enlever l'appareil. La victime peut aussi actionner le boîtier quand elle se sent en danger. Le signal aboutit aux services d'urgence pour qu'une section spécialisée puisse intervenir dans l'immédiat[433].

En France, ce n'est qu'en 2004 que le législateur a introduit des mesures spécifiques en matière de violences conjugales. L'éviction du conjoint violent du domicile conjugale est l'une de ces mesures.

[433] HIRIGOYEN M.-F., *Femmes sous emprise*, op. cit., p.291

2 / LES MODALITES D'EVICTION DU CONJOINT VIOLENT

Il conviendrait de voir successivement les mesures civiles (a) et les mesures pénales (b).

a / LES MESURES CIVILES

L'objectif de prévention justifie de favoriser les mesures tendant à l'éloignement du conjoint ou concubin violent du domicile familial. Lors des travaux préparatoires de la loi du 26 mai 2004 réformant le divorce, le Parlement a souhaité insérer dans le code civil une disposition permettant d'évincer du domicile conjugal l'époux violent. Cette disposition a pour objet de mettre fin à l'obligation imposée jusqu'alors à la victime de violences conjugales de quitter la résidence familiale pour assurer sa sécurité et celle de ses enfants.

La loi du 26 mai 2004[434] relative au divorce protège la femme victime de violences conjugales, en permettant l'éviction du conjoint violent du domicile. L'éviction civile du conjoint violent par le juge aux affaires familiales est entrée en vigueur le 1er janvier 2005 dans le cadre de la loi du 26 mai 2004 relative au divorce. « Lorsque les violences exercées par l'un des époux mettent en danger son conjoint, un ou plusieurs enfants, le juge peut statuer sur la résidence séparée des époux en précisant lequel des deux continuera à résider dans le logement conjugal. Sauf circonstances particulières, la jouissance de ce logement est attribuée au conjoint qui n'est pas l'auteur des violences [435]». Ainsi, lorsque la dégradation du conflit familial présente un danger pour le conjoint ou les enfants, le juge aux affaires familiales peut être saisi en dehors de toute procédure de divorce, pour statuer sur la résidence séparée des époux. La vie séparée des époux et des enfants peut être immédiatement organisée par le juge qui fixe les modalités d'exercice de

---

[434] La loi n° 2004-439 du 26 mai 2004 relative au divorce

[435] Article 220-1 alinéa 3 du code civil

l'autorité parentale ainsi que la contribution aux charges du mariage. L'exécution de cette décision est assurée dans le cadre d'un régime dérogatoire[436] au droit commun de l'expulsion[437].

Ces mesures ont été prises dans l'optique de lutter spécifiquement contre les violences exercées par le conjoint. De plus, la loi apporte certaines restrictions. Ces dispositions ne s'appliquent que provisoirement. En effet, les mesures d'éloignement du conjoint violent deviennent caduques si, « à l'expiration d'un délai de quatre mois à compter de leur prononcé, aucune requête en divorce ou en séparation de corps n'a été déposée [438]». Ceci a pour but de garantir une clarification rapide de la situation personnelle des époux dans l'intérêt de la famille.

Le divorce est un mal nécessaire, la dissolution d'un mariage entraîne la disparition d'un foyer. Mais la loi est impuissante à empêcher les désordres affectifs. Le droit cherche avant tout à protéger l'intégrité physique de la personne. La rapidité de l'action est nécessaire pour protéger la victime contre le renforcement des violences. En effet, la réaction de l'auteur des violences s'aggrave souvent en apprenant la saisine de la justice par son conjoint, dans certains cas pour aboutir au meurtre de son épouse. La séparation est une période à risque pour la femme. Durant cette période l'homicide des femmes est très fréquent.

Cette loi instaure la mesure d'interdiction d'accéder au domicile conjugal à l'auteur des violences et cette mesure pourra faire partie des obligations imposées au conjoint ou concubin violent dans le cadre du sursis avec mise à l'épreuve et du contrôle judiciaire. Ainsi, la situation des personnes liées ou ayant été liées par un pacte civil de solidarité sera aussi prise en compte.

---

[436] Loi n° 91-650 du 9 juillet 1991, portant réforme des procédures civiles d'exécution, article 66-1, issu de loi n° 2004-439 du 26 mai 2004, article 30, *JO* 27 mai 2004

[437] Ne sont pas applicables le respect du délai de 2 mois suivant le commandement de quitter les lieux, ni le sursis à l'expulsion durant la période hivernale ou le report de la mesure pour des motifs particuliers

[438] Article 220-1 alinéa 3 du code civil

b / LES MESURES PENALES

En cas de poursuite pénale de l'auteur des violences, la justice peut prendre des mesures immédiates pour assurer la sécurité de la femme victime. En matière pénale, certaines dispositions classiques peuvent être utilisées pour éloigner l'auteur des violences. Ces mesures sont les suivantes : l'obligation de s'abstenir de paraître en tout lieu spécialement désigné[439] ou de ne pas se rendre en certains lieux ou de ne se rendre que dans les lieux déterminés par le juge d'instruction[440], l'obligation de s'abstenir d'entrer en relation avec certaines personnes et en particulier la victime de l'infraction[441], s'abstenir de rencontrer certaines personnes spécialement désignées par le juge[442]. De plus, la loi du 9 mars 2004[443] a instauré un certain nombre de mesures dans le but de protéger les femmes victimes, comme par exemple dans l'hypothèse d'un risque pour la femme, le code de procédure pénale dispose de mettre sous contrôle judiciaire, avec interdiction de recevoir ou de rencontrer la victime ou d'entrer en relation avec elle, toute personne mise en examen qui serait mise en liberté[444]. Ces mêmes mesures sont applicables en cas de décision entraînant la cessation temporaire ou définitive de l'incarcération d'une personne condamnée à une peine. L'auteur peut également être placé en détention provisoire. Il s'agit de protéger la victime en permettant au juge d'ordonner l'éloignement de l'agresseur du domicile conjugal ou familial, ou l'interdiction de paraître en ce domicile ou aux abords de celui-ci. Le juge d'instruction ou le juge des libertés et de la détention peut aussi interdire au prévenu d'entrer en contact avec la victime et de paraître en certains lieux.

La loi du 12 décembre 2005[445] sur le traitement de la récidive a également consacré la possibilité d'éviction du domicile conjugal le

---

[439] Article 132-45, 9° du code pénal
[440] Article 138-3° du code pénal
[441] Article 132-45, 13° du code pénal
[442] Article 138-9° du code de procédure pénale
[443] Loi 2004-204 du 9 mars 2004 relative à l'adaptation de la justice aux évolutions de la criminalité
[444] Article 144-2 du code de procédure pénale
[445] Loi 2005-1549 du 12 décembre 2005 sur le traitement de la récidive des infractions pénales

conjoint ou le concubin auteur des violences. Certaines conditions sont nécessaires pour l'application de cette mesure, à savoir l'existence d'une infraction commise soit contre son conjoint ou son concubin, soit contre ses enfants ou les enfants de ce dernier. Cette loi impose de demander à l'auteur des faits de résider hors du domicile ou de la résidence du couple et, le cas échéant, de s'abstenir de paraître dans ce domicile ou cette résidence ou aux abords immédiats de celui-ci. Ces mesures peuvent être accompagnées des mesures curatives. En effet, l'auteur des faits peut faire l'objet d'une prise en charge sanitaire, sociale ou psychologique.

La loi du 4 avril 2006 confirme les dispositions de la loi du 12 décembre 2005 tout en les complétant. La loi prévoit la possibilité de soumettre l'individu aux trois types de mesures : éviction du domicile ou de la résidence du couple, interdiction de paraître au domicile du couple ou aux abords de celui-ci et enfin la prise en charge sanitaire, sociale ou psychologique. De plus, la loi de 4 avril 2006 a ouvert le champ d'application de ces mesures au domaine du pacte civil de solidarité alors que la loi du 12 décembre 2005 restreignait ces dispositions aux seuls conjoints et concubins. Les dispositions de la loi de 2006 sont également applicables à l'ancien conjoint ou concubin de la victime ou la personne ayant été liée à elle par un PACS. La loi du 4 avril 2006 permet au juge des libertés et de la détention, saisi par le procureur de la République, d'incarcérer l'intéressé en cas de non-respect du contrôle judiciaire ordonné ou maintenu dans le cadre d'une convocation par procès-verbal ou d'une comparution immédiate[446] alors qu'avant cette loi, les possibilités de révocation n'étaient pas expressément prévues. De plus, les conséquences d'un manquement aux obligations du contrôle judiciaire sont prises en compte lors du jugement, c'est-à-dire tardivement, ce qui est dommageable pour la femme victime. La loi du 4 avril 2006 permet également de favoriser la continuité du suivi de l'auteur des violences pour éviter la récidive.

La circulaire d'application du 19 avril 2006[447] tend à renforcer l'effectivité de la réponse pénale en privilégiant le traitement en temps

---

[446] Articles 394, 396, 397- 3 du code de procédure pénale.

[447] Crim. 06-10/ E8-19.4.2006, Circulaire présentant les dispositions de droit pénal et de procédure pénale de la loi n° 2006-399 du 4 avril 2006

réel des procédures, en prévoyant la création d'un magistrat référent en matière de violences dans le but d'assurer l'exercice systématique des poursuites en refusant les classements de pure opportunité. Ladite circulaire pose une exigence sur la nécessité d'améliorer la prise en charge de la victime et de l'auteur tout en développant le partenariat entre l'autorité judiciaire et certaines instances collectives comme par exemple les commissions départementales d'action contre les violences faites aux femmes ou les conseils locaux de sécurité et de prévention de la délinquance.

L'interdiction du domicile et l'injonction de soins peuvent être proposées par le procureur de la République préalablement à sa décision sur l'action publique ou dans le cadre d'une composition pénale. Elles peuvent aussi être ordonnées par le juge des libertés et de la détention comme une obligation du contrôle judiciaire ou par le juge de l'application des peines dans le cadre de la libération conditionnelle ou du sursis avec mise à l'épreuve. Si le prévenu se soustrait aux obligations imposées, le juge des libertés et de la détention peut être saisi afin qu'il décerne un mandat d'arrêt ou d'amener.

D / LA REMISE EN CAUSE DE L'IMMUNITE FAMILIALE EN MATIERE DE VOL SPECIFIQUE

Le vol des moyens de paiement comme par exemple les chéquiers, les cartes de crédit ou la monnaie fiduciaire ou bien le vol de certains documents est également un moyen de pression efficace pour empêcher la femme victime de réagir face aux violences. La difficulté était que l'immunité familiale[448] pouvait jouer à l'encontre du conjoint en cas de vol, sauf en cas de séparation du corps ou en cas d'autorisation à résider séparément[449]. La loi du 4 avril 2006 apporte une solution permettant de régler cette situation difficile. Désormais, l'immunité familiale ne joue plus en cas de vol de certains objets. En effet, le code pénal énonce que « les dispositions du présent article ne sont pas

[448] Irrecevabilité de l'action publique entre les membres de la famille
[449] Article 311-12-2° du code pénal

applicables lorsque le vol porte sur des objets ou documents indispensables à la vie quotidienne de la victime, tels que des documents d'identité, relatifs au titre de séjour ou de résidence d'un étranger, ou des moyens de paiement [450]». Il s'agit d'éviter que les femmes victimes de violences, et particulièrement les femmes d'origine étrangère soient en plus soumises à un chantage les empêchant de dénoncer leur conjoint[451].

Les femmes victimes sont souvent dans une situation de dépendance et d'isolement. Dans cette situation, il est très difficile de réagir face aux violences du conjoint ou concubin. Certaines femmes, particulièrement les femmes étrangères, souffrent de violences spécifiques : privation des pièces d'identité ou relatives au titre de séjour ou de résidence. Certains pays ont des lois discriminatoires comme par exemple au Mali, Soudan, Yémen, Arabie saoudite, Japon, Chili, Nigeria et en Iran[452]. En Algérie 60% des femmes mariées subissent des violences physiques par leur conjoint. Le statut inférieur de la femme est codifié dans ce pays depuis 1984[453]. Un groupe de travail pluridisciplinaire de l'Institut national de santé publique d'Alger a enquêté sur la violence conjugale, ses conclusions rapportées par le quotidien[454] sont terrifiantes : 60% des femmes mariées sont battues par leur conjoint et 74% des victimes refusent de porter plainte[455]. De nombreuses femmes étrangères sont présentes sur le territoire national de la France. Ainsi, la situation des femmes immigrées est beaucoup plus délicate. En effet, si une rupture de la vie commune intervient dans un délai de deux ans suivant la première délivrance de la carte de séjour temporaire, la femme peut se voir refuser le renouvellement de sa carte ou le retrait du titre de séjour. Mais, depuis la loi du 26 novembre 2003[456], « lorsque la communauté de vie a été rompue à l'initiative de

---

450 Article 311-12 du code pénal

451 LOBE-LOBAS M., « La prévention et la répression des violences au sein du couple ou contre les mineurs », *P.A.* du 13 juillet 2006, p. 6

452 FAYNER E., *Violences, féminin pluriel*, éd. Librio 2006, p. 44

453 Le statut inférieur de la femme est d'abord imposé par la tradition et est codifié depuis l'adoption en 1984 du code de la famille.

454 *El Watan* du 24 avril 2004

455 Arezki Aït-Larbi, « En Algérie 60% des femmes mariées sont battues par leur conjoint », le *Figaro* du mardi 27 avril 2004, p. 9

456 Loi n° 2003-1119 du 26 novembre relative à la maîtrise de l'immigration, au séjour des étrangers en France et à la nationalité

l'étranger, en raison des violences conjugales qu'il a subies de la part de son conjoint, l'autorité administrative peut accorder le renouvellement du titre ». Cette nouvelle disposition est mise en place en faveur des femmes étrangères.

Les campagnes de lutte contre les violences faites aux femmes peuvent éveiller les mentalités des personnes. Les mesures préventives sont également indispensables.

E / LES MESURES A TITRE PREVENTIF

Pour lutter contre ce fléau, la prévention est un outil important. L'Etat (1), les associations (2) et le médecin (3) ont une place centrale dans le rôle préventif.

1 / LE ROLE DE L'ETAT

L'aide aux femmes victimes de violences conjugales est une prise de conscience relativement récente. Actuellement, il existe des centres d'accueil ou d'hébergement pour accueillir les femmes victimes dans l'urgence. Une permanence téléphonique a été créée en 1992[457], à la demande du secrétariat aux droits des femmes. La justice a fait de la lutte contre les violences au sein du couple une de ses priorités. Il existe une véritable volonté politique pour lutter contre ce fléau. Ainsi, le gouvernement a lancé le 24 novembre 2004 un plan global de lutte contre les violences faites aux femmes. Il y a une volonté de mieux prendre en charge les victimes de violences, de garantir une prévention efficace et une réponse pénale appropriée. Le ministère de la Justice, en liaison avec les autres départements ministériels concernés, et avec les associations, est intervenu à plusieurs reprises ces dernières années pour améliorer l'efficacité de la réponse judiciaire contre les violences conjugales. A titre de prévention un guide public, *La lutte contre les*

---

[457] Violence conjugale femmes info service 01 40 33 80 60 ; 3615 SOS FEMME

violences au sein du couple[458], a été distribué par le ministère de la Justice à tous ceux qui sont en contact avec des victimes, afin de favoriser l'écoute, le soutien, l'aide et l'information en faveur des femmes victimes. Ce guide formule de nombreuses préconisations. De plus, la diffusion sur les chaînes hertziennes, du film *Plus d'une femme par jour* contenant des images choquantes avec un message engagé « réagissons avant qu'il ne soit trop tard » est une mesure intéressante dans le domaine de la prévention. Ce spot télévisé est diffusé sur les différentes chaînes de télévision pour informer et sensibiliser le public.

A titre de mesure de prévention, le secrétariat aux droits des femmes et à l'égalité a édité un certain nombre de brochures à destination des femmes victimes et aussi pour les intervenants sociaux, pour la gendarmerie, la police, les professionnels de santé. D'autres documents ont été rédigés par la direction générale de la santé. Ces documents sont disponibles dans les préfectures ou auprès des délégués des droits des femmes. Des formations ont été mises en place pour les professionnels de la police et pour des intervenants sociaux.

Dans le souci de protéger les victimes comme de responsabiliser les auteurs de violences conjugales, de nombreuses pratiques innovantes sont mises en œuvre par les parquets comme par exemple un projet de centre de traitement des auteurs de violences conjugales ou l'obligation pour les auteurs de participer à des groupes de parole composés d'un sociologue, d'un psychologue et d'autres auteurs.

2 / LE ROLE DES ASSOCIATIONS

Il existe actuellement de nombreuses associations pour accompagner les femmes victimes dans leurs démarches. Les associations de lutte contre les violences conjugales peuvent organiser des actions d'information pour sensibiliser la population et assurer des formations permettant de partager leurs outils théoriques. Elles peuvent, en outre, mettre en place des ateliers de recherche permettant d'élaborer

[458] Guide de l'action publique, ministère de la Justice 2005

des propositions sociales et législatives. Certaines associations spécialisées dans ce domaine proposent aux victimes une aide, une écoute, un accompagnement psychologique, un soutien, une information sur leurs droits. Dans ces structures, les femmes victimes ont la possibilité d'avoir un hébergement d'urgence et une aide à la recherche d'un emploi. En cas d'urgence, la femme victime peut demander à être conduite et mise à l'abri avec ses enfants dans un lieu d'hébergement. Ceci est possible grâce aux associations. Actuellement, les plaintes sont de plus en plus en augmentation en matière de violences conjugales. Les causes en sont d'abord la parole de plus en plus libérée de la femme victime, ensuite l'intervention de la justice et son environnement associatif qui portant secours aux victimes.

3 / LE ROLE DU MEDECIN

Le médecin, particulièrement le médecin traitant, joue un rôle important. En premier lieu, c'est auprès des médecins que les victimes parlent des violences qu'elles subissent. Une victime sur cinq se rend chez un médecin après avoir été agressée. Le praticien urgentiste ou des services d'urgences des hôpitaux ou le médecin traitant est souvent le premier tiers extérieur à être informé des faits ou c'est le médecin qui a le pouvoir de suspecter de par l'exercice même de son métier. Le rôle du médecin ne se limite pas aux soins des blessures corporelles et à la rédaction du certificat médical. Il doit évaluer la gravité de la situation de violence et la dangerosité de l'agresseur. Dans le but de porter secours à la personne en danger, le médecin dans les cas graves doit se manifester auprès des autorités judiciaires, administratives ou hospitalières afin de protéger la femme victime dans les meilleurs délais. Il appartient aux professionnels de santé de repérer des indices de violences conjugales. En effet, c'est un réel problème de santé publique et les professionnels de santé ont un rôle primordial à jouer dans les soins et l'aide aux victimes, mais aussi dans la prévention de la violence faite aux femmes. Les médecins travaillant dans les services hospitaliers des urgences ou dans les services médico-judiciaires sont souvent sollicités pour évaluer les atteintes de la victime et pour établir un certificat médical.

Le rapport du professeur Henrion[459] remis au ministre de la Santé met en garde les médecins sur les conséquences des violences exercées dans la relation de couple, notamment sur l'état de santé de la personne qui les subit. Le rapport suggère un dépistage systématique, lors de l'interrogatoire médical et, en particulier, auprès des femmes enceintes. Selon ce même rapport, il serait utile qu'aux urgences, les personnels de santé pensent à demander aux femmes si leur blessure ou leur maladie est en rapport avec des violences du partenaire. Le travail en réseau pour établir un suivi de la personne victime est indispensable. Les professionnels de santé doivent travailler en lien avec les associations[460].

---

[459] Voir HENRION R., *Les femmes victimes de violences conjugales, le rôle des professionnels de santé*, Rapport au ministre délégué de la Santé, éd. Documentation française, 2001

[460] HIRIGOYEN M.-F., *Femmes sous emprise*, op. cit., p. 249

TITRE II / LES ATTEINTES CRIMINELLES

Dans la sphère privée, il se passe aussi des actes plus horribles. Certaines atteintes à l'intégrité physique dans la sphère privée constituent des crimes. En effet, elles sont considérées comme plus graves par rapport aux délits. La gravité de l'infraction détermine la compétence du tribunal. Ainsi, les crimes sont jugés par la cour d'assises[461]. Cependant, dans la pratique, il est souvent porté atteinte à cette règle de compétence par le jeu de la correctionnalisation judiciaire qui consiste à déférer au tribunal correctionnel un crime en le considérant comme un délit[462]. Ce qui est très fréquent en matière de crimes intrafamiliaux.

Il existe de nombreuses circonstances atténuantes dans l'application des sanctions. Le crime dit « passionnel » jouit d'un statut spécial dans l'opinion publique. Ainsi, dans une étude sur les faits divers relatant les crimes passionnels dans les journaux, il semble que tuer par amour est pour les journalistes et les lecteurs une circonstance atténuante[463]. L'auteur du crime est ainsi excusé en raison du caractère imprévisible de son acte. De plus, la contribution de la victime à la genèse du crime est fréquemment invoquée. Les avocats de la défense invoquent souvent la provocation de la victime à la genèse du crime, ce qui permet d'atténuer la responsabilité de l'auteur. Cette situation est très fréquente en matière d'atteintes criminelles à l'intégrité physique de la femme. Toutefois, les agressions sexuelles sont aujourd'hui plus sévèrement réprimées. En 1996, c'est en France que le nombre de détenus pour viol était proportionnellement le plus élevé[464] et que la privation de liberté reste la principale sanction des infractions sexuelles.

Il faut souligner qu'un crime sexuel faisant une irruption brutale dans la vie de la famille perturbe tous les membres de la famille. Ces actes criminels s'accomplissent dans le cadre d'une relation privilégiée

---

[461] Juridiction répressive compétente pour juger les crimes

[462] PRADEL J., *Droit pénal général*, éd. Cujas, 2000, p. 242

[463] HIRIGOYEN M.-F., Femmes sous emprise, op. cit., p. 66

[464] LAMEYRE X., « Du régime pénal spécial appliqué en France aux auteurs d'infractions sexuelles », *Rev.sc.crim.*, n° 3, 2002, p. 556

dont les victimes sont majoritairement des femmes, plus particulièrement en matière de viol incestueux (Chapitre I) et en matière de viol conjugal (Chapitre II).

CHAPITRE I / LE VIOL INCESTUEUX

Le droit a la charge de la conservation de l'espèce humaine, pour se faire la règle du jeu social est fixée par des lois. La loi organise la vie en société et aussi la vie privée des individus. La loi et la société limitent le pouvoir de l'individu sur sa condition familiale au sein du cercle de famille. En matière de mariage, le code civil règle les possibilités et impossibilités d'alliances matrimoniales. Le mariage est prohibé entre tous les ascendants et descendants légitimes ou naturels et les alliés dans la même ligne[465], le frère et la sœur légitimes ou naturels[466] ou bien entre l'oncle et la nièce, que la parenté soit légitime ou naturelle[467] voire adoptive. De plus, la loi prévoit que s'il existe entre les père et mère de l'enfant naturel un des empêchements au mariage pour cause de parenté et que la filiation est déjà établie à l'égard de l'un, il est interdit d'établir la filiation à l'égard de l'autre. La règle qui interdit le mariage entre proches parents et celle qui prohibe l'établissement de la filiation incestueuse sont des bases du droit de la famille. La loi ainsi fixe un rôle exemplaire pour protéger la famille et la société. En cas de non-respect, le code pénal intervient pour désigner des actes condamnables.

L'inceste est la conjonction illicite entre des personnes qui sont parentes ou alliées au degré prohibé par les lois. Par extension, il peut y avoir inceste sans lien direct de sang ou d'alliance : par le mariage ou le concubinage de la mère. Le dictionnaire Larousse rappelle que ce terme est issu du latin *incestus* composé du préfixe négatif in et du mot *cestus* qui veut dire chaste, pur, non souillé, mais aussi conforme aux rites et aux règles éduquées. L'*incestus* veut dire non chaste ou impur. L'inceste est donc le commerce charnel entre proches parents. Les relations sexuelles entre consanguins sont considérées partout comme immorales. Les filles auraient plus de risques de subir des abus intrafamiliaux[468]. L'inceste peut se voir dans tous les milieux sociaux, dans toutes les ethnies dont les auteurs sont le plus souvent des hommes

---

[465] Article 161 du code civil
[466] Article 162 du code civil
[467] Article 163 du code civil
[468] ROMANO H., *La prise en charge des élèves victimes d'abus sexuels*, éd. Hachette 2004, p. 41

et les victimes sont des filles[469]. Les viols incestueux sont souvent invisibles et la question de l'inceste dépend largement du contexte culturel.

Vers 1960, l'inceste apparaît comme un abus sexuel considéré comme plus fréquent en milieu rural et comme une conséquence de l'alcoolisme, dans un climat de pauvreté et de promiscuité[470]. Durant les années 80, les idées sur la famille incestueuse évoluent et les études faisant état de problèmes incestueux dans les familles dites normales se multiplient, là encore les victimes sont souvent les filles. Dans les années 1980, la connaissance des faits d'inceste était souvent réservée aux seuls professionnels de la souffrance psychique, de la justice ou de la protection de l'enfance. Ce qui n'est plus le cas actuellement. De plus, les procès pour viols incestueux ne cessent d'augmenter. Actuellement, 20% des procès de la cour d'assises concernent des cas d'inceste[471] et les victimes sont souvent des filles[472]. L'inceste est un crime grave portant atteinte à la libre disposition de son corps par la femme. Il y a une appropriation du corps de la femme par ses proches (Section I). La femme victime est dépossédée de son corps, cette dépossession a pour origine de nombreux effets pervers sur l'avenir de la femme victime (Section II).

---

[469] PHILIPPE H.J. (ss la dir. de), *Médecine légale et gynécologie* : journée parisienne de gynécologie, colloque, éd. ESKA, 1996, p. 28

[470] TYRODE Y., BOURCET S., *Les sévices sur mineurs*, éd. Ellipses 2001, p. 18

[471] PARAT H., *Inceste*, éd. PUF 2004, p. 14

[472] Ibid., p. 15

SECTION I / L'APPROPRIATION DU CORPS DE LA FEMME PAR SES PROCHES PARENTS

Les mineurs doivent être protégés par les membres de la famille. La minorité a certaines caractéristiques : vulnérabilité, manque de discernement. Les parents ont la charge de l'éducation de leurs enfants et ils ont le droit de prendre des décisions à leur place. Ainsi, les parents détiennent l'autorité parentale envers les enfants jusqu'à la majorité de ces derniers. Il appartient à la famille de dire aux enfants ce qui est autorisé et ce qui est interdit. Mais toutes les familles ne respectent pas les dispositions établies par les lois. Les transgressions sont possibles.

Les mouvements féministes aux Etats-Unis se développèrent à partir de la moitié du 20e siècle. Ils insistèrent sur les sévices subis par les femmes pendant l'enfance et en particulier sur la violence incestueuse paternelle. Dans la relation incestueuse, la femme victime est mise en situation d'objet par un proche parent. Sa place de sujet lui est déniée. Les auteurs peuvent être des pères, des beaux-pères, des grands-pères, des frères, des oncles. Mais le cas le plus fréquent est l'inceste père-fille[473]. Il faut aussi noter que tous les âges sont concernés par le viol incestueux, y compris les nourrissons[474].

Les auteurs distinguent deux types d'inceste : inceste intranucléaire et extranucléaire. En effet, les abus sexuels incestueux intranucléaires sont réalisés au sein de la famille restreinte comme par exemple entre le père et la fille. Les abus sexuels incestueux extranucléaires se réalisent dans un cercle de proches parents comme par exemple entre l'oncle et la nièce. Dans tous les cas, le viol incestueux évoque une transgression des devoirs parentaux à l'égard de la fille (§1) qui devient un objet avant sa maturité. De plus, cet acte en question joue un rôle pervers sur l'organisation de la société (§2).

---

[473] CHANOIT P.F., VERBIZIER J. (ss la dir. de), *Les sévices sexuels sur les enfants*, colloque, éd. Erès 1999, p. 55

[474] LOPEZ G., *Les violences sexuelles sur les enfants*, éd. PUF 1999, p. 16

§1 / LE CORPS DE LA FEMME FACE A L'EFFONDREMENT DE LA FONCTION PARENTALE

Le droit de certaines femmes est menacé par l'indignité de leurs parents. La fillette doit obéissance et respect aux parents, du moins jusqu'à sa majorité. La minorité est marquée par une dépendance à l'égard des membres de la famille qui disposent d'un pouvoir d'autorité. Ce pouvoir d'autorité peut faire l'objet d'un détournement (A) par un membre de la famille, particulièrement par le père dont la complicité avec la mère est souvent évoquée (B).

A / UN DETOURNEMENT DE POUVOIR D'AUTORITE A L'EGARD DE LA FEMME

Les membres de la famille, par le rôle de proximité avec la femme, ont une mission de protection durant sa minorité et non pas de l'agresser ou d'abuser de sa personne et de son corps. Les proches parents sont tenus d'un devoir d'éducation.

La loi impose aux parents certains devoirs pour former un sujet humain capable de décider librement. De ce fait, la fonction parentale consiste à donner la vie, à aider un être dépendant à gagner son autonomie sociale et personnelle : c'est un don de vie[475]. Il est plus facile de comprendre certaines normes de la société, à savoir le devoir d'éducation et de protection d'une fille par les parents ; ces derniers n'ont pas le droit d'utiliser leur fille comme un objet de famille. Dans toutes les sociétés, le rôle familial est d'éduquer et de former un sujet humain et non la séduction pour s'approprier le corps de la fille. En effet, la fille perd sa liberté sexuelle face à un ascendant car l'autorité de l'ascendant et l'état de dépendance de la fille face au parent peuvent faciliter la séduction[476].

---

[475] LOPEZ G., *Les violences sexuelles sur les enfants*, éd. PUF 1999, p. 30

[476] MAYER D., « La pudeur du droit face à l'inceste », *D.* 1988, op. cit., p. 214

Les pères ou leurs substituts - beau-père ou concubin - abusent facilement des sentiments troubles qu'ils provoquent chez les filles[477]. La demande d'affection est détournée par le père ou son substitut. Ainsi, l'inceste représente un abus de confiance de la part d'un parent à l'égard de la fille. Quand le viol est incestueux, l'auteur de l'agression est le père pour 33% des cas, le beau-père pour 28%, un oncle pour 21%, un frère pour 13%, voire un grand-père ou un arrière-grand-père pour 3% des cas[478]. Le grand-père dans de nombreux cas a déjà agressé ses propres filles[479]. Il faut remarquer la prédominance de la relation père-fille parmi les incestes. La réalisation de l'inceste par le père est facilitée par une forme de séduction entre père et fille[480]. Certains gestes commencent sous forme de jeux sensuels initiatiques comme par exemple chatouilles, massages et attouchements ou bien une tentative d'agression sexuelle sans pénétration et ensuite avec un chantage affectif, la fillette est prise au piège. L'inceste dans la fratrie s'exprime le plus souvent à la puberté[481], mais est peu fréquent et son pronostic semble être meilleur que pour les autres formes d'inceste car la relation incestueuse peut s'arrêter spontanément en période de post-adolescence.

L'interdit de l'inceste est universel. La transgression de l'interdit de l'inceste marque souvent un désir d'emprise du parent incestueux sur ses propres enfants. Il recherche inconsciemment une mainmise sur les domaines privés de la victime. Celle-ci perd son accès à l'autonomie et en particulier son droit à une vie sexuelle normale. Il y a une atteinte à la liberté. Les rares exceptions à cet interdit concernent souvent des « castes privilégiées » de la société qui, par cette voie, assurent le maintien de leur emprise sur un pouvoir par exemple politique, ainsi que ce fut le cas dans l'Egypte antique[482]. Il faut toutefois noter que pendant l'Antiquité dans l'Egypte ancienne et en Afrique centrale, le mariage

---

477 BEN KEMOUN L., « La confiance violée de l'enfant : refonder la norme pénale », *D.* 2002, p. 491

478 DARVES-BORNOZ J-M., *Problématique féminine en psychiatrie*, éd. Masson 2000, p. 9

479 SOUTOUL J.H. et CHEVRANT-BRETON O., *Les agressions sexuelles de l'adulte et du mineur*, éd. Ellipses 1994, p. 153

480 AUDET J., KATZ J. F., *Précis de victimologie générale*, op. cit., p. 133

481 ALBERNHE T.(ss la dir. de), *Criminologie et psychiatrie*, op. cit., p. 270

482 AUDET J., KATZ J.F., *Précis de victimologie*, op. cit., p. 305

incestueux entre frère et sœur était pratiqué et cette pratique était courante dans toutes les couches sociales.

Le viol incestueux n'est pas nécessairement accompagné de menaces de violences. Il y a souvent absence de violences physiques. Mais il existe toujours une contrainte ou un chantage, au moins sur le plan moral ou affectif. La violence psychologique existe avec fortes menaces sur la fille pour l'obliger à accepter et à ne pas divulguer l'affaire à autrui. Pour cela, l'agresseur exerce une pression morale sur sa victime, l'auteur séduit souvent sa victime par des cadeaux ou de l'argent. Et, face à un parent, la victime ne se croit pas autorisée à se défendre.

C'est ainsi que les viols peuvent être perpétués à plusieurs reprises sur plusieurs années avec d'inévitables conséquences physiques et psychologiques. Dans les cas d'inceste, la fille n'est pas considérée par les parents comme un sujet humain mais comme un objet de plaisir. La femme victime d'inceste n'est qu'un objet fonctionnel. L'acte incestueux est un acte d'appropriation du corps d'une jeune fille : c'est l'annihilation d'un être. Il est possible de dégager certaines caractéristiques de la famille incestueuse (1) et le profil des pères incestueux (2).

1 / LES CARACTERISTIQUES DE LA FAMILLE INCESTUEUSE

Le viol incestueux existe dans toutes les couches sociales. Mais il existe une prédominance chez les familles dites « cas sociaux », désinsérées, vivant en promiscuité, dans des conditions douteuses de salubrité. Lesdites familles sont souvent suivies ou repérées comme étant problématiques par les équipes des réseaux d'aide aux familles comme par exemple le service d'aide sociale à l'enfance, la protection maternelle et infantile, le secteur psychiatrique[483]. Selon les chercheurs, la promiscuité est un facteur assez important dans le passage à l'acte.

---

[483] ALBERNHE T. (ss la dir. de), *Criminologie et psychiatrie*, op. cit., p. 267

Selon les chercheurs, il existe certains facteurs de risque prédisposant au crime d'inceste. La vie autarcique est une caractéristique importante de la famille. La famille incestueuse est sous l'emprise des angoisses de perte et d'abandon[484]. Les liens familiaux sont en permanence en menace de rupture. Ce sont fondamentalement des familles de type « abandonnique ». Il existe aussi certains dysfonctionnements dans la famille : la loi n'a pas été clairement posée et intégrée, l'existence d'un trouble dans l'érotisation des relations intra-familiales, l'existence d'une confusion transgénérationnelle liée à une absence nette de frontières entre les parents et les enfants. Il est possible de constater une confusion des rôles de chacun. Dans la famille règne le déni de la différence des générations. Les parents eux-mêmes peuvent être victimes de carences affectives ou d'abus sexuels. Les liens familiaux ne sont pas organisés sur un mode symbolique et ne sont donc pas organisateurs des places et des rôles dans la famille. Certains pères s'approprieront totalement le maternage des enfants, les soins corporels et leur femme sera disqualifiée dans cette fonction ou se disqualifiera pour laisser la place libre. Mais le maternage du père ne suit pas l'évolution des enfants et le père continuera toujours à faire la toilette de sa fille qui atteint l'âge de quinze ans[485], ce qui favorise la relation interdite.

Toutefois, les situations suivantes peuvent également favoriser le viol incestueux : la séparation des parents, dont la garde de la fillette est confiée au père, est une situation favorisant l'inceste père-fille ; les maladies mentales des parents ; l'alcoolisme du père ; les antécédents psychiatriques d'un ou des parents.

<u>2 / LE PROFIL DES PERES INCESTUEUX</u>

Il est intéressant de voir les caractéristiques de la personnalité des sujets auteurs d'inceste (a) et la typologie des pères incestueux (b).

---

[484] CIAVALDINI A., BALIER C., *Agressions sexuelles*, op. cit., p. 33
[485] Ibid., p. 34

a / LES CARACTERISTIQUES DE LA PERSONNALITE DES SUJETS AUTEURS D'INCESTE

Les auteurs d'inceste ont une insertion sociale satisfaisante, ils sont estimés dans leur travail. Certains sujets diront qu'ils ont l'impression d'être double. Ils ont deux personnalités différentes : l'une à l'extérieur de la famille et l'autre à l'intérieur de la famille. Et ils ne se reconnaissent pas dans les comportements incestueux qu'ils ont perpétrés[486]. L'alcoolisme de certains auteurs d'inceste leur permettra de minimiser leur responsabilité dans le passage à l'acte. La dépression est également rencontrée fréquemment. Le père ou le substitut paternel fait régner sur la famille une autorité de façon à ce que le groupe soit coupé du monde extérieur. Il semblerait que le choix de relations sexuelles avec sa propre fille correspond à une crainte de la sexualité adulte. En effet, l'auteur de l'inceste trouve ainsi un partenaire facile, toujours présent, docile avec lequel l'auteur ne risque pas l'échec de la relation. De plus, la présence d'une psychopathie ou d'un trouble psychiatrique comme par exemple la démence ou la schizophrénie diminue les contrôles pulsionnels[487].

Toutefois, il est impossible de lier le comportement incestueux à une psychopathologie spécifique. Ces traits de personnalité se rencontreront dans les différentes structures psychiques, névrotiques, perverses et psychotiques. Certains pères incestueux se regroupent autour des pathologies limites de la personnalité : états-limites, psychopathie, abandonnisme. Certaines études démontrent que les pères pratiquant l'inceste ont eu des pères qui les ont humiliés[488]. Selon les chercheurs, la plupart des sujets qui ont vécu des mauvais traitements sexuels reproduiront eux-mêmes sur autrui des comportements plus ou moins identiques. De ce fait, la transmission intergénérationnelle de la maltraitance sexuelle n'est donc pas une rareté. Selon certains autres

---

[486] CIAVALDINI A., BALIER C., *Agressions sexuelles*, éd. Masson 2000, p. 28

[487] AUDET J., KATZ J.F., *Précis de victimologie*, op. cit., p. 307

[488] CIAVALDINI A., *Psychopathologie des agresseurs sexuels*, éd. Masson 1999, p. 148

chercheurs, le père incestueux n'est ni un alcoolique ni un débile mais plutôt un immature affectif[489].

Certains pères sont des experts pour monter les membres de la famille les uns contre les autres, attiser les antagonismes, colporter des rumeurs, divulguer de faux secrets, faire et défaire les alliances[490]. Les agresseurs parviennent toujours à culpabiliser les victimes. Ils savent alterner des périodes d'accalmie qui annoncent de redoutables orages. Ils trouvent toujours d'excellentes justifications pour expliquer leurs crimes. Pour certains pères, l'initiation de la fille à l'activité sexuelle lui semble un droit naturel[491]. Dans cette situation, le père se croit alors autoriser à utiliser sexuellement sa fille. L'auteur a un sentiment de propriété sur la victime accompagné d'une crainte de la sexualité adulte. Le substitut paternel, c'est-à-dire souvent le nouveau compagnon de la mère, se trouve beaucoup moins inhibé par le tabou de l'inceste[492]. En effet, la victime n'est pas sa véritable fille. Dans ces situations, il existe très probablement un risque d'atteinte au corps féminin.

b / LA TYPOLOLOGIE DES PERES INCESTUEUX

Savin Bernard, psychologue et docteur en psychologie, a classé les pères incestueux en trois catégories qui sont les suivantes : domination de la violence, fonctionnement pédophilique classique, passivité et abandonnisme[493].

La première catégorie de père incestueux est considérée comme « tyran familial » faisant régner la terreur au sein de la famille. Il est possible de constater une extrême rigidité dans le fonctionnement familial. En effet, le père contraindra la famille à vivre repliée sur elle-même. Le père abusera systématiquement de toutes ses filles et les actes

---

[489] BIGOURDAN P., *Viol à domicile : la loi du silence*, op. cit., p. 73
[490] LOPEZ G., PORTELLI S., CLEMENT S., *Les droits des victimes*, op. cit., p. 234
[491] BIGOURDAN P., *Viol à domicile : la loi du silence*, op. cit., p. 72
[492] SOUTOUL J.H. et CHEVRANT-BRETON O., *Les agressions sexuelles de l'adulte et du mineur*, op. cit., p. 179
[493] CIAVALDINI A., BALIER C., *Agressions sexuelles*, op. cit., p. 29

incestueux s'accompagneront de la violence. Ils utilisent la force et les coups pour aboutir à l'acte sexuel. Les secrets, le chantage, les liens affectifs et la force physique sont les moyens les plus couramment utilisés notamment par les pères violeurs. Ce type de père ou de beau-père incestueux présente souvent un problème d'alcoolisme. Ce type de père niera les faits même en présence de preuves suffisantes. La répétition de l'infraction est générationnelle, cela veut dire que le père lui-même aura été abusé par son propre père ou victime d'un père violent et son épouse aura été elle-même abusée par son propre père, souvent pendant de longues années. Ainsi, la violence et l'inceste sont considérés comme un comportement normal dans ce type de famille.

La deuxième catégorie, « fonctionnement pédophilique classique », est considérée comme une catégorie intermédiaire. Le père peut apparaître comme un tyran domestique, mais ayant réussi une insertion sociale bien meilleure que la première catégorie. Ce type de père a vécu dans des familles violentes ou a été placé dans des familles nourricières violentes. Ils sont souvent victimes de ruptures précoces d'attachement. De plus, ils peuvent être amenés à s'occuper des enfants face à l'impossibilité de leur épouse, ce qui favorise le passage à l'acte avec toutes ses filles. Dans la famille, ils utilisent les pressions psychologiques. Ces auteurs d'inceste sont souvent demandeurs de soins parce qu'ils souffrent de ce qu'ils ont fait. Ils sont assez souvent soulagés d'avoir été arrêtés[494]. En maison d'arrêt, ils reconnaissent les faits. Ces sujets se sentent honteux sans trop de culpabilité. En début d'incarcération, ces sujets peuvent souffrir d'épisodes dépressifs graves avec tentative de suicide, il est alors nécessaire d'apporter rapidement une aide chimiothérapique antidépressive.

La troisième catégorie, « passivité et abandonnisme », est constituée par des hommes présentant une certaine passivité[495]. En effet, ils se décrivent comme le jouet des événements et des personnes de l'entourage familial, amical ou professionnel. Leur insertion sociale est plus ou moins bonne. Ils contractent plusieurs mariages et ont des enfants de plusieurs lits ainsi que des beaux-enfants lors de remariages. Ces sujets décrivent souvent leur divorce comme des « mises à la

---

494 CIAVALDINI A., BALIER C., *Agressions sexuelles*, op. cit., p. 31

495 Ibid., p. 32

porte » par leur épouse. L'acte incestueux débute à l'adolescence de leur fille ou de leur belle-fille. Dans certains cas, l'acte incestueux débute dès le plus jeune âge des fillettes notamment lors d'épisodes dépressifs ou de moments où ces hommes traversent un moment de solitude important par exemple après un divorce lors de l'exécution du droit de visite. L'alcoolisme est fréquent et le fonctionnement psychique abandonnique domine la personnalité de ces sujets. Ces sujets ne ressentent pas grand-chose dans le domaine émotionnel et ils apparaissent très limité intellectuellement. Lors d'arrestations, ces sujets avouent immédiatement et se sentent très coupables de ce qu'ils ont fait.

Certaines autres recherches évoquent diverses structures de personnalité chez les pères incestueux[496]. Les auteurs les ont classés dans sept catégories différentes. Les personnalités peuvent être de type :

- tyrannique dans certaines familles à fonctionnement dictatorial, le père est tout-puissant, il faut respecter sa loi et l'obéir. Il se comporte de façon totalitaire comme un tyran ;
- passionné : dans les formes passionnelles, le père est amoureux de sa fille. Il désire être à la fois le père, l'initiateur et l'amant, un désir inconscient d'emprise le guide : la fille ne peut lui échapper ;
- Dépressif : les modèles dépressifs s'appuient sur un père faible ou alcoolique. Son besoin d'aide et de soutien modifie les relations interpersonnelles et abrase les différences entre générations ;
- Régressif oral : le sujet n'est pas reconnu pour lui-même, mais en tant qu'objet consommable exposé à l'avidité paternelle ;
- Pervers : le père éprouve le besoin de soumettre, de posséder, de faire mal et d'interdire toute autonomie ;
- Névrotique : le père souffrant impose à sa fille une relation compensatrice de ses frustrations et celle-ci n'ose pas révolter de crainte d'aggraver la souffrance paternelle ;
- Paranoïaque : dans un mécanisme de surestimation de soi, le père engendre un climat de terreur et impose sa sexualité comme un rite initiatique tout-puissant.

---

[496] AUDET J., KATZ J.F., *Précis de victimologie*, op. cit., p. 307

B / LA COMPLICITE DE LA MERE

La mère de la victime est aussi l'épouse ou la concubine de l'auteur de l'acte. A ce titre, elle apparaît comme la complice de son mari ou de son concubin. Elle est défaillante dans son rôle de protectrice[497]. L'opinion publique, les professionnels, voire sa fille la jugeront responsable au même titre que son mari car elle a omis de porter secours à sa fille. Il faut savoir que la passivité de la mère est fréquente dans la situation d'inceste père-fille.

Il existe des cas dans lesquels la mère se culpabilise et se sent responsable envers sa fille qu'elle n'a pas su protéger. Certaines mères sont aussi à l'origine du dépôt de plainte lorsqu'elles découvrent le crime. La mère soutient sa fille dans sa démarche judiciaire, mais l'exception existe. Dans le cas exceptionnel, la mère ne tient pas compte de l'acte et ne cherche pas à protéger sa fille. Il existe un abandon maternel au moment des faits. Certaines femmes ne prennent pas d'attentions pour protéger leurs filles en danger. Elles sont tolérantes et passives. Dans ce cas, elles sont complices.

Parfois la mère est souffrante ; une pathologie maternelle comme par exemple l'alcoolisme, l'aliénation ou le retard mental ou bien certaines maladies chroniques très affaiblissantes laisse un espace libre que le père ou le beau-père utilise. En effet, dans ces situations, la mère est souvent absente de son rôle soit à cause d'une dépression permanente la rendant indisponible pour tout échange affectif soit à cause de fugues à répétition et de relations amoureuses de passage[498]. Certains pères sont très violents et dans ce cas, les jeunes filles victimes d'inceste se taisent parfois pour protéger une mère dépassée, elle-même victime de l'agresseur. Il est impossible pour la mère de protéger sa fille sans l'intervention d'un tiers. L'auteur du viol incestueux fait constamment pression sur sa victime. Cette dernière pourrait certes refuser ses avances sexuelles et le dénoncer. Mais, dans ce cas, elle briserait sa mère et se

---

[497] CONDAMIN-POUVELLE C., « Traumatisme incestueux, mort psychique et dissociation mentale », *Le journal des psychologues,* N° 207, mai 2003, p. 39
[498] CIAVALDINI A., BALIER C., *Agressions sexuelles*, op. cit., p. 34

retrouverait placée à la DDASS[499]. La peur constitue parfois un obstacle pour mettre fin au crime. Il faut noter que l'inceste joue un rôle pervers sur l'organisation de la société.

§2 / LE ROLE PERVERS DE L'INCESTE SUR L'ORGANISATION DE LA SOCIETE

La remise en cause de la structure familiale (A) est une conséquence du viol incestueux. En effet, le viol incestueux porte atteinte au principe universel, qui est l'exogamie (B).

A / LA REMISE EN CAUSE DE LA STRUCTURE FAMILIALE

L'inceste constitue une cause majeure de démolition identitaire. Il y a une absence de don de vie dont les victimes sont majoritairement des filles[500]. En cas de naissance d'un enfant suite à l'inceste père-fille, la sœur de l'enfant né de l'inceste est aussi la mère et son père est en même temps son grand-père. La structure de la famille, l'identité et la filiation sont totalement perturbées. En effet, il est impossible d'établir le lien de filiation à l'égard des deux parents biologiques puisque la filiation incestueuse est non conforme à la loi.

Les règles du système de parenté sont fondées sur la loi qui est celle de l'interdit de l'inceste. Le véritable interdit de l'inceste pourra s'édicter ainsi « tu ne retourneras pas là d'où tu es sorti »[501] : parce qu'aucune alliance n'est possible puisqu'il n'y a plus de chronologie, plus de générations. L'inceste piétine les fondements symboliques de la nature humaine. Le père, représentant la loi, est défaillant et il pervertit

---

[499] LOPEZ G., PORTELLI S., CLEMENT S., *Les droits des victimes*, op. cit., p. 235

[500] CHANOIT P.F., VERBIZIER J. (ss la dir. de), *Les sévices sexuels sur les enfants*, colloque, éd. Erès 1999, p. 29

[501] ALBERNHE T. (ss la dir. de), *Criminologie et psychiatrie*, op. cit., p. 83

le système fondateur de la société. L'inceste brise le lien généalogique et dénature les limites intergénérationnelles. S'il n'y a plus de différences de générations, il n'y a plus de places et de rôles spécifiques dans la famille. Ainsi, le déni de la différence des sexes et des rôles sexuels est présent. Par exemple, les rôles sexués, paternels et maternels, ne sont pas respectés. Et les pères ont parfois un rôle maternant à l'extrême et ne laissent pas ce rôle à leur épouse, soit par une disqualification totale de la compétence maternante de celle-ci, soit par une réelle incompétence maternelle. Il faut remarquer que le déni de la différence des générations va parfois de pair avec un déni de la vieillesse et de la mort donc avec un déni de la temporalité. Il existe une véritable phobie du vieillissement[502].

Dans les familles ne respectant pas l'interdit de l'inceste, la prédisposition des familles est un risque puisque selon les chercheurs il existe un risque de répétitions transgénérationnelles. Une insuffisance du respect de la différenciation des sexes et des générations se transmet de génération en génération puisque les membres de la famille n'ont pas intégré l'interdit de l'inceste au sein de leur famille. Dans ce type de famille, il existe un risque d'atteinte pour le corps de la femme dès la jeunesse. De plus, ce système porte atteinte au principe universel qui est l'exogamie.

B / L'ATTEINTE AU PRINCIPE DE L'EXOGAMIE

La loi impose une obligation de se marier à l'extérieur du groupe d'origine. La prohibition de l'inceste est une règle qui interdit d'épouser mère, sœur ou fille. Et la règle oblige à donner mère, sœur, fille à autrui : c'est la règle du don. Cet interdit est un moyen pour contraindre les membres d'une famille à choisir leur partenaire à l'extérieur. En effet, l'exogamie est enrichissante par certaines particularités spéciales aux sociétés inférieures, obligées par les circonstances de trouver une femme à l'extérieur de leur clan et qui se seraient perpétuées par habitude. Ces choix permettent de créer des échanges et des alliances enrichissants avec les autres tribus. Ce type de lien avec d'autres groupes permet à un

[502] CIAVALDINI A., BALIER C., *Agressions sexuelles*, op. cit., p. 28

petit groupe humain d'accroître sa force de travail et d'accéder à des ressources naturelles et par conséquent d'augmenter ses chances de survie dans son environnement naturel et humain. De plus, la grande familiarité entre les partenaires entraîne un désintérêt sexuel[503], ce qui est dommageable pour un renouvellement des générations futures.

L'interdit de l'inceste a une fonction organisatrice sur le groupe social. Pour le sociologue Lévi-Strauss, la prohibition de l'inceste est une démarche fondamentale grâce à laquelle s'accomplit le passage de la nature à la culture. Autrement dit, la prohibition de l'inceste exprime le passage du fait naturel de la consanguinité au fait culturel de l'alliance. Ainsi, l'interdit de l'inceste a une fonction organisatrice et structurante de l'ordre social. Pour les anthropologues, l'exogamie est fondatrice de la vie collective intrafamiliale puisque seule la loi de l'exogamie existe dans toutes les tribus : cet interdit revêt un caractère universel.

En matière de respect des droits, cet interdit de l'inceste est fondamental parce que par lui passe la garantie du maintien de la parole, donc la liberté individuelle. L'interdit de l'inceste est le moyen que se donne la société pour écarter la violence entre les membres de la famille. L'exogamie permet un échange avec le monde extérieur. Cet échange permet de tisser des liens réciproques et protecteurs pour ne pas être tué par la violence entre les membres de la famille. En l'absence de cet interdit, sans la distance qu'il établit entre le sujet et l'objet cause de son désir, la parole devient inutile. A ce titre, l'interdit de l'inceste a pour fonction de renforcer la distance entre le sujet et l'objet de l'inceste. Ainsi, il serait interprétable comme garant du maintien de la parole[504], donc de la liberté individuelle de la femme. L'interdit de l'inceste a aussi une fonction sur la construction de la personnalité des membres du groupe, à savoir le respect des interdits, la reconnaissance de la différence des sexes et des générations.

---

[503] BIGOURDAN P., *Viol à domicile : la loi du silence*, éd. Delachaux et Niestlé 1989, p. 199

[504] ALBERNHE T. (ss la dir. de), *Criminologie et psychiatrie*, op. cit., p. 83

Les conséquences sont énormes pour le corps de la femme en cas de non-respect de cet interdit.

SECTION II / LES EFFETS PERVERS DU VIOL INCESTUEUX SUR L'AVENIR DE LA FEMME VICTIME

Selon les chercheurs, la continuité des affects positifs et des soins primaires crée chez l'enfant une vision positive du monde social, mais aussi de lui-même. Les recherches empiriques montrent que l'affection parentale contribue au développement des émotions, des compétences et des comportements sociaux adaptés. Le viol incestueux porte atteinte au développement normal de la personne de la femme. Face à ce risque, seule la prévention reste très efficace. Le milieu scolaire est un milieu privilégié pour repérer les problèmes de l'inceste.

La prévention consiste à informer le public par des campagnes d'information[505]. La campagne d'information aboutit à une prise de conscience collective du problème ainsi qu'à la mise en place des moyens adaptés. Pour assurer les mesures préventives, il est important d'informer les enfants sur la nature de l'inceste, sur les moyens de défense dont ils peuvent disposer le cas échéant. Il faut dispenser une information simplifiée aux fillettes dès le plus jeune âge, seule mesure de protection efficace. Pour ce faire, le théâtre est souvent utilisé pour informer les jeunes enfants dans les écoles. Les cours d'éducation sexuelle sont importants pour protéger les filles à titre préventif. C'est par cette information que les fillettes apprendront à se prémunir contre des risques qu'elles ignorent. De plus, pour certains chercheurs, l'implication précoce des pères dans les soins de l'enfant, particulièrement des fillettes, serait un élément préventif. En effet, certains chercheurs ont montré que les pères incestueux s'étaient très peu occupés de leurs filles durant leurs trois premières années, ils n'avaient pas participé aux soins physiques[506].

Il est important de lutter contre ce fléau qui porte atteinte à la liberté de disposer de son corps par la femme. Il est indispensable pour

---

505 GOVINDAMA Y., ROSENBLAT C., SANSON M., *Itinéraires des abuseurs sexuels*, éd. L'Harmattan 1999, p. 8

506 ALBERNHE T., *La criminologie et psychiatrie*, op. cit., p. 268

les acteurs sociaux de comprendre les signes physiques de l'inceste qui sont plus ou moins apparents (§1). Ce qui permet de favoriser la dénonciation par la victime et éventuellement la prise en charge de la femme victime par les corps médicaux. Il faut savoir que les conséquences sur la santé sont nombreuses. En effet, de nombreux traumatismes sont à l'origine du viol incestueux (§2).

§1 / LES SIGNES PHYSIQUES DE L'INCESTE ET LA DENONCIATION DU CRIME

Il existe des symptômes qui exposent à l'extérieur la détresse intérieure de la femme (A) l'évolution de ces symptômes permet de déceler la situation de crise dans la famille. La découverte de ces symptômes par un tiers favorise la dénonciation (B).

A / LES SYMPTOMES ALARMANT DE LA DETRESSE DE LA FEMME

Il existe certains indices permettant la découverte de la détresse chez la jeune fille victime d'inceste. En particulier la présence de marques physiques 'ecchymoses, coupures, égratignures) ou des sommes d'argent importantes dont la fillette dispose ou de jouets en quantité assez importante en sont des exemples. De plus, les lésions somatiques comme par exemple les blessures des parties génitales, les infections génitales à répétition chez la fille peuvent évoquer un problème d'inceste. Les vulvites sont fréquentes, souvent à répétition et elles n'induisent une suspicion qu'en raison d'un contexte familial troublé. Il existe certains signes alarmants sur l'existence d'un inceste, comme par exemple si un germe à transmission sexuelle est isolé dans un prélèvement ou la présence d'un gonocoque ou d'une sérologie positive pour la syphilis ou le VIH.

Les troubles psychosomatiques sont fréquents comme par exemple le dégoût alimentaire, l'énurésie. De plus, l'anorexie, l'amnésie et la boulimie sont des signes révélateurs d'un malaise intérieur. Les facultés d'imagination et d'élaboration sont perturbées. Les capacités de concentration diminuent ou disparaissent. Et la baisse de l'activité scolaire conduit à la chute des résultats. Des problèmes de somnolence, malnutrition, vulgarité de langage sont observables chez la victime. La victime violée par son père ou frère peut avoir une attitude triste et réagit par des gestes de défense lorsqu'une personne ou le maître s'approche d'elle. Il existe un refus de la féminité et le désir de disparaître.

Certaines conduites dangereuses comme par exemple les fugues, vols, activité sexuelle très précoce peuvent aussi évoquer la détresse de la victime. Les traumatismes ont souvent un caractère irréversible.

La dénonciation aux autorités compétentes permet la prise en charge rapide de la victime

B / LA DENONCIATION

La dénonciation semble être importante (2), certains facteurs favorisent la dénonciation (1) pour produire les conséquences (3).

1/ LES FACTEURS FAVORISANT LA DENONCIATION PAR LA VICTIME

L'acte incestueux reste un secret strictement familial d'où la difficulté d'évaluation du nombre des victimes. Ces actes incestueux s'étendent souvent sur de nombreuses années[507]. La découverte de ce crime est souvent fortuite car la victime garde le secret. Un ensemble de contraintes l'empêche longtemps de s'exprimer comme par exemple la honte et la culpabilité, l'absence de mots pour dire ce qu'elle vit, la peur des représailles, le sentiment d'être responsable d'un éventuel éclatement de la famille ou de l'emprisonnement de l'abuseur, la crainte des conséquences financières, l'énorme poids du scandale, etc. Toutefois, depuis quelques années, les plaintes sont nombreuses, du fait de l'augmentation des signalements. Les causes de cette augmentation des signalements sont les suivantes : le meilleur repérage des victimes, les campagnes de sensibilisation, l'amélioration des dispositifs de protection de l'enfance et la plus grande liberté qu'ont les victimes souvent jeunes de s'exprimer.

---

[507] CORBIN A., *Les violences sexuelles*, éd. Imago 1989, p. 89

La période du dévoilement se situe à l'approche ou durant l'adolescence. Ce dévoilement coïncide souvent avec un délaissement de la victime par le père au profit d'une sœur plus jeune que la victime[508]. La victime prend l'initiative de dénoncer les faits dans le but de protéger sa sœur. Il faut remarquer que l'essentiel des viols incestueux se passe lorsque les filles ont entre huit et seize ans[509]. La majorité des cas arrivant devant la justice concerne avant tout les victimes de dix ans et au-dessus. C'est l'âge où elles prennent conscience de leur corps et de leur sexualité. De ce fait, elles commencent à avoir des copains et à rechercher des relations extérieures à la famille. Ainsi, elles n'acceptent plus un isolement forcé à l'intérieur de la famille. Et par conséquent, il leur est beaucoup plus facile de parler, de se confier et enfin de dénoncer les faits. De plus, à cet âge, les adultes sont plus aptes à les croire et à prendre leur parole en considération pour réagir. Mais, lorsque les filles sont plus jeunes, de trois à neuf ans, elles ne se plaignent pas et craignent les adultes. De plus, les adultes ne les croient que trop rarement.

Dans certains cas, une grossesse permet la découverte. En présence d'une grossesse de la fille, le père exige que sa fille attribue la paternité à un autre homme ou qu'elle avorte dans la clandestinité[510]. La grossesse d'une jeune fille survenue à la suite d'un viol incestueux posait de nombreux problèmes juridiques avant l'entrée en vigueur de la loi du 17 juin 1975 portant sur l'interruption volontaire de grossesse. Un certain nombre d'enfants a vu le jour sans que la mère dépose une plainte. Historiquement, les viols incestueux ont été soigneusement dissimulés par la famille ainsi que les conséquences. Par conséquent, les enfants nés du viol incestueux étaient parfois déclarés au nom de l'épouse du père, c'est-à-dire de la propre mère de la jeune fille abusée, après occultation de l'état de grossesse et fraude au moment de l'accouchement[511]. Mais, depuis l'entrée en vigueur de la loi du 17 juin 1975, la plupart des victimes choisissent d'interrompre leur grossesse. L'interruption volontaire de grossesse peut parfois être imposée à la

---

[508] BIGOURDAN P., *Viol à domicile : la loi du silence*, op. cit., p. 139
[509] Ibid., p.22
[510] BIGOURDAN P., *Viol à domicile, la loi du silence*, op. cit., p.84
[511] DOLARD-ROCHE E., « L'enfant né d'un viol », *Journal de médecine légale droit médical*, Vol. 45, éd. ESKA 2002, , p. 356

victime par l'entourage[512]. Toutefois, l'infanticide est fréquent en cas de grossesse suite à un viol incestueux[513].

Il ne faut pas oublier que l'enfant né du viol incestueux souffrira de ses origines. Il existe une interdiction d'établir une filiation incestueuse. En effet, le caractère incestueux de la filiation constitue un obstacle à l'établissement de la filiation naturelle[514] lorsqu'il existe entre les parents de l'enfant un empêchement absolu au mariage, c'est-à-dire, qui ne peut en aucun cas être levé par une dispense. Il s'agit d'un empêchement à un mariage institué entre ascendants et descendants à tous les degrés ainsi qu'entre frères et sœurs[515]. Cette prohibition est fondée sur des raisons morales : d'abord pour ne pas dévoiler aux enfants concernés de manière officielle leur origine et ensuite pour éviter les conséquences absurdes que l'établissement des deux filiations entraînerait au plan successoral. D'où il résulte que la requête en adoption présentée par le demi-frère de la mère biologique contrevient aux dispositions d'ordre public édictées par le code civil en interdisant l'établissement du double lien de filiation en cas d'inceste absolu[516].

2 / L'IMPORTANCE DE LA DENONCIATION

La dénonciation des faits semble être très importante pour éviter certains traumatismes. En effet, il existe des séquelles d'ordre physiologique chez certaines victimes adultes pour lesquelles l'inceste ne s'est pas arrêté brutalement par une dénonciation, notamment des dysfonctionnements physiques liés à la région génitale et à d'autres régions du corps[517]. Le recours en justice permet la désignation et la reconnaissance officielles du coupable. En effet, la justice par sa qualité d'autorité est investie d'un pouvoir capable de sanctionner le crime. La

---

512 SOUTOUL J.H. et CHEVRANT-BRETON O., *Les agressions sexuelles de l'adulte et du mineur*, op. cit., p. 169

513 GRUYER F., *La violence impensable*, éd. Nathan 1996, p. 31

514 Art. 334-10 du code civil

515 Art. 161 et 162 du code civil

516 Civ. 1er, 6 janvier 2004, *JCP* 2004, II, 10064, note C. LABRUSSE-RIOU

517 BIGOURDAN P., *Viol à domicile, la loi du silence*, op. cit., p. 112

justice remplit par là même le rôle thérapeutique auquel la victime est en droit d'aspirer. Selon les chercheurs, les pères auteurs d'inceste étaient eux-mêmes des victimes qui n'ont pas pu s'exprimer devant la justice[518]. Cela démontre le rôle important de la justice. Les conséquences sont énormes en l'absence d'une intervention de la justice. Les filles victimes en l'absence de protection par la justice ne protégeront pas à leur tour leurs enfants en cas d'inceste et garderont le silence en cas de viol incestueux.

Pour dénoncer les faits, la victime doit prendre contact avec un travailleur social ou un autre professionnel ou la police ou encore directement la justice. En présence d'une victime mineure, le dévoilement doit être fait auprès du juge des enfants, qui est habilité à intervenir rapidement pour assurer une protection à la victime et proposer un soutien éducatif. La révélation d'un abus sexuel sur mineur peut entraîner un signalement des faits aux autorités judiciaires, le médecin n'est plus tenu au secret médical. Moins de 10% des abus sexuels sur mineurs sont signalés[519] et l'adolescente peut être mise à l'abri de représailles ou de pressions de la part de l'agresseur ou de la famille par une hospitalisation. Les démarches nécessaires à une poursuite judiciaire contre l'auteur devront être entreprises par le parquet.

L'inceste est un crime particulier, la plupart du temps l'établissement d'une preuve est impossible. En effet, les abus sexuels sont, compte tenu de l'âge des victimes, difficiles à découvrir et à prouver[520]. Ce qui explique le nombre important de dossiers laissés sans suite. En effet, le père ou l'ascendant auteur de l'inceste s'arrange toujours pour que les preuves n'existent pas. Dans la majorité des cas, l'auteur nie obstinément les faits. De plus, en cas de dénonciation des faits par la victime, les auteurs de l'acte incestueux, notamment le père, n'hésitent pas à faire pression sur la victime pour l'amener à modifier sa version des faits. Et la pression s'effectue sous différentes formes : menaces de coups, menaces de ne plus revoir sa famille. Cette pression

---

518 BIGOURDAN P., *Viol à domicile, la loi du silence*, op. cit., p. 156
519 DARVES-BORNOZ J-M., *Problématique féminine en psychiatrie*, op. cit., p. 128
520 NERAC-CROISIER R. (ss la dir. de), *Le mineur et le droit pénal*, éd. L'Harmattan 1997, p.8

s'exerce parfois indirectement par la mère ou par d'autres membres de la famille, qui informent la victime de toutes les conséquences possibles, c'est-à-dire la condamnation et l'incarcération de l'auteur. D'où l'intervention d'un tiers externe qui semble importante pour accompagner la victime. Il faut savoir que depuis longtemps, il n'y a pas eu de pénalisation des familles incestueuses, au motif que l'incarcération du père déstabiliserait la famille, par perte des ressources de la famille[521].

Certes, il est difficile de dénoncer ses parents, car affronter les puissants est un risque pour les mineures. C'est pourquoi le législateur a aménagé le délai de prescription de l'action. L'allongement de la durée de prescription facilite la poursuite des auteurs par les femmes victimes. La dénonciation tardive a peu d'incidence si la femme dispose de suffisamment de preuves. La loi du 17 juin 1998 relative à la prévention et à la répression des infractions sexuelles a reporté à la majorité de la victime le point de départ du délai de prescription pour certaines infractions commises contre les mineurs. Il s'agissait de prendre en compte la difficulté pour un enfant abusé de dénoncer l'infraction, notamment lorsqu'elle est commise par un membre de sa famille. Le délai de la prescription de l'action publique des crimes à caractère sexuel commis contre les mineurs est porté à vingt ans. Par conséquent, si le viol a été commis alors que la victime était mineure au moment des faits, la prescription se compte à partir de la majorité de celle-ci. De ce fait, en cas de crime de viol incestueux, la victime peut agir en justice jusqu'à l'âge de trente-huit ans. Ainsi, la petite-fille peut parfois attendre jusqu'à l'âge de trente huit ans pour dénoncer les faits de son grand-père, dans le but de protéger sa propre fille qui se fait violer.

3 / LES EFFETS DE LA DENONCIATION : LA POURSUITE

Il conviendrait de voir d'abord l'évolution de la notion d'inceste dans le code pénal (a) pour en finir avec les sanctions en la matière (b).

---

[521] GOVINDAMA Y., ROSENBLAT C., SANSON M., *Itinéraires des abuseurs sexuels*, éd. L'Harmattan 1999, p. 17

a / L'EVOLUTION DE LA NOTION D'INCESTE DANS LE CODE PENAL

Dans les lois de l'ancien droit français jusqu'à la Révolution, l'inceste était clairement désigné. Par contre, le code révolutionnaire n'incrimine plus ces actes. Ledit code a fait disparaître ce terme. Les aménagements successifs du code pénal sous le Directoire et le Consulat vont, d'une part, prendre en compte la notion d'attentat à la pudeur avec violences et, d'autre part, revenir à travers les circonstances aggravantes à la condamnation de l'inceste : le code pénal de 1810 prévoit, en cas de viol, une aggravation de la peine[522] qui est portée aux travaux forcés à la perpétuité, si le coupable est de la classe de ceux qui ont autorité sur la personne de la victime. Il faut attendre les révisions du code pénal de 1832 pour que l'attentat à la pudeur, commis même sans violences sur un mineur de moins de onze ans, soit puni d'une peine de réclusion. Dans la loi du 13 avril 1863, l'attentat à la pudeur sans violences est poursuivi, si l'enfant a moins de treize ans et surtout cette limite d'âge ne vaut plus si cet attentat a été commis par un ascendant. Ainsi, l'inceste est alors spécifiquement visé. L'inceste est reconnu comme un crime particulier qui justifie une attention et une rigueur spéciales. Dans l'inceste, il y a abus d'autorité et l'état de dépendance. Les éducateurs et toutes les personnes ayant autorité sur l'enfant mineure sont pris en compte pour la sanction.

Les variations des lois dépendent de la variabilité culturelle des approches. Ainsi, dans le code pénal de 1994, l'inceste n'est pas une catégorie juridique, mais le crime de viol est considéré comme aggravé si l'agresseur est un ascendant, légitime, naturel, adoptif[523]. L'inceste n'est inscrit ni dans le code civil ni dans le code pénal. Dans la législation française, le tabou de l'inceste n'est inscrit dans aucun texte. Le législateur intervient dans la lutte contre l'inceste de manière négative en interdisant certains liens de mariage et en imposant certains

---

[522] Article 333 du code pénal de 1810

[523] Article 222-24-4 du code pénal

droits et obligations aux parents. Cependant, le viol par ascendant ne punit pas explicitement l'inceste entre frère et sœur[524].

La liberté sexuelle de chacun est totale en droit français actuel. Celui-ci organise seulement la protection de la liberté et de l'intimité. Ce qui rend toutes les pratiques sexuelles licites à l'exception de certaines d'entre elles susceptibles d'entraîner des sanctions pénales notamment l'inceste.

b / LES SANCTIONS

La circonstance aggravante s'explique par le fait qu'en cas de viol incestueux, il y a une transgression des devoirs parentaux[525]. La loi du 12 décembre 2005 prévoit que lorsque le viol ou l'agression sexuelle est commis contre un mineur par une personne titulaire sur celui-ci de l'autorité parentale, la juridiction de jugement doit se prononcer sur le retrait total ou partiel de cette autorité[526]. De plus, le viol incestueux porte atteinte à la liberté sexuelle des filles. La tentative de justification de l'auteur de l'inceste est bien le plus souvent la séduction exercée par sa victime. C'est ainsi qu'un grand-père cherchant à justifier des atteintes sexuelles envers sa petite-fille a invoqué une attitude provocante de celle-ci, mais la cour d'appel de Pau a rappelé que, même s'il y avait provocation de l'enfant, le grand-père devait jouer son rôle d'aïeul donc d'éducateur envers ses petits-enfants et ne pas céder à une telle incitation[527]. Ainsi, en présence du viol incestueux, l'auteur risque vingt ans de réclusion criminelle. En cas d'agression sexuelle autre que viol, l'ascendant auteur encourt une peine de sept ans d'emprisonnement et de 100 000 euros d'amende[528]. La circonstance aggravante n'existe pas en cas d'inceste entre frère et sœur.

---

[524] GOVINDAMA Y., ROSENBLAT C., SANSON M., *Itinéraires des abuseurs sexuels*, op. cit., p. 21
[525] MAYER D., « La pudeur du droit face à l'inceste », *D.* 1988, chron. , p. 214
[526] Article 222-31-1 du code pénal
[527] NERAC-CROISIER R ; (ss la dir. de), *Le mineur et le droit pénal*, op. cit., p. 46
[528] Article 222-28-2° du code pénal

Les contacts à caractère sexuel sans pénétration sont considérés comme des agressions sexuelles aggravées. En matière de viol, les questions posées doivent donc porter non seulement sur l'existence de l'acte de pénétration, mais aussi sur les circonstances qui ont entouré sa commission, à savoir la violence, contrainte, surprise ou menace. En s'appuyant sur l'absence de violences caractérisées, le viol n'est plus jugé comme un crime. Il est souvent qualifié comme agression sexuelle par l'ascendant puisque le code pénal distingue le viol des autres agressions sexuelles par l'existence de pénétrations sexuelles. Par conséquent, lorsque les preuves sont insuffisantes, certains viols sont qualifiés en agressions sexuelles ou même en coups et blessures. Ainsi, les affaires sont jugées par le tribunal correctionnel et non par la cour d'assises. Ainsi, de nombreux cas de viol ont été condamnés en tant qu'agression sexuelle ou atteinte sexuelle[529]. Et la rigueur juridique aboutit parfois à la remise en liberté d'un père violeur[530]. Il faut savoir que le tribunal peut prononcer un non-lieu, si les témoins familiaux à charge se rétractent à l'audience[531]. Selon les auteurs, il existe un certain laxisme de la part de la justice. En effet, faute de preuves et incomplétude du dossier sont souvent les causes de non-condamnation de l'auteur des faits et la justice conclut alors au non lieu. Il faut tenir compte aussi du fait que la justice a tendance à protéger la structure familiale ; la condamnation du père pouvant briser totalement la famille[532].

Pour éviter toute récidive, l'auteur doit bénéficier d'un traitement adapté. L'interdiction du domicile et l'injonction de soins sont des mesures applicables à l'encontre des auteurs de violences commises sur les filles mineures qu'il s'agisse de leurs propres filles ou de celles de leur conjoint, concubin ou pacsé. Il est nécessaire d'imposer l'interdiction de rencontre d'un enfant de la famille sans la présence d'un adulte. Actuellement, les sujets auteurs d'inceste sont fréquemment condamnés à de lourdes peines. Il est important de pouvoir proposer des

---

529 ROSELYNE NERAC-CROISIER (ss la dir. de), *Le mineur et le droit pénal*, op. cit., p. 36

530 ROUJOU DE BOUBEE G., GARE T., GOZZI M-H., « Panorama de droit pénal », op. cit., p.1655

531 MORHAIN Y., MARTINEAU J.P., *Violences familiales*, éd. L'Harmattan 2003, p. 146

532 BIGOURDAN P., *Viol à domicile : la loi du silence*, op. cit., p. 40

dispositifs thérapeutiques adéquats à ces sujets. La plupart du temps, ces auteurs sont demandeurs de soins psychothérapiques[533].

L'intervention de la justice permet également de soigner la victime dont les traumatismes sont nombreux.

§2 / LES TRAUMATISMES DU VIOL INCESTUEUX

Il faut savoir que la gravité des conséquences dépend de certains facteurs, à savoir l'âge de la victime, le désaveu du traumatisme par la mère, la durée de l'exploitation sexuelle[534]. Toutefois, la femme victime présente de nombreux troubles, à la fois physiques et psychologiques (A). Il est également intéressant de comprendre les effets d'une sexualité traumatique sur l'avenir de la femme (B).

A / LES TROUBLES PHYSIQUES ET PSYCHOLOGIQUES CHEZ LA FEMME VICTIME

Il conviendrait de voir les caractéristiques du traumatisme du viol incestueux (1). Les traumatismes sont de plusieurs types (2). Les chercheurs établissent un lien entre l'inceste et les douleurs pelviennes (3).

1 / LES CARACTERISTIQUES DU TRAUMATISME DU VIOL INCESTUEUX

Ce type de crime consiste en des viols répétés par un unique agresseur. Ce dernier est un membre de la famille. La fille abusée sexuellement par un proche parent perd ses repères cognitifs et ses

---

[533] CIAVALDINI A., BALIER C., *Agressions sexuelles*, op. cit., p. 36
[534] GRUYER F., *La violence impensable*, op. cit., p. 21

réflexes d'autoprotection, ainsi la relation incestueuse se poursuit dans le temps. Ces viols se répètent sur au moins plusieurs mois, voire sur plusieurs années. La victime d'inceste est souvent muette. La justice ou le tiers médiateur pourra aider la victime à se réinsérer dans la communauté humaine. En effet, selon les recherches, l'exclusion sociale de telles victimes est une conséquence commune[535].

Le viol incestueux est un traumatisme précoce, répété et mal secouru. Selon les psychiatres, les victimes d'inceste cherchent à enfouir le viol dans l'oubli le plus profond en s'enfermant dans une honte et une culpabilité génératrices de traumatismes importants et souvent graves[536]. Dix à vingt ans après, la haine et la violence qui les habitaient dans leur enfance sont toujours aussi intactes, voire plus intensifiées qu'au moment des faits puisque l'enfant ne pouvait comprendre le sens profond de ce qu'il vivait, alors que la fille adulte peut comprendre beaucoup mieux les faits en toute conscience. De plus, l'ancienne victime peut réactualiser dix ans après, à l'occasion d'un moment assez triste, la symptomatologie du viol[537]. Ce type de crime semble être une condamnation à perpétuité. Il y a le sadisme, l'emprise, la domination et l'assujettissement.

De ce fait, la somatisation est fréquente chez les patientes victimes d'abus sexuels dans l'enfance[538]. Il faut savoir que le viol et l'inceste sont des événements traumatiques, qui ont des similarités et des différences. Ainsi, les victimes d'inceste, tout comme les victimes de viols, présentent de nombreux traumatismes.

2 / LA TYPOLOGIE DES TROUBLES

Le viol a des effets à court, moyen et à long terme. Il existe quatre types de troubles qui sont les suivants : les troubles de la corporéité (a), les troubles du comportement et de la conduite (b), les

---

[535] LOPEZ G., PORTELLI S., CLEMENT S., *Les droits des victimes*, op. cit., p. 244
[536] BIGOURDAN P., *Viol à domicile : la loi de silence*, op. cit., p. 101
[537] BESSOLES P., *Le meurtre du féminin : clinique du viol*, éd. Théétète 2000, p. 42
[538] DARVES-BORNOZ J-M., *Problématique féminine en psychiatrie*, op. cit., p. 48

troubles de l'efficience intellectuelle (c), les troubles psychopathologiques (d).

a / LES TROUBLES DE LA CORPOREITE

Ce sont les effets du viol sur le corps de la femme puisque le viol est un traumatisme engendrant des conséquences biologiques, physiologiques, neurologiques, anatomiques. En effet, dans le viol il y a une violence intime ; l'intimité est associée à la corporéité[539]. Par la violence, un individu est entré en force dans l'intimité d'une victime, dans l'espace le plus intérieur, le plus conscient de sa réalité physique humaine.

La violence de l'agression peut provoquer des déchirures vaginales, périnéales, anales, urétrales et de nombreuses autres altérations graves sur l'intégrité physique de la femme. Il existe également une défaillance biologique, endocrinienne, métabolique et hormonale suite au viol.

La perte de la maîtrise sphinctérienne anale n'est pas absente. Les épisodes infectieux de type vaginite ou cystite sont possibles[540]. Le risque de déchirure ou de fissure anale peut mettre en danger la vie de la femme. Le viol est à l'origine de l'altération de toute sensibilité et toute sensorialité du corps de la femme. Une prise de poids excessive sans conduites boulimiques n'est pas un cas à exclure. Le traumatisme du viol induit un dérèglement hormonal, de ce fait le risque d'aménorrhée est possible comme une réponse-sanction au viol pour la femme adulte. Dans le cas d'une jeune fille, elle n'aura pas ses règles ou les aura tardivement. L'altération de la sensorialité se manifeste souvent sur la sphère génitale et par conséquent la frigidité et l'anorgasmie sont fréquentes. La victime peut souffrir d'insupportables brûlures vaginales, voire utérines, sans lésions ou troubles apparents. Il existe également des

---

[539] DUGUET A.-M. (ss la coordination de), *Séminaire d'actualité de droit médical, le respect du corps humain pendant la vie et après la mort*, éd. Etudes hospitalières 2005, p.123

[540] BESSOLES P., *Le meurtre du féminin*, op. cit., p. 21

symptômes autres que gynécologiques chez les victimes d'abus sexuels, comme par exemple les troubles fonctionnels intestinaux, les douleurs abdominales, les troubles du transit tels que la constipation et la diarrhée, l'asthénie, les céphalées, les douleurs dorsales ou thoraciques. Les problèmes ophtalmologiques sont fréquents lorsqu'il existe un antécédent d'abus sexuels[541]. Les victimes d'abus sexuels ont très fréquemment un anisme[542].

Les dermatoses comme par exemple les prurits, les mycoses, le psoriasis sont fréquentes. La victime développera certains comportements obsessionnels, par exemple elle prendra plusieurs bains ou douches par jour pour se laver dans le but de se purifier ou changera fréquemment de sous-vêtements et utilisera parfums ou déodorants. De nombreux autres troubles, comme par exemple le trouble de la sexualité, certains nanismes, lombalgies rebelles, stérilités psychogènes, retards staturo-pondéraux sont possibles. Il convient de se rappeler que la précocité des premiers rapports sexuels est un facteur de risque du cancer du col de l'utérus[543].

b / LES TROUBLES DU COMPORTEMENT ET DE LA CONDUITE

La victime éprouve certains comportements manifestes comme par exemple la provocation, la séduction, ou le suicide. La victime peut présenter certains maux comme par exemple le mensonge, le vol, la fugue, l'absentéisme scolaire, l'usage des stupéfiants et le développement sexuel précoce pour une fillette, voire la prostitution. En effet, la fillette est prématurément éveillée à toutes les sensations, dans des situations tragiques qui sont à l'origine de troubles multiples. La fugue indique la désorientation de la victime. Cette dernière peut mettre constamment son corps en danger par des conduites addictives, délinquantes ou entrant dans des processus de revictimisation.

---

[541] DARVES-BORNOZ J-M., *Problématique féminine en psychiatrie*, op. cit., p. 49

[542] Contraction paradoxale du sphincter anal externe au moment des efforts de défécation

[543] DESFORTS J., *Violences et corps des femmes du tiers-monde*, op. cit., p. 156

c / LES TROUBLES DE L'EFFICIENCE INTELLECTUELLE

La perturbation de la performance globale de la victime a certains effets dans sa vie : échec scolaire, perturbation de la compétence par troubles de l'idéation ou de la mémorisation. En effet, la surcharge émotionnelle et traumatique a pour effet d'inhiber les processus cognitifs et perturbe tout le système commandant la pensée. Si la femme est très jeune, le mutisme est fréquent. En effet, le mutisme se définit comme l'absence de langage en dehors de circonstances organiques lésionnelles entravant la faculté du langage[544].

d / LES TROUBLES PSYCHOPATHOLOGIQUES

Il ne faut pas oublier que l'inceste génère des troubles nécessitant des soins psychiatriques aussi précoces que possible[545]. Les troubles mentaux sont surreprésentés chez les victimes d'inceste. Une enquête révèle que parmi les enfants et adolescents hospitalisés en psychiatrie 10 à 37% des filles auraient un passé incestueux[546]. Il existe certains traits psycho-comportementaux altérant la personnalité habituelle, comme par exemple la mauvaise estime de soi, les épisodes dissociatifs, la peur fréquente d'être abandonné, la fugue impulsive, la tentative de suicide, le trouble affectif de type dépressif, les colères induisant une violence. Les sentiments persistants de vide et de dévitalisation sont fréquents chez les victimes d'inceste. Ces victimes ayant été abusées par ceux en qui elles croyaient ou dont elles avaient besoin, il est possible de comprendre la plus grande fréquence des troubles comme le résultat d'un plus grand sentiment de trahison qui implique en particulier une rupture dans les liens d'attachement[547].

---

[544] DELFOUR M.-F., *Inceste et langage : l'agir hors de la loi*, éd. L'Harmattan 1999, p.131
[545] DARVES-BORNOZ J.-M., *Problématique féminine en psychiatrie*, op. cit., p. 5
[546] BIGOURDAN P., *Viol à domicile : la loi du silence*, op. cit., p. 21
[547] DARVES-BORNOZ J-M., *Problématique féminine en psychiatrie*, op. cit., p. 12

Les victimes n'expriment pas ouvertement leur détresse et le vécu dépressif profond. La dépression est parfois masquée sous des manifestations diverses, comme par exemple douleurs abdominales, troubles du sommeil, troubles des conduites alimentaires, anorexie et boulimie, indifférence inhabituelle, violence incompréhensible, accidents à répétition, tentatives de suicide[548]. Les femmes victimes d'inceste sont dépressives et présentent une fréquence plus élevée de tentatives de suicide. La victime peut être submergée de pensées et d'angoisses particulièrement invalidantes, ce qui pousse certaines victimes vers le suicide dans le but d'échapper à cette souffrance. Les recherches montrent que dans un échantillon de 158 femmes suicidantes, la moitié d'entre elles ont été abusées sexuellement dans le passé.

Les victimes peuvent souffrir de certaines phobies, comme par exemple la peur des grands espaces ou agoraphobie et claustrophobie ou peur des petits espaces. Elles peuvent souffrir de troubles obsessionnels et/ou de panique, d'anxiété généralisée, et enfin de psychose. Il est possible que la victime souffre de certaines pathologies névrotiques. La phobie de contact existe. De ce fait, la victime fuit une présence trop proche de son corps.

Le trouble dissociatif est fréquent. Cet état est un élément nécessaire à la survie au viol incestueux. En 1980, un trouble nouveau est apparu : le trouble de la personnalité multiple mis en place par les psychiatres américains, c'est-à-dire que des personnalités multiples étaient conçues comme des sujets indépendants élisant domicile dans l'inconscient de la patiente et capables de prendre le contrôle de celle-ci à n'importe quel moment. L'hypno-analyse de la victime abusée sexuellement dans l'enfance dont l'inceste a révélé l'existence du syndrome de personnalité multiple[549]. L'hypnose est une modification de l'état de conscience, difficile à décrire, intermédiaire entre la veille et le sommeil. Au cours de celle-ci s'observent des phénomènes corporels qui paraissent soustraits au contrôle de la volonté. Le sujet relate des

[548] CHANOIT P.F., VERBIZIER J. (ss la dir.de), *Les sévices sexuels sur les enfants*, op. cit., p. 56
[549] PARAT H., *Inceste*, op. cit., p. 29

souvenirs et des événements de sa vie passée qui paraissent avoir été jusqu'alors oubliés ou censurés[550].

La victime ayant eu pour habitude de se mettre sous hypnose, dans le but de maîtriser sa souffrance durant l'enfance, traduit un clivage de la personnalité. Cette tendance se poursuit en général durant de nombreuses années. Les sentiments de régression et de dédoublement sont fréquents. La victime peut se trouver envahie, sous l'emprise d'un revécu émotionnel effrayant, extrêmement pénible et déstructurant. De ce fait, elle peut se trouver aux prises avec une forme de dédoublement de la personnalité : étant en même temps elle-même adulte et aussi la fillette livrée à ses agresseurs. La victime peut ainsi se sentir dissociée et dédoublée. Il faut savoir que la dissociation opère une séparation entre le supportable et l'insupportable, qui est effacé. Elle filtre l'expérience vécue, créant ainsi un soulagement et une protection partielle contre la peur, la douleur ou l'impuissance. Les processus dissociatifs peuvent amener la personne à oublier le traumatisme ou, plus exactement, à oublier de se souvenir des événements personnels stressants ou bien même de son passé tout entier[551]. Certaines adolescentes, victimes du viol incestueux, peuvent se réfugier dans une attitude de régression notamment motrice[552] : la victime peut être atteinte de clinophilie[553].

3 / LE LIEN ENTRE L'INCESTE ET LES DOULEURS PELVIENNES SANS LESIONS APPARENTES

Pour les médecins, les douleurs pelviennes chroniques soulèvent des problèmes difficiles à résoudre car leur physiopathologie est souvent méconnue. Les médecins constatent souvent une discordance entre les plaintes de la patiente et l'importance des lésions tissulaires. En effet, les résultats de plusieurs études suggèrent qu'environ un tiers des femmes

---

[550] ALBERNHE T. (ss la dir. de), *Criminologie et psychiatrie*, op. cit., p. 649

[551] HIRIGOYEN M.-F., *Femmes sous emprise*, op. cit., p. 112

[552] CONDAMIN-POUVELLE C., « Traumatisme incestueux, mort psychique et dissociation mentale », *Le journal des psychologues*, N° 207, mai 2003, p. 41

[553] La personne atteinte de clinophilie peut passer des jours entiers à se masturber dans son lit, absorbée par une vie fantasmatique intense.

souffrant de douleurs pelviennes chroniques ont un examen cœlioscopique[554] normal.

Pour trouver la cause du problème, plusieurs études se sont intéressées au profil psychologique des patientes souffrant de douleurs pelviennes chroniques. Les observations sont les suivantes : elles souffrent de problèmes sexuels, de dépression, de somatisation, et présentent une consommation médicamenteuse plus importante, comparées à un groupe contrôle de patientes n'ayant pas de douleurs. Ces patientes souffrant de douleurs pelviennes chroniques rapportent fréquemment des antécédents d'agressions sexuelles ou physiques. Pour mieux éclairer la situation, les chercheurs ont posé la question d'un éventuel antécédent d'agressions sexuelle à vingt-cinq patientes consultant en gynécologie pour douleurs pelviennes chroniques. Ces résultats ont été comparés à ceux recueillis auprès de trente patientes consultant pour stérilité ou ligature de trompes. La fréquence des agressions sexuelles au cours de l'enfance ou à l'âge adulte était environ trois à quatre fois supérieure chez les patientes consultant pour douleurs pelviennes comparées aux autres[555]. Les résultats des recherches permettent de conclure qu'il existe une importante prévalence d'agressions physiques et sexuelles chez les femmes ayant des douleurs chroniques, et cela indépendamment de la localisation de ces douleurs. Ce résultat aurait pu expliquer l'association entre douleurs pelviennes chroniques et agressions sexuelles ou physiques. Les patientes consultant pour douleurs pelviennes chroniques ont été victime d'agressions sexuelles graves avec pénétration. L'association entre abus sexuels et douleurs pelviennes est particulièrement fréquente chez les patientes présentant une douleur pelvienne chronique sans pathologie organique évidente.

Il existe une importante corrélation entre la somatisation et les antécédents d'agressions sexuelles dans le groupe de patientes ayant des douleurs pelviennes sans lésions. Les effets psychologiques associés à l'abus sont responsables du développement de symptômes ou bien de difficultés à supporter et à faire face à l'apparition de nouveaux symptômes. Par exemple, la victime d'un abus sexuel peut tenter

---

554 Examen de la cavité abdominale par endoscopie
555 DARVES-BORNOZ J-M., *Problématique féminine en psychiatrie*, op. cit., p. 47

d'expier son passé et de traduire son sentiment erroné de culpabilité face à cette agression par la douleur ressentie. La localisation pelvienne serait directement liée à la nature sexuelle de l'abus. De plus, les douleurs pelviennes peuvent également s'intégrer dans une conduite d'évitement de toute relation sexuelle, compte tenu de la dyspareunie[556] fréquemment observée chez les patientes victimes d'abus sexuels. Le stress peut modifier le seuil de sensibilité viscérale à la douleur. Une diminution de ce seuil aurait pu expliquer les douleurs pelviennes.

Le médecin doit penser à un antécédent d'agression sexuelle lorsque le patient souffre de douleurs chroniques, non organiques, est très consommateur d'actes médicaux et poursuit les consultations en dépit d'une amélioration symptomatique[557]. La connaissance d'un antécédent d'abus sexuel pour établir le lien entre cet antécédent et les symptômes présentés par le patient semble être indispensable pour la prise en charge efficace des patientes. Par conséquent, le médecin doit transférer le patient chez un psychiatre ou un psychologue compétent. Ce procédé n'est pas toujours facilement utilisable par les médecins. En effet, le médecin se heurte au refus du patient. Il existe trois raisons de ce refus : elles se sentent abandonnées, la crainte de ne pas être crues par leur médecin et les patientes ont tendance à assimiler la proposition de psychothérapie à une incrédulité de la part du médecin qui leur paraît demander une vérification à un collègue spécialisé de l'authenticité de ce qu'elles disent. Il existe souvent un refus par les patientes du lien entre leurs symptômes et l'abus sexuel, ou bien pour éviter la souffrance que va provoquer la réémergence de l'abus sexuel[558]. L'acceptation d'une psychothérapie après la révélation de l'abus sexuel demande souvent beaucoup de temps, du fait des hésitations ou refus des patientes.

---

[556] Douleurs au moment du rapport sexuel chez la femme sans qu'il existe une contracture de la vulve. Cette douleur peut être permanente ou intermittente
[557] DARVES-BORNOZ J.-M., *Problématique féminine en psychiatrie*, op. cit., p. 49
[558]Ibid., p. 50

B / LES EFFETS D'UNE SEXUALITE TRAUMATIQUE SUR L'AVENIR DE LA FEMME

Les troubles psychiques jouent un rôle pervers sur la sexualité des femmes victimes (1) et posent de nombreux effets sur le comportement sexuel de la femme victime, notamment le risque de prostitution (2).

1 / LES EFFETS DES TROUBLES PSYCHIQUES SUR LA SEXUALITE DE LA FEMME VICTIME

Le viol incestueux a des conséquences dans le domaine de la vie affective et sexuelle. La plupart des troubles mentaux et des psychotropes affectent négativement la sexualité. La dépression est le trouble mental le plus souvent accompagné d'une baisse ou d'un arrêt de l'activité sexuelle. L'activité sexuelle est diminuée au même titre que l'appétit, surtout en présence d'une dépression sévère. Le trouble sexuel lié de façon initiale à la dépression est une baisse du désir qui peut avoir comme conséquences des troubles de l'excitation sexuelle[559]. Les psychotropes peuvent avoir des effets secondaires dans la sphère sexuelle notamment les neuroleptiques et antidépresseurs qui ont comme effets secondaires la réduction du désir et des troubles de l'orgasme. Les traumatismes sexuels, en particulier de l'enfance, prédisposent spécifiquement à la survenue de troubles sexuels durables. Il faut savoir que ces dysfonctionnements sexuels sont le plus souvent dus à des flash-backs et à des reviviscences du traumatisme pendant les relations sexuelles. De plus, par suite d'une vie sexuelle commune, les membres d'une famille sont en permanence solidaires et deviennent incapables de se lier à des étrangers. Il faut remarquer que l'inceste est un fait antisocial.

Un abus sexuel dans l'enfance est un facteur de rapports sexuels consentis précoces et est aussi un facteur de risque de grossesse précoce.

---

[559] DARVES-BORNOZ J.-M., *Problématique féminine en psychiatrie*, op. cit., p. 66

Les explications sont les suivantes : les victimes peuvent avoir une impulsivité avec prise de risques éventuellement dans le domaine de la sexualité. Un antécédent d'abus sexuel entraîne parfois des comportements à risque et le développement de troubles de la personnalité augmentant ainsi le risque de grossesse non planifiée par exemple, premiers rapports précoces, défaut d'utilisation de contraception, prostitution, prise d'alcool ou de drogues. De plus, ces jeunes femmes agressées auraient un plus grand désir de maternité et plus de préoccupations concernant la fertilité. Ces jeunes filles ont un immense besoin d'affection du fait des sentiments d'abandon qu'elles ressentent. La grossesse peut aussi être le résultat direct d'une agression sexuelle. Les adolescentes victimes d'abus sexuels donnent naissance à des enfants plus prématurés et de poids inférieur que les adolescentes non abusées[560]. De plus, certaines études montrent que chez les adolescentes victimes d'inceste, la fréquence des grossesses est beaucoup plus importante que dans la population adolescente générale, à protection contraceptive équivalente. La naissance d'un enfant de l'inceste nécessite une surveillance et une aide psychothérapique particulière : il existe fréquemment une altération précoce du lien mère-enfant et cet enfant peut être maltraité. Il est important de penser à l'éventualité d'une relation incestueuse restée jusque-là secrète[561], face à des troubles précoces et importants d'une relation mère-enfant. Il est reconnu que les filles abusées sexuellement développent des traits d'allure masochique. Et elles répètent le traumatisme qu'elles ont subi : maltraitance des enfants, comportements sociaux déviants, risques liés à des amis plus âgés.

2 / LE LIEN ENTRE L'INCESTE ET LA PROSTITUTION

Selon les chercheurs, l'origine sociale, la sexualité précoce et l'échec scolaire favorisent la prostitution. L'apprentissage de la prostitution est précoce et est souvent lié à l'expérience du viol avant

[560] DARVES-BORNOZ J.-M., *Problématique féminine en psychiatrie*, op. cit., p. 127
[561] Ibid., p. 128

quinze ans. Le choix de la déviance est en fonction de l'histoire du sujet. En effet, par la traumatophilie, le sujet à la suite de son traumatisme a tendance à répéter son exposition à des traumatismes de toutes natures, ce qui est l'expression d'un masochisme[562].

La manipulation sexuelle du corps par les proches parents est un acte qui nie la fillette en tant qu'être de désir. Ce qui entraîne une désaffection sensorielle, la « réduit au jeu des orifices corporels en ignorant que la sexualité est affaire du désir [563]». Il y a une chosification du corps de la femme avant l'âge de la maturité. Le corps n'est plus un objet de soins et d'attention parentale, mais la chose d'un parent qui en jouit. Dans cette situation, le corps devient pour la victime une chose à usage sexuel donc mène à la prostitution. Dégoût du corps vécu comme seul moyen d'être reconnu par l'autre, haine des hommes, besoin de vengeance agissent comme des moteurs inconscients. C'est une forme de suicide dans laquelle la femme cherche à se détruire physiquement. Dans certains cas, la volonté de se prostituer apparaît comme une forme d'opposition à sa famille, une expression de colère et de révolte. En Bolivie, 79% de fillettes prostituées révèlent qu'elles ont fui leur famille pour avoir été violées par un proche parent [564]. De plus, les enquêtes faites en France sur la prostitution des XIXe et XXe siècles ont également mis en lumière l'existence d'un lien entre l'inceste et la prostitution. En France, les personnes prostituées originaires du pays présentent 80 à 95 % d'antécédents de violences sexuelles dans l'enfance[565]. Il est possible également de constater une hyperactivité sexuelle dans laquelle les victimes se lancent sans discernement, leur sentiment de dévalorisation personnelle les rendant incapables de choisir un partenaire et de se fixer.

Il faut savoir que la personnalité des prostituées se caractérise par une perversion des intérêts, des motivations comportementales mercantiles, un faible estime de soi et un médiocre parcours scolaire.

---

[562] CIAVALDINI A., BALIER C., *Agressions sexuelles*, op. cit., p. 18

[563] MORHAIN Y. et MARTINEAU J. P., *Violences familiales*, éd. L'Harmattan 2003, p. 145

[564] DAYRAS M., *Femmes et violences dans le monde*, op. cit., p. 28

[565] POULIN RICHARD, *La mondialisation des industries du sexe*, éd. Imago 2005, p. 100

Elles présentent aussi des comportements déviants tels que fugues, alcoolisme, toxicomanie et tentatives de suicide[566]. Leur vie sexuelle débute vers l'âge de onze ans, souvent après un viol, spécifiquement après un viol incestueux. En effet, les femmes cherchent à gérer certaines émotions en entrant dans la prostitution. A ce titre, la prostitution a des effets bénéfiques sur les femmes victimes d'inceste. Certaines femmes en travaillant comme prostituée et en gagnant beaucoup d'argent de façon agressive sont parvenues à évacuer le traumatisme de l'inceste[567]. Les femmes tentent de gérer le traumatisme de l'inceste en faisant payer les hommes pour le sexe, puisque dans le passé, elles ont été contraintes de satisfaire gratuitement les désirs de leur père, frère ou oncle. Il faut remarquer que la femme victime du viol incestueux souffre souvent d'une impossibilité à accéder à la jouissance sexuelle. Ce qui favorise la recherche de partenaires multiples. Selon les chercheurs, si la prostituée est comblée au niveau physique, sexuel, et au niveau affectif, elle ne peut plus continuer à se prostituer. La répétition témoigne ici du manque[568].

Dans la sphère familiale, la femme n'est pas exclusivement victime du viol incestueux. En effet, dans le cadre des relations conjugales, elle peut faire face au viol par son partenaire.

---

[566] RAMBERG I., *La violence à l'égard des jeunes femmes en Europe*, op. cit., p. 68
[567]Ibid., p. 79
[568] ALBERNHE T.(ss la dir. de), *Criminologie et psychiatrie*, op. cit., p. 243

CHAPITRE II / LE VIOL PAR LE PARTENAIRE

Dans le cadre des violences conjugales, les violences physiques ne sont jamais isolées. Il existe souvent des rapports sexuels forcés. La violence sexuelle est une violation de l'intégrité corporelle et une violation de la liberté, quel que soit l'endroit où elle a lieu. La violence sexuelle peut aller du harcèlement sexuel au viol conjugal. Le viol conjugal présente une spécificité principale, c'est qu'il s'exerce dans le cadre d'une vie privée et dans l'intimité des relations. Le conjoint peut obliger sa femme à avoir des activités sexuelles dangereuses, dégradantes et à des mises en scène déplaisantes. Le plus souvent, il s'agit simplement d'obliger la femme à une relation sexuelle non désirée. Le conjoint peut ainsi imposer une grossesse à la femme qui ne la désire pas.

Les violences sexuelles au sein du couple peuvent être à l'origine de nombreux problèmes de santé[569], de traumatismes pelviens ou de maladies sexuellement transmissibles. Selon une étude récente portant sur les femmes victimes de violence dans leur couple, ayant fait l'objet d'une décision de justice, 68% des victimes interrogées ont subi en plus des violences physiques des violences sexuelles conjugales. Et les femmes agressées sexuellement présentaient significativement plus de symptômes psychologiques post-traumatiques que celles qui n'avaient subi qu'une violence physique sans composante sexuelle[570]. En effet, les humiliations de nature sexuelle entraînent chez la victime un sentiment de honte. La honte provoque un obstacle pour en parler et pour se faire aider. De ce fait, la souffrance de la femme est souvent invisible, sauf exception. Ce qui favorise le secret et le silence. Il ne faut pas oublier que c'est le secret qui structure et organise la vie privée d'un individu, en particulier de la femme.

Certes, le viol conjugal pose un problème assez grave puisque cette infraction porte atteinte au corps de la femme. Longtemps, la société ne prenait pas en compte la situation des femmes victimes du viol conjugal. La reconnaissance du viol conjugal a été très progressive

---

[569] Supra, Partie I, Titre II, Chapitre I, Section II, §2-A- 2
[570] HIRIGOYEN M.-F., *Femmes sous emprise*, op. cit., p. 53

suite aux révoltes des féministes et nous verrons d'abord l'évolution de la situation des femmes victimes du viol conjugal (Section I). Dans le but de protéger le corps de la femme de toutes atteintes à l'intégrité physique, le législateur est intervenu à plusieurs reprises depuis la moitié du vingtième siècle jusqu'à nos jours. L'intervention la plus marquante est dans le domaine de la répression du viol conjugal (Section II).

SECTION I / L'EVOLUTION DE LA SITUATION DES FEMMES VICTIMES DE VIOL CONJUGAL

Le mariage jusqu'à une époque récente ne permettait pas la liberté des femmes. Elles avaient un statut inférieur dans la société et de ce fait, elles étaient considérées comme des êtres inférieurs. Cette situation avait des incidences dans le cadre du mariage. Le mari exerçait un pouvoir important sur le corps de la femme. Le mari se servait librement du corps de la femme. Pour le partenaire, le fait d'entretenir des rapports sexuels était et continue d'être un devoir légal. La société acceptait jusqu'à il y a quelques années l'exécution forcée de ce devoir. En effet, la jurisprudence n'admettait pas la notion de viol conjugal. Pourtant, le viol conjugal porte gravement atteinte au corps de la femme.

Le viol conjugal est fréquent et il est le plus occulté des autres atteintes à l'intégrité physique de la femme. Elles le subissent dans le plus grand secret. Les femmes avaient découvert le viol conjugal des années plus tard. En effet, pour identifier le viol conjugal, elles sont attendues pour pouvoir identifier leur propre désir sexuel[571]. Dans la société, la question des violences de nature sexuelle au sein d'un couple, en particulier du viol entre époux, a donné lieu à des interrogations et à des évolutions jurisprudentielles. De plus, le mariage traditionnel marquait l'union de deux familles. Cette situation a changé progressivement et aujourd'hui le mariage officialise une relation amoureuse de libre choix et se distingue de la procréation. De plus, il existe diverses formes d'union, à savoir le concubinage, l'union libre ou le pacte civil de solidarité.

Grâce à l'évolution des mentalités, le viol au sein du couple n'est plus considéré comme une fatalité de la condition féminine, mais comme une atteinte au droit de disposer de son corps. Ce qui marque l'évolution du statut du corps de la femme mariée (§2). La loi du 23 décembre 1980[572] a modifié les éléments de l'incrimination du crime de viol, en étendant son champ d'application par le jeu de la définition nouvelle.

---

[571] WELZERLANG D., *Les hommes violents*, op. cit., p. 58

[572] La loi n° 80-1041 du 23 décembre 1980 relative à la répression du viol et de certains attentats aux mœurs

Ladite loi a institué une incrimination plus large que celle qui résultait de la loi ancienne. Cette loi a transformé la vie des femmes mariées. En effet, la situation des épouses victimes de viol conjugal avant cette loi n'était pas identique (§1).

§1 / LA SITUATION DES EPOUSES VICTIMES AVANT LA LOI DE 1980

Il faut savoir qu'avant 1980, le viol entre époux était inexistant. La femme mariée était soumise au devoir conjugal (A), elle avait un statut inférieur. La loi ne permettait pas un statut autonome pour la femme mariée (B).

A / LE DEVOIR CONJUGAL

Pour le droit, le mariage est une affaire d'ordre public, une question de discipline sociale. La notion de devoir conjugal (1) imposée à la femme mariée par le droit et la jurisprudence (2) permettait de préserver l'unité familiale.

1 / LA NOTION DE DEVOIR CONJUGAL

Une relation sexuelle imposée à une femme mariée est souvent passée sous silence parce qu'elle fait partie du « devoir conjugal », considéré encore aujourd'hui comme un droit pour l'homme et une obligation pour la femme. Dans de nombreux pays, le statut inférieur de la femme perdure. C'est ainsi qu'en Egypte, un mari ne commet pas le viol s'il contraint sa femme, parce que la femme est obligée légalement, en vertu du contrat de mariage, d'obéir à son mari. La femme peut refuser les relations avec le mari seulement pour une raison légale. Le mariage en droit musulman classique est défini comme le contrat qui permet aux deux contractants de jouir licitement l'un de l'autre. Par conséquent, les relations sexuelles font partie du devoir conjugal et la femme n'a aucun droit de se refuser à la demande de son mari. Ce dernier a le droit d'user de son droit de la châtier pour parvenir à ses fins[573]. Il est du devoir de la femme de rechercher la satisfaction de son mari, d'éviter sa colère et de ne pas se refuser à lui lorsqu'il la désire. Le devoir conjugal était selon l'Eglise l'un des services qu'un homme attendait du mariage[574]. Le code civil énonçait que « le mari doit protection à sa femme ; la femme doit obéissance à son mari »[575]. Par conséquent, la femme était soumise au devoir conjugal dans le cadre du mariage. Le mariage octroyait des droits sexuels entre conjoints.

Il faut noter qu'en France la définition du viol avant 1980 ne permettait pas une incrimination plus large. Pour que le crime de viol soit constitué, le coït devait être illicite. Mais, entre un homme et une femme unis par le mariage, il ne pouvait pas y avoir de viol parce que l'acte sexuel était l'un des devoirs des époux[576]. C'est ainsi que Maurice Garçon, juriste célèbre, définissait le viol comme « un coït illicite avec une femme qu'on sait ne point consentir ». Cette définition énonce les éléments constitutifs du viol. De cette définition, certains éléments principaux peuvent être dégagés : le viol nécessite l'existence d'un coït, c'est-à-dire d'une pénétration de l'organe génital masculin dans l'organe génital féminin. Selon ce principe, le violeur devait donc être forcément un homme et *le violé* une femme. Le viol devait être illicite. Et il ne pouvait donc pas exister un lien matrimonial entre le violeur et la violée. En conséquence, dans le cadre du mariage, l'existence du devoir conjugal ne permettait pas le viol.

2 / LA JURISPRUDENCE EN MATIERE DE DEVOIR CONJUGAL

La jurisprudence du XIXe siècle et même du début de XXe estimait que le mari était en droit d'imposer de force, l'exécution des devoirs du mariage. La jurisprudence a été très claire dans ce domaine pour prononcer qu'il ne pouvait pas y avoir de viol entre époux, du fait

---

573 ALDEEP ABU-SAHLIEH S.A., « L'éthique sexuelle en droit musulman et arabe. Cas de l'Egypte, passé, présent et avenir », *Rev.sc.crim.* N° 1, 1999, p.57

574 BAUDIER M., « De l'amour à l'enfer domestique », op. cit., p. 125

575 Article 213 du code civil napoléonien

576 IACUB M., *Le crime était presque sexuel*, éd. Flammarion 2003, p. 70

de l'existence du devoir conjugal. Selon la jurisprudence, les liens du mariage entraînaient une présomption de consentement des époux en matière de relations sexuelles. En cas d'acte avec des coups et blessures sur le corps de la femme, l'infraction donnait lieu à une qualification d'attentat à la pudeur avec violences, si l'époux avait cherché à assouvir ses plaisirs autrement que par le coït vaginal. En effet, l'inexistence d'une agression sexuelle entre époux était liée au fait que le devoir conjugal ne devait concerner que le coït vaginal. Certains arrêts célèbres démontrent bien l'impossibilité du viol entre époux[577]. Dans une affaire de 1887, la cour d'Alger avait jugé une affaire dans laquelle un jeune homme ne pouvait pas arriver à consommer son mariage du fait d'un vice de conformation génitale de sa jeune épouse ; de ce fait, il l'avait attachée aux poutres de la toiture pour lui maintenir les jambes écartées, il lui avait introduit un cylindre en bois taillé en pointe, puis avait essayé, à l'aide de ce bâton, de lui élargir les voies vulvo-utérines. Dans cette affaire, le mari a été jugé coupable de blessures volontaires. En effet, les juges ont considéré qu'il n'y avait pas d'outrages illicites contraires aux fins du mariage. Il faut remarquer que le législateur de cette époque n'a jamais expressément exclu le viol entre époux et permettait *à priori* sa répression. Mais, dans les affaires de viol entre époux, l'hostilité des magistrats existait sans doute en affirmant parfois « qu'entre mari et femme, il ne peut être question dans les rapports de leur vie intime de manquements aux lois de la pudeur »[578].

Une autre affaire intéressante est un arrêt de la Cour de cassation en date de 1910. En l'espèce, un homme marié avait eu des rapports sexuels avec violences avec sa femme en présence de leurs enfants et de son frère. Ce dernier l'aida en écartant les jambes de sa belle-sœur. La Cour de cassation statua que « l'acte du prévenu ne saurait être qualifié de viol, ce crime se caractérisant par une conjonction illicite, que, envisagé en lui-même et en faisant abstraction de toute circonstance extrinsèque, il ne pourrait non plus constituer un attentat à la pudeur avec violences. En effet, la pudeur de la femme mariée ne saurait être offensée par un acte qui est des fins légitimes du mariage. Mais, dans les circonstances où il aurait été accompli, en présence du frère du mari et des enfants des époux, il était de nature à porter une grave atteinte à la

---

[577]IACUB M., *Le crime était presque sexuel*, op. cit., p. 43

[578] Cour d'Alger, 28 avril 1887, Journal de robe, t. 37, 1895, p. 398 ; S. 1889, 2, p. 114

pudeur de la victime[579] ». Le viol entre époux était donc impossible. Pour les magistrats, le fait pour un mari d'imposer une relation charnelle par la violence ne peut être qualifié ni de viol ni d'attentat à la pudeur car l'acte en question était une des fins légitimes du mariage. De ce fait, la conjonction obtenue en faisant usage de la violence est licite.

Toutefois, les juges ont affirmé dans un arrêt que le mari a imposé à sa femme des relations intimes « contre nature, des pratiques honteuses aussi compromettantes pour la santé de la jeune femme que pernicieuses au moral, des caresses libidineuses et des attouchements qu'aucune honnête femme ne saurait supporter »[580]. Parfois, les magistrats parlent de rapports incomplets, de sodomie, de masturbation, de fellation, de même qu'ils condamnent le mari ou la femme qui impose à son conjoint des rapports sexuels avec moyens contraceptifs. Mais, entre les mains des époux, la souffrance des femmes était énorme, le devoir conjugal permettait au mari de disposer librement du corps de sa femme. Cette dernière n'avait aucune autonomie dans la société et en particulier dans le cadre du mariage.

B / L' IMPOSSIBILITE D'UN STATUT AUTONOME POUR LA FEMME MARIEE

Le mariage est une annonce publique d'une alliance entre un homme et une femme. Le critère sexuel plaçait la femme dans la dépendance de son conjoint. Le Code Napoléon était la confirmation officielle du statut inférieur de la femme. Le mariage a longtemps conféré un statut de mineur aux épouses. En effet, le code civil napoléonien de 1804 consacrait l'incapacité juridique de la femme mariée, la confinant dans un statut de dépendance de mineure. Le Code Napoléon a privé les femmes de tout droit en faisant d'elles la propriété de leur mari. En échange, le mari devait apporter sécurité et protection. C'est ainsi qu'un article du code civil énonçait que « le mari doit protection à son épouse qui en contrepartie lui promet obéissance[581] ».

---

[579] Crim., 19 mars 1910, *Bull. crim.*, n° 153

[580] Douai, 1er juillet 1913, Gaz. Pal. 1913, II, 428

[581] Article 213 de l'ancien code civil

Le code civil avait clairement prévu par cet article l'impossibilité d'un statut autonome pour la femme mariée. Par conséquent, elle n'était pas libre de disposer librement de son corps. Toute atteinte à l'intégrité physique était permise. L'épouse violée pouvait être condamnée parce qu'elle se refusait à un service sexuel que la plupart des définitions du mariage garantissaient au mari. Le droit du mari à disposer du corps de sa femme à des fins disciplinaires ou sexuelles concorde avec la définition du mariage. Dans de nombreuses sociétés, les femmes mariées sont subsumées sous la personne juridique du mari. Dans toutes les civilisations, le viol était un acte naturel de violence masculine, une exigence de l'homme sur la femme privée de la libre disposition de sa personne[582], particulièrement dans le cadre du mariage. De ce fait, la plainte qu'elle déposait pour les atteintes de nature sexuelle sur son corps pouvait être frappée d'invalidité dans un système juridique qui refusait à admettre que les rapports conjugaux puissent donner lieu à un viol[583]. Les femmes sont souvent renvoyées dans le lieu du viol dans le but de protéger l'unité familiale. Le viol et l'attentat à la pudeur étaient considérés par le code pénal comme un crime contre l'ordre des familles et la moralité publique, et non comme une atteinte à l'intégrité physique de la femme, du fait de l'inexistence d'un statut juridique autonome pour la personne de la femme mariée. Dans ce contexte, il était impossible de qualifier le viol entre époux. Les épouses étaient considérées comme une propriété familiale dépourvue de statut autonome.

Il faut savoir que même aujourd'hui, dans certains Etats, la femme est purement et simplement considérée comme la propriété de son mari et demeure mineure à vie[584]. En Afrique du Sud, le futur époux achète le corps de son épouse. Le corps de la femme a un prix dans le cadre du mariage. C'est un objet d'appropriation. Le libre choix du conjoint est interdit par la coutume aux femmes, puisque la femme n'a aucun statut. En cas de veuvage, la femme appartient à la famille de son époux décédé et un proche peut automatiquement devenir son nouvel

[582] BORDEAUX M., HAZO B., LORVELLEC S., *Qualifié viol*, éd. MERIDIENS KLINCKSIECK 1990, p. 15
[583] RAO A., « Droits de l'homme et vie privée : perspectives théoriques féministes sur les conventions internationales traitant des droits de l'homme », *P.F.* N° 3, 1994, p.31
[584] LANG J., *Enquête sur la situation des femmes dans le monde*, op. cit., p.7

époux. Certaines coutumes et la loi islamique confient aux familles des époux le soin de choisir un nouveau conjoint pour la veuve[585].

Dans les pays développés comme la France, l'émancipation en droit a été progressive. Ce n'est qu'en 1938 que l'incapacité juridique des femmes a été supprimée. Depuis 1965, les femmes ont obtenu le droit d'ouvrir un compte en banque et peuvent exercer une profession sans l'autorisation de leur mari. L'indépendance économique a permis une évolution progressive du statut juridique des femmes.

§2 / L'EVOLUTION DU STATUT DU CORPS DE LA FEMME MARIEE

Les féministes ont engagé un véritable combat contre le viol, demandant des outils plus répressifs et efficaces. En Allemagne, depuis 1997, le viol entre époux est reconnu. La loi française du 23 décembre 1980 définit le viol comme « tout acte de pénétration sexuelle de quelque nature qu'il soit, commis sur la personne d'autrui, par violence, contrainte, menace ou surprise ». Cette nouvelle loi supprime la notion de coït illicite, ce qui permet de reconnaître le viol conjugal. Il faut noter que la femme a acquis un véritable statut juridique qui n'a cessé d'évoluer du vingtième siècle jusqu'à nos jours. L'émancipation économique des femmes a joué un rôle pour faire avancer la situation des femmes.

Désormais, la femme mariée a le droit de disposer librement de son corps (A), l'exercice de ce droit nécessitant le consentement avant tout acte sexuel, même dans le cadre des relations conjugales (B).

[585] LANG J., *Enquête sur la situation des femmes dans le monde*, op. cit., p.19

A / LA LIBERTE DE DISPOSER DE SON CORPS DANS LE CADRE DU MARIAGE

Il faut savoir que le droit de disposer librement de son corps est un droit permanent (1) et que le mariage ne doit pas porter obstacle à l'exercice de ce droit. En conséquence, la jurisprudence change sa position avec l'entrée en vigueur de la loi du 23 décembre 1980, en acceptant le viol entre époux (2).

1 / UN DROIT PERMANENT DE LA FEMME

Le droit des femmes de disposer librement de leur corps sépare la femme de sa famille en introduisant la notion de sujet libre et égal à l'homme. Ce droit a permis la reconnaissance du viol en tant que crime contre l'intégrité de la personne et non contre l'ordre des familles. Ce qui a permis de poursuivre toutes les formes de viol, y compris le viol dans les liens du mariage. La liberté de disposer de son corps par la femme a permis de construire une égalité des sexes au sein du couple marié. Par l'effet de la loi du 23 décembre 1985 réformant les régimes matrimoniaux, les époux sont devenus véritablement égaux au regard de la loi. Le droit des relations tant personnelles que pécuniaires entre les époux devient totalement identique pour les deux membres du couple. L'image de la femme objet de propriété dans le cadre du mariage est disparue et elle est actuellement considérée comme un sujet adulte ayant tous les droits.

Dans ce contexte, il est actuellement impossible d'imposer des relations sexuelles en invoquant le devoir conjugal aux femmes mariées. En se mariant, la femme n'abandonne pas sa personne physique et sa liberté au profit de son conjoint. Le viol de la femme dans le cadre des relations conjugales est sévèrement réprimé puisqu'il porte atteinte à une certaine valeur protégée par les lois actuelles, à savoir la liberté sexuelle de la femme. La femme est libre d'entretenir ou de ne pas entretenir des rapports sexuels même avec son mari, parce qu'elle est libre de disposer de son corps même dans le cadre du mariage. L'égalité des droits au sein du couple ne permet aucune discrimination sous prétexte de devoir conjugal. De plus, le mouvement législatif égalitaire a été accompagné par des évolutions jurisprudentielles parallèles.

2 / L'ACCEPTATION DE VIOL PAR LA JURISPRUDENCE

La chambre criminelle dans plusieurs arrêts de même que la Cour européenne des droits de l'homme ont jugé que le fait pour un mari d'imposer des relations sexuelles à son épouse par violence ou contrainte est constitutif du crime de viol et passible à ce titre de la cour d'assises. Il est clairement établi par la jurisprudence de la chambre criminelle de la Cour de cassation qu'il peut y avoir un viol entre époux.

Avant même l'entrée en vigueur de la loi du 23 décembre 1980, la chambre d'accusation avait envoyé une affaire devant la cour d'assises sous l'accusation de viol. En l'espèce, un mari s'est emparé avec l'aide d'un tiers de la personne de son épouse, l'a entraînée dans un lieu désert où après l'avoir déshabillée de force, giflée et lui avoir lacéré profondément les chairs au coupe-moquette, il lui a imposé des rapports sexuels complets tandis qu'elle était maintenue à terre par le tiers complice[586]. Depuis, la jurisprudence a reconnu de manière prudente le viol entre époux. C'est ainsi que le premier arrêt du 5 septembre 1990 posait les bases d'une évolution de la réflexion judiciaire aux termes de laquelle le lien conjugal n'empêchait aucunement la qualification de viol. En l'espèce, le prévenu, après avoir exercé diverses violences sur la personne de son épouse, laquelle devait se révéler enceinte, l'aurait contrainte à se dévêtir, l'aurait ligotée et bâillonnée, l'aurait flagellée, lui aurait appliqué aux seins des pinces à linge, tailladé au moyen d'un couteau diverses parties du corps, avant de lui imposer, par la force, des actes de pénétration vaginale, anale, lui introduisant, en outre, des corps étrangers[587]. La Cour de cassation donna raison à la chambre d'accusation qui avait envoyé le prévenu en cour d'assises sous

---

[586] Grenoble 4 juin 1980, D. 1981, IR., p. 154, obs. Puech
[587] Crim. 5 septembre 1990, Bull. crim. n° 313

l'accusation de viol aggravé accompagné de tortures. La cour dit, à cette occasion, que le crime de viol, n'ayant d'autre fin que de protéger la liberté de chacun, n'exclut pas de ses prévisions les actes de pénétration sexuelle entre personnes unies par les liens du mariage lorsqu'ils sont imposés dans les circonstances prévues par la loi. Cet arrêt donna lieu à des polémiques très vives au sein de la doctrine[588] à cause de la particularité des faits soumis au jugement[589]. Selon les auteurs, cet arrêt n'impliquait d'aucune façon la reconnaissance du viol entre époux[590]. Dans une autre affaire en date de 1992[591], il s'agissait d'époux mariés depuis quatorze ans. Depuis dix-huit mois les époux font chambre à part, ceci par la volonté de la femme. Un jour, le mari rentre dans la chambre de l'épouse, la soulève par les épaules, l'allonge sur le lit en lui déclarant que « je vais te violer », avant de passer à l'acte, et a recommencé les mêmes actes dans les jours suivants. La femme décide de ne plus accepter cette situation et pense que cet homme, en disposant de son corps[592], a commis un viol. Le constat fait que dans ces jurisprudences la qualification du viol entre époux n'était pas exclue, mais les jurisprudences répondent strictement aux exigences du texte[593], à savoir l'absence de consentement de la victime. De plus, l'absence de consentement de la femme joue un rôle principal dans la qualification de viol.

La cour a affirmé que la présomption de consentement aux actes sexuels accomplis dans l'intimité de la vie conjugale ne vaut que jusqu'à preuve contraire.

---

[588] Crim. 5 sept. 1990, JCP 1991, II, 21629 obs. Rassat M.L. ; D. 1991, p. 13, note Angevin

[589] IACUB M., *Le crime était presque sexuel*, op. cit., p. 53

[590] Ibid., p. 54

[591] Crim. 11 juin 1992 : D. 1993, somm. 13, obs. Azibert

[592] IACUB M., *Le crime était presque sexuel*, op. cit., p. 55

[593] Article 222-23 du code pénal « tout acte de pénétration sexuelle, de quelque nature qu'il soit, commis sur la personne d'autrui par violence, contrainte, menace ou surprise est un viol »

B / LA NECESSITE DE CONSENTEMENT

La femme dispose d'une liberté sexuelle, y compris dans le cadre du mariage (1), ladite liberté est scrupuleusement préservée par le droit (2).

1 / LA LIBERTE SEXUELLE DE LA FEMME MARIEE

La liberté sexuelle de la femme mariée doit être respectée. Le respect de cette liberté impose le respect de consentement. Pourtant, ce respect fait souvent défaut. Une recherche récente aux Etats-Unis sur une population d'adolescents lycéens illustre bien la confusion, face aux messages véhiculés par le contexte culturel. En effet, d'après les résultats de cette enquête, 80% des adolescents disent que l'homme a le droit d'avoir une relation sexuelle avec sa femme sans son consentement et d'utiliser la force si le couple est marié[594]. Désormais, la qualification de viol repose à partir du non-consentement de la victime, y compris dans le cadre du mariage. Depuis l'évolution des mœurs, la loi protège une autre valeur dénommée « sexe » notamment depuis 1980. La notion de « sexe » est juridiquement instituée comme un droit à l'intégrité sexuelle. Le sexe joue un rôle intermédiaire entre le corps et l'âme. Par conséquent, cette intégrité ne saurait être atteinte qu'avec le consentement des personnes qui y participent. L'acte de viol porte atteinte au corps et à l'âme de la femme. A ce titre, il constitue un meurtre du féminin, sévèrement punissable si l'acte est commis par un époux ou un partenaire, puisqu'il y a en même temps viol de la confiance et de la sécurité de la femme victime.

Il faut noter que la religion véhicule certains messages. Le droit canonique insiste sur le consentement des époux. Ledit consentement concerne la livraison réciproque du corps afin d'accomplir les actes nécessaires à la reproduction. C'est ainsi que saint Paul définissait le

---

[594] CHRISTEN M., HEIM C., SILVESTRE M., VASSELIER-NOVELLI C., *Vivre sans violences*, op. cit., p.78

droit sur le corps dans le couple ; c'est-à-dire le droit de disposer du corps de l'autre. Par conséquent, le droit canonique a introduit la notion de contrat dans le mariage dont l'objet dudit contrat porte bien sur le corps afin de favoriser un transfert mutuel des corps du mari et de la femme pour un usage perpétuel ayant pour fin la procréation des enfants. Mais, du fait des évolutions de la société, le code de droit canonique de 1983 change le concept selon lequel le mariage n'est plus un contrat mais une alliance. La notion de « transfert des corps » cède la place à un nouveau concept de « communauté de vie »[595]. Et, aujourd'hui, il n'est plus possible de forcer l'épouse à revenir au domicile conjugal, la femme mariée peut avoir un domicile personnel[596], le mari n'a aucun droit de contraintes sur sa femme. Si cette dernière se comporte de manière reprochable, la seule voie juridique ouverte au mari est désormais une demande en divorce pour faute.

Le cas du viol conjugal n'est pas considéré comme une infraction dans plusieurs pays. En Inde et en Malaisie, la femme ne dispose pas de droits pour porter plainte à la suite de rapports non consentis avec son époux[597]. Mais, dans les pays développés comme la France, les femmes mariées ont obtenu de droits sur leur corps. Le consentement de la femme est nécessaire avant tout acte sexuel dans le cadre du mariage. En effet, le viol est un acte grave portant atteinte à la dignité de la personne sur son corps. Le viol du consentement de la victime constitue un viol en cas d'acte sexuel avec pénétration. L'atteinte portée à la liberté de consentement tient une place centrale dans la répression du viol ; l'existence du lien matrimonial étant une circonstance indifférente. Le mariage ne constitue aucun fait justificatif[598]. En effet, pour le droit, l'absence du consentement de la victime constitue l'élément primordial du crime de viol[599]. Les rapports sexuels forcés ne sont pas un droit du mari dans le mariage car un tel droit porte atteinte aux principes d'égalité et de dignité humaines. Le législateur tient compte de

---

[595] BAUD J.P., *L'affaire de la main volée : une histoire juridique du corps*, éd. Seuil 1993, p. 109

[596] Voir, GISSEROT F., « Le nouveau domicile de la femme mariée », *RTD. Civ.* 1979 p. 724-746

[597] FAYNER E., *Violences, féminin pluriel*, éd. Librio 2006, p. 45

[598] Crim., 11 juin 1992, JCP 1993, II, N° 22043, p. 172, note GARE Thierry

[599] MAYER D., « Le nouvel éclairage donné au viol par la réforme du 23 décembre 1980 » ; *D.* 1981, Chron., p. 284

l'importance de la meurtrissure psychique des femmes victimes dans le cadre du mariage.

2 / LA PRESERVATION DE LA LIBERTE SEXUELLE PAR LE DROIT

Dans le but de garantir la liberté sexuelle de la femme mariée, la jurisprudence avait déjà retenu le viol au sein du couple. En effet, dans un arrêt de principe du 5 septembre 1990[600], la chambre criminelle avait affirmé que l'article 332 de l'ancien code pénal[601], dans sa rédaction issue de la loi du 23 décembre 1980, n'a d'autre fin que de protéger la liberté de chacun. Il n'exclut pas de ses prévisions les actes de pénétration sexuelle entre personnes unies par les liens du mariage, lorsqu'ils sont imposés dans les circonstances prévues par ce texte [602]. C'est par un arrêt du 11 juin 1992 que la cour est intervenue pour lever définitivement le doute en invalidant un arrêt de la chambre d'accusation de Rennes au motif que la présomption de consentement des époux aux actes sexuels accomplis dans l'intimité de la vie privée conjugale ne vaut que jusqu'à la preuve contraire[603]. La jurisprudence a ainsi clairement confirmé sa position dans ledit arrêt[604]. La cour a admis qu'il existait, du fait du mariage, une présomption de licéité des rapports sexuels entre époux. Mais cette présomption n'était pas irréfragable et pouvait être combattue par des preuves contraires, établies par tout moyen. Cette solution a été reconnue par la Cour européenne[605]. Une circulaire interministérielle[606] relative à la lutte contre les violences à l'encontre des femmes au sein du couple rappelait déjà cette jurisprudence. A cette occasion, une liaison est soulignée entre la violence du mari et la violence sexuelle. En effet, le corps de la femme battue laisse pour la

---

[600] Crim. 5 sept. 1990, JCP 1991, II, n° 21629, note Rassat
[601] Article 222-23 du nouveau code pénal
[602] Crim. 5 sept. 1990, D. 1991, p. 13, note Angevin
[603] VIGARELLO G., *Histoire du viol : XVIe-XXe siècle*, éd. Seuil 2000, p. 266
[604] Crim. 11 juin 1992, D. 1993, p. 117, note Rassat
[605] CEDH 22 nov. 1995, CR et SW c/ Royaume-Uni, Rev.sc. crim. 1996, p. 473, obs. Koering-Joulin ; Gaz.Pal. 1997, II, Doctr., p. 945, obs. Nuss
[606] MES 99-280/SDEF n° 980014 du 8 mars 1999

première fois transparaître celui de la femme violée[607]. La victime a un rôle difficile car il est impossible en l'absence de traces physiques de prouver la réalité d'un acte auquel elle n'a pas consenti.

De même, dans une affaire relative à des pratiques de sadomasochisme[608], la Cour européenne des droits de l'homme a déclaré que « le droit d'entretenir des pratiques sexuelles découle du droit de disposer de son corps, partie intégrante de la notion d'autonomie personnelle ; les pratiques sexuelles relèvent du libre arbitre des individus. En l'espèce, un mari magistrat avec l'un de ses amis, médecin, infligeait de grandes souffrances sexuelles à sa femme qui, au début, y avait consenti pour les actes suivants : « planter des aiguilles dans ses seins, y apposer de la cire brûlante, la suspendre par les seins, introduire une barre creuse dans son anus en y versant de la bière pour la faire déféquer, lui introduire dans le vagin et l'anus des vibrateurs, leurs mains, leurs poings, des pinces et des poids ». Les auteurs avaient filmé leurs actes et les vidéos avaient fait entendre les hurlements douloureux de la femme, suppliant de mettre fin aux violences. C'est en s'appuyant sur le refus de la femme que les juridictions belges approuvées par la Cour européenne des droits de l'homme ont condamné les auteurs sadiques. En effet, la violence sexuelle est donc selon la Cour de cassation belge et la Cour européenne des droits de l'homme légitime lorsqu'elle a été consentie, même lorsqu'elle porte atteinte à la dignité de la femme[609]. L'atteinte portée à la liberté de consentement de la victime est sévèrement réprimée dans le but de préserver la liberté de disposer librement de son corps par la femme.

---

[607] VIGARELLO G., *Histoire du viol*, op. cit., p. 267

[608] CEDH, 17 fév. 2005, K.A. c/ Belgique ; M. Fabre Magnan, « Le sadisme n'est pas un droit de l'homme », *D.* 2005, p. 2973

[609] MALAURIE P., « La dignité de la personne humaine, la liberté sexuelle et la Cour européenne des droits de l'homme », *P.A.* août 2006, p. 6

SECTION II / LA REPRESSION DU VIOL CONJUGAL

Le viol conjugal n'est pas un acte isolé et a un caractère répétitif, la femme n'est pas protégée de la menace de répétition. Le viol entre époux est une introduction récente dans le droit français, auparavant la femme acceptait la contrainte sexuelle sans se sentir victime. Depuis la réforme, le viol est considéré sous l'aspect de la meurtrissure psychique infligée à la victime. La Convention sur l'élimination de toutes les formes de discrimination à l'égard des femmes, entrée en vigueur en 1981, définit certains aspects des droits des femmes comme par exemple le droit des femmes à l'égalité au sein de la famille, l'égalité des droits et des responsabilités des deux parents pour subvenir aux besoins de leur famille, le droit des femmes à l'éducation. C'est la norme qui organise le comportement sexuel et social d'un individu, y compris au sein du couple. Actuellement, les femmes sont sorties du statut d'infériorité que leur conférait le mariage. De plus, une réforme a libéralisé le divorce. Depuis les années 1970, le divorce ne cesse d'augmenter.

En matière de viol, le médecin est la seule personne extrafamiliale capable de mettre en évidence l'existence du problème au sein du couple. Un faisceau de signes doit attirer l'attention du médecin traitant[610]. Les dérives perverses ne sont pas considérées comme des anomalies hors humanité, mais comme des fixations à des pulsions prégénitales qui n'ont pas été intégrées dans l'expression de fantasmes constructifs. En effet, la pleine maturation génitale suppose la reconnaissance fondamentale de l'autre dans sa différence en même temps que l'assomption du Moi dans sa capacité à réaliser l'harmonie, les liaisons, entre pulsions d'amour et pulsions destructrices[611]. Cependant l'application d'une thérapeutique n'est concevable qu'en deux occurrences, à savoir la souffrance du sujet déterminant à faire appel au médecin et la nuisance faite au partenaire qui devient alors victime[612]. En l'absence d'une solution médicale, la femme victime peut

---

[610] SOUTOUL J.-H., CHEVRANT-BRETON O., *Les agressions sexuelles de l'adulte et du mineur*, op. cit., p. 38

[611] CIAVALDINI A., BALIER C., *Agressions sexuelles : pathologies, suivis thérapeutiques et cadre judiciaire*, op. cit., p. 1

[612]Ibid., p. 2

porter plainte contre son partenaire auteur des faits criminels. Il existe actuellement de nombreuses plaintes pour viol. Toutefois, il faut remarquer la discordance qui existe entre le faible nombre d'affaires portées devant les tribunaux et la réalité des faits dont se plaignent les femmes[613]. En effet les éléments constitutifs (§1) du viol entre époux sont difficiles à être prouvés par la femme victime. Mais le législateur, en faveur des femmes, ne cesse d'aggraver la répression en matière de violences au sein du couple, en particulier en matière de viol conjugal (§2).

[613] VIRIOT-BARRIAL D., « Commentaire de la loi n° 2006-399 du 4 avril 2006 renforçant la prévention et la répression des violences au sein du couple ou commises contre les mineurs », op. cit., p. 2352

§1 / LES ELEMENTS CONSTITUTIFS DU VIOL CONJUGAL

« Tout acte de pénétration sexuelle, de quelque nature qu'il soit, commis sur la personne d'autrui par violence, menace, contrainte ou surprise est un viol [614]». Ainsi, pour qualifier le crime de viol, y compris au sein du couple, il fallait retenir le critère d'effraction et, plus précisément, celui de pénétration (A) accompagé de la contrainte, menace, violence ou surprise (B).

A / LA NECESSITE D'UNE PENETRATION SEXUELLE

Le viol par l'époux ou concubin constitue un traumatisme majeur. Pour un usage ultérieur, certains n'hésitent pas à filmer leurs relations intimes pour faire pression sur les femmes victimes. Notamment pour ne pas qu'elles quittent le domicile conjugal et /ou porter plainte contre lui. La violence sexuelle peut se poursuivre même après la séparation par la publication de photos ou films pris durant leurs relations intimes. De ce fait, la femme peut vivre avec la conviction qu'elle est méprisable et qu'aucun autre partenaire ne l'acceptera[615].

Les femmes ont plus de mal à raconter le viol et les agressions sexuelles au sein du couple. Le viol est peu sanctionné par les tribunaux. Il est défini comme un acte de pénétration sexuelle commis sur la personne d'autrui. Le crime de viol se distingue des autres agressions sexuelles par la pénétration. En l'absence de preuve d'une pénétration, l'acte sexuel n'est pas qualifié de viol, mais d'une agression sexuelle. Les agressions sexuelles autres que le viol sont des délits. Le viol est réprimé quel que soit le moyen de pénétration. La loi a étendu l'incrimination par la notion de « tout acte de pénétration sexuelle de quelque nature qu'il soit ». Ainsi, pour la loi, sont désormais constitutifs

---

[614] Article 222-23 du code pénal
[615] HIRIGOYEN M.-F., *Femmes sous emprise*, op. cit., p. 59

du viol des actes de pénétration buccale[616] ou fellation[617], anale[618] ou sodomisation ou bien l'introduction de corps étrangers dans le sexe ou dans l'anus[619]. De plus, selon les auteurs, l'extension de l'élément matériel du viol à tout acte de pénétration sexuelle aurait eu pour effet d'abolir toute différence entre les actes normaux et les actes déviants.

Il existe une grande difficulté en matière de preuve pour effectuer la répression du viol ou de toute autre agression de nature sexuelle. La difficulté de preuve est accrue en matière de viol conjugal. Certes, la femme victime doit apporter la preuve d'une pénétration par un certificat délivré par un médecin légiste. De plus cette pénétration doit être effectuée sous certaines conditions, à savoir l'usage de la violence, contrainte, menace ou surprise par l'auteur contre la victime.

B / LA NECESSITE DE VIOLENCE, MENACE, CONTRAINTE OU SURPRISE

Le viol est un acte matériel sur la personne de la femme victime, souvent imposé par la menace de sévices corporels ou de sanctions économiques. Le défaut de consentement résulte de violences physiques, contraintes, menaces ou surprises. La caractérisation du viol suppose que soit prouvée la violence, la contrainte, la menace ou la surprise. Le viol par l'époux porte atteinte à l'intégrité psychologique, physique et sexuelle de la femme victime. Son intégrité physique est menacée par la violence qu'elle subit. Dans le cadre des violences conjugales, son conjoint impose un rapport sexuel par contrainte ou menace. Il n'est pas toujours facile de distinguer ce qui est un rapport sexuel consenti de ce qui est un rapport sexuel sous la contrainte. Dans une étude québécoise portant sur les femmes victimes de violences dans leur couple, les trois quarts d'entre elles avaient signalé que les rapports sexuels avec le conjoint étaient une façon d'avoir la paix[620]. L'homme peut tenter avec

---

[616] Crim. 22 fév. 1984, bull.crim., n° 71

[617] Crim. 16 déc. 1997, JCP1998, II, N° 10 074, note MAYER Daniel

[618] Crim. 24 juin 1987, bull.crim. N° 265

[619] Crim. 24 juin 1987, préc.

[620] HIRIGOYEN M.-F., *Femmes sous emprise*, op. cit., p. 55

sa partenaire, contre son avis, de copier des scènes pornographiques, à savoir une sexualité de groupe ou avec des animaux[621]. Ainsi, la femme est entièrement traitée comme un objet sexuel par son partenaire la privant de toute affection. De plus, il est très difficile pour la victime de prouver l'usage de la violence, menace, contrainte ou surprise par le conjoint.

La contrainte s'apprécie de manière concrète en fonction de la capacité de résistance de la victime. La surprise doit être comprise comme l'incapacité pour la victime de consentir à l'acte comme par exemple dans le cas d'un malade mental. L'usage de la violence fait de la victime l'objet du désir, il y a donc une relation de sujet à objet. Parfois le conjoint attache ou ligote sa femme au lit avec des cordes pour pratiquer le viol qui s'accompagne de nombreux actes de torture et de barbarie[622]. Un mari qui impose sous la menace d'un couteau des actes de pénétration sexuelle à sa femme commet un viol[623]. La victime doit apporter la preuve de l'usage de la violence, menace, contrainte ou surprise.

L'épouse victime de viol doit déposer une plainte au plus vite. La victime peut demander que ses déclarations soient enregistrées par un officier de police de même sexe. Pour prouver la réalité du viol, la victime doit se faire conduire dans un hôpital, au service des urgences médico-judiciaires pour que les blessures puissent être constatées. Le constat des blessures par le médecin légiste permet d'obtenir un certificat médical pour preuve de violences. Il faut aussi effectuer des prélèvements pour constituer la preuve de l'identité de l'auteur. Les éléments de preuve, notamment les vêtements, doivent être conservés pour être mis sous scellés. Il faut noter qu'en matière de viol, l'identité de la victime est protégée. L'anonymat a un effet positif pour favoriser les plaintes. La loi en matière de viol conjugal prévoit une aggravation des sanctions.

---

[621] WELZERLANG D., *Les hommes violents*, op. cit., p. 55

[622] MAC KINNON C. A., « A propos de la torture : une perspective féministe sur les droits de l'homme », *P.F.* N° 3, 1994, p. 7

[623] Crim. 17 juillet 1984, D. 1985, Jurisprudence, p. 8 note MAYER Daniel

§2 / L'AGGRAVATION DES SANCTIONS

Le viol conjugal est un acte répétitif accompagné de violences verbales et physiques, voire d'actes de torture et de barbarie ou de mutilations. Les mutilations sexuelles peuvent être très traumatisantes pour la femme, du fait qu'elles peuvent par la suite entraver tout accès au plaisir[624]. Dans certains cas, le viol peut intervenir devant les enfants du couple[625]. En tenant compte de tous ces faits, le législateur est intervenu récemment en matière de la répression du viol conjugal (A). De plus, le législateur prévoit des mesures spécifiques pour protéger le viol conjugal intervenant dans le cadre d'un mariage forcé (B).

A / L'INTERVENTION DU LEGISLATEUR PAR LA LOI DU 4 AVRIL 2006

Le respect mutuel est important au sein du couple (1), le non-respect notamment de la femme est à l'origine de nombreux crimes, de viols et d'agressions sexuelles, portant atteinte à l'intégrité du corps de la femme. Pour ces infractions, le législateur prévoit une aggravation des sanctions de manière explicite, en tenant compte de la qualité de l'auteur (2).

1 / L'IMPORTANCE DU RESPECT AU SEIN DU COUPLE

Les époux s'obligent réciproquement à une communauté de vie affective et matérielle. La communauté de vie comporte l'obligation de cohabiter dans une même résidence et d'accomplir le devoir conjugal de façon consensuelle. Mais les études montrent que les deux tiers des femmes sont contraintes par leur conjoint à des rapports sexuels

---

[624] KACZMAREK S., *Violence au foyer*, op. cit., p. 41
[625] Ibid., p. 12

forcés[626]. Face à cette situation, le législateur est intervenu pour imposer d'abord le respect au sein du couple. Le code civil énonce que « les époux se doivent mutuellement respect, fidélité, secours, assistance[627] ». Le mariage comporte un certain nombre de devoirs réciproques, mais le respect mutuel est avant tout indispensable. Le respect de la femme ne doit en aucun cas être violenté pour la soumettre contre son gré.

2 / LES SANCTIONS POUR VIOL ET LES AGRESSIONS SEXUELLES AU SEIN DU COUPLE

La loi du 4 avril 2006 renforçant la prévention et la répression des violences au sein du couple consacre une solution dans le but de protéger efficacement les femmes victimes. A ce titre, un nouvel alinéa du code pénal énonce que « le viol et les autres agressions sexuelles sont constitués lorsqu'ils ont été imposés à la victime dans les circonstances prévues par la présente section, quelle que soit la nature des relations existant entre l'agresseur et sa victime, y compris s'ils sont unis par les liens du mariage. Dans ce cas, la présomption de consentement des époux à l'acte sexuel ne vaut que jusqu'à preuve du contraire [628]». Ainsi, le législateur par la loi du 4 avril 2006 consacre de manière explicite la répression pénale des violences sexuelles, tout en reconnaissant des violences sexuelles au sein du couple. La qualité de conjoint ou concubin ne saurait être une cause d'atténuation de la responsabilité en cas de viol au sein du couple. L'aggravation des peines ne cesse d'augmenter dans le seul but de protéger le corps des femmes. Ainsi, le viol est puni de vingt ans de réclusion criminelle[629] et non de quinze ans de réclusion si l'auteur du viol est le conjoint, concubin ou partenaire lié à la victime par un pacte civil de solidarité. Le délai de prescription du crime de viol est de dix ans.

---

[626] ROMITO P., « Les attaques contre les enquêtes sur les violences envers les femmes ou qui a peur des chiffres sur les violences commises par les hommes », *N.Q.F.* 2003, n° 3, p. 85

[627] Article 212 du code civil

[628] Art. 222-22 du code pénal

[629] Article 222-24-11° du code pénal

En l'absence de pénétration sexuelle, l'infraction est une agression sexuelle qui est un délit. Le législateur a prévu une incrimination spécifique des agressions sexuelles au sein du couple. En effet, la loi du 4 avril 2006 aggrave la sanction en matière d'agression sexuelle. L'agression sexuelle autre que le viol, réprimée de cinq ans d'emprisonnement et 75 000 euros d'amende, est portée à sept ans d'emprisonnement et de 100 000 euros d'amende si l'auteur des faits est conjoint ou concubin ou partenaire lié à la victime par un pacte civil de solidarité[630]. En effet, il devenait important que le législateur vise le viol entre époux de manière spécifique. Cette disposition va aussi permettre de mieux réprimer les relations sexuelles imposées dans le cadre des mariages forcés[631].

B / LES DISPOSITIONS DE LUTTE CONTRE LE MARIAGE FORCE

Le mariage forcé (1) existe dans de nombreuses traditions. Ce qui pose problème pour la France, notamment pour protéger les femmes victimes, puisque le mariage forcé entraîne sans doute un viol conjugal (2).

1 / LE MARIAGE FORCE

La présence de certaines coutumes discriminatoires envers les femmes pose de nombreux problèmes pour l'évolution du statut de la femme, en particulier pour son corps. La coutume arménienne veut qu'une jeune femme soit confiée pendant un an par sa famille à son futur époux et le mariage n'est enregistré auprès des autorités que s'il y a la naissance d'un enfant. Dans le cas contraire, l'épouse est renvoyée chez ses parents[632]. Au Bangladesh, les femmes ne sont pas libres de choisir

---

[630] Article 222-28-7° du code pénal

[631] LOBE-LOBAS M., « La prévention et la répression des violences commises au sein du couple ou contre mineurs », *P.A.* du 13 juillet 2006, p.6

[632] LANG J., *Enquête sur la situation des femmes dans le monde*, op. cit., p.46

leur mari. Les parents règlent de manière unilatérale la vie privée et les affaires matrimoniales de leurs filles. Les épouses sont considérées comme subordonnées par leurs conjoints[633].

Le fait d'être marié à une personne connue ou inconnue contre son gré en ignorant le droit des femmes est un fléau. Les mariages arrangés par la famille existent encore dans de nombreux pays. Dans certaines communautés, comme par exemple dans de nombreux Etats africains et dans la plupart des pays du monde arabo-musulman, le mariage arrangé comporte le paiement d'une dot dont bénéficie le plus souvent le père de la jeune fille[634]. Le corps de la femme a une valeur marchande. Les mariages forcés constituent une violence caractérisée le plus souvent contre les femmes issues de l'immigration. De nombreuses jeunes françaises ou étrangères, majoritairement d'origine turque, malienne, sénégalaise et maghrébine, sont potentiellement concernées par ces pratiques[635]. Le mariage est généralement arrangé par le père, souvent dès la naissance de la fille, afin de maintenir la jeune femme dans la tradition. Il faut tenir compte de l'existence du viol dans le cadre du mariage forcé. Le droit des femmes au divorce est réduit dans les pays islamiques, mais le mari dispose d'un droit de répudiation de l'épouse. La femme risque la mort en cas d'absence de soumission. L'assassinat dans une banlieue de Berlin d'une jeune femme d'origine turque qui avait rompu avec les traditions familiales après un mariage forcé [636] en est un exemple.

2 / LES DISPOSITIONS INTERNATIONALES EN MATIERE DE MARIAGE

Le consentement en matière de mariage doit être libre et sain. Selon l'Organisation mondiale de la santé, les droits sexuels s'inscrivent dans les droits humains. Par conséquent, la femme, comme tout être

---

[633]Ibid., p. 62
[634] LANG J., *Enquête sur la situation des femmes dans le monde*, op. cit., p. 7
[635] AUTAIN C., *Les droits des femmes*, éd. Les essentiels Milan 2003, p. 17
[636] GEORGE M., « Un nouveau crime d'honneur scandalise l'Allemagne », *Le Monde* du 8 mars 2005, p. 7

humain, dispose du droit de choisir son partenaire, du droit de décider d'avoir une vie sexuelle active ou non, du droit à des relations sexuelles consensuelles, du droit à un mariage consensuel. Selon la Déclaration universelle des droits de l'homme, les femmes majeures ont le droit de se marier et de fonder une famille sans restriction. Elles jouissent de droits égaux et le consentement libre est nécessaire[637]. Ce principe est réaffirmé dans des traités internationaux. La Convention des Nations unies pour l'élimination de toutes les formes de discrimination à l'égard des femmes et la Convention internationale relative aux droits de l'enfant engagent les Etats membres, à prendre toutes les mesures pour protéger les enfants d'un mariage forcé. Les mariages forcés sont contraires aux droits fondamentaux et aux droits des femmes. C'est la négation de sa liberté et de son droit à l'égalité. Le mariage forcé entraîne de graves atteintes à l'intégrité physique et psychologique de la femme. En effet, les conséquences du mariage forcé sont énormes, à savoir les violences, viols, grossesses non désirées. Les conditions de servitude et de séquestration sont des pratiques associées aux mariages forcés[638]. Ces violences ont des conséquences dramatiques sur la vie des femmes concernées : comportements autodestructeurs, tentatives de suicide, consommation de drogues, échec scolaire, délinquance, troubles alimentaires, maladies psychosomatiques, perte d'identité, détresse psychologique.

Pour lutter contre les mariages forcés qui portent atteinte au corps des femmes par non-respect de leur liberté, la France a introduit certaines mesures nouvelles.

3 / LES MESURES FRANCAISES PREVUES PAR LES LOIS RECENTES

En France, le consentement est nécessaire pour un mariage[639]. La prévention de ces mariages forcés passe par le relèvement de l'âge du mariage, le contrôle systématique de la liberté de consentement des

[637] Article 16 de la Déclaration universelle des droits de l'homme de 1948
[638] KACZMAREK S., *Violence au foyer*, op. cit., p. 58
[639] Article 146 du code civil

époux. Dans cette optique, la loi du 4 avril 2006, dans le but de lutter contre les mariages forcés, pose le principe selon lequel « l'homme et la femme ne peuvent contracter le mariage avant dix-huit ans révolus[640] ». En effet, les mineures subissaient certaines pressions familiales dans le cadre du mariage. Ainsi, le consentement libre faisait souvent défaut. En effet, 70 000 femmes sont touchées par le phénomène des mariages forcés[641]. Dans certains cas, le relèvement de l'âge légal du mariage peut paraître insuffisant. En effet, le poids des traditions dans certaines communautés est tel que la contrainte familiale peut s'exercer même sur des filles déjà majeures. Dans cette situation, la victime peut manifester son refus elle-même, sinon, elle peut faire connaître la situation à n'importe quelle personne susceptible de l'aider, à savoir l'assistante sociale, un éducateur, un ami ou toute autre personne de confiance. La victime peut également écrire au procureur de la République ou juge des enfants ou contacter une association spécialisée. Si la victime est dans un pays étranger, elle peut se faire aider par un consulat ou une ambassade.

De plus, certaines dispositions législatives renforcent le consentement en matière de mariage. La loi du 4 avril 2006 a introduit de nombreuses mesures dans le but de protéger le consentement de la victime. Ces mesures sont les suivantes : l'audition des futurs époux par l'officier d'état civil ou l'agent diplomatique afin d'apprécier l'intention matrimoniale de ces derniers. Et la procédure de contrôle en cas d'indices sérieux d'absence de consentement est renforcée, à son terme, dans le cas des mariages à l'étranger, le procureur de la République pouvant refuser la transcription et demander la nullité. Dans le cas des mariages célébrés en France, il est possible de faire opposition ou décider du sursis à la célébration du mariage. Enfin, le renforcement du contrôle du mariage des Français à l'étranger. De plus, en cas de mariage forcé, la victime peut demander la nullité de ce mariage en invoquant l'absence de consentement. Or, la loi nouvelle ouvre cette action en nullité au ministère public car la victime est du fait des pressions dans l'impossibilité de demander la nullité de son mariage. La

---

[640] Article 144 du code civil

[641] VIRIOT-BARRIAL D., « Commentaire de la loi n° 2006-399 du 4 avril 2006 renforçant la prévention et la répression des violences au sein du couple ou commises contre les mineurs », op. cit., p. 2355

loi prévoit que « l'exercice d'une contrainte sur les époux ou l'un d'eux, y compris par crainte révérencielle envers un ascendant, constitue un cas de nullité du mariage [642]». De plus, la loi proroge le délai de recevabilité de la demande en nullité du mariage lorsque le mariage a été contracté sans le consentement libre des époux. La demande en nullité n'est plus recevable à l'issue d'un délai de cinq ans à compter du mariage ou depuis que l'époux a acquis sa pleine liberté ou que l'erreur a été par lui reconnue[643].

Une autre loi[644] est intervenue dans le but du renforcement du contrôle préventif des mariages, spécialement ceux des étrangers. Ladite loi contient une disposition nouvelle pour satisfaire « à une revendication de nombreux maires désemparés à l'idée de célébrer des mariages forcés [645]». A cette fin, le code civil prévoit désormais que l'officier de l'état civil ne pourra procéder à la publication du mariage, ni, en cas de dispense de publication, à la célébration du mariage, qu'après l'audition commune des futurs époux[646]. De plus, la loi prévoit que s'il l'estime nécessaire, l'officier de l'état civil peut également demander à s'entretenir séparément avec l'un ou l'autre des futurs époux[647]. Ce contrôle a été étendu au mariage célébré à l'étranger, entre Français ou entre Français et étranger[648]. L'officier d'état civil doit s'assurer de la réalité et de la liberté du consentement des futurs époux.

---

[642] Art. 180 du code civil

[643] Art. 181 du code civil

[644] La loi du 26 novembre, loi N° 2003-119, relative à la maîtrise de l'immigration et nationalité

[645] *J.O.* Sénat, 16 octobre 2003, p. 6789

[646] Art. 63. 2° du code civil

[647] Ibid.

[648] Art. 170 al. 4 du code civil

CONCLUSION DE LA PREMIERE PARTIE

Les atteintes à l'intégrité physique dans la sphère privée sont plus fréquentes et ont très souvent un caractère répétitif du fait de la proximité du couple auteur-victime. La victimisation de la femme dans la sphère familiale est un problème réel qui ne peut pas être traité sans l'action concertée des services médicaux, sociaux ou de justice. L'augmentation de la violence dans la sphère privée est due également à une diminution de tolérance vis-à-vis du comportement agressif entre les membres de la famille, à une plus grande indépendance économique et sociale des femmes dans la société contemporaine et à la primauté de la liberté individuelle. De plus, les femmes sont de plus en plus libres et ont des droits égaux en matière de protection de l'intégrité physique. Les femmes n'hésitent pas de s'exprimer devant la justice leur souffrance physique qui était autrefois cachée, de ce fait, l'auteur n'était pas puni. Cette impunité consiste en une violation des droits de la victime. En effet, l'impunité contribue à la perpétuation de la violence.

Mais, il ne faut pas oublier que le nombre réel des femmes victimes dans la sphère privée reste difficile à établir. En effet, ces violences sont souvent tenues secrètes et cachées. De plus, il est souvent difficile d'établir la preuve. En matière criminelle, le phénomène de correctionnalisation du crime est fréquent par manque de preuves. Les plaintes font souvent l'objet d'un classement sans suite par manque de preuves suffisantes ou simplement d'un retrait des plaintes par des femmes. L'existence de certaines traditions discriminatoires pour les femmes fait perdurer les violences à l'intégrité du corps des femmes. Selon les auteurs, l'application de la loi est une étape essentielle pour tendre vers un mode de fonctionnement familial du type « système ouvert », afin de permettre à l'auteur des violences et aux divers membres de la famille d'envisager d'autres modes d'interaction. Elle signifie aussi la fin du processus de fermeture et du secret. La loi montre la limite fixée par les textes et impose des sanctions en cas de franchissement[649].

---

[649] CHRISTEN M., HEIM C., SILVESTRE M., VASSELIER-NOVELLI C., *Vivre sans violences*, op. cit., p. 78

L'intérêt de la société est de préserver et d'harmoniser les relations familiales. Le traumatisme occasionné par le délit ou le crime, puis l'incarcération perturbe le fonctionnement normal d'une famille. Cette situation engendre une souffrance familiale et contraint la famille à recourir à des aménagements défensifs archaïques : la famille peut se replier sur elle-même, couper les liens avec l'extérieur, ne plus recevoir d'amis, rompre tout contact avec la famille éloignée[650]. Il faut savoir que le risque de suicide chez les auteurs en prison est élevé si la victime est un proche et les lettres de suicide sont fréquentes parmi les criminels contre un proche[651].

[650] CIAVALDINI A., BALIER C., *Agressions sexuelles*, op. cit., p. 181

[651] BOURGOIN N., « Le suicide en prison, l'exemple du criminel contre un proche », *Rev.sc.crim.*, n°3, 1993, p. 578

DEUXIEME PARTIE :

LES ATTEINTES DANS LE CADRE DE LA VIE EN SOCIETE

Dans les relations extrafamiliales, la violence envers les femmes n'est pas inexistante. Ces violences sont plus ou moins fréquentes. L'espace public est un ensemble protéiforme qui associe à la fois anonymat et interconnaissance. L'espace public est un endroit plus vaste qu'un cercle familial. C'est un lieu anonyme, ouvert et souvent perçu comme dangereux. Selon l'opinion publique, l'espace public appartient aux hommes. Il existe une certaine appropriation des lieux publics par ces derniers. De ce fait, une certaine menace sur le corps des femmes n'est pas absente. Cette réalité porte atteinte à la liberté d'aller et venir des femmes. Plusieurs ouvrages sociologiques et criminologiques démontrent que ce sont les femmes qui se sentent les plus exposées aux agressions dans les espaces publics[652]. A noter que l'agression dans la sphère publique est associée à l'image de l'extérieur et de la peur de l'agresseur inconnu.

Les atteintes à caractère sexuel sont généralement considérées comme les plus importantes et plus graves, même si elles sont cumulées avec d'autres formes de violences. Les violences sont majoritairement imposées par les hommes, en particulier lorsqu'elles sont à caractère sexuel. Les violences dans le cadre de la vie en société ne dépendent pas d'un environnement spécifique ou d'un contexte exceptionnel, mais au contraire, font partie du quotidien des femmes au cours de leurs activités habituelles en dehors de leur domicile. Les menaces d'agression ont une incidence sur la mobilité des femmes, puisque par crainte, elles peuvent éviter de sortir seules. Les sorties tard dans la soirée évoquent une certaine peur féminine. De plus, la solitude semble être un facteur de vulnérabilité chez les femmes. La peur est fréquente de sortir seule la nuit, de passer par certaines rues, certains quartiers. Il faut savoir que le sentiment d'insécurité est lié à un sentiment de vulnérabilité physique et sexuelle[653]. Les infractions et la possibilité de victimisation des femmes sont partout présentes car l'espace public est sous le contrôle d'hommes dominants.

---

[652] CONDON S., LIEBER M., MAILLOCHON F., « Insécurité dans les espaces publics : comprendre les peurs féminines », *Revue française de sociologie*, N° 46-2, avril-juin 2005, p. 267

[653] NORMANDEAU A., « Le sentiment d'insécurité des femmes face à la criminalité », *Rev.Sc.crim.* 1994, N° 4, p. 806

Cependant, la sécurité est un droit et à ce titre, tout le monde doit y avoir accès. Par conséquent, il appartient aux pouvoirs publics de le garantir[654]. Les femmes ont le droit de circuler normalement dans tous les lieux publics. Toutefois, dans le cadre de sa vie en société, la femme fait face à de nombreux agresseurs qui cherchent à l'humilier, l'abaisser et à dégrader son intégrité physique. Il existe un désir de dévaloriser la femme, de la chosifier pour justifier sa propre conduite.

Les agressions sont plus ou moins destructrices du corps des femmes. Le droit intervient pour exercer une répression en la matière. En effet, ces agressions contre l'intégrité physique portent gravement atteinte à la liberté de disposer librement de leur corps par les femmes et, par conséquent, au principe de l'égalité des sexes. Les atteintes peuvent être sans gravité et dans ce cas, elles sont qualifiées de délit (Titre I), dans le cas contraire, c'est-à-dire, en présence d'une agression plus grave, l'infraction est qualifiée de crime (Titre II).

---

[654] MARCUS M., « Chronique de défense sociale : vers une politique européenne de la prévention », *Rev.Sc.crim.* 1994, N° 3, p. 624

TITRE I / LES ATTEINTES DELICTUELLES

Le vingtième siècle est marqué par l'émancipation des femmes. Les femmes ont acquis des droits égaux aux hommes. Le travail des femmes a permis de leur garantir une indépendance. Les femmes font des études longues et assurent des tâches de haute responsabilité au sein de la société. De ce fait, elles fréquentent de plus en plus les lieux publics. Mais la domination masculine pose certains problèmes pour l'évolution des femmes au sein de la société. Elles sont victimes de nombreuses agressions physiques. Ces agressions ne permettent pas l'amélioration de la condition féminine au sein de la société.

Les femmes doivent travailler pour être libres et indépendantes. Cela permet l'autonomie des femmes. Cette autonomie est indispensable pour favoriser l'égalité des sexes. Il est souvent difficile pour les femmes d'atteindre cette indépendance. En effet, elles sont souvent victimes d'atteintes sexuelles dans le cadre de leur travail ou de harcèlement sexuel (Chapitre I). La société parfois n'hésite pas à considérer le corps des femmes comme une marchandise, parce que le corps des femmes est une source de profit à l'échelle mondiale. Il est possible de vendre ou de louer le corps des femmes : l'exploitation sexuelle du corps des femmes (Chapitre II) est fréquente dans le marché de la prostitution.

CHAPITRE I / LES ATTEINTES DE NATURE SEXUELLE DANS LE CADRE DU TRAVAIL : LE HARCELEMENT SEXUEL

Les femmes sont de plus en plus nombreuses sur le marché du travail. Engels[655] avait bien pressenti l'évolution de la situation des femmes et avait déjà annoncé que « les soins et l'éducation à donner aux enfants deviendront l'affaire publique. De sorte que les femmes libérées de l'esclavage domestique pourront s'intégrer dans la production. Alors disparaîtront les conditions qui provoquèrent la prépondérance de l'homme ». Une annonce de nature positive pour l'évolution du statut des femmes. De ce fait, les militantes des mouvements féministes aux Etats-Unis dans les années soixante-dix ont pris en compte ces pressentiments[656] pour poursuivre leurs mouvements dans le bon sens. Le travail des femmes est sans doute une des solutions pour favoriser l'égalité des sexes.

Il faut observer que depuis la fin de la révolution industrielle, l'essor du capitalisme a remis en question la petite entreprise familiale. Dans cette structure, le chef d'entreprise, qui était aussi le mari, détenait l'autorité économique. Mais les crises économiques ont paupérisé les classes moyennes en même temps que la classe ouvrière. De ce fait, la femme a été contrainte d'abandonner son rôle de femme au foyer pour entrer sur le marché du travail. Et le développement de la société de consommation a renforcé le processus en créant des désirs nouveaux[657]. C'est en étant de plus en plus nombreuses à vouloir gagner leur vie que les femmes ont petit à petit conquis une certaine indépendance et une autonomie. L'affirmation de leur pouvoir économique leur a permis de se dégager de la tutelle de leur mari. Un tel bouleversement a permis une promotion du statut du corps des femmes dans la société. En effet, les lois actuelles garantissent l'égalité professionnelle entre les femmes et les hommes. L'égalité des chances est aujourd'hui un élément important

---

[655] Engels Friedrich, philosophe socialiste allemand (1820-1895)
[656] ENDREO G., « Bigamie et double ménage », *RTD. Civ.* 1991, p. 269
[657] GOURDET G., « De l'égalité des époux dans le régime légal », *RTD. Civ.* 1981, p. 752

de la politique européenne de l'emploi. Par conséquent, la présence des femmes sur le marché du travail ne cesse de croître.

L'accès des femmes à un emploi s'est réalisé en France de façon complexe[658]. Le pouvoir de séduction leur était attribué par les hommes. Ledit pouvoir était regardé comme de nature à perturber le bon fonctionnement des services, notamment de l'Etat. Mais, depuis la fin des années soixante, l'accès des femmes à un emploi a connu une accélération. Pourtant, le lieu du travail n'est pas sans risques. Le lieu du travail n'assure pas une tranquillité pour les femmes. Il existe de nombreuses inégalités sur les lieux de travail, particulièrement en matière de salaire et d'avancement de carrière. De plus, elle est obligée de faire face à de nombreuses atteintes de nature sexuelle.

Le harcèlement sexuel au travail pose de nombreux problèmes au droit des femmes salariées de disposer librement de leur corps. Les faits et les effets du harcèlement sexuel (Section I) portent préjudice pour le corps des femmes. Il faut noter que les victimes de harcèlement sont souvent des femmes, les harceleurs sont des hommes[659]. A noter que de nombreux Etats ne possèdent toujours pas de législation contre le harcèlement sexuel. Mais, en France, dans le but d'éradiquer les atteintes de nature sexuelle dans le cadre du travail et de garantir aux femmes salariées le droit de disposer librement de leur corps pour favoriser l'égalité entre les sexes au sein de la société, le législateur est intervenu plusieurs fois pour instaurer des mesures protectrices en faveur des femmes (Section II).

---

658 COTTA M., *Les femmes dans les lieux de décision*, éd. Les éditions des journaux officiels 2000, p. II-9

659 CROMER S., *Le harcèlement sexuel en France*, éd. La documentation française 1995, p. 23

SECTION I / LES FAITS ET LES EFFETS DU HARCELEMENT SEXUEL POUR LE CORPS DE LA FEMME

Il y a harcèlement sexuel lorsqu'une personne agit en vue d'obtenir des faveurs de nature sexuelle à son profit. Au XIXe siècle, le harcèlement sexuel sévissait gravement dans les mines, les entreprises, les usines. Les faits observés recevaient une qualification de droit de cuissage. Les contremaîtres et des contrôleurs abusaient de leurs fonctions pour obtenir les faveurs des jeunes ouvrières travaillant sous leurs ordres. Vers la fin du XXe siècle, le harcèlement sexuel est apparu insupportable parce que contraire à la dignité humaine. En effet, il nie à la fois la liberté sexuelle et la dignité des victimes, ces dernières étant souvent des femmes. Cet acte est analysé comme un échange de consentement sexuel contre de la subsistance économique. De ce fait, il s'apparente à la prostitution[660]. Les féministes sont intervenues pour démontrer le risque des femmes d'être victime d'atteintes à leur personne comme objet sexuel dans le cadre du travail et en conséquence pour réclamer une mesure spécifique de protection. En effet, les atteintes sur le lieu du travail peuvent constituer des formes de discrimination dans l'emploi. Actuellement, les auteurs de harcèlement sexuel peuvent être un employeur, un cadre, un agent de maîtrise, un consultant chargé du recrutement, un client de l'entreprise, mais aussi un collègue de la victime. Ainsi, le harcèlement sexuel représente des rapports de domination entre les hommes et les femmes dans l'univers professionnel.

Les comportements du harceleur ne sont pas désirés par la victime. Les situations de harcèlement sexuel prédominent dans le secteur privé. Lesdites situations sont légèrement plus réduites pour les salariées du public[661]. Le harcèlement sexuel n'est pas un acte isolé mais un acte répétitif. En effet, le verbe « harceler » évoque une répétition des faits. Dans la plupart des affaires judiciairement traitées, il y a réitération

---

[660] DEKEUWER-DEFOSSEZ F., « Le harcèlement sexuel en droit français : discrimination ou atteinte à la liberté ? », *JCP* 1993, Doctrine 3662, p. 138

[661] JASPARD M., *Les violences envers les femmes en France*, éd. La documentation française 2003, p. 135

des faits de harcèlement[662]. Or, il a été clairement dit au cours des travaux parlementaires qu'un seul fait suffisamment grave, comme par exemple un « chantage à l'embauche », peut constituer en un délit de harcèlement sexuel. En effet, les conséquences pour la femme victime sont nombreuses (§2) du fait de ces actes de harcèlement sexuel (§1).

---

662 DAMIEN R., « L'inquiétante métamorphose du délit de harcèlement sexuel », *D*. 2002, p. 2059

§1 / LES ACTES DE HARCELEMENT SEXUEL DANS LE CADRE DU TRAVAIL

Il est important de comprendre les formes du harcèlement (A) dans un premier temps pour faire une étude de profil des auteurs et de leurs victimes (B).

A / LES FORMES DU HARCELEMENT

Le harcèlement sexuel est composé de manifestations multiples (1). Et ces manifestations se répètent dans le temps, ce qui est préjudiciable pour le corps de la femme. Dans le but de garantir une protection, la jurisprudence a considérablement évolué (2).

1 / LA DIVERSITE DES MANIFESTATIONS

Il existe selon les études deux types de harcèlement dont le premier type est composé de sollicitations sexuelles visant des relations sexuelles et mettant directement en péril l'emploi. Le deuxième type se compose de manifestations avec en général une connotation sexiste, visant à humilier, où l'emploi ne semble pas directement attaqué. Dans tous les cas, le harcèlement consiste matériellement en une réitération infructueuse mais persistante de gestes, d'attitudes ou de propos extériorisant des aspirations de nature sexuelle. C'est une violence puisqu'il est intentionnel et non désiré. Il est constitué d'agressions répétées, et ces agressions se produisent sur une longue période. Il est donc difficile pour la victime de se soustraire, du fait de la relation de subordination et de la nécessité de travailler.

Il peut se manifester sous différentes formes : non verbale, à savoir les regards malveillants, usage de pornographie, exhibitionnisme. La forme verbale est possible par invitations, remarques, questions intimes sur la vie, propositions sexuelles et exigences sexuelles, confidences sur la vie privée, incitations ou contraintes à la prostitution. Les manifestations physiques s'effectuent sous forme de frôlements, attouchements, pincements, baisers, violences physiques comme par exemple bousculade. Le pelotage constitue une forme courante d'atteinte au corps féminin. Dans certains cas, le harcèlement sexuel se termine par des agressions sexuelles, voire le viol. Le recours au chantage et à l'abus de confiance sont fréquents. Les manifestations du harcèlement s'aggravent peu à peu parce qu'il existe l'usage d'ordre, de menace ou de contrainte par une personne ayant une autorité sur la victime. Il peut connaître aussi des périodes de rémission en fonction des réactions des victimes à l'attitude du harceleur. Le problème du harcèlement se termine par une mutation, une démission ou un licenciement de la victime.

Pour protéger les droits des femmes victimes, c'est la jurisprudence qui a trouvé des solutions. En effet, les faits du harcèlement sexuel sont une illustration de la jurisprudence sociale qui s'est développée bien avant la parution de la loi pour sanctionner les divers comportements des violences sexuelles au travail[663].

2 / LA POSITION DE LA JURISPRUDENCE EN LA MATIERE

Dans un arrêt de 1914, la cour d'appel de Bruxelles avait reconnu comme résultant d'un accident du travail la grossesse d'une ouvrière que son contremaître avait séduite par contrainte morale[664]. Un autre jugement du tribunal va dans le même sens. En l'espèce, la femme travaillait dans un bureau de poste où elle subissait de la part de son supérieur des violences physiques. En France, l'évolution de la jurisprudence sociale a permis de réprimer les actes portant atteinte au corps de la femme, notamment depuis 1992. La doctrine a conclu que les modes de réalisation du harcèlement sexuel ne pouvaient être que de

---

[663] CA Aix-en-Provence, 4 janv. 1995, JCP 1996, II, 22624, note ROY-LOUSTAUNAU Claude, p. 176

[664] COENEN M-T. (ss la dir. de), *Corps de femmes*, op. cit., p. 185

nature morale et non physique[665]. Pourtant, le harcèlement sexuel naîtrait avec l'existence d'un contact charnel avec la victime. Ledit contact physique ne doit pas dépasser un certain seuil de gravité au-delà duquel le harcèlement se transforme en agression sexuelle, voire en viol[666]. Ce qui assure à l'infraction son autonomie et permet de la distinguer des autres atteintes sexuelles commises avec contraintes, violences physiques qui relèvent nécessairement d'une qualification plus grave. Dans cette optique, certains arrêts n'hésitent pas à qualifier d'agression sexuelle des attouchements sur les fesses, des chatouilles émanant d'un supérieur hiérarchique des victimes[667].

La législation française a reconnu le harcèlement sexuel comme un délit et un premier jugement est rendu le 6 octobre 1995 par la cour d'appel de Paris. La cour a donc statué pour la première fois sur un délit de harcèlement sexuel. En l'espèce, la plaignante avait été licenciée pour avoir refusé les avances sexuelles de son supérieur. Ce dernier a été condamné à 13 mois de prison avec sursis et à une forte amende et il a été licencié alors que la victime était réintégrée[668]. Certains arrêts qualifient de harcèlement sexuel le fait d'avoir coincé une employée dans un bureau pour lui caresser les fesses, les seins, et de l'avoir menacée de la jeter dans le fleuve si elle dénonçait le prévenu[669]. Constituait un harcèlement le fait pour un employeur de s'être livré à des attouchements sur une jeune fille embauchée en qualité de V.R.P. chaque fois qu'ils se trouvaient en voiture, et d'avoir tenté maintes fois de l'embrasser. Le harcèlement sexuel est constitué à l'encontre d'un employeur qui avait usé de contraintes et de pressions sur la personne de son employée en lui proposant des sommes d'argent et en la retenant par le poignet afin qu'elle couche avec lui. Le harceleur en question avait essayé de caresser sa victime, de l'embrasser et de la coincer dans des

---

665 NERAC P., « Agression sexuelle : jeux de mains, jeux de vilain, mais toucher n'est pas harceler », *P. A.* du 3 août 1998, p. 25

666 CA Lyon, 26 nov. 1998, ministère public c/G, JCP 1999, II, 10145, note MISTRETTA Patrick, p. 1527

667 NERAC P., « Agression sexuelle : jeux de mains, jeux de vilain, mais toucher n'est pas harceler », op. cit., p. 26

668 CA Paris, 6 oct. 1995, Dr. pénal 1996, 31

669 NERAC P., « Agressions sexuelles : jeux de mains, jeux de vilain, mais toucher n'est pas harceler », op. cit., p. 26

box à chevaux ou dans son bureau, avant d'être brutalement repoussé[670]. A noter qu'actuellement, les attouchements, les chatouilles, se coller contre la salariée constituent le harcèlement sexuel[671]. Seule la séduction ne peut être sanctionnée.

La jurisprudence a précisé à plusieurs reprises qu'une attitude de séduction ne saurait constituer un acte de harcèlement sexuel[672]. Ainsi, la cour de Douai a estimé que le fait pour un P.D.G. d'avoir effleuré les mains d'une salariée, de lui avoir « fait du pied » sous la table, lui avoir dit qu'il l'aimait, lui avoir porté des regards langoureux ou enjôleurs, lui avoir proposé de l'embrasser sur la bouche, avoir placé sur un véhicule une revue pornographique de façon à ce qu'elle ne puisse pas ne pas la voir ne constituait pas un harcèlement sexuel, mais de simples signaux conventionnels exprimant une inclination pouvant être sincère[673]. En l'espèce, les faits établissaient l'existence d'un contact physique. Toutefois, un élément de conviction supplémentaire permet aux magistrats de mieux distinguer en matière de harcèlement l'acte licite de l'acte illicite[674].

Les études ont permis de dégager un certain type de profil des harceleurs et de leurs victimes.

B / LE PROFIL DES HARCELEURS ET DE LEURS VICTIMES

Il est intéressant de voir dans un premier temps le profil des harceleurs (1) pour terminer avec le profil des femmes victimes (2).

---

[670] NERAC P., « Agressions sexuelles : jeux de mains, jeux de vilain », op. cit., p. 26

[671] CA Lyon, 26 nov. 1998, ministère public c/G, JCP1999, II, 10145, note MISTRETTA Patrick, p. 1526

[672]Ibid., p. 1527

[673] Douai, 10 sept. 1997, J.C.P. 1998, II, 10037, note GARE Thierry

[674] CA Lyon 26 nov. 1998, op. cit.e, p. 1528

1 / LE PROFIL DES AUTEURS DE HARCELEMENT SEXUEL

Les auteurs présentent soit un comportement violent avec une attitude offensante, soit un comportement familier, soit un comportement sexualisé. Ils font souvent usage de certains tactiques, à savoir chantage alternant promesses et menaces sur le plan professionnel ou sur le plan privé. Ils ont souvent une position sociale élevée. La violation de l'intimité, l'usage de la violence, l'abus de confiance et la revendication d'un droit de cuissage sont fréquents chez ces auteurs.

Les harceleurs cumulent parfois plusieurs pouvoirs, comme par exemple supérieur hiérarchique, de l'autorité et de l'âge. La tranche d'âge des auteurs se situe entre 40-54 ans[675]. Ils sont en grande majorité mariés et ont des enfants. Les femmes harcelées sont en grande majorité situées dans un rapport de subordination vis-à-vis des harceleurs.

2 / LE PROFIL DES FEMMES VICTIMES

Le risque de harcèlement sexuel concerne tous les niveaux professionnels et tous les âges. Mais le risque est le plus élevé dans la tranche d'âge de 25-40 ans. En effet, deux facteurs jouent un rôle important, à savoir l'âge et le statut civil des victimes[676]. Le harcèlement sexuel s'accroît pour les femmes plus jeunes, non mariées, vulnérables socialement et économiquement. Les femmes les plus jeunes, entre 20-24 ans, sont plus souvent victimes du harcèlement sexuel de la part d'un supérieur hiérarchique[677]. Les plus jeunes subissent les fréquences de harcèlement sexuel les plus fortes. Les femmes célibataires et divorcées connaissent également des fréquences élevées. Les femmes mariées ou vivant en couple sont les moins touchées. La désignation légale d'un mari garantirait aux femmes, dans la sphère professionnelle, d'éviter les

---

[675] CROMER S., *Le harcèlement sexuel en France*, op. cit., p. 24

[676] JASPARD M., *Les violences envers les femmes en France*, op. cit., p. 125

[677] Ibid., p. 131

intrusions d'autres hommes dans leur vie privée. Un fait remarquable qui démontre encore une fois que le corps de la femme ne lui appartient pas.

Il faut remarquer que certains emplois sont plus fortement sujets au harcèlement sexuel, à savoir la police, chauffeur de bus ou de taxi, serveuse, infirmière. La précarité de l'emploi est un facteur favorisant le harcèlement sexuel. Ces actes ont des conséquences sur la vie des femmes.

§2 / LES CONSEQUENCES POUR LA FEMME VICTIME

Le harcèlement sexuel a des conséquences sur l'emploi, la carrière, les conditions du travail et la santé de la salariée victime (A). Les femmes victimes dénoncent de plus en plus les faits du harcèlement sexuel (B).

A / LES EFFETS SUR SA SANTE ET SON TRAVAIL

Le harcèlement sexuel est vécu comme une atteinte à la personne, dans sa dignité et dans sa liberté. La sexualité est instrumentalisée pour porter atteinte à la personne qui se voit comme un objet de manipulation par l'auteur. Selon les psychiatres, dans le harcèlement sexuel, il y a autant un besoin d'humilier la femme et de la rabaisser que celui d'en tirer du plaisir. De ce fait, la victime éprouve des conséquences négatives de ces actes. Cet acte est souvent vécu dans l'isolement par peur d'incompréhension ou de mauvaise interprétation.

Les conséquences du harcèlement peuvent être émotionnelles, cognitives, physiques et peuvent avoir un impact déterminant sur la performance et la carrière. Il faut noter que les effets du harcèlement sexuel dépendent des facteurs personnels, à savoir l'état de santé initial, la situation familiale, l'âge, les facteurs sociaux comme la classe sociale, les facteurs professionnels tel le travail précaire. De plus, la perturbation de la vie familiale est fréquente. Les femmes victimes présentent divers troubles de la santé, à savoir troubles du sommeil, cauchemars, maux de tête, boulimie ou anorexie, perturbation du poids, fatigue, spasmophilie, problèmes de menstruations, crises de larmes, vomissements, anxiété, problèmes sexuels[678]. De plus, il existe une difficulté à se reposer. La fatigue et, en conséquence, une consommation accrue de médicaments anxiolytiques ou somnifères existent. Les dépressions sont fréquentes et les arrêts du travail aussi. Les femmes présentent également des troubles comportementaux comme par exemple une déstabilisation, des difficultés de concentration, une perte de confiance en soi, un dégoût du travail, une démotivation, une méfiance envers les collègues, la hiérarchie et les clients.

Les idées suicidaires sont présentes. Les tentatives de suicide et l'hospitalisation sont fréquentes. La détérioration de l'état de santé entraîne de fortes perturbations physiques et psychologiques. De ce fait, les victimes sont dans l'incapacité de travailler. La vie normale est complètement perturbée. Parfois, certains troubles comme par exemple des crises d'angoisse, de nervosité, un sentiment de colère et de crainte, des troubles de l'humeur, des troubles de la mémoire, des ruminations mentales, une sensation d'étau thoracique, des troubles digestifs, des douleurs rachidiennes, une chute des cheveux sont présents.

Dans l'impossibilité de trouver une solution dans le silence, la femme victime réagit en dénonçant les faits.

B / LA RUPTURE DU SILENCE : LA DENONCIATION DES FAITS

Le harcèlement sexuel affecte gravement la situation professionnelle des femmes. Les femmes ne subissent pas passivement le harcèlement. En général, les femmes ripostent pour signifier leur non-consentement et pour éviter toute aggravation comme par exemple en modifiant leur tenue vestimentaire, leur comportement, en faisant usage

---

[678] CROMER S., *Le harcèlement sexuel en France*, op. cit., p. 78

du mensonge, du retrait provisoire de leur lieu du travail ou en faisant appel au sens moral et professionnel. Certaines femmes peuvent céder au harcèlement pour sauvegarder leur emploi si elles ont des difficultés personnelles et financières. La dénonciation des faits est la solution pour mettre fin à une situation de harcèlement sexuel.

Il est difficile de dénoncer son supérieur hiérarchique ou un chef d'entreprise. L'acte est dévoilé quand il entraîne des situations sans issue, à cause du pouvoir hiérarchique fort et aussi quand il peut être entendu, cru pour être pris en compte. En effet, les réactions des collègues peuvent varier de l'indifférence à la solidarité. Leurs attitudes sont diverses : absence de réactions, soutien amical et moral, aide ponctuelle discrète, solidarité active. Toutefois, les dénonciations ne sont pas sans risques pour la victime. Les collègues prennent souvent le parti des agresseurs par peur ou par naïveté, ou en espérant parfois en tirer un bénéfice personnel avant d'être pris à leur tour dans la tourmente[679]. D'une manière générale, les femmes peuvent avoir peur que la dénonciation de l'une dévoile le vécu des autres.

La dénonciation est difficile s'il n'y a pas de soutien de la part des collègues du travail. En effet, la dénonciation a des conséquences pour la victime, à savoir l'isolement, le rejet par son milieu professionnel. Cette situation peut aggraver les conditions de travail de la victime. La dénonciation implique aussi que la victime a une connaissance sur ses droits. Les victimes ont souvent fait appel aux représentants du personnel, délégués du personnel ou délégués syndicaux. En l'absence d'un représentant en entreprise, elles font appel au niveau des unions locales des syndicats. Les clients et les fournisseurs peuvent être témoins du harcèlement. La dénonciation judiciaire des faits est facilitée par l'existence des dispositions législatives. Actuellement, les femmes victimes disposent de nombreuses mesures protectrices.

---

[679] LOPEZ G., PORTELLI S., CLEMENT S., *Les droits des victimes*, op. cit., p. 236

SECTION II / LES MESURES PROTECTRICES EN FAVEUR DES FEMMES VICTIMES

La dénonciation des violences sexuelles au travail a abouti à de nouvelles législations permettant la qualification pénale du délit de harcèlement sexuel. Le harcèlement sexuel n'est reconnu illégal que depuis 1964. Jusqu'aux années soixante-dix, le phénomène n'était pas nommé. Depuis 1976, le système judiciaire américain reconnaît le harcèlement sexuel en tant que discrimination sexuelle. Et les premiers cas légaux sont apparus dans les années quatre-vingt[680]. La répression du harcèlement sexuel est donc née dans les pays anglo-saxons. Et les pays européens aussi ont commencé à prendre en considération le problème du harcèlement sexuel.

La création d'une infraction spécifique en la matière a permis d'améliorer l'effectivité de la répression. La loi sur le harcèlement sexuel est une tentative pratique pour mettre fin à une forme d'exploitation du corps des femmes. C'est en 1992 que la France s'engage dans la réforme du droit pénal et du droit du travail pour être conforme avec les recommandations de la Commission européenne en matière de dénonciation du harcèlement sexuel au travail. La première loi concernant le harcèlement sexuel au travail a été adoptée en 1992[681]. Le harcèlement sexuel est défini depuis le 2 novembre 1992. La loi proposée met en avant les situations hiérarchiques, donc d'abus d'autorité. Un supérieur hiérarchique use de sa position dominante et de son pouvoir pour obtenir les faveurs sexuelles d'un subordonné. Il s'agit là d'une notion de contrainte. Grâce à cette loi, les femmes victimes ont obtenu un lieu de débats, une légitimité, le pouvoir d'engager des poursuites et la possibilité d'obtenir réparation.

La loi est adoptée même si elle est insuffisante. En effet, l'association contre les violences faites aux femmes au travail milite pour une loi plus proche de celle en vigueur aux Etats-Unis, c'est-à-dire

---

[680] ALBERNHE T., *Criminologie et psychiatrie*, op. cit., p. 245

[681] Loi N° 92-1179 du 2 novembre 1992

sans tenir compte du statut hiérarchique[682]. La loi de modernisation sociale du 17 janvier 2002[683] introduit les modifications en supprimant la restriction apportée par les termes « personnes abusant de l'autorité que lui confèrent ses fonctions ». Ainsi, cette loi a modifié le texte pour aménager un dispositif répressif et élargir la définition. Par conséquent, l'auteur du harcèlement peut être un collègue, et non plus seulement un supérieur hiérarchique. Enfin, avec la loi du 3 janvier 2003[684], c'est désormais à l'employeur qu'il appartient de faire la preuve que les agissements commis et les décisions prises sont étrangers à tout harcèlement.

Les dispositions juridiques spécifiques au harcèlement sexuel au travail ont d'abord un rôle préventif, avant toute sanction. Toutefois, les recours juridiques (§2) pour les victimes permettent de sanctionner les auteurs. Et il ne faut pas oublier l'existence de certaines structures d'aide pour la femme victime (§1).

---

[682] JASPARD M., *Les violences envers les femmes en France*, éd. La documentation française 2003, p. 123

[683] Loi N° 2002-73 du 17 janvier 2002 relative à la modernisation sociale

[684] Loi N° 2003-6 du 3 janvier 2003 portant relance de la négociation collective en matière de licenciements économiques

§1 / L'EXISTENCE DE CERTAINES STRUCTURES D'AIDE POUR LA FEMME VICTIME

Certaines structures peuvent venir en aide aux femmes victimes. Le rôle de l'inspection du travail (A) et des associations (B) semble être important.

A / LE ROLE DE L'INSPECTION DU TRAVAIL

La procédure la plus fréquente est le recours à la hiérarchie ou à la direction pour informer et demander un règlement de la situation de harcèlement sexuel. L'employeur est en mesure d'imposer la cessation de l'acte notamment par le biais de son pouvoir disciplinaire. Mais la hiérarchie informée peut adopter deux types d'attitudes : soit elle bloque la situation par le mutisme ou la négation du problème, soit elle accepte de prendre en considération la situation. En cas d'échec de cette procédure, les victimes peuvent avoir recours à l'inspection du travail.

L'inspection du travail joue également un rôle en matière de harcèlement sexuel. Elle constitue le premier recours des victimes avant tout recours juridique. Elle intervient soit dans le cadre d'une démarche individuelle, soit dans le cadre d'enquêtes diligentées par le ministère du Travail. La circulaire du 11 février 1993[685] précise le rôle de l'inspection du travail. La loi dans le cadre du dispositif relatif à l'égalité professionnelle institue une protection de la salariée contre le harcèlement sexuel au travail en tant qu'une forme de discrimination fondée sur le sexe. Les inspecteurs du travail sont chargés d'assurer l'exécution des dispositions du code du travail. De ce fait, l'inspecteur du travail est habilité à mener une enquête en vue d'établir un éventuel constat de discrimination et de dresser un procès-verbal[686]. En matière de harcèlement sexuel, le problème des preuves est un obstacle. Ce problème se pose de façon plus grave à l'inspecteur du travail, agent de

---

[685] Circulaire DRT N° 93/2 du 11 février 1993

[686] Article L 8113-5 et L 8113-7 du code du travail

constat. En effet, le harcèlement sexuel ne peut pas être constaté, mais peut seulement être démontré par un faisceau d'indices concordants ou des témoignages, voire des aveux. Les victimes ne doivent pas oublier les associations.

B / LES ASSOCIATIONS

Il existe des associations spécialisées pour venir en aide aux victimes. Ces associations sont très utiles dans l'aide et l'accompagnement des victimes. L'association européenne contre les violences faites aux femmes au travail assure une permanence d'écoute, d'accueil et d'intervention depuis 1985. Les demandes émanent de la part des victimes, de leurs conjoints ou de leurs amis, d'avocats, de syndicalistes, de conseillers, d'employeurs. Cette structure assure un conseil juridique, l'envoi d'une documentation, l'accompagnement dans les démarches et procédures jusqu'à l'implication dans le dossier par la saisine d'une juridiction en se constituant partie civile. Les victimes disposent d'un recours judiciaire pour harcèlement sexuel.

§2 / LES RECOURS JURIDIQUES

L'un des aspects les plus novateurs de l'égalité professionnelle est la prohibition du harcèlement sexuel au travail. Elle résulte en droit français de la loi du 2 novembre 1992 créant un double dispositif, à la fois dans le code pénal (B) et dans le code du travail (A). Le délit du code pénal protège la liberté sexuelle des personnes alors que les dispositions du code du travail ont pour but de protéger la liberté sexuelle tout en favorisant l'égalité des sexes dans le cadre du travail[687]. Le recours judiciaire a rendu les actes de harcèlement sexuel illégitimes dans la vie sociale.

---

[687] DAMIEN R., « L'inquiétante métamorphose du délit de harcèlement sexuel », *D.* 2002, p. 2059

A / LES DISPOSITIONS PREVUES PAR LE CODE DU TRAVAIL

Le marché du travail a attiré un nombre considérable de femmes ; de ce fait la délinquance à connotation sexuelle a connu une augmentation considérable dans ces lieux[688]. La protection des femmes victimes est devenue importante. Le code du travail protège la victime contre les mesures de représailles à la suite d'une plainte, notamment le licenciement. En effet, ledit code prohibe les sanctions professionnelles prises à l'encontre des salariés qui résistent. Ces mesures de rétorsion sont considérées comme discriminatoires et sont punies à ce titre. Il existe des dispositions analogues dans le code de la Fonction publique. Les premières années de l'application du dispositif ont montré ses limites. Les poursuites échouent souvent pour des raisons de preuve[689]. Actuellement, la victime a la possibilité d'intenter une action en justice devant le conseil des prud'hommes. Elle peut formuler devant le conseil des prud'hommes une demande de dommages et intérêts pour préjudice moral lié à la détérioration de l'état de santé. Les dispositions du code du travail (1) permettent de garantir les droits des femmes victimes. Le code prévoit également un aménagement en matière de preuve (2).

1 / LES DISPOSITIONS PROTECTRICES

Le code du travail contient de nombreuses dispositions dans le but de protéger les victimes. Selon ledit code, l'employeur doit établir un règlement intérieur de l'entreprise, dans lequel doivent figurer les dispositions relatives à l'abus d'autorité en matière sexuelle[690]. Il appartient au chef d'entreprise de prendre toutes les dispositions nécessaires en vue de prévenir les actes de harcèlement sexuel[691]. Le harcèlement sexuel est aussi sanctionné dans le cadre du droit disciplinaire du travail privé et public. Une sanction disciplinaire est

---

[688] ALBERNHE T. (ss la dir. de), *Criminologie et psychiatrie*, op. cit., p. 455

[689] DEKEUWER-DEFOSSEZ F., *L'égalité des sexes*, éd. Dalloz 1998, p. 67

[690] Article L 1321-1 et L 1321-2 du code du travail

[691] Article L 1153-5 du code du travail

possible contre l'auteur du harcèlement sexuel[692]. Cette infraction justifie le licenciement du salarié qui en est l'auteur.

Un article énonce qu'« aucun salarié, aucun candidat à un recrutement, à un stage ou à une période de formation en entreprise ne peut être sanctionné, licencié ou faire l'objet d'une mesure discriminatoire, directe ou indirecte, notamment en matière de rémunération, de formation, de reclassement, d'affectation, de qualification, de classification, de promotion professionnelle, de mutation ou de renouvellement de contrat pour avoir subi ou refusé de subir les agissements du harcèlement de toute personne dont le but est d'obtenir des faveurs de nature sexuelle à son profit ou au profit d'un tiers »[693]. L'article vise toutes les personnes et non seulement le supérieur hiérarchique. De plus, le même article prévoit que le salarié ne peut être sanctionné, licencié ou faire l'objet d'une mesure discriminatoire pour avoir dénoncé ou témoigné des agissements en matière de harcèlement. Le salarié dénonçant les faits est ainsi protégé.

Les organisations syndicales représentatives dans l'entreprise peuvent intervenir pour exercer une action en justice en justifiant d'un accord écrit de la victime[694]. Toutefois, la victime peut toujours intervenir à l'instance engagée par le syndicat. Il faut noter que les syndicats professionnels peuvent, devant toutes les juridictions, exercer tous les droits réservés à la partie civile, à condition que les faits déférés au juge portent par eux-mêmes un préjudice direct ou indirect à l'intérêt collectif de la profession qu'ils représentent[695]. Mais ils n'ont pas de pouvoir en matière de harcèlement sexuel. Le syndicat ne peut se constituer partie civile devant la juridiction répressive, dans l'information ouverte des chefs de viol et harcèlement sexuel, au motif que les faits auraient été perpétrés sur le lieu de travail de la victime et par son supérieur hiérarchique, alors que ces circonstances ne suffisent pas à caractériser une atteinte à l'intérêt collectif des salariés du secteur[696].

---

[692] Article L1153-6 du code du travail
[693] Article L 1153-2 du code du travail
[694] Article L 1154-2 du code du travail
[695] Article L 2132-3 du code du travail
[696] Crim. 23 janv. 2002, RSC 2002, p. 832, obs. Giudicelli-Delage

De plus, en conformité avec la résolution du Parlement européen de 1994, la loi introduit la possibilité d'une procédure de médiation en faisant appel à des personnes extérieures à l'entreprise[697]. Ainsi, une procédure de médiation est possible, le médiateur[698] s'informe de l'état des relations entre les parties et tente de les concilier. Le médiateur peut leur soumettre des propositions qu'il consigne par écrit en vue de mettre fin au harcèlement. En cas d'échec de la conciliation, le médiateur informe les parties des éventuelles sanctions encourues et des garanties procédurales prévues en faveur de la victime[699].

Le comité d'hygiène, de sécurité et des conditions du travail a pour mission de contribuer à la protection de la santé physique, mentale et de la sécurité des salariés de l'établissement[700]. A ce titre, il peut proposer des actions de prévention en matière de harcèlement sexuel. De même, le harcèlement moral a aussi des conséquences graves sur la santé mentale. Les projets de réformes législatives ont abouti à la rédaction de nouveaux articles du code du travail et du code pénal concernant la lutte contre le harcèlement moral au travail. Un simple harcèlement moral est aussi sanctionné par les lois actuelles. Le code du travail interdit tout harcèlement moral[701].

2 / LE RENVERSEMENT DE LA CHARGE DE LA PREUVE

Il faut remarquer que les règles de preuve sont plus favorables depuis 2002. En effet, dans l'objectif de faciliter les possibilités pour les victimes d'engager des recours juridiques, une innovation importante est introduite en matière de preuve. Désormais, la charge de la preuve incombe à l'auteur des faits. Dans le cas du harcèlement sexuel, la femme victime peut établir des faits qui permettent de présumer de l'existence dudit litige. Dans ce cas, il appartient à l'auteur des faits de

---

[697] JASPARD M., *Les violences envers les femmes*, op. cit., p. 123
[698] Le choix du médiateur fait l'objet d'un accord entre les parties
[699] Article L 1152-6 du code du travail
[700] Article L 4612-1 du code du travail
[701] Article L 1152-1 et L 1152-2 du code du travail

prouver que ces agissements dénoncés par la femme victime ne sont pas constitutifs d'un harcèlement sexuel et en conséquence de justifier sa décision par des éléments objectifs étrangers à tout harcèlement sexuel[702]. Et en conséquence, le juge forme sa conviction après avoir ordonné, en cas de besoin, toutes les mesures d'instruction qu'il estime utiles. Ce qui permet d'encourager les victimes à dénoncer les faits pour ne pas subir la situation du harcèlement sexuel. De plus, un arrêt récent en matière de harcèlement sexuel accepte comme moyen de preuve un SMS envoyé par l'employeur à la salariée victime de harcèlement sexuel[703]. A noter que les dispositions du code pénal sont importantes pour assurer une répression.

B / LES SANCTIONS PREVUES PAR LE CODE PENAL

Les assauts sexuels sur le lieu du travail sont nombreux. Le harcèlement sexuel sur le lieu du travail est l'une des formes de violences volontaires. Le code pénal définit le harcèlement sexuel de la manière suivante : « le fait de harceler autrui en donnant des ordres, proférant des menaces, imposant des contraintes ou exerçant des pressions graves dans le but d'obtenir des faveurs de nature sexuelle, par une personne abusant de l'autorité que lui confèrent ses fonctions »[704]. Il y a harcèlement sexuel s'il émane d'un supérieur hiérarchique, à savoir chef de service, employeur, à l'exclusion des autres salariés de même grade ou de grades inférieurs. Le code pénal réprime plus spécifiquement l'abus d'autorité en matière de harcèlement sexuel. Le harcèlement sexuel présente pour particularité que ce n'est pas l'acte en lui-même qui est incriminé. Sont concernées les menaces ou les contraintes émanant d'une personne qui abuse de l'autorité que lui confèrent ses fonctions. Le harcèlement sexuel est un délit puni d'une peine maximale d'un an d'emprisonnement et de 15 000 € d'amende[705].

---

[702] Article L 1154-1 du code du travail

[703] Cass.soc., 23 mai 2007, Répertoire du notariat Defrénois 2007, p. 1614, note QUETANT G-P.

[704] Article 222-33 du code pénal

[705] Ibid.

Actuellement, un simple harcèlement moral est punissable. La loi du 17 janvier 2002 a introduit un nouvel article en matière de harcèlement moral. Ledit article énonce que « le fait de harceler autrui par des agissements répétés ayant pour objet ou pour effet une dégradation des conditions de travail susceptible de porter atteinte à ses droits et à sa dignité, d'altérer sa santé physique ou mentale ou de compromettre son avenir professionnel, est puni d'un an d'emprisonnement et de 15 000 € d'amende »[706].

Le corps de la femme est l'objet de nombreuses atteintes dans la société. L'exploitation sexuelle du corps de la femme est un autre phénomène.

[706] Article 222-33-2 du code pénal

CHAPITRE II / L'EXPLOITATION SEXUELLE DU CORPS DE LA FEMME

A l'aube du XXIe siècle, le corps de la femme est encore considéré comme une marchandise. La femme est vendue sur un vaste marché sans frontières. Le corps des femmes est un objet d'échange, du fait de la technologie moderne et du développement de l'industrie de la prostitution. Internet est devenu un média pour la promotion du trafic et l'exploitation sexuelle des femmes. Ce réseau mondial de communication est utilisé pour acheter et vendre le corps des femmes[707] pour être exploité sexuellement.

L'exploitation sexuelle est une pratique par laquelle une personne obtient un assouvissement sexuel ou un gain financier ou une promotion en abusant de la sexualité d'une autre personne. La personne victime est ainsi privée de son droit fondamental à la dignité, à l'égalité, à l'autonomie et au bien-être physique et psychique. Cette pratique porte atteinte au corps féminin et empêche la femme de disposer librement de son corps. L'exploitation sexuelle de la femme est inacceptable car il y a négation de la personne humaine et déshumanisation de la sexualité. Ces manifestations portent de graves atteintes aux droits humains. Les femmes en sont souvent victimes. Ce type d'exploitation du corps de la femme démontre bien l'inégalité existant entre hommes et femmes. En effet, les clients sont des hommes et bénéficient du droit à disposer du corps de la femme contre payement d'une somme d'argent. Cette pratique évoque clairement une inégalité des sexes. Elle repose sur un mode de société patriarcal, supériorité de l'homme sur la femme.

De plus, l'exploitation sexuelle du corps de la femme est considérée comme une forme de violence car elle porte atteinte au droit à l'intégrité du corps. Elle porte atteinte aux principes de dignité, d'inaliénabilité et d'inviolabilité du corps féminin. Cette exploitation est contraire aux droits de l'homme et aux droits humains. En effet, la femme est considérée comme un esclave dans le but de garantir

---

[707] COQUARTE E., HUET P., *Le livre noir de la prostitution*, Albin Michel 2000, p. 32

l'assouvissement sexuel d'autrui. L'exploitation sexuelle évoque une vision mercantile du corps de la femme. Le corps de la femme apparaît comme un produit de consommation plutôt qu'un être humain.

La femme est un être humain et son corps ne peut en aucun cas être réduit à l'état de marchandise et le payement ne peut en aucun cas légitimer la violence. Pourtant, l'exploitation sexuelle du corps de la femme est de plus en plus développée par des réseaux de criminels. Le corps des femmes est devenu une marchandise, c'est un objet d'exploitation dans le marché (Section I). Ce qui est contraire au principe de la dignité humaine. Pour agir contre ce phénomène, le législateur a décidé de prendre des mesures répressives permettant l'éradication du proxénétisme (Section II).

SECTION I / LE CORPS DE LA FEMME OBJET D'EXPLOITATION DANS LE MARCHE DU PROXENETISME

Le proxénétisme est le fait d'exploiter sexuellement le corps des femmes. A l'échelle mondiale, le corps des femmes fait l'objet d'une commercialisation sans limites. En effet, la commercialisation du corps des femmes apporte de fabuleux profits. Dans les pays dépendants du tiers-monde ou de l'Europe de l'Est, le proxénétisme est encore plus important. La coexistence de la pauvreté et de la richesse est à l'origine de la création de nombreux réseaux de proxénétisme. La mise à disposition du corps féminin pour la jouissance sexuelle constitue l'acte de vente. Les femmes et les enfants de sexe féminin sont les proies principales du système de proxénétisme. C'est un fléau social dans de nombreux pays.

Le statut des femmes a gravement régressé du fait de l'existence de ce fléau partout dans le monde. En 1998, la prostitution représentait entre 2 et 14% du PIB de l'ensemble des activités économiques de la Thaïlande, de l'Indonésie, de la Malaisie et des Philippines[708]. En 2001, le nombre de personnes prostituées dans le monde était environ de quarante millions[709]. Ce chiffre ne cesse d'augmenter, particulièrement dans certains pays comme par exemple aux Philippines, en Malaisie, à Taiwan. L'industrie de la prostitution représente 5% du PIB des Pays-Bas, entre 1 et 3% de celui du Japon. La prostitution engendre un chiffre d'affaires mondial de soixante milliards d'euros.

Le marché du proxénétisme manque de personnel pour travailler comme prostitué, alors que la demande du corps des femmes pour la jouissance sexuelle par les clients ne cesse d'augmenter. Il existe un déséquilibre entre l'offre et la demande. Pour garantir un équilibre entre l'offre et la demande, les proxénètes développent le système de la traite des femmes à des fins d'exploitation sexuelle. Les trafics des femmes

---

708 POULIN RICHARD, *La mondialisation des industries du sexe*, éd. Imago 2005, p. 22

709 Ibid., p. 22

sont essentiellement destinés à alimenter la prostitution. Ce qui permet de développer les sources de profits des proxénètes. Le trafic constitue la plus traditionnelle des formes d'approvisionnement du système prostitutionnel. L'Organisation des Nations unies avance le chiffre de plus de 500 000 personnes trafiquées vers l'Europe, l'Asie et l'Amérique chaque année[710]. Le domaine du proxénétisme connaît un développement grandissant. Ce développement du marché du proxénétisme (§1) nécessite le recrutement de femmes pour être exploitées sexuellement. La traite des femmes aux fins de la prostitution permet d'approvisionner le corps des femmes (§2).

[710] LEGARDINIER C., *Les trafics du sexe*, éd. Les essentiels Milan 2002, p.12

§1 / LE DEVELOPPEMENT DU MARCHE DU PROXENETISME

Dans le cadre du proxénétisme, il existe un véritable mépris total de la dignité de la femme et de son humanité. En effet, le corps de la femme est utilisé comme un simple objet de plaisir dans le marché. Le proxénétisme est le fait d'aider, d'encourager, de protéger la prostitution et d'en tirer profit. Le fait d'embaucher, d'entraîner, de détourner une personne ou d'exercer sur elle une pression en vue de la prostitution constitue également un acte de proxénétisme. Il existe certains facteurs favorisant le développement du proxénétisme (A). Les formes de proxénétisme (B) sont différentes en fonction de l'intervention du proxénète.

A / LES FACTEURS FAVORISANT LE DEVELOPPEMENT DU PROXENETISME

L'existence de la prostitution (1), la présence accrue des consommateurs du corps des femmes (2) et enfin les nouveaux modes de vie (3) favorisent le développement du proxénétisme.

1 / LA PROSTITUTION, ORIGINE DU PROXENETISME

La prostitution perpétue une forme d'esclavage. Elle favorise l'exploitation sexuelle du corps de la femme par autrui. La prostitution et le proxénétisme sont indissociables. Le système prostitutionnel met en lumière les relations inégalitaires entre hommes et femmes à l'échelle mondiale. La prostitution évoque sans doute une inégalité des sexes. Dans ce domaine, il y a des risques de meurtres et de tortures des femmes dont les auteurs peuvent être les clients ou les proxénètes. Il est important de voir la définition de la prostitution (a), son commencement (b), ses causes (c) et enfin le rôle de la pornographie dans le développement de la prostitution (d).

a / LA DEFINITION DE LA PROSTITUTION

La prostitution est le fait d'employer, moyennant une rémunération, son corps à la satisfaction des plaisirs du public, quelle que soit la nature des actes de lubricité accomplis[711]. Faire de son corps un objet de transactions est le signe d'un esclavage et donc d'une aliénation. Un autre arrêt définit la prostitution de la manière suivante : « la prostitution consiste à se prêter, moyennant une rémunération, à des contacts physiques de quelque nature qu'ils soient, afin de satisfaire les besoins sexuels d'autrui[712] ». La prostitution est donc le fait d'employer son corps à la satisfaction du plaisir sexuel d'autrui contre une rémunération. La prostitution est une marchandisation des relations sexuelles. Elle consiste à vendre un service sexuel dans le contexte le plus souvent anonyme et dépourvu d'affection, mais dans un but de profit financier. Le corps humain est protégé par un certain nombre de principes. La prostitution porte atteinte aux principes protégeant le corps humain, à savoir le principe d'inaliénabilité, d'inviolabilité, la non-patrimonialité et la dignité de la personne humaine. En tant qu'activité sur les corps à vendre ou à louer, la prostitution porte atteinte à la dignité humaine. La prostitution a une histoire pour expliquer son commencement.

b / LE COMMENCEMENT DE LA PROSTITUTION

La prostitution était inexistante dans les sociétés primitives. Elle est liée à l'urbanisation massive et à la société marchande. Cette pratique a débuté avec le processus d'urbanisation. En effet, l'urbanisation a entraîné l'éparpillement de la tribu et l'isolement de certains de ses

[711] Civ., 19 nov. 1912, DP 1913, 1, p. 353, note Le Poittevin
[712] Crim., 27 mars 1996, bull.crim., N° 138 ; RSC 1996, p. 853, obs. Mayaud

membres. Les hommes sans famille recherchaient un moyen pour calmer la solitude alors que les femmes veuves ou abandonnées ont été obligées de trouver un moyen pour se nourrir. La prostitution est apparue comme une solution pour combler le manque de chaque personne. Les temples sont devenus les premiers bordels[713]. Ce système a été rapidement organisé et s'est développé de façon rapide durant le dix-neuvième siècle avec l'urbanisation industrielle. La prostitution fut organisée à l'échelle internationale avec l'ère coloniale permettant de passer de la traite des blanches à la traite des brunes. Le profit de ce secteur a permis la mondialisation avec une évolution plus en plus marquée. Le domaine de la prostitution est devenu un grand réseau très organisé pour ensuite devenir une industrie internationale d'exploitation du corps des femmes. La prostitution est un système d'organisation à la fois nationale et internationale.

Actuellement, il existe deux formes de prostitution dans la société. La première forme est la prostitution professionnelle ou publique, parfois très organisée par des réseaux de proxénètes. Il existe à l'heure actuelle deux formes de prostitution professionnelle très organisées, qui sont celle des bordels et celle du trottoir. La deuxième forme est une prostitution non professionnelle opportune et clandestine. Cette deuxième forme de prostitution est pratiquée par des femmes en difficultés financières ou sociales graves et qui terminent des fins de mois difficiles. Toutefois, les causes de la prostitution sont nombreuses.

c / LES CAUSES DE LA PROSTITUTION

Le système prostitutionnel est un système de domination. Ce système attire essentiellement les femmes pauvres[714]. La pauvreté est une condition préalable et favorise l'entrée dans la prostitution. Certaines études montrent que 70% des êtres humains les plus pauvres dans le monde sont des femmes. Les femmes les plus défavorisées sont les victimes désignées de la prostitution. La pauvreté pèse sur les

[713] DESFORTS J., *Violences et femmes de tiers-monde*, op. cit., p. 177
[714] LEMAIRE CH. J., *La prostitution pour ou contre la légalisation*, éd. Espace de libertés 2004, p. 27

femmes plus durement que sur les hommes. L'accès réduit à la scolarité et à l'emploi est souvent à l'origine de ces inégalités. Les inégalités entre hommes et femmes sont la première cause de prostitution. Au niveau mondial, ce sont des femmes qui sont les plus touchées par la misère. Au cours des dernières années, le nombre de femmes vivant dans la pauvreté a augmenté plus vite que celui des hommes, notamment dans les pays en développement. En effet, les femmes ont subi les conséquences de la montée du chômage, de la diminution des salaires et des dépenses sociales, le bouleversement des structures traditionnelles, la désertification des campagnes, l'urbanisation sauvage, les déplacements vers les villes accompagnés des ruptures des liens familiaux, les migrations internationales, les guerres et les déplacements internes des populations. Ces faits constituent des facteurs qui contribuent à multiplier le nombre de ménages dirigés par des femmes et ont pour conséquence la prostitution des filles. De plus, le domaine de la prostitution est un secteur dans lequel l'offre du travail est importante. En effet, dans ce secteur, la demande est très importante alors que l'offre est faible par manque de jeunes femmes.

Il faut noter que la violence au sein de la famille ou la pauvreté pousse les enfants dans la rue pour survivre ou faire vivre leur famille, notamment dans les pays pauvres. L'exploitation sexuelle du corps de femmes de plus en plus jeunes est en augmentation constante. La fuite du milieu familial facilite l'entrée dans la prostitution. C'est en Asie, en Amérique centrale et en Amérique du Sud que le nombre d'enfants prostitués est le plus élevé. Mais il y a aussi une augmentation de la prostitution des enfants en Afrique, en Amérique du Nord et en Europe. Le problème existe partout dans le monde et touche tous les pays, compte tenu de la demande et de l'offre alimentant la prostitution transnationale. La mafia russe a organisé de larges circuits de prostitution de très jeunes femmes russes, ukrainiennes, biélorusses, roumaines et tchèques, à destination de l'Europe de l'Ouest et du Moyen-Orient[715]. L'Asie du Sud-Est demeure le lieu important du tourisme sexuel. Dans les sociétés, le bouleversement des structures traditionnelles et le passage à l'économie de marché ont favorisé la prostitution notamment en l'Europe de l'Est, au Vietnam, à Cuba et en Chine. C'est souvent avec la complicité des familles que la prostitution

---

[715] LANG J., *Enquête sur la situation des femmes dans le monde*, op. cit., p. 9

de très jeunes filles en Thaïlande ou la vente de fillettes népalaises aux maisons closes de Bombay perdure, malgré la dénonciation de ces pratiques par les ONG. Récemment, ce sont les Irakiens qui vendent leurs filles au bénéfice des réseaux de prostitution. En effet, la guerre en Irak a créé la misère et la population a des difficultés pour faire vivre les membres de leur famille, du fait de l'absence de ressources. Les filles issues des familles démunies sont vendues au marché. En s'appuyant sur la pauvreté des femmes, les réseaux de prostitution prospèrent et se sont largement développés au cours de la décennie.

Les abus sexuels vécus par des femmes durant l'enfance les préparent aussi à la prostitution. L'abus sexuel durant l'enfance amène les femmes à intégrer l'idée qu'elles peuvent monnayer leur corps en échange d'argent ou des bien ou de services. Dans certains cas, les femmes non légitimes se sentent obligées d'accepter la prostitution pour devenir des objets sexuels[716]. Dans tous les cas, il ne faut pas oublier d'évoquer le rôle de la pornographie.

d / LE ROLE DE LA PORNOGRAPHIE DANS LE DEVELOPPEMENT DE LA PROSTITUTION

La pornographie joue un rôle dans le développement de la prostitution. Elle est utilisée comme publicité pour favoriser la prostitution. Et le développement de la pornographie est lié à celui de la prostitution. Certes, il y a un lien très important entre ces deux pratiques. La prostitution et la pornographie sont indissociables. La vente du corps de la femme nécessite une publicité détaillant plusieurs manières d'usage. La pornographie doit jouer le rôle, de manière à donner une envie de consommer le corps des femmes. Il faut provoquer le consommateur potentiel vers l'action. La pornographie fait du partenaire sexuel comme un objet de domination. La prostitution est la pratique de ce que la pornographie propose. La pornographie et la prostitution véhiculent une fausse idée de la liberté sexuelle. Le corps comme une marchandise réduit la femme prostituée à n'être justement qu'un corps.

---

[716] HIRIGOYEN M-F., *Femmes sous emprise*, op. cit., p. 56

La femme est réduite au rang d'un objet de fantasme. Il y a une véritable domination masculine dans ces domaines. Ce qui est contraire au droit de disposer librement de son corps par la femme. Ces deux domaines sont révélateurs des inégalités existantes entre homme et femme. Les clients, consommateurs du corps des femmes sont nombreux dans tous les pays.

2 / L'EXISTENCE DES CLIENTS

Il faut noter que trois personnages se retrouvent dans le phénomène prostitutionnel, à savoir, le proxénète, la prostituée et le client. La démarche du client et les pratiques du proxénète sont occultées. La prostitution est réduite à la personne prostituée. Mais, la prostitution se développe par l'existence incessante de la demande par des clients. La prostitution rend possible l'accès au corps des femmes avec toutes les violences imaginaires ou réelles que le client véhicule. A ce titre, la prostitution ne peut pas être acceptée comme une profession. Dans ce domaine, la femme est considérée comme une esclave. Comme tout marché aux esclaves, seuls les vendeurs et acquéreurs exercent leurs droits. Le proxénète qui met la personne prostituée à la disposition du client, ce dernier la choisit. Le corps des femmes reste à la disposition des clients qui sont exclusivement des hommes, 70% des clients sont occasionnels et 30% des clients sont habituels[717]. Il existe un million de clients en France et ces clients sont des hommes[718]. Le client est de tous âges et de toutes conditions sociales. Le client a un des profils suivants : solitaire, malheureux, migrant, pervers, handicapé. Certains clients affichent la curiosité, la facilité et le goût du changement sans nier toutefois le besoin de domination. Les nouveaux moyens de communication assurent aussi le recrutement d'une clientèle inédite et qui se tenait à distance des anciens modes de rencontre.

Le client apparaît ainsi comme un complice dans le développement de la prostitution et du proxénétisme. Mais, dans de nombreux pays, il n'existe pas de répression contre lui. C'est un

---

[717] AUDET E., *Prostitution : perspectives féministes*, éd. Sisyphe 2005, p.60
[718] COQUARTE E., HUET P., *Le livre noir de la Prostitution*, op. cit., p. 155

consommateur anonyme. Toutefois, certains pays tiennent compte des clients de la prostitution. Ainsi, la Suède soigne les clients. Le Canada punit les clients. La difficulté vient du fait que les Etats ne prennent pas une décision à l'unanimité quant au client de la prostitution. Le client agit souvent dans l'impunité et dans l'anonymat. Il jouit en outre d'une position de domination et de pouvoir en rapport avec la personne prostituée. Cette dernière par son commerce du corps est devenue un simple objet d'échange, donc une marchandise. Par conséquent, les nouveaux modes de vie facilitent le développement du proxénétisme.

3 / LA FACILITE DU DEVELOPPEMENT DU PROXENETISME PAR LES NOUVEAUX MODES DE VIE

L'existence, à la fois d'une demande accrue dans le domaine de la prostitution et des personnes ou des groupes qui en tirent des profits importants, a permis le développement du proxénétisme. Les nouveaux modes de vie ont facilité le développement de cette pratique comme par exemple les moyens de transport, l'ouverture des frontières, le développement du tourisme, les facilités du système bancaire, le développement de certains moyens de communication comme par exemple le Minitel et Internet. Le développement du tourisme favorise la prostitution dans certains Etats où l'argent de la prostitution devient un revenu national plus important comme par exemple en Thaïlande et aux Philippines.

Le proxénétisme est devenu un système structuré, mondialisé et industrialisé par des réseaux d'organisation criminelle. Le proxénétisme a ainsi acquis une dimension internationale. Beaucoup de ces victimes du proxénétisme sont d'origine étrangère avec des réseaux ayant pour origine l'Europe de l'Est, mais également l'Afrique, l'Amérique latine et l'Asie. Le proxénétisme intervient sous différentes formes.

B / LES FORMES DE PROXENETISME

Il est important de voir le profil des proxénètes (1). Ces derniers jouent un rôle dans le domaine du proxénétisme direct et du proxénétisme indirect (2). L'étude de certains cas est intéressante pour comprendre la position de la jurisprudence (3).

1 / LE PROFIL DES PROXENETES

La prostitution est souvent sous le contrôle des proxénètes qui sont majoritairement des hommes[719]. Peuvent être proxénètes les vendeurs de drogue, les propriétaires d'un studio de massages, des agences d'escorte. Les propriétaires de bars de danseuses souvent nues offrant des services sexuels sont aussi considérés comme des proxénètes dans la mesure où ils tirent des revenus de la prostitution d'autrui. Il peut s'agir d'individus ou d'entreprises commerciales ou encore d'Etats qui administrent des lieux de prostitution. Il peut s'agir également de personnes ou d'institutions qui profitent directement ou indirectement des revenus de la prostitution : agences de voyages, opérateurs de tourisme sexuel, loueurs de chambres d'hôtel, agences internationales de rencontres. Il existe des cas dans lesquels l'homme peut faire se prostituer la femme qu'il a épousée.

Ils sont souvent organisés en réseaux de tailles variables : petits, moyens et gros réseaux et sont parfois en contact avec des organisations criminelles. Les chefs de ces réseaux ne sont pas présents dans le lieu où l'infraction se commet, mais dans leur pays d'origine ou dans un pays voisin où la législation est plus conciliante[720]. Il existe des proxénètes locaux pour assurer l'organisation des activités. Les proxénètes agissent sous deux formes : le proxénétisme de contrainte et le proxénétisme de soutien. Le proxénétisme de contrainte fait l'objet d'une répression aggravée puisqu'il y a une violence sur la victime. Le proxénétisme de

---

[719] LEGARDINIER C., *La prostitution*, op. cit., p. 12
[720] Ibid., p. 20

soutien regroupe le proxénétisme par l'aide, l'assistance ou la protection. Dans ce dernier cas, il y a absence de violences sur la femme victime.

2 / LE PROXENETISME DIRECT ET LE PROXENETISME INDIRECT

Est considéré comme proxénète celui ou celle qui, d'une manière quelconque, aide, assiste, ou protège la prostitution d'autrui. Dans le proxénétisme direct, le profit peut résulter du partage direct des revenus de la prostitution alors que dans le proxénétisme indirect, le bénéfice indirect consiste à recevoir des subsides ou des avantages d'une personne se livrant habituellement à la prostitution.

Le proxénétisme direct consiste à favoriser la prostitution ou la débauche d'autrui ou à en tirer profit. Il peut s'accompagner de circonstances aggravantes. Les tribunaux français punissent la manifestation positive d'aide et d'assistance, le partage des produits de la prostitution ou la réception des subsides, le proxénétisme par le recrutement en vue de la prostitution, le proxénétisme par entremise, le proxénétisme par entrave à l'action de prévention ou assistance en faveur des prostituées, le proxénétisme par coercition ou tromperie. Le proxénétisme indirect consiste à fournir en connaissance de cause des locaux publics ou privés aux personnes se livrant à la prostitution. Le proxénétisme indirect s'exerce dans des salons de massages ou des hôtels et bars à hôtesses[721]. L'interdiction des maisons de prostitution est la première incrimination en matière de proxénétisme indirect ou hôtelier dans les Etats abolitionnistes. La loi interdit les maisons de tolérance. L'interdiction de la tolérance de la prostitution existe dans les lieux ouverts au public et dans les lieux privés. Cette qualification recouvre des faits très différents dans le but d'interdire toute forme particulière de proxénétisme. L'étude de certains cas clarifie la position de la jurisprudence.

---

[721] BESSOLES P., *Le meurtre du féminin*, op. cit., p. 82

3 / L'ETUDE DE CERTAINS CAS DE PROXENETISME

Il faut noter que la loi assimile au proxénétisme le fait de servir d'intermédiaire, de faciliter la justification des ressources d'un proxénète, d'être dans l'incapacité de justifier de revenus propres alors que l'on vit avec une prostituée[722] ou qu'on la fréquente de manière régulière, de fournir un local[723], de gérer un établissement ou un local en sachant que des personnes s'y livrent à la prostitution[724]. La vente de locaux destinés à la prostitution constitue un délit de proxénétisme[725]. La Cour de cassation a précisé que l'absence de ressources personnelles, même temporaire, ou des ressources faibles et irrégulières du mari fait présumer l'infraction[726]. Ce qui rapproche sa qualification de celle issue de la cohabitation avec une prostituée. Un seul acte suffit pour caractériser le délit et n'exige pas un élément d'habitude[727]. Caractérise l'aide à la prostitution d'autrui le fait pour une prostituée d'accueillir dans son véhicule une autre prostituée, afin de lui permettre, en raison de la panne de sa propre fourgonnette, de poursuivre ses activités galantes[728]. Un autre exemple d'aide est le fait pour le comptable d'un établissement hôtelier d'avoir mis à la disposition de l'exploitant un de ses propres comptes postaux, sur lequel était déposé le produit de la prostitution se déroulant dans cet établissement, même sans en tirer un quelconque profit[729]. Le dirigeant d'un centre de serveur Minitel, qui a largement favorisé, en toute connaissance de cause, un abondant réseau prostitutionnel dont il tirait de considérables profits[730], en est un autre exemple.

---

[722] Crim., 22 oct. 1980, D. 1981, Info. Rapide, p. 156

[723] Crim., 17 février 1976, 2 mars 1976, 12 avril 1976, D. 1976, Jurisprudence, note BOREL Claude, p. 427

[724] PRADEL J., « Le renforcement de la lutte contre le proxénétisme », *D.* 1976, Chron., p. 32

[725] GRENOBLE, 26 sept. 1974, D. 1975, Jurisprudence, note ROUJOU DE BOUBEE G., p. 561

[726] CAZALS A., *Prostitution et proxénétisme en Europe*, éd. La documentation française 1995, p. 73

[727] Crim., 10 mars 1955, bull. crim. N° 151

[728] Crim., 12 oct. 1994, Dr. pénal 1995, 38, note. Véron

[729] Crim., 25 mars 1998, Dr. pénal 1998, 112, obs. Véron

[730] Aix-en-Provence, 24 mai 1993, Gaz. Pal. 1993, 2, Somm., 456

La femme d'un hôtelier qui a continué à faire le ménage à l'intérieur d'un hôtel, alors qu'elle avait constaté petit à petit la présence de jeunes femmes qui étaient là pour se prostituer, se rend coupable du délit de proxénétisme[731]. Dans une affaire récente, les prévenus ont été reconnus coupables de proxénétisme par profit de la prostitution d'autrui. En l'espèce, il est établi que le premier prévenu, associé de fait d'un établissement exploité en Guadeloupe, a fait paraître des annonces afin de recruter des hôtesses pour y travailler, et que cet établissement, qui avait une activité officielle de cabaret, dissimulait en fait des pratiques sexuelles rémunérées ; le deuxième prévenu, associé de droit, a également recruté des hôtesses par voie d'annonces et à l'occasion de voyages d'affaires en Russie ; le troisième prévenu gérant de l'établissement, reconnaît avoir sollicité ses coprévenus, avoir passé une commande de 3000 préservatifs et avoir pris le passeport des hôtesses pour éviter leur fuite[732].

La traite des êtres humains est souvent associée au proxénétisme. La traite des femmes en vue de la prostitution alimente le système prostitutionnel.

§2 / LA TRAITE DES FEMMES AUX FINS DE LA PROSTITUTION

Une importation massive des femmes du tiers-monde et d'Europe de l'Est est la cause principale du développement du proxénétisme au niveau national[733]. L'intensification de la traite transnationale à des fins de prostitution est un des éléments constitutifs de ce développement commercial. Les femmes constituent 90% des victimes de la traite aux fins de la prostitution[734]. Le sens des flux migratoires va toujours des pays pauvres vers les pays riches. Les nouvelles conditions de circulation des populations depuis 1980 facilitent cette pratique. Les

---

[731] Crim., 27 nov. 1984, D. 1985, p. 241, note Mayer

[732] Montpellier, 17 nov. 2004, JCP 2005, IV, 3637

[733] AUDET E., *Prostitution : perspectives féministes*, éd. Sisyphe 2005, p. 66

[734] POULIN RICHARD, *La mondialisation des industries du sexe*, éd. Imago 2005, p. 13

femmes achetées doivent rembourser les dépenses encourues par les proxénètes. Certaines organisations criminelles gardent les femmes sous leur contrôle et les placent dans leurs propres clubs. Ces organisations soumettent les femmes à une surveillance et les contraignent à signer des reconnaissances de dette. Elles doivent ainsi remettre un pourcentage important du revenu de la prostitution. Elles sont ainsi obligées de travailler pour leur compte pendant des années.

Les femmes victimes de la traite sont parfois des mineures puisque les clients préfèrent des jeunes filles du début de l'adolescence. Les femmes ont d'abord été exportées d'un pays à l'autre à travers toute l'Europe puis vers les USA. Les femmes recrutées en Pologne ou en Russie étaient acheminées vers l'Asie et le Proche-Orient. Maintenant, ce sont les femmes du tiers-monde qui sont victimes du trafic puisque l'exotisme attire les clients. Chaque année, environ 500 000 femmes victimes de la traite aux fins de la prostitution sont mises sur le marché dans les quinze pays de l'Union européenne et 75% des femmes victimes de cette traite ont vingt-cinq ans ou moins[735]. Il existe également de nombreuses femmes mineures.

Le phénomène de la traite des êtres humains aux fins de la prostitution est présent sur le territoire depuis 1990, notamment avec la présence massive de jeunes femmes originaires d'Afrique subsaharienne et d'Europe de l'Est se livrant à la prostitution de rue. La prostitution de rue a chuté depuis une vingtaine d'années, les femmes étrangères victimes de la traite sont venues compenser le déficit en femmes jeunes sur la voie publique[736]. L'office central de répression de la traite des êtres humains estime qu'environ 18 000 personnes se prostituent en France et il fait état de 12 000 à 15 000 personnes en France en l'an 2000, dont 7000 à Paris. Ces femmes viennent essentiellement des pays de l'Est et d'Afrique subsaharienne. Et la prostitution sur la voie publique est marquée par une forte présence d'étrangères[737]. Pour comprendre le phénomène et agir en faveur des femmes victimes, il est

---

[735] POULIN RICHARD, *La mondialisation des industries du sexe*, op. cit., p. 22

[736] MARQUET J. (ss la dir. de), *Normes et conduites sexuelles*, éd. BRUYLANT-ACADEMIA 2004, p. 130

[737] LAZERGES C., DELESALLE H., « Les enjeux d'une nouvelle politique criminelle en matière de lutte contre l'esclavage » 1ère partie, *Rev.Sc.crim*. 2002, p.171

important de connaître les facteurs favorisant le risque de la traite aux fins de la prostitution (A) et les conséquences de cette pratique sur le corps et la santé des femmes (B).

A / LES FACTEURS FAVORISANT LE RISQUE DE LA TRAITE AUX FINS DE LA PROSTITUTION

La volonté de migration vers un autre pays souvent inconnu (1), la présence de moyens de recrutement à risque (2) et notamment par l'intervention d'un proxénète dans l'organisation des voyages (3) exposent le corps des femmes au danger.

1 / LA VOLONTE DE MIGRATION VERS UN PAYS INCONNU

Les femmes à la recherche d'une situation meilleure (a) sont des victimes potentielles de la traite aux fins de la prostitution (b).

a / LA RECHERCHE D'UNE SITUATION MEILLEURE

La migration est difficile pour les femmes peu qualifiées et sans ressources. Elles disposent de très peu de voies légales et indépendantes permettant de migrer vers le marché du travail d'un autre pays. Le départ a eu lieu dans un contexte de précarité. La volonté de migration a pour but de se sortir de la misère et de faire vivre sa famille. De plus, l'instabilité sociale et économique, la pauvreté et parfois des conflits armés jouent un rôle dans le départ des femmes vers d'autres pays. Il faut aussi noter que dans de nombreux pays, les femmes sont confrontées à une inégalité d'accès à l'éducation, au marché du travail, à la justice et font l'objet de violences spécifiques liées à leur statut de femmes. Les causes économique et politique comme par exemple le chômage élevé, la pauvreté, le manque de perspectives et l'instabilité politique ou une cause sociale, à savoir la marginalisation féminine, le niveau d'études moyen ou l'absence totale d'éducation, des problèmes familiaux et des possibilités réduites de migration légale pour les femmes incitent ces dernières à tenter tout moyen à risque dans le but de migration. Les risques peuvent également être liés aux pays de destination comme par exemple une fausse image de bien-être et de richesse, une survalorisation des précédentes expériences de migration, une méconnaissance des réalités des pays de destination. Certaines femmes peuvent être considérées comme des victimes potentielles.

b / LES VICTIMES POTENTIELLES

La pauvreté incite les familles à envoyer les femmes, même mineures, pour travailler dans le but de subvenir aux besoins de la famille. Les femmes à la recherche d'un avenir plus prometteur sont les victimes potentielles de la traite aux fins de la prostitution. De plus, les femmes en situation d'irrégularité de leur séjour dans un pays inconnu présentent un risque grave. Il faut noter que les candidates à l'expatriation sont souvent vulnérables pour cause d'âge, de pauvreté, de situation familiale, d'un éventuel handicap et d'endettement. Mais ces femmes sont souvent courageuses et sont à la recherche d'alternatives à leurs conditions de vie. Le profil des victimes est le suivant : femmes jeunes de moins de 26 ans d'origine rurale, orphelines ou issues de familles monoparentales ou femmes seules avec un enfant, provenant d'un milieu défavorisé et qui ont une situation en dessous du seuil de pauvreté et un niveau d'éducation très bas. Les proxénètes s'intéressent surtout aux très jeunes filles parce qu'elles sont influençables. Elles correspondent à la demande des clients et sont aussi favorables en termes de rentabilité[738]. Les jeunes femmes dans la rue, sans domicile, sont des proies faciles pour les proxénètes. Certains statuts fragilisent la situation des femmes, à savoir orphelines, divorcées, déracinées et désireuses d'échapper à la pauvreté. Ces situations facilitent le recrutement de ces femmes en vue de la traite aux fins de la prostitution.

---

[738] COQUARTE E., HUET P., *Le livre noir de la prostitution*, op. cit., p. 43

La présence des moyens de recrutement à risque facilite le départ vers d'autres pays.

2 / LA PRESENCE DES MOYENS DE RECRUTEMENT A RISQUE

Chaque année, des milliers de femmes, souvent très jeunes, disparaissent dans des pays pauvres, enlevées de force à leurs familles, ou bien volontairement vendues par elles[739]. Dans les pays comme par exemple l'Albanie, la Moldavie et l'Ukraine, les enlèvements des filles sont fréquents. Dans certaines zones rurales, les filles de 14 ans n'osent plus aller à l'école par peur des enlèvements[740]. Les fausses adoptions ou l'enlèvement des jeunes dans des camps de réfugiés où la protection fait défaut sont également possibles[741]. Le Minitel rose, les petites annonces dans les journaux gratuits et Internet sont des moyens de recrutement en pleine expansion. La promesse d'un emploi rémunérateur à l'étranger est un moyen facile et efficace pour recruter les femmes. Les trafiquants utilisent la pauvreté et la vulnérabilité des femmes pour les recruter au moyen de fausses promesses, de tromperies et d'abus.

Le recrutement s'opère souvent par des connaissances ou des personnes influentes dans la communauté d'origine. Cette proximité entre le recruteur et la victime facilite au départ la confiance des femmes et celle de leur famille. Cette confiance joue ensuite comme un garant du silence et de l'obéissance des femmes. Ainsi, à Bombay, en Inde, la moitié des prostituées sont d'origine népalaise. Et elles ont été vendues par leur famille à des prétendants qui leur ont fait croire qu'elles travailleraient comme domestiques. Les bordels asiatiques ont aussi besoin de femmes occidentales et le recrutement se fait sous l'aspect d'une petite annonce comme par exemple en Colombie. Les petites annonces sont souvent utilisées pour le recrutement. Les petites annonces et agences de placement permettent d'attirer les victimes potentielles. En effet, des emplois séduisants et une assistance à l'obtention des documents de voyage peuvent cacher la nature réelle du

---

[739] COQUARTE E., HUET P., *Le livre noir de la prostitution*, op. cit., p. 84
[740] LEGARDINIER C., *Les trafics du sexe*, op. cit., p. 19
[741] BRIDEL R., « Le trafic des enfants », *N.Q.F.*, n°8, 1984, p.108

travail et les conditions de vie à l'étranger. Parfois, les trafiquants rachètent les dettes des victimes potentielles qui sont ensuite obligées de les suivre à l'étranger et de travailler pour eux afin de regagner leur liberté après paiement de la dette.

Le recrutement peut parfois prendre la forme d'un contrat fictif, symbolique ou réel. La famille ou la femme est redevable d'une certaine somme annoncée comme devant servir au passage vers un autre pays. C'est le début d'un engrenage de servitude pour dettes. Les kidnappings ne sont pas absents dans le but de recrutement. Dans certains cas, les trafiquants instaurent des relations avec les victimes potentielles afin de gagner leur confiance et de les convaincre à partir à l'étranger, ensuite la femme est vendue au profit d'un réseau. Parfois, la femme est forcée à se prostituer par l'individu qui était à l'origine de son expatriation. Certains n'hésitent pas à enlever carrément leurs victimes. D'autres les achètent à leurs parents. Certaines femmes acceptent la prostitution sans savoir la nature de l'exploitation et de la maltraitance. Les proxénètes choisissent aussi des jeunes filles qui sont placées dans des foyers. Ils séduisent facilement les jeunes pour les faire tomber plus tard dans la prostitution[742]. La promesse de mariage demeure l'une des techniques de recrutement préférées des proxénètes albanais ou bien une offre d'emploi. Les femmes victimes peuvent être recrutées par voie de mariage de complaisance. 30 000 Albanaises sont des prostituées à l'étranger. La majorité d'entre elles sont mineures.

Le corps des femmes circule dans le monde pour être exploité sexuellement. Il est possible d'acheter un corps pour la mise sur le marché. Il existe des marchés où les familles vendent le corps des femmes. Le plus connu des marchés aux femmes est « Arizona Market », au nord de la Bosnie, où les femmes sont vendues aux enchères, puis revendues sept à dix fois en l'espace de deux à cinq mois. Il existe également d'autres marchés dans le nord de l'Albanie[743].

L'intervention d'un proxénète dans l'organisation des voyages est un grand risque pour la sécurité du corps des femmes.

---

742 COQUARTE E., HUET P., *Le livre noir de la prostitution*, op. cit., p. 45

743 LEGARDINIER C., *Les trafics du sexe*, op. cit., p. 19

3 / L'INTERVENTION D'UN PROXENETE DANS L'ORGANISATION DES VOYAGES

Les réseaux de trafic sont multiples et de structures diverses. Certaines organisations sont très structurées, comptant jusqu'à cinq cents hommes. Ces réseaux structurés sont de véritables organisations criminelles internationales, impliquées dans différents types de trafics. Parfois, le réseau est peu structuré. Dans ce cadre-là, le groupe de trafiquants peut être composé de membres de la même famille. L'ouverture des frontières a permis aux organisations criminelles de procéder efficacement aux trafics de jeunes femmes de Russie, d'Ukraine, de Pologne, d'Hongrie, d'ex-Yougoslavie, pour les amener vers l'Europe occidentale, en vue de l'exploitation sexuelle. Au Népal, chaque année, les jeunes filles font l'objet d'un trafic vers l'Inde. Les femmes du Sud-Est asiatique vont au Japon. En Chine, la prostitution reste importante et parfois les femmes vont en Thaïlande ou à Taiwan[744]. Les trafics sont gérés à l'échelle mondiale. Tout continent est concerné par le trafic des femmes.

Les documents de voyage utilisés sont soit les visas touristiques, soit de faux papiers et ils sont fournis par les trafiquants. Les voyages se font en transport collectif ou en voiture, pour traverser parfois plusieurs pays. La France est un pays de destination, mais aussi de transit temporaire pour que ces femmes soient acheminées par les trafiquants vers un autre pays, généralement européen. Une fois arrivées dans le pays étranger, elles sont entièrement entre les mains des trafiquants et rendent compte de la réalité de leur situation. Les voies de migration légales sont soumises à un contrôle sévère de la part des Etats européens. Une migration illégale est possible et souvent organisée par des réseaux de trafiquants. Une migrante en situation irrégulière a besoin de quelqu'un pour la guider dans le pays. Les trafiquants utilisent cette situation pour la contraindre à la prostitution. Les femmes de Russie, de l'Europe de l'Est et des Etats nouvellement indépendants espèrent changer leur vie en épousant un étranger. Pour faciliter ce type de mariage, elles s'inscrivent dans des agences de rencontres et

---

[744]LEGARDINIER C., *Les trafics du sexe*, op. cit., p. 23

matrimoniales. Mais beaucoup de ces mariages sont arrangés par des proxénètes à des fins de mise sur le marché de la prostitution[745]. Les époux peuvent être propriétaires d'un club ou des souteneurs qui abusent des femmes et les forcent à se prostituer. La plupart des femmes soumises à la traite aux fins de la prostitution en France sont originaires des pays d'Europe de l'Est, des Balkans, de pays d'Afrique du Nord, d'Afrique subsaharienne et du continent asiatique[746]. Les pays de l'ex-bloc de l'Est fournissent actuellement un grand nombre de ces victimes[747]. La traite des femmes françaises aux fins de la prostitution existe, mais est beaucoup plus rare. L'Egypte connaît des problèmes importants sur le plan de la prostitution. Ce pays exporte annuellement environ 5000 prostituées vers les pays du Golf avec l'aide d'agents locaux habiles, bien organisés et des réseaux internationaux de distribution. Les responsables des passeports et de la lutte contre les crimes de mœurs disent qu'ils ne peuvent empêcher le voyage des filles à l'étranger que si elles ont des antécédents judiciaires[748]. Au Bangladesh, le trafic transfrontalier de femmes à destination des maisons de prostitution indiennes ou pakistanaises ou orienté vers les Etats du Golf persique est florissant[749]. L'Etat du Bangladesh n'a pas les moyens pour faire face à l'ampleur du phénomène. La situation est identique au Cambodge où l'Etat prend des mesures pour tenter de combattre la prostitution et le trafic des personnes face à une progression inquiétante de ces trafics et de la prostitution[750].

Il faut savoir que la pratique de la traite des femmes aux fins de la prostitution a des conséquences.

---

[745] POULIN RICHARD, *La mondialisation des industries du sexe*, op. cit., p. 57
[746] AMNESTY INTERNATIONAL, *Les violences faites aux femmes en France*, éd. Autrement 2006, p.103
[747] AUDET J., KATZ J.F., *Précis de victimologie générale*, op. cit., p. 152
[748] ALDEEP ABU-SAHLIEH S.A., « L'éthique sexuelle en droit musulman et arabe. Cas de l'Egypte, passé, présent et avenir », *Rev.sc.crim.* N° 1, 1999, p. 55
[749] LANG J., *Enquête sur la situation des femmes dans le monde*, op. cit., p. 63
[750]Ibid., p. 103

B / LES CONSEQUENCES DE LA TRAITE AUX FINS DE LA PROSTITUTION POUR LE CORPS DE LA FEMME

Les ventes et la traite du corps des femmes peuvent prendre plusieurs formes. Les proxénètes et les organisations criminelles vendent le corps des femmes à des maisons de passe, soit dans le pays même, soit à l'étranger ou fournissent directement aux clients. Sans oublier les pédophiles qui achètent à titre individuel le corps des mineures pour leur propre usage. Certaines organisations de pédophiles achètent le corps des mineures à l'intention de leurs membres. Toutes ces pratiques portent de graves atteintes au corps de la femme. Les proxénètes exercent de nombreuses violences (1) et font usage des moyens de pression (2) pour que la femme soit docile. Ces faits perturbent l'état de santé des femmes victimes (3).

1 / LES VIOLENCES SUR LE CORPS DES FEMMES

Il faut savoir que les femmes subissent de nombreuses violences dans des camps de mise en condition. Elles seront à force de violences, d'humiliations quotidiennes, de privation de liberté sous menaces, contraintes à se prostituer. Les violences sont de différentes formes, à savoir sexuelles, physiques et psychiques. Par conséquent, les femmes deviennent totalement soumises aux trafiquants. Les femmes sont séquestrées, battues, violées, torturées, droguées, sous-alimentées. Elles sont sanctionnées lorsqu'elles ne se soumettent pas aux exigences de l'organisation. L'obéissance est acquise sous peine de menaces de mort. La désobéissance est sanctionnée gravement pour faire régner la terreur dans l'esprit des victimes. Ainsi, les proxénètes n'hésitent pas à brûler le visage avec un fer à repasser pour imposer leurs volontés[751]. D'autres formes de punitions sont présentes comme par exemple la maltraitance à

---

[751] FAYNER E., *Violences féminin pluriel*, op. cit., p. 42

l'aide de barres de fer et les brûlures par cigarette[752]. Si la femme est enceinte, l'avortement est imposé.

Le viol collectif ou le viol répété permet de déshumaniser la femme pour lui faire accepter la prostitution et les pratiques pornographiques[753]. Ces viols répétés font partie des violences dans le but de maintenir le contrôle sur les femmes. Un autre aspect terrifiant de ce commerce est l'existence de réseaux qui droguent les femmes, souvent mineures, à des fins d'exploitation sexuelle. La toxicomanie favorise l'apparition de nouveaux modèles de prostitution. Le proxénète se contente de jouer le rôle de dealer. La seule menace d'interrompre l'approvisionnement en drogue suffit à soumettre la victime[754]. De plus, les femmes ne peuvent s'enfuir du lieu. Il y a un risque de mort. De ce fait, la dénonciation des trafiquants est impossible par les femmes victimes. L'oppression pèse lourd sur les femmes.

2 / LES MOYENS DE PRESSION

Une fois arrivés dans le pays de destination ou dès le départ, les trafiquants confisquent les papiers, les affaires personnelles pour mettre fin à l'autonomie de leurs victimes. La confiscation de tout document d'identification intervient avant la séquestration de la victime. Les contacts avec l'extérieur sont restreints, ce qui permet d'isoler la victime. Les victimes de trafic à des fins d'exploitation sexuelle sont exposées à un risque d'emprise. La victime fait face à une séquestration physique et psychologique. La victime se retrouve dans une situation d'esclavage, caractérisée par un contrôle physique et psychologique sur sa personne. La privation de la liberté est un traitement inhumain. De ce fait, la femme victime est obligée de devenir un objet sexuel exploitable.

Les trafiquants font usage des violences physiques et psychologiques contre elles ou leur famille afin d'instaurer un véritable

---

[752] COQUARTE E., HUET P., *Le livre noir de la prostitution*, op. cit., p. 88

[753] MAC KINNON C.A., « A propos de la torture : une perspective féministe sur les droits de l'homme », *P.F.* N° 3, 1994, p. 5

[754] AUDET J., KATZ J.F., *Précis de victimologie générale*, op. cit., p. 152

régime de terreur, c'est une véritable oppression. Les trafiquants connaissent souvent la langue de leur victime, leur ville d'origine, leur famille et leurs proches. Ce qui permet d'assurer des menaces psychologiques très diverses, comme par exemple des menaces contre la victime ou les membres de sa famille et ses proches. L'abus de vulnérabilité est fréquent. Le chantage affectif n'est pas absent en cas de mariage entre la victime et le trafiquant. Les proxénètes déplacent souvent les personnes prostituées dans les différents secteurs de l'industrie sexuelle, à savoir les bars de danseuses nues, les agences d'escorte, les salons de massages, les bordels et le trottoir. Ils forcent les femmes à changer régulièrement de ville ou pays. Cette rotation a pour objet d'isoler, d'éliminer les repères, de rendre docile et dépendante. Toutes ces pratiques ont des incidences sur la santé des femmes victimes.

3 / LA PERTURBATION DE L'ETAT DE SANTE DES FEMMES VICTIMES

L'état de santé est gravement détérioré par les exigences liées à l'activité prostitutionnelle, à savoir la multiplication des actes sexuels, la multiplication des partenaires sexuels, le stress, les interruptions volontaires de grossesse. Les horaires de travail et l'alimentation ne sont pas respectés. La privation du sommeil, la sous-alimentation, l'errance et l'abandon de soi sont fréquents. De plus, il y a aggravation de la situation du fait de l'âge et de la durée de la prostitution. L'alcool ou la drogue sont utilisés pour leurs effets euphorisants et leur capacité à lever les inhibitions. Les abcès sont fréquents à cause des nombreuses injections de drogue. Les agressions, viols, humiliations, insultes, harcèlement, traitements dégradants sont inévitables. Ces violences laissent souvent des séquelles. Selon une étude internationale réalisée aux Etats-Unis, en Afrique du Sud, en Zambie, en Thaïlande et en Turquie, sur 500 prostituées enquêtées, 67% souffraient de traumatismes sévères[755]. Le risque des maladies sexuellement transmissibles ou du sida n'est pas absent. Le taux de séropositivité dans ces milieux paraît

---

[755] LEGARDINIER C., *Les trafics du sexe*, op. cit., p. 44

très élevé, malgré une prise de conscience des risques[756]. Dans le tiers-monde, les études montrent que le taux de séropositivité est plus élevé chez les personnes prostituées. En effet, le proxénétisme permet d'élargir la prostitution des femmes, induisant l'explosion des maladies sexuellement transmissibles, notamment le sida[757]. L'Organisation mondiale de la santé estime que le nombre des femmes contaminées augmente plus vite que celui des hommes. Et cette augmentation de la contamination est liée à la prostitution féminine.

Les femmes peuvent souffrir d'affections pulmonaires et ORL[758]. En effet, il fait froid sur les trottoirs. Certaines présentent de multiples pathologies, à savoir l'hépatite B ou C, l'herpès, des infections génitales, des gingivites ou délabrement dentaire qui est l'un des effets de l'héroïne[759]. En effet, la majorité des femmes prostituées consomment des produits illicites. Certaines femmes s'injectent de l'héroïne tout en se prostituant dans la rue[760]. Si la femme est très jeune, les risques de déchirure des parties génitales, de fissures rectales, de nombreuses lésions, d'un manque du contrôle des sphincters, de parois anales et vaginales perforées, d'hémorragies, de péritonites, de maladies vénériennes, voire le décès sont fréquents[761]. Il existe pour les personnes prostituées des difficultés pour accéder aux soins, particulièrement pour les étrangères n'ayant pas de titre de séjour. Les personnes prostituées étrangères subissent souvent les pires conditions sanitaires tout en étant sujettes à différentes formes de violence. L'assassinat n'est pas absent. En Italie, 168 prostituées étrangères ont été assassinées en 2000, pour la majorité des Albanaises ou des Nigériennes[762]. Les cadavres de plusieurs centaines de femmes victimes de la traite sont découverts chaque année en Europe[763]. En novembre 1999, une femme originaire de la Bulgarie

---

[756] AUDET J., KATZ J.F., *Précis de victimologie générale*, op. cit., p. 152
[757] Syndrome immunodéficitaire acquis
[758] Maladies du nez, de la gorge et des oreilles
[759] COQUARTE E., HUET P., *Le livre noir de la prostitution*, op. cit., p. 167
[760] DESCHAMPS C., *Le sexe et l'argent des trottoirs*, éd. Hachette littératures 2006, p. 52
[761] BRIDEL R., « Le trafic des enfants », *N.Q.F.*, N° 8, 1984, p.109
[762] LEGARDINIER C., *Les trafics du sexe*, op. cit., p.18
[763] POULIN RICHARD, *La mondialisation des industries du sexe*, op. cit., p. 49

est assassinée par des coups de couteau dans le XIXe arrondissement de Paris[764].

La prostitution a aussi des répercussions sur le plan psychique et affectif. Les troubles psychologiques peuvent évoluer vers la dépression. Et les tentatives de suicide sont présentes. Puisque la femme est avant tout un être humain et non un objet de transaction, il est vraisemblable que l'intégrité et la dignité soient affectées. Les fillettes prostituées sont profondément marquées physiquement et psychologiquement. Elles vieillissent prématurément, peu développées et dépressives et présentant des troubles du comportements liés à la toxicomanie. De plus, elles souffrent de douleurs musculaires et d'infections diverses. Certaines meurent du sida. Ces filles ont une relation difficile avec le monde adulte. En effet, elles n'ont connu que la domination, l'exploitation, l'avilissement et l'aspect mercantile[765]dans les relations humaines.

Pour mettre fin à ces pratiques inhumaines, des mesures d'éradication du proxénétisme s'imposent.

---

[764] DESCHAMPS C., *Le sexe et l'argent des trottoirs*, op. cit., p. 97
[765] DAYRAS M., *Femmes et violences dans le monde*, op. cit., p. 74

SECTION II / LES MESURES D'ERADICATION DU PROXENETISME

La prostitution porte atteinte aux droits fondamentaux de la personne humaine. Il y a une nécessité de promouvoir l'intégrité de l'être humain afin de garantir la possibilité des rapports humains dans le respect de la dignité, de l'égalité et de la liberté de chaque partenaire. A ce titre, le corps humain ne peut pas faire l'objet d'une vente. De plus, la prostitution est incompatible avec la dignité et la valeur de la personne humaine. La dignité est un attribut du genre humain. De ce fait, il est aussi important de protéger l'individu contre lui-même.

L'exploitation sexuelle du corps des femmes est en pleine expansion. C'est l'une des causes de violation de la dignité humaine. La croissance sans fin des industries du sexe a pour effet une remise en cause des droits humains fondamentaux, notamment ceux des femmes. Le proxénétisme fait courir un grave danger pour le corps des femmes. En effet, elles sont souvent soumises à un souteneur. Le corps des femmes n'est pas un objet interchangeable pour être accessible et disponible sur le marché. Le respect de la dignité humaine est incompatible avec la pratique du proxénétisme. Il faut noter qu'une attention particulière a été portée sur le proxénétisme au cours des dernières années. Les congrès de la Fédération abolitionniste internationale ont tenté d'attirer l'attention sur les conséquences de la prostitution. En 1989, la Fédération dénonce l'existence d'une traite internationale. La traite des femmes afin de les contraindre à la prostitution est non seulement une infraction pénale, mais aussi une violation des droits humains. En effet, les femmes victimes s'exposent à des atteintes à leur intégrité physique. Cet acte porte atteinte à leur liberté, à leur sécurité, voire à leur vie. A ce titre, la traite des femmes porte atteinte aux droits fondamentaux de la personne humaine.

Pour lutter contre la traite aux fins de la prostitution, il existe des mesures répressives dans deux domaines : en matière de proxénétisme et en matière de traite des êtres humains, en particulier la traite des femmes aux fins de la prostitution. En effet, la traite favorise le recrutement des femmes pour la mise sur le marché du proxénétisme. En l'absence de proxénétisme, il n'y a plus besoin du recrutement des femmes par voie de la traite aux fins de la prostitution. Pour mettre fin à ce type de fléau qui touche le monde entier, il est important de prévoir des mesures internationales en matière d'exploitation sexuelle du corps des femmes (§1) et de faire appliquer ces mesures prises au niveau national de chaque pays. Il faut noter que la France a adopté de nombreuses dispositions en la matière pour mettre fin à l'exploitation sexuelle du corps des femmes (§2).

§1 / LES DISPOSITIONS INTERNATIONALES EN MATIERE D'EXPLOITATION SEXUELLE DU CORPS DES FEMMES

La position de l'Organisation des Nations unies (A) et le rôle des organisations non gouvernementales (B) sont importants en matière de d'exploitation sexuelle du corps des femmes.

A / LA POSITION DE L'ORGANISATION DES NATIONS UNIES

La prostitution est reconnue par l'Organisation des Nations unies comme une négation des droits de l'homme. C'est une forme persistante de l'esclavage. Une convention a été adoptée (1) dans le but de protéger le corps des femmes. Mais le problème persiste, du fait de l'absence de coopération de tous les Etats (2).

1 / L'ADOPTION D'UNE CONVENTION PAR L'ORGANISATION DES NATIONS UNIES

L'exploitation sexuelle compromet l'avenir de l'humanité. Les Nations unies ont désigné l'exploitation sexuelle comme une forme moderne d'esclavage. Ce type d'esclavage est à l'origine de conséquences plus graves. En effet, ce type d'esclavage conditionne la femme à se conduire en esclave sexuel. Elle n'est pas considérée comme un sujet de droit. Elle ne peut pas se sentir l'égale de l'homme. Il faut savoir que le refus de la prostitution a une dimension internationale. La convention en matière d'exploitation sexuelle des femmes (a) et la convention en matière de criminalité transnationale (b) jouent un rôle important en matière de protection du corps des femmes contre l'esclavage sexuel.

a / LA CONVENTION EN MATIERE D'EXPLOITATION SEXUELLE DU CORPS DES FEMMES

Après la Seconde Guerre mondiale, la question de la prostitution profite de l'influence de la notion des droits de l'homme. Les conséquences de cette approche se retrouvent dans la Convention des Nations unies du 2 décembre 1949 pour la répression de la traite des êtres humains et de l'exploitation de la prostitution d'autrui adoptée par l'Assemblée générale des Nations unies. Cette Convention indique dans son préambule que la prostitution et le mal qui l'accompagne, à savoir la traite des êtres humains en vue de la prostitution, sont incompatibles avec la dignité et la valeur de la personne humaine et mettent en danger le bien-être de l'individu, de la famille et de la communauté. Ainsi, la Convention dénonce explicitement la prostitution et le proxénétisme comme incompatible avec la dignité humaine[766]. Ladite Convention supprime toute réglementation. Par conséquent, elle ne peut pas être ratifiée par des pays réglementaristes. Le préambule de la Convention de 1949 n'interdit pas la prostitution et ne contrôle pas ce domaine. En effet, selon ladite Convention, la prostitution relève d'une affaire privée. La prostituée est considérée comme une victime et la loi cherche à la protéger d'une exploitation par autrui. De ce fait, cette Convention condamne le proxénétisme. L'article 16 de ladite Convention impose la prise de mesures propres à assurer la réinsertion sociale des personnes prostituées. La Convention sur l'élimination de toutes les formes de discrimination à l'égard des femmes de 1979 engage les Etats signataires à prendre toutes les mesures appropriées pour éliminer toutes les formes de la traite des femmes et de l'exploitation sexuelle des femmes dans le domaine de la prostitution[767].

---

[766] OUVRARD L., *La prostitution*, éd. L'Harmattan 2000, p. 34

[767] Article 6 de la Convention sur l'élimination de toutes les formes de discrimination à l'égard des femmes de 1979

b / LA CONVENTION EN MATIERE DE CRIMINALITE TRANSNATIONALE

La répression en matière de l'exploitation sexuelle des femmes nécessite des mesures en matière de la traite des femmes aux fins de la prostitution. La traite des femmes est une forme spécifique de la criminalité organisée au niveau international[768]. Actuellement, de nombreux Etats sont préoccupés par la question de la criminalité transnationale. Ainsi, dans le but de compléter la Convention de 1949 pour la répression de la traite des êtres humains et de l'exploitation de la prostitution d'autrui, une convention contre le crime transnational organisé a été rédigée par les Nations unies. Cette convention est accompagnée d'un protocole additionnel, dit protocole de Palerme. Le protocole additionnel à la Convention des Nations unies contre la criminalité transnationale organisée visant à prévenir, réprimer et punir la traite des personnes, en particulier des femmes et des enfants, est adopté à New York le 15 novembre 2000. Ledit protocole est signé par la France le 12 décembre 2000.

Pour les Nations unies, la traite des personnes désigne le recrutement, le transport, le transfert, l'hébergement ou l'accueil de personnes, par la menace ou le recours à la force ou à d'autres formes de contraintes, par enlèvement, fraude, tromperie, abus d'autorité ou d'une situation de vulnérabilité, ou par l'offre ou l'acceptation de paiement ou d'avantages pour obtenir le consentement d'une personne ayant autorité sur une autre aux fins d'exploitation. L'exploitation comprend, au minimum, l'exploitation de la prostitution d'autrui ou d'autres formes d'exploitation sexuelle[769]. Le protocole de Palerme s'applique à la prévention, aux enquêtes et aux poursuites concernant les infractions liées à la traite des femmes aux fins de la prostitution, ainsi qu'à la protection des victimes de la traite. Le texte pose des mesures en faveur des femmes victimes notamment des mesures d'aide sociale, à savoir assistance médicale et psychologique, éducation, conseils, logement. Le texte prévoit de développer la coopération judiciaire internationale en

---

[768] JELENA BJELICA, *Prostitution : l'esclavage des filles de l'Est*, éd. Paris-Méditerranée 2005, p. 17

[769] Article 3 du protocole de Palerme

matière de prévention et de lutte contre la traite des femmes aux fins de la prostitution.

Le protocole de Palerme est entré en vigueur le 25 décembre 2003. Ledit protocole impose aux Etats parties d'harmoniser leurs législations pénales en y incluant l'incrimination de la traite des personnes. La mise en œuvre de ces dispositions est examinée périodiquement lors d'une conférence des Etats parties. De plus, le Conseil de l'Europe a eu l'intention de prolonger les réalisations des Nations unies, dans un contexte européen, en rédigeant une Convention européenne sur la lutte contre la traite des êtres humains. Ainsi, dans le but d'améliorer la protection et le respect des droits des personnes victimes de la traite, le Conseil de l'Europe a adopté le 3 mai 2005 la Convention sur la lutte contre la traite des êtres humains. Ladite Convention reprend la définition internationale de la traite prévue par le protocole de Palerme. La Convention européenne sur la lutte contre la traite des êtres humains impose aux Etats parties de prendre des mesures législatives pour identifier les victimes dans le but d'assurer la prévention et la sanction des auteurs. Il faut souligner que la politique gouvernementale est un facteur décisif dans la prolifération ou non des industries prostitutionnelles. En 2003, un document de la commission des droits de la femme et de l'égalité des chances du Parlement européen révèle que 500 000 victimes de la traite pénètrent chaque année en Europe occidentale et leur nombre est en augmentation[770]. En effet, au niveau mondial, il existe une absence de coopération des Etats.

2 / L'ABSENCE DE COOPERATION DES ETATS

Il faut noter que la lutte contre le proxénétisme est menée au plan international par Interpol. Mais, en matière de prostitution, d'un Etat à l'autre, il existe toutes sortes de contradictions. Les Etats n'ont pas de législation identique. La prise de position n'est pas identique d'un Etat à l'autre sur la question de la prostitution. Ainsi, les Etats se trouvent dans l'impossibilité de coordonner leurs actions dans le domaine de la lutte

---

[770] POULIN RICHARD, *La mondialisation des industries du sexe*, op. cit., p. 31

contre le proxénétisme. Aucune position cohérente n'existe à l'heure actuelle ni en Europe ni dans le monde.

Il existe trois types de régimes juridiques au niveau mondial[771], à savoir le prohibitionnisme (a), le réglementarisme (b) et l'abolitionnisme (c). Il faut inciter les pays à signer et à ratifier la Convention internationale du 2 décembre 1949 pour favoriser la coopération. En effet, la lutte contre le proxénétisme nécessite une concertation et une coordination entre les Etats. La coopération policière est indispensable en la matière.

a / LE PROHIBITIONNISME

Le prohibitionnisme considère la prostitution comme un délit. La prostitution, son organisation et son exploitation sont interdites et considérées comme un délit par ce système. Par conséquent, les prostituées, proxénètes et clients sont passibles de poursuites. Les personnes prostituées, proxénètes et clients sont considérés comme des délinquants. Les Etats prohibitionnistes sont : les Etats-Unis, la Chine communiste, les Etats arabes du golfe Persique. Le code pénal d'Andorre prohibe toute forme d'esclavage et interdit la prostitution. L'Etat prend des mesures pour contrôler, le cas échéant, la pratique de la prostitution[772]. Ce système est également en vigueur en Suède. La Suède interdit la prostitution et met en place des projets sociaux en direction des personnes prostituées, mais aussi en faveur des clients. Ces derniers peuvent bénéficier de thérapies.

---

[771] HANDMAN M.-E. et MOSSUZ-LAVAU J., *La prostitution à Paris*, éd. De la Martinière 2005, p. 122

[772] LANG J., *Enquête sur la situation des femmes dans le monde*, op. cit., p. 31

b / LE REGLEMENTARISME

Le réglementarisme considère la prostitution comme un mal nécessaire donc réglemente le système prostitutionnel. Le système légalise la prostitution. Il existe des quartiers réservés, maisons closes ou *éros-centers*. Il existe des registres, fichiers de police et une surveillance médicale des personnes prostituées. La prostitution s'exerce sous le contrôle de la police et des municipalités. Ce système est en vigueur en Allemagne, au Pays-Bas, en Grèce et en Turquie. En Argentine, la prostitution reste une réalité acceptée et tolérée. La traite des femmes et le proxénétisme sont fréquents[773]. L'Australie n'a pas signé la Convention de 1949 sur la suppression du trafic des personnes humaines et l'exploitation de la prostitution, car dans certains Etats la prostitution est légale comme par exemple Victoria et Nouvelle-Galles du Sud[774].

c / L'ABOLITIONNISME

Les abolitionnistes sont inspirés à la fois par les grands principes des droits de la personne humaine et par celui de la non-discrimination des personnes prostituées. L'abolitionnisme a mis fin à la réglementation en la matière. Il interdit et réprime l'organisation, l'exploitation de la prostitution et certaines manifestations comme par exemple le racolage susceptible de troubler l'ordre public. L'abolitionnisme tolère la prostitution tout en cherchant à l'éliminer par la prévention et la réinsertion des personnes prostituées, considérées comme les victimes. Ce système interdit et réprime le proxénétisme et la traite des êtres humains. Ce système prévoit des mesures de prévention pour les personnes en danger de prostitution et instaure le système de réinsertion des personnes prostituées. Ce système est en vigueur en France depuis 1946, date de la fermeture des maisons closes. En effet, dans un Etat où l'amélioration de la condition féminine est l'une des priorités, ledit Etat ne peut pas autoriser la prostitution. Il lui est impossible d'accepter que

---

[773] LANG J., *Enquête sur la situation des femmes dans le monde*, op. cit., p. 43
[774] Ibid., p. 52

les hommes puissent acheter une femme comme une marchandise dans le but de consommation.

Pour mettre fin à l'exploitation sexuelle du corps des femmes dans le monde, le rôle des organisations non gouvernementales semble être très important.

B / LE ROLE DES ORGANISATIONS NON GOUVERNEMENTALES EN LA MATIERE

Les ONG développent des programmes, des projets et des activités dans le domaine de la prévention, de la protection des victimes de la traite et enfin dans la poursuite des trafiquants. En matière de prévention, les campagnes de sensibilisation des femmes et de leurs familles sont indispensables dans la lutte contre la traite des femmes aux fins de la prostitution. Les ONG interviennent en stimulant le débat politique sur la question de la traite des êtres humains à des fins d'exploitation sexuelle sur le plan local, national, européen et international. En effet, les Etats doivent mener des actions de prévention notamment en informant les élèves des collèges ou des lycées.

L'action de prévention est nécessaire envers le client. Pour ce dernier, la femme est un objet. Cette pensée est défavorable pour constituer une vie saine. Il existe « l'école des clients » dans l'Etat de Californie depuis 1995. Cette école dispense un programme d'enseignement pour les délinquants de la prostitution[775]. En cas d'interpellation, les clients ont le choix entre l'inculpation avec des travaux d'intérêt général ou une amende de 500 dollars et une journée à l'école des clients, leur anonymat étant préservé. Cette méthode se révèle très efficace avec très peu de récidivistes. Il faut aussi favoriser l'insertion des personnes prostituées.

L'Organisation internationale pour les migrations ou OIM a engagé plus de 70 programmes dans plus de cinquante pays comme par

[775] COQUARTE E., HUET P., *Le livre noir de la prostitution*, op. cit., p. 161

exemple en Afrique, en Asie, en Europe centrale et de l'Est et en Amérique latine. Cette structure assure l'aide directe aux victimes de la traite. De plus, l'Organisation internationale pour les migrations mène des campagnes de prévention en direction des victimes potentielles, mais aussi des policiers et des fonctionnaires des Etats[776].

§2 / LA LEGISLATION FRANCAISE EN MATIERE D'EXPLOITATION SEXUELLE DU CORPS DES FEMMES

L'action des pouvoirs publics français porte actuellement sur une intensification de la lutte contre le proxénétisme et contre la traite des êtres humains. Il existe une réelle volonté d'éradication du proxénétisme dans le but de protéger le corps des femmes (A) et, par conséquent, la répression en matière d'exploitation sexuelle du corps des femmes (B) ne cesse d'évoluer. Les associations apportent une collaboration en la matière (C).

A / LA VOLONTE D'ERADICATION DU PROXENETISME DANS LE BUT DE PROTEGER LE CORPS DES FEMMES

La volonté de mettre fin à l'exploitation sexuelle du corps des femmes nécessite des mesures répressives en la matière, c'est la position française (2). Toutefois, il est intéressant de constater les effets de la légalisation de la prostitution dans certains Etats (1).

---

[776] LEGARDINIER C., *Les trafics du sexe*, op. cit., p. 48

1 / LES EFFETS DE LA LEGALISATION DE LA PROSTITUTION DANS CERTAINS ETATS

Il existe un double mouvement à l'échelle mondiale. Dans certains Etats, la prostitution est banalisée et légitimée. La prostitution tend de plus en plus à être légalisée : les réglementations récentes en Allemagne, aux Pays-Bas, en Australie, en Grèce et en Espagne en sont des exemples. Ce qui entraîne une expansion de la prostitution et de la traite de femmes de plus en plus jeunes à des fins prostitutionnelles. Il est intéressant de voir la situation des femmes dans le domaine de la prostitution au Pays-Bas (a), en Australie (b) et en Allemagne (c) pour prendre une conclusion (d) en matière du respect du corps des femmes. Il faut noter que les défendeurs de la prostitution invoquent les trois arguments suivants : la prostitution est un travail volontairement choisi, la prostitution est l'équivalent d'un emploi de service puisque c'est la vente d'un service sexuel. Les restrictions légales à la prostitution constituent une violation des droits civiques notamment celui de la liberté du choix de son emploi. Il faut toutefois noter qu'en 2001, l'OMS appelle à la légalisation et à une décriminalisation de l'industrie du sexe afin de réduire l'épidémie du sida[777].

a / LA SITUATION AUX PAYS-BAS

La prostitution est légalisée aux Pays-Bas le 1er octobre 2000. Ce pays autorise la prostitution dans la loi et reconnaît légalement le proxénétisme. Grâce à sa législation libérale, l'Etat néerlandais perçoit un milliard d'euros par an d'impôts. La réglementation de la prostitution engendre une expansion de la prostitution et de la traite qui en est un corollaire. Cette législation devait profiter aux personnes prostituées, mais est vraisemblablement un échec puisque 4% d'entre elles seulement se sont enregistrées. L'organisation des proxénètes est la grande pourvoyeuse des *sex-clubs* et des bordels. Elle est nombreuse, au nombre de sept cents aux Pays-Bas. Dans ce pays, la législation devait

[777] POULIN RICHARD, *La mondialisation des industries du sexe*, op. cit., p. 149

mettre fin à la prostitution des mineurs. L'organisation pour les droits de l'enfant, dont le siège est à Amsterdam, estime que le nombre de mineurs qui se prostituent est passé de 4000 en 1996 à 15 000 en 2001, dont au moins 5000 qui sont d'origine étrangère. Dans ce pays, le proxénète est considéré comme un véritable entrepreneur. Les clubs et salons de massages, les bars à hôtesses, les saunas sont considérés comme des lieux de proxénétisme très discrets[778]. De ce fait, certaines régions comme par exemple l'Amsterdam ont l'intention de procéder à la fermeture progressive de ce type de commerce suite à l'évolution de la criminalité dans ce secteur.

b / LA SITUATION EN AUSTRALIE

Dans certains Etats en Australie, la prostitution est légale, mais la légalisation n'a résolu aucun problème des prostituées. Au contraire, la légalisation a aggravé la situation des prostituées dans ce pays. En effet, la légalisation de la prostitution dans certaines régions d'Australie a eu pour conséquence une nette croissance de cette industrie. La traite des femmes et la traite des enfants pour approvisionner les bordels légaux et illégaux en ont été l'un des résultats inéluctables. Les entrepreneurs du sexe éprouvent des difficultés pour recruter des femmes localement afin de fournir une industrie en expansion. Et les femmes issues de la traite sont plus vulnérables et plus manipulables. Les trafiquants vendent ces femmes aux propriétaires des bordels du Victoria pour la somme de 15 000 dollars américains chacune. Elles sont tenues en servitude pour cette dette. Les femmes placées dans les bordels illégaux et légaux du Victoria obtiennent des permis de travail si les proxénètes demandent pour elles le statut de réfugié. Selon les estimations, les bénéfices hebdomadaires que l'industrie de la prostitution tire de la traite des femmes en Australie sont de l'ordre de un million de dollars.

---

[778] LEGARDINIER C., *La prostitution*, op. cit., p. 17

c / LA SITUATION EN ALLEMAGNE

En Allemagne, une loi est entrée en vigueur le 1er janvier 2002. Ladite loi a supprimé la notion d'activité contraire aux bonnes mœurs. Par conséquent, la prostitution est admise et réglementée. Les prostituées allemandes ont depuis un statut de travailleuses indépendantes ou de salariées ayant un contrat de travail avec les gérants des « éros centers ». Mais la majorité des prostituées sont des étrangères et 80% d'entre elles sont en situation illégale[779]. La traite des femmes aux fins de la prostitution se développe dans le but de l'approvisionnement du corps des femmes pour l'exploitation. Ainsi, le développement du proxénétisme pose de graves problèmes.

d / EN CONCLUSION

La légalisation est défavorable pour le respect et la protection du corps des femmes. Au début de l'année 2000, à Vienne, en Autriche, le nombre de personnes prostituées était estimé entre six mille et huit mille, seulement six cents d'entre elles étant enregistrées. Il faut souligner que les expériences néerlandaise, grecque et autrichienne démontrent que le nombre de personnes prostituées légales originaires du pays diminue progressivement. Et le nombre de personnes prostituées clandestines ou illégales ou encore munies d'un visa touristique, victimes de la traite, augmente. Il faut accepter la réalité des faits : il est impossible de combattre la traite des femmes aux fins de la prostitution sans combattre la cause qui est la prostitution.

En Suède, la prostitution est interdite par une loi avec la pénalisation des clients[780]. Ce qui a permis de réduire le risque de proxénétisme alors que dans certains pays comme par exemple les Pays-Bas qui ont légalisé la prostitution, le problème du proxénétisme reste important. La réglementation de la prostitution n'a donc pas amélioré le

---

779 COQUARTE E., HUET P., *Le livre noir de la prostitution*, op. cit., p. 214

780 DESFORTS J., *Violences et femmes de tiers-monde*, op. cit., p. 174

sort des personnes prostituées, contrairement aux affirmations des activistes favorables à cette politique. La législation semble favoriser les activités des proxénètes, puisque l'activité est légitime. Le proxénétisme ne saurait exister sans la présence de gens qui ont des intérêts économiques, en particulier les réseaux organisés de criminels. Actuellement, de nombreuses femmes dans le monde sont assujetties à une exploitation sexuelle et sont victimes des réseaux de proxénétisme.

Il existe un défaut d'harmonisation des différentes législations nationales dans les pays de l'Union européenne. Ce qui permet aux proxénètes de contourner les lois. A noter que la position de la France semble être correcte pour mettre fin à l'exploitation sexuelle du corps des femmes.

2 / LA POSITION DE LA FRANCE

La France était un pays réglementariste[781] depuis le XIXe siècle. Il a fallu attendre la fin du XIXe siècle pour que la fermeture des maisons closes soit envisagée. La France a adopté le régime abolitionniste avec la loi du 13 avril 1946 connue sous le nom de loi Marthe Richard. Ladite loi a interdit les maisons de tolérance, a supprimé le fichage des prostituées et a aggravé la répression du proxénétisme. La loi du 30 juillet 1960 autorise le gouvernement à prendre par ordonnance les mesures nécessaires pour lutter contre certains fléaux sociaux, notamment pour permettre l'application des mesures prévues par la Convention de 1949. Ladite Convention est ratifiée par la loi du 28 juillet 1960[782].

Il a fallu attendre jusqu'au XXe siècle pour que la France prenne considération de la personne prostituée comme une victime et de

[781] La prostitution était légale et la loi réglementait le système prostitutionnel : quartiers réservés à cet effet, existence de fichiers de police et surveillance médicale des personnes prostituées

[782] La loi n° 60-759 du 28 juillet 1960 a autorisé le gouvernement français à ratifier la Convention internationale et l'ordonnance n° 60-1245 du 25 novembre 1960 qui est venue aménager les dispositions du code pénal

caractériser la prostitution comme une atteinte à la dignité humaine. La prostitution est considérée par la loi comme le fruit du proxénétisme. La prostitution ne constitue pas un délit parce que la prostituée est la plupart du temps la victime d'un proxénète. De plus, pour le législateur, les mesures répressives contre le proxénétisme permettent à la fois d'empêcher l'exploitation sexuelle des femmes et indirectement d'éviter le développement de la prostitution. En matière de traite, l'Office central pour la répression de la traite des êtres humains centralise les données, coordonne l'action des services territoriaux et lutte contre les actions les plus graves à l'échelon national de la police judiciaire. A noter que la répression en matière d'exploitation sexuelle du corps des femmes ne cesse d'évoluer.

B / LA REPRESSION EN MATIERE D'EXPLOITATION SEXUELLE DU CORPS DES FEMMES

Le code pénal de 1810 ignorait les proxénètes, mais le législateur postérieur les recherche avec une sévérité sans cesse accrue. Le proxénète est sanctionnable, à la fois en tant que profiteur financier non déclaré et en tant que sujet violent, maltraitant. Ainsi la France, depuis 1975, assure une intensification de la lutte contre le proxénétisme. Le nouveau code pénal est marqué par une répression accrue du proxénétisme (1) et de la traite des femmes aux fins de la prostitution (2). Les femmes victimes du proxénétisme peuvent depuis 1991 obtenir la réparation du dommage causé en apportant la preuve « d'une incapacité permanente ou d'une incapacité totale de travail personnel égale ou supérieure à un mois »[783]. Si l'incapacité est inférieure à un mois, la victime peut toujours être indemnisée si elle se trouve dans « une situation matérielle grave » en raison du préjudice[784]. Le principe de la réparation est réservé aux victimes d'atteintes graves à la personne. La réparation englobe les préjudices physiques et psychologiques[785].

---

[783] Article 706-3, al. 1, 2° du code de procédure pénale
[784] Article 706-14 du code de procédure pénale
[785] Article 706-3 du code de procédure pénale

1 / LES DISPOSITIONS REPRESSIVES EN MATIERE DE PROXENETISME

Si la prostitution appelle des mesures d'ordre préventif et social, le proxénétisme doit être combattu par des mesures répressives[786]. Le proxénétisme est un délit. Mais le proxénétisme est aggravé quand il est organisé en bande ou exercé à l'égard des mineurs ou de personnes particulièrement vulnérables ou quand il s'accompagne de contraintes ou de violences. L'interdiction de la prostitution implique également d'interdire le proxénétisme de soutien. La loi définit clairement l'infraction de proxénétisme (a) pour appliquer les sanctions, qui sont parfois aggravées (b). Les nouvelles lois contiennent de nombreuses dispositions, à savoir la répression du racolage public (c), la réduction de peine en cas de collaboration avec les autorités (d), l'extension de territorialité en matière de proxénétisme (e) et, enfin, la protection des mineurs ou des personnes vulnérables (f).

a / LA DEFINITION JURIDIQUE DU PROXENETISME ET LA SANCTION

Le code pénal définit le proxénétisme de la manière suivante : « le proxénétisme est le fait, par quiconque, de quelque manière que ce soit, d'aider, d'assister ou de protéger la prostitution d'autrui ou de tirer profit de la prostitution d'autrui, d'en partager les produits ou de recevoir des subsides d'une personne se livrant habituellement à la prostitution ou bien d'embaucher, d'entraîner ou de détourner une personne en vue de la prostitution ou d'exercer sur elle une pression pour qu'elle se prostitue ou continue à le faire ». Ainsi, un prévenu a tenu une femme enfermée pendant quinze jours dans son appartement en vue de la contraindre à avoir, moyennant rémunération, des rapports sexuels avec d'autres hommes, et déclarant que ces propositions se sont

---

[786] PRADEL J., « Le renforcement de la lutte contre le proxénétisme », *D.* 1976, Chron., p. 31

heurtées au refus de la femme[787], l'auteur des faits est considéré comme coupable.

Certains actes sont assimilés au proxénétisme, à savoir le fait de faire office d'intermédiaire entre deux personnes dont l'une se livre à la prostitution et l'autre exploite ou rémunère la prostitution d'autrui ; de faciliter à un proxénète la justification de ressources fictives, de ne pouvoir justifier de ressources correspondant à son train de vie tout en vivant avec une personne qui se livre habituellement à la prostitution ou tout en étant en relations habituelles avec une ou plusieurs personnes se livrant à la prostitution ; ou bien d'entraver l'action de prévention, de contrôle, d'assistance ou de rééducation entreprise par les organismes qualifiés à l'égard de personnes en danger de prostitution ou se livrant à la prostitution[788]. Il existe une possibilité de poursuites contre le conjoint pour proxénétisme si sa femme se prostitue[789].

La loi du 15 novembre 2001 relative à la sécurité quotidienne[790] a apporté certaines modifications dans le but de lutter efficacement contre le proxénétisme. Ladite loi a prévu une élévation de la peine de prison encourue en matière de proxénétisme. Ainsi, la peine de prison est passée de cinq à sept ans[791]. De plus, cette loi insère dans le code de procédure pénale un nouveau titre consacré à « la protection des témoins ». Le procureur de la République ou le juge d'instruction peut recueillir, sous certaines conditions[792], les déclarations de témoins anonymes. Mais le témoignage ainsi recueilli ne peut seul fonder une condamnation[793]. Toutefois, cette disposition semble être utile en raison de la place déterminante des témoignages des victimes. Actuellement, les faits de proxénétisme sont punis de sept ans d'emprisonnement et de

[787] Crim., 22 janv. 1963, D. 1963, p. 389
[788] Article 225-6 du code pénal
[789] Crim., 22 oct. 1980, D. 1981, Info. Rapide, p. 156
[790] La loi n° 2001-1062 du 15 novembre 2001, *JO*, 16 nov. 2001, p. 18215
[791] Article 225-5 du code pénal
[792] Selon l'article 706-58 du code de procédure pénale, il doit s'agir d'une procédure portant sur des crimes ou des délits punis d'au moins cinq ans d'emprisonnement et il faut que la connaissance de l'identité du témoin soit susceptible de mettre gravement en danger la vie ou l'intégrité physique de cette personne, des membres de sa famille ou de ses proches
[793] Article 706-62 du code de procédure pénale

150 000 € d'amende[794]. Les peines complémentaires sont applicables en matière de proxénétisme comme par exemple l'interdiction de certaines activités professionnelles. De plus, la loi prévoit certaines circonstances dans le but d'aggraver les sanctions.

b / LA POSSIBILITE D'UNE AGGRAVATION DES SANCTIONS

En présence de circonstances aggravantes, la sanction est plus élevée. Ainsi, le proxénétisme est puni de dix ans d'emprisonnement et de 1 500 000 € d'amende lorsqu'il est commis : à l'égard d'un mineur ; à l'égard d'une personne dont la vulnérabilité, due à son âge, à une maladie, à une infirmité, à une déficience physique ou psychique ou à un état de grossesse, est apparente ou connue de son auteur ; à l'égard de plusieurs personnes ; à l'égard d'une personne qui a été incitée à se livrer à la prostitution soit hors du territoire de la République, soit à son arrivée sur le territoire de la République ; par un ascendant légitime, naturel ou adoptif de la personne qui se prostitue ou par une personne qui a autorité sur elle ou abuse de l'autorité que lui confèrent ses fonctions ; par une personne appelée à participer, de par ses fonctions, à la lutte contre la prostitution, à la protection de la santé ou au maintien de l'ordre public ; par une personne porteuse d'une arme ; avec emploi de la contrainte, de violences ou de manœuvres dolosives ; par plusieurs personnes agissant en qualité d'auteur ou de complice, sans qu'elles constituent une bande organisée ; grâce à l'utilisation, pour la diffusion de messages à destination d'un public non déterminé, d'un réseau de télécommunication[795]. Tous ces actes sont punis de vingt ans de réclusion criminelle et de 3 000 000 € d'amende lorsqu'ils sont commis en bande organisée[796]. Le proxénétisme est selon les cas un crime ou un délit. C'est un crime lorsqu'il est commis en bande organisée, ou qui donne lieu à des tortures ou des actes de barbarie. Ainsi, le proxénétisme

[794] Article 225-5 du code pénal
[795] Article 225-7 du code pénal
[796] Article 225-8 du code pénal

commis en recourant à des tortures ou des actes de barbarie est puni de la réclusion criminelle à perpétuité et de 4 500 000 euros d'amende[797].

Certains actes sont punis de dix ans d'emprisonnement et de 750 000 euros d'amende, à savoir le fait, par quiconque, agissant directement ou par personne interposée : de détenir, gérer, exploiter, diriger, faire fonctionner, financer ou contribuer à financer un établissement de prostitution[798]. Les mêmes peines sont applicables contre les personnes détenant, gérant, exploitant, dirigeant, faisant fonctionner, finançant ou contribuant à financer un établissement quelconque ouvert au public ou utilisé par le public, d'accepter ou de tolérer habituellement qu'une ou plusieurs personnes se livrent à la prostitution à l'intérieur de l'établissement ou de ses annexes ou y recherchent des clients en vue de la prostitution[799]. Le fait de vendre ou de tenir à la disposition d'une ou de plusieurs personnes des locaux ou emplacements non utilisés par le public, en sachant qu'elles s'y livreront à la prostitution est puni de dix ans d'emprisonnement et de 750 000 euros d'amende[800]. Il faut noter que la loi du 18 mars 2003[801] sanctionne le fait de vendre, de louer ou de tenir à la disposition, de quelque manière que ce soit, d'une ou plusieurs personnes, des véhicules de toute nature en sachant qu'elles s'y livreront à la prostitution, de dix ans d'emprisonnement et de 750 000 euros d'amende[802]. La même loi réprime le racolage.

c / LA REPRESSION DU RACOLAGE PUBLIC

Le caractère pénal du racolage constitue un bon moyen de pression sur les proxénètes car ce sont eux qui payent les amendes. La loi du 18 mars 2003 sur la sécurité intérieure a introduit le délit de racolage qui prive le proxénétisme de sa source de profit et fait ainsi

---

797 Article 225-9 du code pénal
798 Article 225-10-1° du code pénal
799 Article 225-10-2° du code pénal
800 Article 225-10-3° du code pénal
801 Loi N° 2003-239 du 18 mars 2003 relative à la sécurité intérieure
802 Article 225-10-4° du code pénal

échec au trafic des êtres humains. Ladite loi sanctionne le fait, par tout moyen, y compris par une attitude même passive, de procéder publiquement au racolage d'autrui en vue de l'inciter à des relations sexuelles en échange d'une rémunération ou d'une promesse de rémunération. Cet acte est puni de deux mois d'emprisonnement et de 3750 euros d'amende[803]. Le racolage passif comme le racolage actif sont sanctionnés par la loi pénale. Une reconduite à la frontière des étrangères en situation de prostitution est désormais prévue par la loi.

Selon le Conseil constitutionnel le racolage public est susceptible d'entraîner des troubles pour l'ordre public, notamment pour la tranquillité, la salubrité et la sécurité publiques. Et, en privant le proxénétisme de ses sources de profit, la répression du racolage sur la voie publique fait échec au trafic des êtres humains[804]. Ainsi, se rend coupable de racolage la prévenue faisant des allers et retours sur la chaussée, bras tendu pour faire stopper les voitures, dès lors que les véhicules sollicités sont exclusivement conduits par des hommes et que les policiers ont constaté que la prévenue se penchait près de la fenêtre passager dans des attitudes non équivoques sur les termes de la conversation ; pour le surplus, la prévenue se trouvait en possession d'une importante somme d'argent en liquide provenant, d'évidence, de l'activité de prostitution[805]. Au contraire, ne commet pas le délit de racolage passif la personne qui se tient légèrement vêtue au bord du trottoir, dans un endroit connu pour la prostitution, alors que c'est le client qui a pris l'initiative de l'aborder[806]. La tentative de ces délits, à savoir le proxénétisme et le racolage actif ou passif, est punie des mêmes peines[807].

---

[803] Article 225-10-1 du code pénal
[804] Cons. Const. 13 mars 2003, n° 2003-467 DC : *JO* 19 mars, p. 4789
[805] Paris, 15 sept. 2004, JCP 2005, IV, 1516
[806] Crim., 25 mai 2005, D. 2005, Pan., p. 2987, obs. Roujou de Boubée
[807] Article 225-11 du code pénal

d / LA REDUCTION DE PEINE EN CAS DE COLLABORATION AVEC LES AUTORITES

La loi du 9 mars 2004[808] a introduit une disposition selon laquelle toute personne qui a tenté de commettre les infractions du proxénétisme et les infractions qui en résultent est exempte de peine si, ayant averti l'autorité administrative ou judiciaire, elle a permis d'éviter la réalisation de l'infraction et d'identifier, le cas échéant, les autres auteurs ou complices. De plus, la peine privative de liberté encourue par l'auteur ou le complice d'une infraction de proxénétisme et des infractions qui en résultent est réduite de moitié si, ayant averti l'autorité administrative ou judiciaire, il a permis de faire cesser l'infraction ou d'éviter que l'infraction n'entraîne mort d'homme ou infirmité permanente et d'identifier, le cas échéant, les autres auteurs ou complices. Ainsi, lorsque la peine encourue est la réclusion criminelle à perpétuité, celle-ci est ramenée à vingt ans de réclusion criminelle[809].

e / L'EXTENSION DE TERRITORIALITE EN MATIERE DE PROXENETISME

Le tourisme sexuel favorise le développement de la prostitution forcée surtout dans la région Asie-Pacifique où le tourisme sexuel est en augmentation[810]. Les touristes viennent d'Europe, du Japon, de l'Australie, des Etats-Unis et du Canada. Ces touristes se permettent des actes qu'ils ne commettraient pas dans leur pays. La suprématie économique des pays industrialisés est à l'origine de l'exploitation du corps des femmes des pays en voie de développement. De plus, la prostitution des femmes est un facteur favorisant la prostitution des enfants. Le tourisme sexuel permet aux clients et aux proxénètes d'échapper à une législation locale. La prostitution infantile s'est ainsi

---

808 Loi N° 2004-204 du 9 mars 2004 relative à l'adaptation de la justice aux évolutions de la criminalité

809 Article 225-11-1 du code pénal

810 DAYRAS M., *Femmes et violences dans le monde*, op. cit., p. 76

développée. Les flux migratoires clandestins permettent de profiter aussi des situations de dépendance. Pour contrôler ces pratiques inhumaines, le droit français a adopté certaines mesures.

Les nouvelles dispositions sont applicables pour des faits commis à l'étranger[811]. Ainsi, le droit français exprime sa volonté de limiter l'exploitation sexuelle des jeunes femmes dans le monde, tout en sensibilisant les clients. En effet, la loi du 4 avril 2006 renforçant la prévention et la répression des violences au sein du couple ou commises contre les mineurs a renforcé certaines mesures dans l'objectif de lutter contre l'exploitation sexuelle. A ce titre, ladite loi consacre l'extension de territorialité en matière de proxénétisme commis à l'étranger par un Français ou une personne résidant habituellement sur le territoire français[812]. La loi française est applicable[813]. Ce qui permet de contrôler le tourisme sexuel. Cette disposition a pour but de transposer la décision cadre du Conseil de l'Union européenne relative à la lutte contre l'exploitation sexuelle des enfants et la pédopornographie[814]. Les personnes morales peuvent également être déclarées responsables pénalement pour des faits de proxénétisme[815].

f / LA PROTECTION DES MINEURS OU DES PERSONNES VULNERABLES

La demande pour des prostituées de plus en plus jeunes ne cesse d'augmenter partout dans le monde. L'exploitation sexuelle des femmes mineures est d'actualité. Les femmes mineures sont utilisées dans les réseaux de proxénétisme alors qu'elles ne sont pas en mesure de comprendre ces activités sexuelles qui sont souvent inappropriées à leur âge et à leur développement psychosexuel. Et il faut bien remarquer

[811] Article 225-12-3 du code pénal
[812] Article 225-11-2, 225-7, 113-6, 113-8 du code pénal
[813] Article 225-11-2 du code pénal
[814] VIRIOT-BARRIAL D., « Commentaire de la loi n° 2006-399 du 4 avril 2006 renforçant la prévention et la répression des violences au sein du couple ou commises contre les mineurs », op. cit., p. 2358
[815] Article 225-12 du code pénal

qu'il y a utilisation du corps de la femme mineure pour le plaisir sexuel d'une personne souvent plus âgée. La femme subit sous la contrainte. En Chine, dans certaines régions, les femmes sont vendues sur un véritable marché d'esclaves et, au Vietnam, les pères qui prostituent leurs fillettes déclarent que « à leur âge, elles ne peuvent pas tomber enceintes »[816]. Pour protéger les victimes de ce type, le code pénal a introduit une disposition destinée à sanctionner pénalement les clients des mineurs prostitués[817].

Les nouvelles législations entrées en vigueur à l'aube du XXIe permettent de lutter efficacement contre les faits du proxénétisme impliquant des mineurs qui sont souvent des petites fillettes ou des personnes vulnérables. La loi du 4 mars 2002[818] protège les mineurs et selon ladite loi tout mineur qui se livre à la prostitution, même occasionnellement, est réputé en danger et relève de la protection du juge des enfants au titre de la procédure d'assistance éducative. De plus, le proxénétisme est puni de quinze ans de réclusion criminelle et de 3 000 000 € d'amende lorsqu'il est commis à l'égard d'un mineur de quinze ans[819]. Dans le but d'assurer une prévention, un nouveau délit qui réprime la provocation à différentes incriminations. Ainsi, est sanctionné le fait de faire à une personne des offres ou des promesses ou de lui proposer des dons, présents ou avantages quelconques afin qu'elle commette à l'encontre d'un mineur certains crimes et délits. Dans ce cadre-là, la loi du 4 mars 2002 relative à l'autorité parentale sanctionne le fait de solliciter, d'accepter ou d'obtenir, en échange d'une rémunération ou d'une promesse de rémunération, des relations de nature sexuelle de la part d'un mineur qui se livre à la prostitution, y compris de façon occasionnelle. Cette infraction est punie de trois ans d'emprisonnement et de 45 000 € d'amende[820]. La loi du 18 mars 2003 sur la sécurité intérieure sanctionne les mêmes infractions par des peines identiques, commises contre les personnes vulnérables, à savoir « personne présentant une particulière vulnérabilité, apparente ou

---

[816] DAYRAS M., *Femmes et violences dans le monde*, op. cit., p. 28

[817] Article 225-12-1 du code pénal

[818] Loi N° 2002-305 du 4 mars 2002 relative à l'autorité parentale

[819] Article 225-7-1 du code pénal

[820] Article 225-12-1 du code pénal

connue de son auteur, due à une maladie, à une infirmité, à une déficience physique ou psychique ou à un état de grossesse »[821].

Pour un certain nombre d'infractions comme par exemple pour le proxénétisme, la prostitution des mineurs ou la traite des êtres humains, la loi a instauré une peine complémentaire consistant en l'interdiction d'exercer soit à titre définitif, soit pour une durée de dix ans au plus, une activité professionnelle impliquant un contact habituel avec des mineurs.

La loi du 18 mars 2003 prévoit certaines aggravations en matière de sanctions. Ainsi, les peines sont portées à cinq ans d'emprisonnement et 75 000 euros d'amende lorsque l'infraction est commise de façon habituelle ou à l'égard de plusieurs personnes ou lorsque la personne a été mise en contact avec l'auteur des faits grâce à l'utilisation, pour la diffusion de messages à destination d'un public non déterminé, d'un réseau de communication ; ou lorsque les faits sont commis par une personne qui abuse de l'autorité que lui confèrent ses fonctions.

La loi du 4 avril 2006 relative à la prévention et la répression des violences au sein du couple ou commises contre les mineurs prévoit les mêmes peines lorsque l'auteur des faits a délibérément ou par imprudence mis la vie de la personne en danger ou a commis contre elle des violences. La loi sanctionne la complicité. En effet, avant la loi du 4 avril 2006 aucune infraction principale n'existait dès lors que cela conduisait au viol, à l'agression sexuelle, au proxénétisme ou encore toute autre atteinte sexuelle sans violences sur mineur. A noter que certaines mesures répressives ont valeur de prévention.

La loi du 4 avril 2006, dans une optique répressive, prévoit une circonstance aggravante en matière d'exploitation de la prostitution de mineurs consistant en la mise en danger d'autrui ou en la réalisation de violences[822]. Les peines sont portées à sept ans d'emprisonnement et 100 000 € d'amende lorsqu'il s'agit d'un mineur de 15 ans[823]. Ainsi, dans un arrêt, la chambre criminelle confirme l'arrêt de la cour d'appel. En l'espèce, « pour écarter les allégations du prévenu déclaré coupable

---

[821] Article 225-12-1 al. 2 du code pénal
[822] Article 225-12-2, 4° du code pénal
[823] Article 225-12-2 du code pénal

de recours à la prostitution d'un mineur, qui soutenait n'avoir pas eu connaissance de la minorité de la prostituée, l'arrêt énonce qu'il n'était pas possible d'ignorer l'état de minorité de cette jeune femme qui ressort à l'évidence de son apparence physique ; en se prononçant ainsi, la cour d'appel a justifié sa décision dès lors qu'elle a souverainement apprécié, au vu des éléments de preuve contradictoirement débattus, que l'élément intentionnel de l'infraction était caractérisé, le prévenu n'ayant pu se méprendre sur l'âge de la victime[824]. Si ces délits sont commis à l'étranger par un Français ou par une personne résidant habituellement sur le territoire français, la loi française est applicable[825]. Les personnes morales peuvent être déclarées responsables pénalement pour ces mêmes faits[826].

Il faut savoir que l'éradication du proxénétisme nécessite également des mesures en matière de traite des femmes. Par conséquent, la France prévoit certaines mesures répressives en matière de traite des femmes aux fins de la prostitution.

2 / LES DISPOSITIONS REPRESSIVES EN MATIERE DE TRAITE DES FEMMES AUX FINS DE LA PROSTITUTION

Les recherches démontrent que les trois quarts des prostituées se trouvant sur le territoire de la République sont d'origine étrangère. Et, aucune femme étrangère ne se prostitue pour son propre compte sur le territoire français[827]. Dans cette situation, dans le but de respecter les traités internationaux (a), la France définit la traite des êtres humains (b) pour appliquer les sanctions (c). L'aggravation des sanctions est possible (d), ainsi qu'une réduction de peine en cas de collaboration avec les autorités (e). De plus, la loi a prévu certaines mesures sociales en faveur des femmes victimes de la traite aux fins de la prostitution (f). Mais,

[824] Crim., 29 mars 2006, Rev.Sc.Crim. 2006, p. 603, obs. Mayaud
[825] Article 225-12-3 du code pénal
[826] Article 225-12-4 du code pénal
[827] AMNESTY INTERNATIONAL, *Les violences faites aux femmes en France*, éd. Autrement 2006, p. 115

dans la pratique, il existe une certaine tolérance en matière du trafic des femmes[828].

a / L'IMPORTANCE DU RESPECT DES TRAITES INTERNATIONAUX

Les traités internationaux imposent à la France le devoir de respecter et de protéger les droits des personnes qui font l'objet de la traite des êtres humains. Par conséquent, les autorités françaises doivent prendre toutes les mesures pour prévenir la traite des êtres humains, pour enquêter sur les allégations de tels faits et pour en sanctionner les auteurs et enfin pour apporter une assistance aux victimes et s'assurer que des réparations adéquates leur soient attribuées. Ainsi, la France signataire de ces traités a l'obligation de lutter contre les faits de la traite des femmes aux fins de la prostitution. Les autorités sont dans l'obligation de prendre des mesures pour assurer une prévention des faits et aussi pour assurer une réparation par un dédommagement approprié en la matière.

b / LA DEFINITION JURIDIQUE DE LA TRAITE AUX FINS DE LA PROSTITUTION

La traite des femmes en vue de la prostitution est réprimée par la loi pénale. La loi définit la traite des femmes aux fins de la prostitution de la manière suivante : la traite des êtres humains aux fins de la prostitution est le fait, en échange d'une rémunération ou tout autre avantage ou d'une promesse de rémunération ou d'avantage, de recruter une personne, de la transporter, de la transférer, de l'héberger ou de l'accueillir, pour la mettre à la disposition d'un tiers, même non identifié, afin de permettre la réalisation contre cette personne des

[828] LEGARDINIER C., *Les trafics du sexe*, op. cit., p. 42

infractions de proxénétisme, d'agression ou d'atteintes sexuelles[829]. La loi prévoit des sanctions en cas de réalisation d'une telle infraction.

c / LES SANCTIONS EN MATIERE DE TRAITE DES FEMMES AUX FINS DE LA PROSTITUTION

La loi sur la sécurité intérieure fait de la traite une infraction spécifique. Le droit français prévoit des peines en matière de la traite des êtres humains aux fins de la prostitution. L'auteur encourt 7 ans d'emprisonnement et 150 000 € d'amende[830]. Le fait de ne pas pouvoir justifier de ressources correspondant à son train de vie, tout en étant en relations habituelles avec une ou plusieurs personnes victimes ou auteurs des infractions de la traite aux fins de la prostitution est également puni de sept ans d'emprisonnement et de 750 000 euros d'amende[831]. La loi prévoit également des circonstances aggravantes en la matière.

d / LA POSSIBILITE D'UNE AGGRAVATION DES SANCTIONS

Il existe des aggravations de peine en tenant compte des circonstances : compte tenu des caractéristiques de la victime, de l'auteur et des moyens employés. Ainsi, les mêmes faits sont punis de dix ans d'emprisonnement et de 1 500 000 euros[832] d'amende lorsqu'ils sont commis : à l'égard d'un mineur ; à l'égard de personnes vulnérables ; à l'égard de plusieurs personnes ; à l'égard d'une personne qui se trouvait hors du territoire de la République ou lors de son arrivée sur le territoire de la République ; lorsque la personne a été mise en contact avec l'auteur des faits grâce à l'utilisation, pour la diffusion de messages à destination d'un public non déterminé, d'un réseau de

[829] Article 225-4-1 du code pénal
[830] Article 225-4-1 du code pénal
[831] Article 225-4-8 du code pénal
[832] Article 225-4-2 du code pénal

télécommunications ; dans des circonstances qui exposent directement la personne à l'égard de laquelle l'infraction est commise à un risque immédiat de mort ou de blessures de nature à entraîner une mutilation ou une infirmité permanente ; avec l'emploi de menaces, de contraintes, de violences ou de manœuvres dolosives visant l'intéressé, sa famille ou une personne étant en relation habituelle avec lui ; par un ascendant légitime, naturel, ou adoptif de la personne victime de l'infraction de la traite aux fins de la prostitution ou par une personne ayant autorité sur la victime ou abuse de l'autorité que lui confèrent ses fonctions ; par une personne appelée à participer, par ses fonctions, à la lutte contre la traite aux fins de la prostitution ou au maintien de l'ordre.

En cas de réalisation de cet acte en bande organisée, la peine est de 20 ans d'emprisonnement et de trois millions d'euros d'amende[833]. En cas de torture ou des actes de barbarie, l'auteur encourt une peine de réclusion criminelle à perpétuité et de 4,5 millions d'euros d'amende[834]. Une simple tentative de ces infractions est punie des mêmes peines[835]. La réduction de peine en la matière n'est pas exclue.

e / LA REDUCTION DE PEINE EN CAS DE COLLABORATION AVEC LES AUTORITES

La loi du 9 mars 2004[836] prévoit que toute personne qui a tenté de commettre l'infraction de la traite des femmes aux fins de la prostitution est exempte de peine si, ayant averti l'autorité administrative ou judiciaire, elle a permis d'éviter la réalisation de l'infraction et d'identifier, le cas échéant, les autres auteurs ou complices. La peine privative de liberté encourue par l'auteur ou complice de la traite des femmes aux fins de la prostitution est réduite de moitié si, ayant averti l'autorité administrative ou judiciaire, il a permis de faire cesser l'infraction ou d'éviter que l'infraction n'entraîne mort d'homme ou

---

[833] Article 225-4- 3 du code pénal
[834] Article 225-4-4 du code pénal
[835] Article 225-4-7 du code pénal
[836] Loi N° 2004-204 du 9 mars 2004 relative à l'adaptation de la justice aux évolutions de la criminalité

infirmité permanente et d'identifier, le cas échéant, les autres auteurs ou complices. Lorsque la peine encourue est la réclusion criminelle à perpétuité, celle-ci est ramenée à vingt ans de réclusion criminelle[837]. La loi a prévu certaines mesures en faveur des femmes victimes de la traite aux fins de la prostitution.

f / L'EXISTENCE DE CERTAINES MESURES EN FAVEUR DES FEMMES VICTIMES DE LA TRAITE

Le décret du 27 avril 1984[838] modifié par le décret du 16 octobre 1987[839] portant création d'une aide publique à la réinsertion des travailleurs étrangers prévoit une disposition d'aide au retour en faveur des étrangers. Cette disposition permet des aides financières et matérielles en contrepartie d'un retour des étrangers dans leur pays. Ce dispositif d'aide au retour peut faciliter la protection et l'accompagnement des femmes victimes qui désirent rentrer dans leur pays d'origine. Mais ce retour semble comporter des risques de représailles de la part des trafiquants. De plus, dans leur pays d'origine, ces femmes peuvent faire l'objet de stigmatisation, de rejet de la part de leur famille et de leur entourage. Ce sont des obstacles pour leur retour. Il faut savoir que de nombreuses victimes ne connaissent pas l'existence d'un tel dispositif.

La loi française a prévu une régularisation du titre de séjour sous conditions aux femmes victimes de la traite. En Belgique, les victimes de proxénétisme bénéficient depuis 1995 d'un statut de protection et d'un éventuel titre de séjour en échange d'un témoignage ou d'un dépôt de plainte contre les trafiquants[840]. Ce dispositif existe également en Italie depuis 1998. La France, par la loi du 18 mars 2003 sur la sécurité intérieure[841], ouvre la possibilité aux personnes qui font l'objet de la traite d'obtenir une autorisation provisoire de séjour à condition qu'elles

---

[837] Article 225-4-9 du code pénal
[838] Décret N° 84-310 du 27 avril 1984
[839] Décret N° 87-844 du 16 octobre 1987
[840] LEGARDINIER C., *Les trafics du sexe*, op. cit., p. 37
[841] La loi n° 2003-239 du 18 mars 2003, Sécurité intérieure

dénoncent leur proxénète. La loi du 15 novembre 2001 organise la protection des témoins dans le cadre des procédures pénales[842]. Le législateur a prévu une assistance aux victimes qui coopèrent. En effet, les victimes peuvent bénéficier d'un système de protection et d'assistance, assuré et coordonné par l'Administration en collaboration active avec les divers services sociaux d'intervention. De plus, des places en centre d'hébergement et de réinsertion sociale sont ouvertes à l'accueil des victimes dans des conditions sécurisantes. Le cadre juridique actuel ne permet l'attribution de titres de séjour ou de mesures de protection qu'aux victimes de la traite des êtres humains aux fins de la prostitution ayant coopéré. Pendant la durée de la procédure pénale, la victime peut obtenir une autorisation de séjour provisoire de six mois avec autorisation de travailler. Lorsque les personnes mises en cause sont condamnées définitivement, une carte de résident peut être attribuée. La poursuite d'une activité prostitutionnelle par une victime pourra constituer pour les préfectures un obstacle à l'attribution d'un de ces titres de séjour.

Les associations spécialisées assurent certaines missions en faveur des victimes.

C / LE ROLE DES ASSOCIATIONS

Les associations jouent un rôle dans l'aide, l'écoute, l'accompagnement et l'hébergement des femmes victimes. Il existe un certain nombre d'associations qui ont un dispositif d'hébergement dans le but de protéger les victimes. Les femmes victimes peuvent rapidement être déplacées dans une autre localité et soustraites à l'emprise des trafiquants. Le réseau associatif compte trente-trois associations et prend en charge les victimes qui désirent être protégées et qui adhèrent librement au principe d'éloignement. Ce réseau associatif a des centres d'hébergement répartis sur l'ensemble du territoire national. En effet, le principe de protection des victimes du proxénétisme ou de la traite des êtres humains à des fins d'exploitation sexuelle repose sur l'éloignement

[842] Article 706-57 du code de procédure pénale

géographique. Pour cela, la multiplicité des lieux d'accueil et la confidentialité concernant leur résidence sont indispensables. Pour bénéficier de cette mesure, les personnes doivent être en situation de danger ou de grande vulnérabilité nécessitant un éloignement géographique. Ce réseau associatif assure une information sur la législation française qui peut être utile à la victime comme par exemple sur l'aide au retour. Il assure une protection et prévoit un projet d'insertion pour les victimes.

De plus, les différents services publics et associations des pays européens s'organisent pour assurer un travail collectif de prévention, de protection et d'accompagnement des victimes[843]. Une telle coopération est indispensable en la matière. En France, les équipes d'action contre le proxénétisme sont les premières associations à obtenir la possibilité de se constituer partie civile. La loi du 9 avril 1975[844] habilite les associations constituées pour la lutte contre le proxénétisme à exercer l'action civile. Le Mouvement du Nid ou MDN est une association créée depuis 1937 pour lutter contre la prostitution. C'est une association reconnue d'utilité publique. Aujourd'hui, elle est implantée dans les régions et aussi à l'étranger. Toutes ces associations assurent la prise en charge des victimes par un accompagnement et par l'aide à la réinsertion. Elles assurent des actions éducatives pour sensibiliser la population en la matière.

---

[843] AMNESTY INTERNATIONAL, *Les violences faites aux femmes*, op. cit., p. 141

[844] La loi n° 75-229 du 9 avril 1975 sur l'action civile des associations de lutte contre le proxénétisme

TITRE II / LES ATTEINTES CRIMINELLES

Dans le cadre de la vie en société, la femme fait face à des atteintes à l'intégrité physique. Ces atteintes sont parfois de nature criminelle. En effet, le crime de viol vise spécifiquement le corps des femmes. L'objectif du viol apparaît comme la destruction de l'humanité de la personne. La victime est souvent l'objet d'une déshumanisation et d'une chosification. Il faut savoir qu'une forte proportion des agressions sexuelles se produit aussi dans les espaces publics. Dans ces lieux, les agresseurs sont souvent des inconnus. Des êtres sadiques ou pervers abusent corporellement du corps des femmes à des fins de jouissance sexuelle, en infligeant humiliations et douleurs. Les études statistiques réalisées par les ministères de la Justice successifs ainsi que par les services de police ont fait apparaître la multiplication des attentats à la pudeur touchant en priorité le sexe féminin[845] et accompagnant le développement d'agglomérations surpeuplées. Il est connu que la victime du viol est dans 70% des cas de sexe féminin[846].

Le code pénal de 1810 qualifiait d'attentat à la pudeur toutes les agressions sexuelles, c'est-à-dire le viol et les autres agressions. Du fait de l'évolution juridique, le viol est considéré comme la forme la plus grave des agressions sexuelles. L'acte de pénétration sexuelle caractérise le crime de viol en le distinguant des autres attentats à la pudeur avec violences qui ne le comportent pas. Il se caractérise donc par une pénétration, commise dans un but sexuel, d'un orifice naturel, quel que soit l'objet pénétrant. La loi définit aussi des circonstances aggravantes. En effet, la loi pénale a pour but de protéger la société et de réprimer en conséquence celui qui viendrait l'enfreindre et compromettre ainsi l'ordre social. La plainte déposée permet le déclenchement de l'action publique devant les juridictions répressives. La victime participe ainsi au maintien de l'ordre social. La victime devient une sorte d'auxiliaire du ministère public[847]. Il faut noter que les victimes d'agressions sexuelles

---

[845] SOUTOUL J.H. et CHEVRANT-BRETON O., *Les agressions sexuelles de l'adulte et du mineur*, op. cit., p. 26

[846] CIAVALDINI A., *Psychopathologie des agresseurs sexuels*, éd. Masson 1999, p. 47

[847] LOPEZ G., FILIZZOLA G., *Le viol*, éd. PUF 1996, p. 31

hésitent encore souvent pour porter plainte, en raison des sentiments d'humiliation et de honte. Ce qui rend difficiles les études de prévalence. De ce fait, seules les agressions ayant fait l'objet d'une instruction judiciaire sont répertoriées. En France, le nombre de viols ayant justifié l'ouverture d'une instruction judiciaire est équivalent chaque année au nombre de personnes tuées sur les routes[848]. Ce nombre représente un faible pourcentage des actes de viols commis en France. Selon les criminologues des Etats-Unis, 50 à 90 % des agressions sexuelles ne font pas l'objet d'une plainte. Ces agressions concernent essentiellement les femmes[849].

Certes, le viol est un acte de crime, de nature sexuelle. A ce titre, il constitue une atteinte à l'intégrité physique de la femme. Les viols se produisent aussi bien en temps de paix (Chapitre I) qu'en temps de guerre (Chapitre II). D'où les lois nationales et les lois internationales qui interviennent de façon de plus en plus sévère en la matière.

---

[848] AUDET J., KATZ J.F., Précis de victimologie générale, op. cit., p. 154
[849] Ibid., p. 154

CHAPITRE I / LE VIOL EN TEMPS DE PAIX

Il est certain que les agressions de nature sexuelle, particulièrement les viols, visent exclusivement les femmes. Le viol semble revêtir trois fonctions essentielles. La première fonction est excrémentielle puisque la femme est traitée comme un véritable lieu d'aisances disponible et ouvert pour effectuer le désir. La deuxième est une fonction cannibalique puisque le violeur s'acharne sur le corps de la femme et le dépeçage de la victime est évident et, enfin, la troisième est une fonction sacrificielle[850] puisque le viol profane le sacré de la femme. Pendant longtemps, le viol a été considéré comme quelque chose d'inévitable par la société. Dans certains pays, la femme occupe une place inférieure dans la société comme par exemple en Afrique du Sud où les femmes sont dominées par les hommes dans leurs droits civils et politiques, et où il se commet, par conséquent un viol toutes les trente-sept secondes[851]. En Arménie comme en Turquie, le viol est synonyme d'honneur sali plutôt que d'humiliation physique et psychologique. Dans la même logique, le viol exige le mariage pour sauver l'honneur[852]. Ainsi, les femmes sont contraintes d'épouser le violeur. Cependant, la situation des femmes dans le monde s'améliore mais très lentement.

Les femmes apparaissent toujours comme le groupe le plus touché par l'insécurité urbaine parce qu'elles se sentent vulnérables aux violences sexuelles qui constituent des faits graves pour elles. Les violences sexuelles sont la première cause de traumatisme psychique. Ainsi le viol n'est pas une expérience rare. Selon une enquête de l'Institut national de la santé et de la recherche médicale[853], en France, une femme sur quinze a été victime d'un viol. Par conséquent, la peur du crime sexuel a une influence sur tous les aspects de leur vie[854]. De ce fait, elles prennent des précautions pour tenter d'éviter les agressions à

[850] BESSOLES P., *Le meurtre du féminin*, op. cit., p. 49
[851] LANG J., *Enquête sur la situation des femmes dans le monde*, op. cit., p. 22
[852] RAMBERG I., *La violence à l'égard des jeunes femmes en Europe*, op. cit., p. 102
[853] Pour plus d'informations, SPIRA A., BAJOS N., *Les comportements sexuels en France*, éd. La documentation française 1993
[854] CONDON S., LIEBER M., MAILLOCHON F., « Insécurité dans les espaces publics : comprendre les peurs féminines », *Revue française de sociologie*, avril-juin 2005, p. 268

leur encontre dans les espaces publics. Elles élaborent des stratégies d'évitement ou d'auto-exclusion face aux espaces publics dans une proportion bien plus importante que les hommes. La nuit évoque tous les dangers. Se retrouver dans un endroit mal éclairé est une source d'angoisse. En effet, il est suggéré également qu'il y a peut-être une heure de la journée au-delà de laquelle il est déconseillé ou mal vu d'être seule dehors.

Le viol est traumatisant parce qu'il contredit les conceptions. La victime du viol parle de destruction, de perte d'identité et de mort. Le viol introduit une blessure narcissique qui ne peut cicatriser que dans un processus de transformation du Soi, comme dans un autre domaine une perte ne peut cesser de provoquer de la souffrance qu'avec une réorganisation du Soi. Cette transformation du Soi est analogue à un « travail de deuil » dans lequel la perte concerne le Soi propre[855]. Ainsi le risque d'une relation d'appropriation pose problème au corps des femmes (Section I), malgré l'existence de dispositions répressives et préventives en la matière (Section II).

[855] CIAVALDINI A., BALIER C., *Agressions sexuelles*, op. cit., p. 23

SECTION I / LE RISQUE D'UNE RELATION D'APPROPRIATION POUR LE CORPS DES FEMMES

Certains lieux sont considérés dangereux comme par exemple le terrain vague ou le chemin isolé, le domicile de la victime ou d'un ami, le parking, le train, les caves, les maisons abandonnées, les bois. Toutefois, compte tenu de la nature de l'acte et de la variabilité des contextes, un nombre considérable de viols passe sous silence et n'entre pas dans les statistiques. Il existe une confusion en matière de viol dans les sociétés. Beaucoup de personnes ne pensent pas que le consentement de la femme est important pour un acte sexuel. Selon une recherche récente aux Etats-Unis, certains pensent que l'homme a le droit d'avoir une relation sexuelle avec une femme sans son consentement et en faisant usage de la force si le couple envisage de se marier. Selon certains, l'usage de la force est justifié si le couple a déjà eu des relations sexuelles ou bien dans le cas où la femme a flirté avec l'homme ou bien dans le cas où l'homme sait qu'elle a eu des relations sexuelles avec d'autres hommes ou bien en cas d'excitation sexuelle de l'homme par la femme et que l'homme se trouve dans l'impossibilité de se contrôler ou si l'homme a bu. Selon certains individus, si une femme s'habille de façon séductrice et se promène seule la nuit, elle cherche à se faire violer. Selon une enquête menée aux Etats-Unis, sur une population d'adolescents lycéens, 80% de ces adolescents ne savaient pas qu'un homme n'a jamais le droit d'imposer par la force une relation sexuelle[856]. En Inde, dans le Rajasthan, cinq hommes ont violé une femme militante des droits des femmes[857].

Il faut cependant noter qu'un tiers à un quart des victimes de viol ont déjà été violées au moins une fois[858]. Ces victimes récidivistes présentent une sorte de fatalisme face aux violences exercées sur elles. Elles sont très vulnérables et appartiennent souvent aux catégories les plus défavorisées et les plus mal intégrées à la société. L'alcoolisme et

---

[856] CHRISTEN M., HEIM C., SILVESTRE M., VASSELIER-NOVELLI C., *Vivre sans violence*, op. cit., p. 78

[857] DAYRAS M., *Femmes et violences dans le monde*, op. cit., p. 27

[858] SOUTOUL J.H. et CHEVRANT-BRETON O., *Les agressions sexuelles de l'adulte et du mineur*, op. cit., p. 56

l'isolement ne sont pas absents chez ces récidivistes. Il faut comprendre que toute activité sexuelle est susceptible de porter atteinte à l'intégrité physique. C'est pour cette raison que le consentement des participants doit être éclairé. Le viol porte atteinte à la dignité, à la liberté, à l'intégrité du consentement et à l'intégrité physique des femmes victimes. Le viol porte atteinte au corps féminin et au droit à disposer librement de son corps par la femme. Il existe plusieurs types de viol (§1), mais les caractéristiques de ces viols (§2) sont souvent identiques.

§1 / LA TYPOLOGIE DU VIOL ET LE PROFIL DES VIOLEURS

Il est intéressant de faire une étude successive sur la classification du viol selon le nombre d'auteurs (A), sans oublier sur certains cas particuliers en matière de viol (B) et enfin sur le profil des violeurs (C).

A / LA CLASSIFICATION DU VIOL SELON LE NOMBRE D'AUTEURS

Il faut distinguer deux catégories, à savoir le viol par un seul individu (1) et le viol en réunion (2).

1 / LE VIOL PAR UN SEUL INDIVIDU

Le viol peut avoir lieu chez la victime si cette dernière ouvre imprudemment la porte de son domicile ou invite une personne qui deviendra son agresseur. Dans certains cas, le viol a lieu au domicile de l'agresseur ou dans des endroits variés, à savoir le parking, l'hôtel. Les agressions sexuelles et les viols ont lieu dans les circonstances ordinaires de la vie. Des circonstances particulières, comme les vacances, sont évoquées par un peu plus de 10 % des femmes, puis les fêtes privées et les fêtes publiques ou les manifestations[859]. Le violeur dans le cadre de la vie en société peut être un collègue de travail, un camarade de classe, le petit ami ou l'ex-petit ami de la jeune fille[860] ou bien un inconnu. Ces viols se produisent souvent dans le cadre d'une relation sociale ou à l'occasion d'un rendez-vous amoureux. La femme ne réalise pas, dans un premier temps, les intentions de son compagnon et, naïvement, se laisse approcher. L'attitude de la victime ne pose pas de problème aux

---

859 JASPARD M., *Les violences envers les femmes en France*, op. cit., p. 223

860 DARVES-BORNOZ J-M., *Problématique féminine en psychiatrie*, op. cit., p. 126

auteurs. En effet, les recherches démontrent que « le violeur individuel se sent violeur indépendamment de l'attitude de sa victime[861] ». L'adolescente victime de violences sexuelles a tendance à cacher les faits ou simplement à dire la violence dont elle est victime. Elle se tait sous la menace de chantage pour éviter les conflits ou une séparation ou bien à cause de la honte et de la culpabilité qu'elle ressent avec une incapacité à se défendre[862]. Le viol par un inconnu est plus facilement dénoncé auprès des autorités. Le viol par des camarades de classe est également fréquent partout dans le monde. Ainsi, au Kenya, 71 étudiantes ont été violées et battues par leurs camarades d'études[863]. Dans le cas du viol individuel, il n'y a pas d'échanges verbaux. C'est la victime qui parle le plus souvent, dans le but de faire appel à la raison de son agresseur.

La *date rape* est un acte sexuel forcé qui survient à l'occasion d'un rendez-vous entre un garçon et une jeune fille[864]. En effet, la femme victime accepte en confiance un rendez-vous avec celui qui va devenir son agresseur. La femme peut aller jusqu'à un certain degré d'intimité avec son futur agresseur, par exemple accepter de le recevoir chez elle tard le soir ou aller à son domicile et accepter un flirt plus ou moins poussé. Puis l'homme réussit à imposer un rapport sexuel par pression morale ou agression verbale sans violences physiques le plus souvent. La prise d'alcool joue un rôle important. Cet acte est vécu comme un viol par abus de confiance par la femme, alors que l'homme perçoit cet épisode comme un simple rapport sexuel. La femme victime culpabilise à cause de son attitude permissive du début de la rencontre. Mais l'agresseur ne se perçoit pas comme un violeur. Il existe un problème de la définition du viol et de la perception du consentement. Les conséquences psychologiques sur la victime de ce type d'agression sexuelle sont aussi graves que celles du viol avec violences de la part d'un inconnu.

Pour ne pas subir ces situations, il faut éviter les rencontres dans des lieux isolés, préférer les lieux publics et prévoir un moyen de

---

[861] BILLON B., *Viol et violeurs*, éd. CNRS 1984, p. 74

[862] DARVES-BORNOZ J-M., *Problématique féminine en psychiatrie*, op. cit., p. 127

[863] DAYRAS M., *Femmes et violences dans le monde*, op. cit., p. 28

[864] LOPEZ G., FILIZZOLA G., *Le viol*, op. cit., p. 44

locomotion indépendant. Il faut éviter l'usage abusif d'alcool ou d'autres toxiques. Les femmes doivent connaître les principaux stéréotypes sexuels afin de pouvoir s'opposer, par une attitude claire et anticipée. Ce qui permet d'éviter les risques de mauvaise compréhension, par le jeune homme, des attentes de la jeune fille. Il faut noter que le viol collectif est un acte beaucoup plus grave que le viol individuel.

2 / LE VIOL EN REUNION

Le viol collectif ou le viol en réunion est une agression hétérosexuelle d'un groupe organisé ou non contre une personne de sexe féminin. Le viol en réunion est fréquent durant les rencontres sur les lieux de loisirs, dans les rues ou cafés, auto-stop. Le viol collectif effectué par des adolescents apparaît comme une forme d'initiation sexuelle. C'est une forme particulière d'agression sexuelle à plusieurs auteurs, de quatre à six membres et pouvant atteindre dix-sept membres. La perception de la femme par le groupe est bien particulière. Ce type de crime est fondé sur un sentiment de mépris de la femme dont l'image est dévalorisée pour la majorité des délinquants[865]. Dans le cadre des viols en réunion, les recherches ont révélé la présence fréquente de femmes complices ou spectatrices[866]. Le viol peut intervenir dans le but d'humilier une femme et la rendre servile dans le but de se venger.

Dans le viol en réunion, il y a partage d'une fille par le groupe. Ainsi, lorsqu'un membre du groupe a une relation, ses amis le sollicitent afin d'obtenir des détails sur sa partenaire, les pratiques, les lieux de leurs rencontres sexuelles. Si un garçon éprouve des sentiments pour une fille, il protégera sa relation du groupe en se gardant d'en raconter les évolutions. Dans le cas contraire, la logique de partage se traduit dans la sexualité. Il y a donc partage de la petite amie entre les membres d'un groupe. L'accord de la fille n'est pas acquis d'avance. Ainsi, cette

---

[865] SOUTOUL J.H. et CHEVRANT-BRETON O., *Les agressions sexuelles de l'adulte et du mineur*, op. cit., p. 86

[866] BILLON B., *Viol et violeurs*, op. cit., p. 19

pratique se transforme rapidement en viol collectif[867]. Les femmes sont ainsi niées dans leur personne et réduites à un objet de structuration du groupe. Elles sont considérées comme la propriété indivise du groupe. Il y a donc une réduction de la partenaire à un objet appropriable individuellement et collectivement.

Il faut savoir que le viol en réunion est très médiatisé par une sensibilité plus grande de notre société. Mais, selon les recherches, il n'y a pas une augmentation sensible de ce phénomène[868]. Le facteur groupe est important pour la réalisation de l'acte[869]. Ce crime est actuellement en régression, soit par la présence d'une personne modératrice dans les groupes à risque, soit que les femmes mieux informées évitent les situations dangereuses. En ce qui concerne le groupe qui commet le viol, une bande structurée ou informelle constituée d'individus, ces derniers semblent avoir tous eu une initiation sexuelle précoce. Le groupe est en relation avec la victime par l'intermédiaire d'un de ses membres qui la connaissait antérieurement. Il existe souvent une relation de confiance avant l'acte entre les auteurs et la victime. Dans le cas du viol collectif, la phase préliminaire est assez aimable pour faire intégrer la future victime dans le groupe. Mais la violence monte pour aboutir aux menaces, aux coups, aux injures, aux sévices de façon progressive. Ce type de viol est vécu comme une bonne plaisanterie par ses auteurs. Et, dans le cas du viol collectif, les échanges verbaux sont importants de la part des auteurs. L'acte en question procure principalement un apaisement. En effet, les agresseurs admettent fréquemment que l'acte pour eux est apaisant[870]. Il semble que l'attitude de certaines victimes peut paraître équivoque en la matière, puisque la victime réagit par la peur. La victime subit le viol sous l'effet de la peur et en reste influencée dans sa vie sexuelle ultérieure. L'alcool ou la drogue joue un grand rôle dans l'aboutissement des viols collectifs.

---

[867] HAMEL C., « Faire tourner les meufs - viols collectifs : discours des médias et des agresseurs », op. cit., p. 90

[868] JASPARD M., *Les violences envers les femmes en France, une enquête nationale*, op. cit., p. 220

[869] CIAVALDINI A., *Psychopathologie des agresseurs sexuels*, éd. Masson 1999, p. 59

[870] Ibid., p. 89

Ce type d'acte est souvent programmé. Les victimes sont souvent sélectionnées en fonction de leur âge ou de leur personnalité. Les victimes des viols collectifs ont souvent un profil particulier : adolescentes, femmes ivres ou personnes psychologiquement fragiles. Les tentatives de viol par plusieurs personnes sont plus fréquentes chez les très jeunes filles, de moins de quinze ans et inexistantes après vingt-cinq ans[871]. La vulnérabilité des plus jeunes face à ces violences sexuelles du groupe est importante, mais reste un phénomène rare. Ces victimes ne présentent pas de précocité sexuelle, ce qui semble les rendre incapables de provocations. Dans le viol collectif, la bande cherche une fille et utilise l'effet de nombre et de surprise. Le nombre est une arme de violence qui remplace l'arme utilisée dans le viol individuel. Il existe une véritable dépersonnalisation de l'individu par l'intermédiaire de la bande. Il n'existe pas actuellement de violences graves pour obtenir le consentement de la victime. En effet, la femme ne cherche souvent pas à s'opposer face à un groupe nombreux. Par conséquent, les auteurs invoquent la faute de la victime. La bande choisit un quartier mal éclairé et mal surveillé. Ils attrapent la fille dans un couloir d'immeuble pour la violer. L'accomplissement d'un viol en réunion est possible aussi dans une cave[872]. Le viol en bande est un risque dans les cités H.L.M. Les auteurs connaissent les filles, les victimes possibles, et font abstraction de l'âge de la jeune fille[873]. Le viol collectif survient aussi à l'issue de rencontres dans des cafés ou à l'occasion de réunions entre amis et voisins ou bien chez soi. Dans tous les viols en groupe, la victime est abandonnée dans le lieu de l'acte après achèvement du viol.

B / LES CAS PARTICULIERS EN MATIERE DE VIOL

Certains cas de viol sont très particuliers comme par exemple le viol en série (1) et le viol institutionnel (2).

---

[871] JASPARD M., *Les violences envers les femmes en France*, op. cit., p. 220

[872] COQUARTE E., HUET P., *Le livre noir de la prostitution*, op. cit., p. 39

[873] BILLON B., *Viol et violeurs*, éd. CNRS 1984, p. 63

1 / LE VIOL EN SERIE

Dans le cas du viol en série, plusieurs femmes sont victimes d'un seul auteur. Les victimes présentent un profil identique, souvent blondes aux yeux claires. Lorsque plusieurs plaintes déposées décrivent un processus identique, la police les prend en considération, même en l'absence de toute preuve matérielle, à savoir des traces de violences ou présence de sperme du coupable. Parfois, les femmes sont victimes d'un meurtre accompagné d'un viol. Les auteurs sont souvent des psychopathes. Il faut savoir que le pervers se singularise avant tout par le caractère pathologique de la relation qu'il noue avec sa victime. Il a l'impériosité de « déshumaniser » sa victime, de la dominer en lui retirant tout affect, de la réduire à un objet, et parfois de la tuer. La sexualité n'apparaît pas comme une fin en soi, comme un besoin. La sexualité semble être un moyen ultime de « déshumanisation » de la victime[874]. En effet, le pervers accomplit son acte avec une froideur remarquable. En fait, il redoute surtout toute émergence d'affect chez lui. Le pervers a parfois la nécessité de répéter de façon itérative sur une courte période ses comportements pervers, d'où les cas de viols en série. Dans les cas de viols en série, l'arrestation est source d'un sentiment de soulagement. En effet, le besoin de violence est ressenti comme une impérieuse et douloureuse nécessité[875]. Les psychopathes ou les schizophrènes ont aussi des comportements identiques. En effet, ils accomplissent eux aussi des actes agressifs sans affect apparent. Parfois, la victime n'a aucun lien avec l'agresseur. La victime est un passant anonyme. La femme devient une victime parce qu'elle croise par hasard un violeur.

Il existe certains auteurs qui n'arrêtent pas leur acte à un simple viol. Ils vont jusqu'au meurtre de leur victime. Ce sont des violeurs meurtriers. Les victimes sont souvent des auto-stoppeuses. La motivation profonde du viol renvoie à l'agressivité et à la volonté de domination qui sont le ressort des rapports humains au sein de la société. L'anamnèse de auteur du viol des deux auto-stoppeuses a révélé que ce violeur était lui-même issu d'un viol. Celui-ci après le viol de ses

---

[874] ALBERNHE T. (ss la dir. de), *Criminologie et psychiatrie*, op. cit., p. 677
[875]Ibid., p. 678

victimes, les a assassinées et a mis le feu à leur véhicule, utilisé comme cercueil[876]. Il faut noter que les tueurs en série sont en général des hommes et les victimes sont souvent des femmes. Ces tueurs ont été socialisés de façon inadéquate. Ils ont vécu un traumatisme dans leur enfance. La haine de l'un des parents est à la base de l'explication des mécanismes psychologiques donnant naissance aux meurtriers en série. La cruauté des tueurs sadiques, comme par exemple la torture, les mutilations, le démembrement, la nécrophilie[877], est un phénomène qui peut être compris en prenant en considération leur souffrance dans l'enfance[878]. Il semble que les tueurs en série à motivation sexuelle ont été des enfants abusés et négligés. Ils auraient eu des relations non naturelles et inhabituelles avec leurs mères. Ils auraient été abusés sexuellement par leurs mères et leurs liens avec la mère sont plus intenses que ceux de la population normale. De ce fait, ils sont incapables de nouer des relations normales avec les femmes. Pour se libérer de l'emprise de sa mère, le tueur en série tue les femmes qui la représentent, d'où la recherche de traits communs chez les victimes. Ce sont souvent des hommes qui sont des tueurs en série à caractère sexuel. Les femmes victimes deviennent dans les phases du meurtre un objet. Un autre type de viol spécifique est le viol institutionnel.

2 / LE VIOL INSTITUTIONNEL

Dans certains pays, la femme a un statut inférieur dans la société notamment dans les sociétés traditionnelles. Le viol institutionnel est présent. Il faut remarquer que ce type de viol est plus rare. Ce type de viol existe en Iran. Ainsi, en Iran, le viol d'une femme vierge est institutionnalisé quand elle est condamnée à mort par exemple pour avoir été mal voilée. Dans ce cas, la jeune fille est mise en loterie et c'est le gagnant qui la viole. En effet, le Coran interdit de mettre à mort une femme vierge et le viol est un passage nécessaire avant la mise à mort. Et, après le viol, la femme subit une lapidation[879]. Après la mort de la

[876] BESSOLES P., *Le meurtre du féminin*, op. cit., p. 28
[877] La recherche de plaisir sexuel dans l'accouplement avec des cadavres
[878] POULIN RICHARD, *La mondialisation des industries du sexe*, op. cit., p. 206
[879] DAYRAS M., *Femmes et violences dans le monde*, op. cit., p. 30

femme victime, le juge religieux de la prison envoie à la famille de la victime un certificat de mariage et une boîte de bonbons.

C / LE PROFIL DES VIOLEURS

Les auteurs présentent souvent des pathologies mentales (1), de plus, ils sont des grands consommateurs de films pornographiques (2).

1 / LA PRESENCE DES PATHOLOGIES MENTALES

Selon les criminologues, les violeurs sont souvent des psychopathes, des débiles mentaux, des psychotiques ou enfin des pervers. Les auteurs évoquent souvent un dédoublement de la personnalité ou un état amnésique ou toute autre pathologie pour nier la responsabilité de l'acte. Le pervers nie l'autre en tant que sujet pour faciliter la relation du sujet à objet. Le meurtre des femmes est également fréquent notamment suite à la rencontre d'un criminel souvent psychopathe par la victime[880]. La plupart des auteurs des viols individuels sont porteurs de traits de caractère névrotiques ou psychopathiques. Toutefois, l'existence d'une véritable maladie mentale chez un violeur est relativement peu fréquente[881]. Il faut noter que certains auteurs ont une très mauvaise idée sur les femmes, pour ne pas les respecter. Il existe une satisfaction de voir la victime trembler de peur. L'agression contre les femmes semble être davantage motivée par l'animosité et la colère contre celles-ci. Le viol est possible dans le but d'une vengeance, de jalousie ou bien par la recherche de puissance sexuelle[882]. En effet, l'agression sexuelle est liée à la motivation de dominer les femmes, aux attitudes hostiles vis-à-vis des femmes. La souffrance durant l'enfance est souvent évoquée. Certaines études

---

[880] ALBERNHE T., *Criminologie et psychiatrie*, op. cit., p. 221

[881] SOUTOUL J.H. et CHEVRANT-BRETON O., *Les agressions sexuelles de l'adulte et du mineur*, op. cit., p. 177

[882] ALBERNHE T. (ss la dir. de), *Criminologie et psychiatrie*, op. cit., p. 714

montrent que les violeurs ont eu des mères humiliantes[883]. Pour J.R. Stoller[884], le violeur a été soumis dans son enfance à des traumatismes réels infligés par la mère, ce qui l'amènerait plus tard à recourir à « une forme érotique de la haine [885]». Les études montrent que les sujets inculpés de viol sur adulte sont plus fréquemment élevés par une mère seule[886]. Le désir de maltraiter les autres femmes a pour origine le désir de vengeance de la mère. Certains auteurs ont eu leur mère qui se prostituait[887].

De plus, en matière de viol, il existe un certain nombre d'étapes. Les unes psychologiques ou internes, les autres comportementales ou externes. Dans une phase mentale, il y a une pensée du comportement envisagé, avec une lutte intérieure, dans le cas du viol individuel, comme une éventualité, un fantasme, un désir de commettre l'infraction ou projet d'infraction. Le projet d'infraction s'accompagne souvent d'un sentiment de malaise chez le violeur individuel. Ensuite, arrive une phase pratique à savoir la préparation et l'exécution du viol. Il existe parfois une longue préméditation avec le choix de la victime et l'achat d'une arme dans ce but. Les armes peuvent aller de la matraque au pistolet ou bien simplement le couteau et le fusil. Mais, en matière de viol, les auteurs veulent souvent faire croire que la phase interne ou mentale n'existe pas[888]. Pour eux, une impulsion plus ou moins consciente est à l'origine de leur acte. En réalité, un projet préexiste au passage à l'acte et s'accompagne d'un sentiment d'une sexualité vécue de façon anormale. Les études montrent que la plupart des agressions sont préméditées et non pulsionnelles. La consommation de drogue ou d'alcool facilite le passage à l'acte. La sérotonine est un neurotransmetteur jouant un rôle inhibiteur dans différents types de comportements agressifs. Depuis les dernières années, plusieurs recherches semblent indiquer qu'une dysfonction du système sérotonergique chez l'homme serait impliquée dans les comportements agressifs violents ou impulsifs, les troubles affectifs, les troubles

---

[883] CIAVALDINI A., *Psychopathologie des agresseurs sexuels*, op. cit., p. 148
[884] Auteur du livre *Perversion : forme érotique de la haine*, éd. Payot
[885] ALBERNHE T. (ss la dir. de), *Criminologie et psychiatrie*, op. cit., p. 714
[886] CIAVALDINI A., *Psychopathologie des agresseurs sexuels*, éd. Masson 1999, p 147
[887] BESSOLES P., *Le meurtre du féminin*, op. cit., p. 52
[888] BILLON B., *Viol et violeurs*, op. cit., p.31

obsessionnels et les troubles de la personnalité[889]. Ces caractéristiques sont partagées par beaucoup de délinquants sexuels. De plus, il apparaît que les médicaments sérotonergiques diminueraient les intérêts sexuels déviants sans affecter les intérêts sexuels non déviants[890].

Il faut noter aussi que les auteurs n'interprètent pas correctement la volonté de la victime. Ils invoquent la séduction et la provocation de la victime. Ils interprètent la passivité de la femme comme un acte de soumission ou mieux d'acceptation. Chez certains auteurs, il existe une incapacité à différencier chez les femmes les comportements amicaux des comportements de séduction et les comportements d'affirmation des comportements hostiles. De plus, les hommes sexuellement agressifs peuvent aussi développer des faux schémas concernant les attitudes des femmes. Certains hommes croient que les femmes n'expriment pas ce qu'elles pensent réellement[891]. A noter également que les violeurs sont des consommateurs de certains films spécifiques.

2 / LA CONSOMMATION DES FILMS PORNOGRAPHIQUES

Il faut noter que la pornographie a des effets indésirables parce qu'elle mélange le sexe et la violence. La pornographie alimente dans l'imaginaire érotique une liaison violence-plaisir[892]. Elle tend à faire dire aux hommes que les femmes apprécient la violence et la domination. Les études menées aux Etats-Unis auprès d'étudiants ont montré que la consommation des films pornographiques les rendait étrangement indulgents à l'égard du viol et dégradait leur image des femmes[893]. Le fait de voir fréquemment des films érotiques violents peut aboutir à une perception de la femme comme objet de manipulations sexuelles[894]. La visualisation fréquente de films érotiques violents peut rendre les

[889] ALBERNHE T. (ss la dir. de), *Criminologie et psychiatrie*, op. cit., p. 402
[890] Ibid., p. 404
[891] PAHLAVAN F., *Les conduites agressives*, op. cit., p. 165
[892] WELZERLANG D., *Les hommes violents*, op. cit., p.212
[893] COQUARTE E., HUET P., *Le livre noir de la prostitution*, op. cit., p. 148
[894] PAHLAVAN F., *Les conduites agressives*, op. cit., p. 164

spectateurs plus tolérants aux violences faites aux femmes et moins sympathiques vis-à-vis de la victime. Ainsi, l'augmentation du taux des viols semble coïncider avec l'augmentation de l'accessibilité aux films, journaux et autres supports spécialisés dans la diffusion d'informations pornographiques[895]. En effet, depuis 1960, les sociétés occidentales sont devenues plus libérales et plus tolérantes en matière de diffusion de ce type d'informations. Les données du FBI montrent que la pornographie est consommée par 81% des meurtriers en série à caractère sexuel[896]. Les tueurs en série qui ont subi des agressions sexuelles durant l'enfance en consomment dans 92% des cas.

Il semble que pour dominer et posséder les femmes, les tueurs en série chosifient et déshumanisent leurs proies. Les techniques de dépersonnalisation de la victime par le meurtrier en série sont également utilisées dans la pornographie[897]. En effet, la pornographie transforme la femme en un objet à acquérir et à utiliser[898]. Certaines études indiquent que les images pornographiques violentes favorisent l'acceptation de la violence vis-à-vis des femmes. Il est certain qu'elle constitue l'un des facteurs des comportements agressifs envers elles. En effet, les hommes expriment des fantasmes plus violents après avoir vu un film sur le viol[899]. Selon certains auteurs, le film érotique éveille le désir sexuel des sujets et quand ils sont dans l'impossibilité de satisfaire ce désir, il y a frustration, et c'est cette frustration qui est à l'origine de l'agression[900]. Les films violents jouent également un rôle dans la fonction mentale des individus. Ainsi, même sans antécédents psychiatriques, Marc Lépine a assassiné 14 femmes à l'université de Montréal en 1989. Il était un passionné de films violents. Au cours de la nuit avant le drame, il avait regardé *Commando terreur* un film dans lequel un terroriste entre dans une école et tue des élèves. Il a trouvé un modèle dans le film violent[901].

---

[895]PAHLAVAN F., *Les conduites agressives*, op. cit., p. 50
[896] POULIN RICHARD, *La mondialisation des industries du sexe*, op. cit., p. 207
[897]Ibid., p. 208
[898] BELLEAU M-C., « Les théories féministes : Droit et différence sexuelle », *RTD civ.*, N° 1, 2001, p. 20
[899] PAHLAVAN F., *Les conduites agressives*, op. cit., p. 51
[900]Ibid., p. 48
[901] ALBERNHE T. (ss la dir. de), *Criminologie et psychiatrie*, op. cit., p. 472

§2 / LES CARACTERISTIQUES DE CES VIOLS

Les caractéristiques sont au nombre de deux : d'abord l'imprévisibilité du viol (A), et c'est une relation d'appropriation du corps de la femme imposée par cet autrui qui est plus ou moins connu par la victime (B).

A / L'IMPREVISIBILITE DU VIOL POUR LA VICTIME

Il faut noter que la vulnérabilité de la victime (1), un choc inattendu de la part de la victime (2) dans un lieu parfois isolé (3) facilitent la réalisation de l'infraction. Toutefois, il ne faut pas oublier le cas du viol sous médication (4) qui est aussi imprévisible pour la victime.

1 / LA VULNERABILITE DE LA VICTIME

Dans les espaces publics, les femmes risquent d'être agressées sexuellement à la fois par des inconnus ou par des hommes qu'elles connaissent, parfois vaguement. Les hommes connus sans être des proches commettent le plus souvent des tentatives de viol. Les lieux du travail ou scolaires ne sont pas exempts de risques. Les viols commis par des inconnus sont moins courants[902]. Ce ne sont pas des belles femmes provocantes qui se sont fait violer mais ce sont des femmes souvent jeunes. Les hommes s'attaquent à des proies faciles, à savoir les femmes vulnérables. La morphologie de la victime n'a aucune importance dans le passage à l'acte. D'après les enquêtes, les tentatives de viol et les viols ont lieu surtout après 18 ans. La grande majorité des agressions sexuelles sont perpétrées sur des femmes jeunes de moins de vingt-cinq

---

902 MAC KINNON C., *Le féminisme irréductible*, éd. Des femmes-Antoinette Fouque 2005, p. 83

ans[903]. Et, en matière de viol, un agresseur sur huit est inconnu de la victime. Le plus souvent, le violeur est un homme de la même race que la femme et n'est pas totalement un inconnu pour la victime. L'âge des femmes, leur état civil, leur niveau scolaire et leur lieu de résidence sont significativement associés au risque d'avoir subi une tentative de viol dans l'espace public. Les femmes âgées de 25 à 44 ans, les célibataires ou divorcées, les plus diplômées et les femmes vivant en région parisienne ont un risque accru en matière d'agressions sexuelles dans les espaces publics[904].

2 / UN CHOC INATTENDU POUR LA VICTIME

Face à un agresseur, la victime a du mal à résister. Un choc souvent inattendu, où la femme n'est pas préparé à se défendre, d'où sa passivité. Mais cette passivité est vue comme un mode de séduction. Les études montrent que cette passivité est génératrice d'un traumatisme après le viol. De ce fait, cette passivité ne peut constituer une forme de séduction au moment des faits. La victime opte pour la passivité pour éviter le drame. Certaines femmes n'hésitent pas à faire usage de certaines stratégies pour se sauver, à savoir donner un coup ou des cris forts. Il semble que le violeur individuel prenne souvent la fuite aux cris de sa victime. Mais, dans le viol en groupe, plus la victime crie, plus les auteurs semblent satisfaits[905]. De plus, la femme a, du fait de son infériorité musculaire, peu de chances de faire face à un agresseur imprévisible. De plus, la peur conduit à une paralysie et à l'absence de mobilisation musculaire nécessaire pour se défendre face à une agression[906]. En effet, le viol se déroule dans un état de stress intense généré par la peur. Cet état de stress se manifeste par une sidération anxieuse anesthésiant les victimes ou au contraire par une agitation inadaptée. Le choc perturbe le fonctionnement mental pour provoquer un manque de confiance en leurs capacités de résistance.

---

[903] JASPARD M., *Les violences envers les femmes en France, une enquête nationale*, op. cit., p. 214

[904] Ibid., p. 225

[905] BILLON B., *Viol et violeurs*, op. cit., p. 76

[906] PAHLAVAN F., *Les conduites agressives*, op. cit., p. 92

3 / DANS UN LIEU SOUVENT ISOLE

Il faut noter que les auteurs inconnus recherchent leur victime dans un lieu isolé. Ce qui provoque une peur intense chez la victime. Le viol provoque un état de stress intense généré par la frayeur puisque la victime fait face à une mort imminente. Dans cet état, les victimes ont du mal à agir. Et, au moment de l'acte, la femme cherche à se soustraire à la frayeur. Ce qui est à l'origine du trouble dissociatif. Il se manifeste cliniquement par l'inhibition anxieuse, l'amnésie des faits, le déni. Il existe aussi un symptôme de dépersonnalisation, qui est le sentiment de dépossession de son intégrité physique ou psychique, ou un symptôme de déréalisation qui est un sentiment d'étrangeté et d'irréalité du monde, sans altération de la perception[907]. La dépersonnalisation donne une impression de détachement, laquelle transforme la victime en une sorte d'automate ou de spectateur. De plus, pour parvenir à leurs fins, les auteurs ont recours à des violences, plus ou moins graves. L'oubli total ou partiel des faits est fréquent pour la victime. C'est la conséquence d'une amnésie dissociative. Ce qui constitue un handicap pour l'interrogatoire par la police ou le médecin.

4 / L'IMPREVISIBILITE DU VIOL SOUS MEDICATION POUR LA VICTIME

Le viol sous médication n'est pas inexistant. Les victimes sont passives sous l'emprise de la drogue. Elles sont sous le contrôle de l'agresseur. Elles peuvent subir le viol ou toutes autres agressions sexuelles. Elles ont, dans ce cas, peu de souvenirs des actes et il existe une difficulté de preuve. Les drogues utilisées sont le rohypnol qui peut être dilué et est incolore. Le GHB[908] ou l'acide gamma hydroxybutyrique est une substance qui entraîne un état proche de l'ivresse, une perte de repères et une forme d'amnésie. Son utilisation est parfois suivie d'agressions sexuelles non consenties. Les effets de cette

---

[907] ALBERNHE T. (ss la dir. de), *Criminologie et psychiatrie*, op. cit., p. 249
[908] Gamma hydroxybutyrate

substance sont rapides. La victime se trouve totalement sous l'emprise de son violeur et ne se souviendra même plus de ce qu'elle a pu subir. Cette substance est également appelée « la drogue du viol » ou « drogue du cambriolage sexuel », mais elle semble être assez rarement utilisée en France à cette fin. Parfois, la victime ne sait même pas qu'elle a consommé une telle substance puisque ces substances peuvent être diluées dans des boissons. Si la victime se présente rapidement dans un service d'urgences médico-légales, il est possible de rechercher des produits toxiques dans les urines et par d'autres examens sanguins. Les substances, comme par exemple les benzodiazépines, sont également utilisées pour imposer à la femme une relation d'appropriation.

B / UNE RELATION D'APPROPRIATION DU CORPS IMPOSEE PAR AUTRUI

Le viol est très mal vécu par la femme, du fait d'une négation de sa personne par le refus de prendre sa parole en considération. La victime est niée en tant que sujet. De plus, il y a négation de son désir intime. Le violeur utilise la victime comme objet de plaisir sexuel. Dans ce cas, le partenaire est un véritable objet dont l'abuseur veut avoir la maîtrise totale. Les armes sont présentes lorsque les agresseurs ne connaissent pas leurs victimes dans le but de les effrayer[909]. La peur de la violence, des coups ou de mort va faire céder les victimes. Le viol pose le problème de dépossession de son intégrité physique et psychique. C'est une assignation du féminin car le viol cherche d'abord la dépersonnalisation de la victime. En effet, seul le corps est disponible pour l'appropriation. Il existe une triple contrainte dans le viol, à savoir la peur, la honte et le silence. Le viol réduit la femme au rang d'une chose. Les violences sexuelles sont destructrices de la personne. Elles menacent le respect de soi-même et la confiance en soi. Le scénario réduit la victime à l'état de chose destinée à remplir la fonction de la pulsion. Elles font naître des sentiments d'impuissance, d'abandon, d'humiliation, d'indignité et provoquent les reproches envers soi-même.

---

[909] WELZER-LANG D., *Le viol au masculin*, éd. L'Harmattan 1988, p. 150

La victime a souvent le sentiment qu'elle est brusquement expulsée de la communauté humaine à laquelle elle appartenait avant l'acte.

Cette relation d'appropriation a pour origine de nombreux préjudices. Le préjudice peut être dû soit à l'acte, soit à l'absence de consentement, soit à l'association des deux. Il existe de nombreux autres préjudices comme par exemple la défloration, les maladies sexuellement transmissibles, la grossesse, le délabrement périnéal. Le viol est caractérisé par l'absence de consentement de la victime à l'acte sexuel. Ainsi, certains préjudices sont des conséquences de ce refus à l'acte, à savoir des blessures, voire la mort en se défendant ou en prenant la fuite. Dans tous les cas, les conséquences psychosomatiques sont énormes. Le viol sur handicapée mentale est difficile à évaluer du fait de son incapacité. Le viol porte atteinte à l'intégrité du corps de la femme et à la dignité de la personne de la femme. Les répercussions sur la santé des femmes victimes sont énormes.[910]

La transmission du virus de sida est possible. En effet, la femme est particulièrement vulnérable face au virus du sida, avec trois à huit fois plus de chances d'être contaminée qu'un homme. Le virus immuno-humain responsable du sida traverse plus facilement la muqueuse vaginale et le sperme reste plus longtemps dans les voies génitales. D'où l'importance du risque. Aujourd'hui, on compte une femme contaminée pour trois hommes par le virus du sida[911]. Les recherches montrent qu'il existe une multiplication fréquente des investigations invasives et de la chirurgie chez les patientes victimes d'abus sexuels, en particulier de l'hystérectomie. Les chercheurs ont retracé le passé médical de sept patientes, âgées en moyenne de trente et un ans, toutes victimes de viol. Toutes avaient consulté au moins une fois un médecin généraliste, un gynécologue, un gastro-entérologue, un psychiatre et un chirurgien. En moyenne, elles avaient été hospitalisées trente fois. Elles ont eu quatre-vingt-dix-sept examens complémentaires et huit opérations, avec parmi les plus fréquentes des césariennes, des curetages, des hystérectomies et des laparoscopies[912]. Pour le médecin, il est important de connaître le lien entre les symptômes présents et l'antécédent d'agression sexuelle

---

[910] Supra., Partie I, Titre 2, Chapitre 1, §2-A- 2

[911] AUTAIN C., *Les droits des femmes, l'inégalité en question*, op. cit., p. 11

[912] DARVES-BORNOZ J-M., *Problématique féminine en psychiatrie*, op. cit., p. 49

pour la prise en charge particulièrement difficile de ces patientes. En effet, ce lien permet de comprendre la nature de la demande d'aide cachée derrière cette surconsommation médicale.

SECTION II / LES DISPOSITIONS REPRESSIVES ET PREVENTIVES EN MATIERE DE VIOL

La dénonciation des viols aux autorités compétentes pour y donner suite est suffisante pour la mise en œuvre de l'action publique[913]. La plainte émane de la victime, les proches peuvent l'encourager à porter plainte ou bien à retirer la plainte. Mais beaucoup de victimes ne dénoncent pas le viol par peur des représailles ou par peur d'être battues ou rejetées par leur conjoint, concubin ou leur entourage ou bien par volonté d'oublier l'acte. En effet, les conséquences du viol étaient nombreuses avant l'évolution de l'opinion publique, à savoir perte d'emploi et/ou fiancé[914]. C'est pourquoi les femmes ont longtemps préféré cacher les cas de viol et cette situation perdure encore. De nombreuses années ont été nécessaires pour que l'opinion publique prenne conscience du problème.

Avant la loi du 23 décembre 1980, le viol n'était pas défini dans le code pénal et seule la jurisprudence de la chambre criminelle de la Cour de cassation permettait de caractériser un crime. La Cour de cassation avait affirmé la liberté d'appréciation du juge dans le domaine du viol. Ainsi, selon la jurisprudence, le viol est « le fait d'avoir des relations sexuelles avec une femme contre la volonté de celle-ci, soit que le défaut de consentement résulte de la violence physique ou morale exercée à son égard, soit qu'il résulte de tout autre moyen de contrainte ou de surprise employé par l'auteur de l'action pour atteindre son but, en dehors de la volonté de la victime »[915].

Depuis 1980, le code pénal définit le viol de façon plus large ; ont été considérés comme viols des actes de sodomie[916], de fellation[917] ou un coït buccal. De même est condamné pour viol le fait d'introduire

[913] Crim. 3 sept. 1997, JCP 1997, IV, 2466
[914] COENEN M-T. (ss la dir. de), *Corps de femmes*, éd. De Boeck Université 2002, p.180
[915] Crim., 29 avril 1960, bull. crim. 225 ; Crim. 10 juillet 1973, bull.crim. 323
[916] Cass. Crim., 24 juin 1987, bull. crim. n° 265 ; Cass. Crim., 27 avril 1994, bull. crim. n° 57
[917] Cass. Crim., 9 juillet 1991, bull. crim n° 294

des objets dans l'anus de la victime[918]. Le nouveau code pénal depuis 1994 cerne encore davantage les circonstances d'incrimination en fonction de l'âge des personnes victimes[919]. Durant le procès, le huis clos est de droit si les victimes le demandent. Après le procès, il est interdit de publier ou de diffuser des informations mentionnant le nom de la victime ou des renseignements permettant son identification dans les affaires du viol, sauf un accord écrit de la victime. Le médecin peut porter à la connaissance du procureur de la République, avec l'accord de la victime, sans se rendre coupable de violation du secret professionnel, les sévices permettant de présumer l'existence d'un viol.

L'incrimination du viol nécessite les questions concernant l'élément matériel et moral. L'élément matériel impose la nécessité d'une pénétration sexuelle et le défaut de consentement de la victime. Pour renvoyer le prévenu, un médecin généraliste, devant la cour d'assises sous l'accusation de viol, la cour d'appel énonce que trois jeunes patientes ont été contraintes, à l'occasion de consultations à son cabinet, d'introduire dans leur bouche un objet de forme phallique recouvert d'un préservatif et de lui faire accomplir des mouvements de va-et-vient ; les juges ajoutent que « l'introduction sous la contrainte d'un objet dans un organe qui n'est pas sexuel par nature est constitutif d'un viol lorsque les faits ont été commis dans un contexte sexuel et que l'auteur a exprimé la volonté d'accomplir un acte sexuel » ; en se prononçant ainsi, alors que, pour être constitutive d'un viol, la fellation implique une pénétration par l'organe sexuel masculin de l'auteur et non par un objet le représentant, la chambre de l'instruction a méconnu la qualification du viol[920]. Ainsi, pour constituer un crime de viol, la nécessité d'une pénétration sexuelle est indispensable. La loi exige également l'intention coupable de l'auteur en matière de viol, à savoir la volonté réelle de l'auteur sur la violation du consentement de la victime. Ayant pu dénier l'existence de l'intention criminelle et écarter en conséquence la qualification de viol, la cour d'appel qui, tout en retenant à la charge du prévenu les violences initiales dont il s'était rendu coupable à l'encontre de la victime, s'est fondée sur le comportement de

---

[918] Cass. Crim., 27 avril 1994, bull. crim. n° 157

[919] SOUTOUL J.H., CHEVRANT-BRETON O., *Les agressions sexuelles de l'adulte et du mineur*, op. cit., p. 15

[920] Crim. 21 février 2007, JCP 2007, IV, 1691

cette dernière pour en déduire que le prévenu avait pu croire à son consentement aux rapports qu'il avait eus avec elle[921]. La qualification est importante pour appliquer les mesures répressives (§1). De plus, les mesures préventives (§2) semblent être assez importantes pour éviter les risques.

---

[921] Crim. 11 oct. 1978, D. 1979, IR., p. 120

§1 / LES MESURES REPRESSIVES

Il faut noter qu'en matière de viol, la notion de provocation (A) de la victime existe, la recherche de preuve (B) est souvent difficile. En cas de qualification de viol, les sanctions sont lourdes pour l'auteur du viol (C). La loi prévoit la possibilité d'une aggravation de sanction (D).

A / LA NOTION DE PROVOCATION

La loi pénale réprime les conduites asociales et non pas celles qui sont seulement nuisibles à leurs auteurs. En incriminant les agressions sexuelles, elle a envisagé les atteintes objectivement portées au sexe d'autrui et non point celles qui procèdent de l'instinct sexuel du sujet dont elles émanent[922]. Mais dans certaines cultures, le viol d'une femme est la conséquence du mauvais comportement de la femme. Elle doit contrôler la pulsion sexuelle de l'homme et savoir se défendre de ce dernier. Dans le viol, il y a une faute de la victime par provocation de ce crime ou bien un comportement malsain de la victime, à savoir la prise de risques en sortant le soir ou en faisant du stop. Ainsi, la femme victime du viol est considérée comme coupable. La provocation apparaît comme l'une des formes de complicité. Elle paraît comme une action intentionnelle par laquelle une personne, par tout moyen légalement admis, entend influencer la raison d'autrui en vue d'y établir les conditions les plus favorables à la commission d'un agissement attentatoire à une valeur protégée[923]. La justice cherche un caractère déterminé de la victime dans l'incitation à l'acte du viol. Ainsi, l'auteur bénéficiera de circonstances atténuantes. En effet, selon les chercheurs, certaines victimes pourraient provoquer, précipiter ou faciliter la réalisation du crime. En conséquence, le juge peut tenir compte du comportement provocateur dans la détermination de la sanction de l'auteur des faits.

---

[922] REIMS, 10 nov. 1994 : BICC 1995, 1241

[923] DEFFERRARD F., « La provocation », Rev.Sc.Crim., N° 2, 2002, p. 235

Les féministes critiquent les théories sur les femmes séductrices et provocantes. La victime risque de souffrir en plus de son dommage d'une présomption de culpabilité. La femme violée est souvent considérée comme coupable. Il existe un regard suspicieux sur la victime pour lui attribuer une part de responsabilité. La victime participe à l'acte criminel par son comportement même si c'est de façon inconsciente. L'hystérique ou la mythomane, en raison d'attitudes de séduction ou de provocation, favorise le passage à l'acte des violeurs. De plus, la névrose d'échec, la névrose de destinée, le masochisme moral placent les malades dans des situations dangereuses, c'est dans ces conditions qu'elles peuvent être victimes d'agressions, qu'elles n'ont pas consciemment désirées[924]. De plus, les auteurs du viol invoquent souvent la provocation de la femme et une pulsion sexuelle pour nier les faits[925]. En effet, l'abuseur se vit comme victime des provocations de la personne abusée et de son propre environnement. Les jeunes victimes d'abus, devenus abuseurs à leur tour, relèvent que la réaction de la victime peut être interprétée d'une manière telle par l'abuseur qu'il utilise cette perception pour justifier de nouveaux abus[926]. Il est alors important d'intervenir à titre de prévention avant le passage à l'acte. Il appartient à la victime du viol d'apporter la preuve des faits, ce qui est souvent très difficile.

B / LA PREUVE DES FAITS

Différents moyens sont utilisés par la justice pour obtenir la preuve d'un viol, à savoir l'aveu, les traces matérielles retrouvées au moyen de l'expertise médico-légale comme par exemple des traces de coups, une déchirure de l'hymen, des traces de sperme, des témoignages. A justifié sa décision la chambre d'accusation qui, pour renvoyer l'accusé devant la cour d'assises sous l'accusation de viols et agressions sexuelles aggravées, énonce que les accusations portées par la victime ont été renouvelées à plusieurs reprises sans variation importante et maintenues lors d'une confrontation, et que l'accusé a reconnu une

[924] ALBERNHE T. (ss la dir. de), *Criminologie et psychiatrie*, op. cit., p. 41
[925] WELZER-LANG D., *Le viol au masculin*, op. cit., p. 113
[926] ALBERNHE T. (ss la dir. de), *Criminologie et psychiatrie*, op. cit., p. 444

partie des faits[927]. La victime d'un viol doit rapidement consulter un médecin et doit en outre conserver dans un sac en papier les vêtements ou linges souillés. En effet, l'évolution de la technologie a permis d'identifier l'auteur du viol à partir des prélèvements du sperme, de cheveux ou de la peau. Une expertise médico-légale gynécologique est importante pour constituer la preuve. Le certificat médical de constatation peut être rédigé par tout médecin. Le médecin traitant ou l'urgentiste constitue souvent le tiers professionnel le plus accessible pour la victime. Mais les praticiens des unités médico-judiciaires sont particulièrement aptes à rédiger le certificat médical de constatation de par leur expérience et leur position d'acteurs de soins clairement identifiés comme éloignés d'une relation thérapeutique habituelle avec le plaignant. Le certificat médical est un élément probatoire objectif sur lequel l'autorité judiciaire pourra s'appuyer pour décider de l'orientation de la procédure.

Il faut noter qu'en matière de viol, les traces matérielles manquent souvent parce que la victime n'a pas fait le constat de ses blessures par un médecin pour obtenir un certificat en temps voulu et les témoignages manquent également. Les agresseurs prudents utilisent de plus en plus fréquemment les préservatifs[928]. Et, dans certains pays, un viol sans préservatif est plus sévèrement sanctionné. Le taux de condamnations pour viol est très faible. En effet, l'absence de consentement doit être prouvée par la victime par l'existence d'une violence, contrainte, menace ou surprise ; ce qui est difficile. La section deux de la police judiciaire appelée brigade de viol intervient dans la recherche des auteur des faits. Les personnels de ce service font enquête et établissent un portrait-robot avec l'aide de la victime[929] dans le but d'attraper l'auteur des faits. Certains auteurs masquent leur visage afin de ne pas pouvoir être identifié. Les auteurs savent que les sanctions sont très sévères en matière de viol.

---

927 Crim. 15 déc. 1999, JCP 2000, IV, 1604

928 LOPEZ G., FILIZZOLA G., *Le viol*, op. cit., p.43

929 CORMON V., *Viol et renaissance*, éd. L'Archipel 2004, p. 99

C / LES SANCTIONS EN MATIERE DE VIOL

Il existe une distinction entre le viol et les agressions sexuelles pour appliquer la sanction (1). En effet, les peines sont différentes en matière d'agressions sexuelles (2) et de viol (3).

1 / LA QUALIFICATION DU VIOL ET LES AGRESSIONS SEXUELLES

Il y a viol ou agression sexuelle chaque fois que le consentement de la victime fait défaut. La jurisprudence précise qu'il n'est pas nécessaire que le coupable présumé provoque l'état de moindre résistance de sa victime. Il suffit d'une situation rendant la victime vulnérable comme par exemple sous l'emprise de la drogue, de narcotiques, l'état d'ivresse ou l'hypnose[930]. En effet, le viol et les agressions sexuelles sont constitués lorsqu'ils ont été imposés à la victime, par usage de violence, contrainte, menace ou surprise. L'infraction nécessite un acte matériel sur la personne de la victime[931]. Doit être cassé l'arrêt qui, pour condamner du chef d'agression sexuelle, se borne à établir la réalité des atteintes sexuelles reprochées, sans caractériser en quoi elles auraient été commises avec violence, contrainte, menace ou surprise[932]. Pour la chambre criminelle de la Cour de cassation, n'a pas donné de base légale à sa décision la cour d'appel qui ne caractérise pas en quoi les attouchements pratiqués sur la victime l'auraient été par violence, contrainte, menace ou surprise[933]. Justifie sa décision la cour d'appel qui pour déclarer le prévenu coupable d'atteintes sexuelles avec violence, contrainte, menace, surprise sur trois mineurs, énonce que l'état de contrainte ou de surprise résulte du très

---

930 SOUTOUL J.H. et CHEVRANT-BRETON O., *Les agressions sexuelles de l'adulte et du mineur*, op. cit., p. 27

931 Crim. 28 avril 1971 : Bull.crim. n° 125

932 Crim. 14 avril 1999, D. 2000, Somm., p. 32, obs. Mayaud

933 Crim. 10 mai 2001, RSC 2001, p. 808, obs. Mayaud

jeune âge des enfants qui les rendait incapables de réaliser la nature et la gravité des actes qui leur étaient imposés[934].

L'élément constitutif du délit d'agression sexuelle consiste à utiliser la surprise pour tromper quelqu'un afin d'obtenir son consentement et ne saurait se confondre avec la surprise exprimée par cette dernière[935]. La menace est une forme de contrainte[936]. L'absence totale de consentement de la victime est un élément constitutif de l'agression sexuelle ou du viol et doit être caractérisée pour que l'infraction soit constituée[937]. Le refus de se prêter à l'agression sexuelle peut se déduire des circonstances de l'espèce, tel le fait de n'y avoir cédé que sous l'empire d'un trouble paralysant qui aurait physiquement empêché la victime de protester et de s'enfuir[938].

Il faut noter qu'en l'absence d'une pénétration sexuelle, l'infraction est un délit d'agression sexuelle. C'est donc à tort qu'une cour d'assises a qualifié de viol et tentatives de viol des agressions sexuelles exemptes d'actes de pénétration[939]. La pénétration sexuelle sous contrainte, menace, surprise ou violence permet la qualification de viol. La contrainte doit s'apprécier de manière concrète en fonction de la capacité de résistance de la victime[940]. Caractérise l'élément de contrainte l'état de grande vulnérabilité dans lequel se trouve placée une femme face à son médecin dans le cadre d'une consultation médicale[941]. L'état dépressif et la faiblesse mentale de la victime constituent une contrainte. Il y a viol punissable dans le fait, par un policier, d'avoir des rapports sexuels complets avec une femme qu'il avait menacée de prison, et qui était terrorisée à la pensée qu'elle avait affaire à la police[942]. Le juge qualifie de viol le fait d'imposer des relations sexuelles à une femme inconsciente car ivre[943].

---

[934] Crim. 7 déc. 2005, D. 2006, IR, p. 175, obs. Girault
[935] Crim. 25 avril 2001, JCP 2003, II, 10001, note Prothais
[936] Crim. 14 oct. 1998 : Bull. crim. n° 263
[937] Crim. 20 juin 2001 : Dr. pénal 2002, 2, obs. Véron
[938] Crim. 13 mars 1984, Bull. crim, n° 107
[939] Crim. 29 ; oct. 1997, Bull. crim. n° 358
[940] Crim. 8 juin 1994, Bull. crim. N° 226
[941] Crim. 25 octobre 1994, Dr. pénal 1995, 63, note Véron
[942] Crim. 29 avril 1960, Bull.crim. N° 225
[943]Crim., 18 déc. 1991, Gaz. Pal. 1992, I, somm., p. 178

La Cour de cassation admet qu'une femme se trouve, au cours d'une consultation médicale, dans un état de grande vulnérabilité face à son médecin et cette vulnérabilité est parfois suffisante pour caractériser la contrainte nécessaire pour retenir l'incrimination de viol[944]. De même, une jeune fille a été reconnue contrainte de subir les relations sexuelles dans une hypothèse où l'auteur avait exercé un chantage sur elle, la menaçant de l'abandonner de nuit, dans le froid, par temps de brouillard et en pleine campagne si elle ne cédait pas. Dans cette affaire, les juges ont estimé qu'elle avait été l'objet d'une contrainte morale exclusive de tout consentement libre[945]. Il a été jugé qu'une jeune fille, directrice adjointe d'une colonie de vacances, a pu craindre le caractère tyrannique du directeur, redouter les conséquences de son arrestation sur le fonctionnement de la colonie et le scandale qui aurait pu résulter pour elle d'une dénonciation et la victime a par conséquent subi des viols répétés sans avoir osé dénoncer les faits ; ces divers éléments ont permis de caractériser la contrainte morale exercée sur la victime et une circonstance aggravante d'autorité[946].

La distinction entre le viol et les agressions sexuelles permet l'application des sanctions. Les sanctions en matière d'agressions sexuelles sont minimes.

2 / LES SANCTIONS EN MATIERE D'AGRESSIONS SEXUELLES

Les agressions sexuelles autres que le viol sont punies de cinq ans d'emprisonnement et de 75 000 euros d'amende[947]. La peine est portée à sept ans d'emprisonnement et 100 000 € d'amende en présence des circonstances aggravantes suivantes [948]: si l'infraction entraîne une blessure ou lésion, si elle est commise par une personne ayant autorité

[944] Crim., 25 oct. 1994, Dr. Pénal 1995, n° 93
[945] Crim., 11 fév. 1992, Dr. Pénal 1992, n° 174
[946] Crim., 8 fév. 1995, Dr. Pénal 1995, n° 171
[947] Article 222-27 du code pénal
[948] Article 222-28 du code pénal

sur la victime, si elle est commise par une personne qui abuse de l'autorité que lui confèrent ses fonctions, si elle est commise par plusieurs personnes agissant en qualité d'auteur ou de complice, si elle est commise avec usage ou menace d'une arme, ou encore lorsque la victime a été mise en contact avec l'auteur des faits grâce à l'utilisation, pour la diffusion de messages à destination d'un public non déterminé, d'un réseau de télécommunications. La loi du 5 mars 2007 sur la prévention de la délinquance prévoit un emprisonnement de sept ans et 100 000 euros d'amende lorsque les agressions sexuelles sont commises par une personne agissant en état d'ivresse manifeste ou sous l'emprise manifeste de produits stupéfiants[949].

L'abus d'autorité est fréquent en matière d'agressions sexuelles. Ainsi, la cour d'appel énonce qu'une prostituée, se trouvant avec un client dans un parking public, a été surprise par les prévenus. Ces derniers, faisant état de leur qualité de policiers, l'ont contrainte à pratiquer sur eux des attouchements sexuels, en échange de leur renonciation à établir une procédure d'outrage public à la pudeur[950]. De même, pour condamner le prévenu, interne du service d'oto-rhino-laryngologie d'un hôpital, pour agressions sexuelles aggravées sur la personne d'une patiente, abusant de l'autorité conférée par ses fonctions, la cour d'appel retient que les touchers vaginal et rectal auxquels il a procédé ne pouvaient être médicalement justifiés dans le cadre d'une telle consultation ; ces actes, que le prévenu n'a pas inscrits sur la fiche d'examen, avaient été exécutés hâtivement, sans qu'il ait recueilli le consentement de la patiente ni respecté les précautions exigées par la pratique médicale ; les juges tiennent également pour établi, à partir des aveux circonstanciés du prévenu au cours de sa garde à vue, la cohérence des déclarations de la victime, la présence, constatée par un témoin, d'une tache sur les vêtements de celle-ci, qu'il a éjaculé sur elle à son insu. Il résulte que le prévenu a commis, par surprise, les atteintes sexuelles qui lui sont reprochées, sous le prétexte fallacieux de réaliser des examens cliniques ; la cour d'appel a caractérisé en tous ses éléments, tant matériels qu'intentionnels, le délit d'agression sexuelle aggravée[951].

---

[949] Article 222-28-8° du code pénal
[950] Crim 11 mars 1998, Gaz. Pal. 1998, chron. crim., 113
[951] Cass. Ass.plèn., 14 février 2003, Gaz. Pal. 2003, 1, 1055

Il faut noter que la sanction peut être aussi de l'ordre de sept ans d'emprisonnement et 100 000 euros d'amende lorsque les agressions sexuelles sont imposées à une mineure de quinze ans ou à une personne présentant une vulnérabilité particulière due à son âge, à une maladie, à une infirmité, à une déficience physique ou psychique ou à un état de grossesse[952]. Dans les mêmes situations, en présence d'une circonstance aggravante, la peine est portée à dix ans d'emprisonnement et 150 000 euros d'amende. Les circonstances sont les suivantes : si l'agression sexuelle entraîne une blessure ou une lésion, si elle est commise par un ascendant légitime, naturel ou adoptif ou par toute autre personne ayant autorité sur la victime ou par une personne qui abuse de l'autorité que lui confèrent ses fonctions, si elle est commise par plusieurs personnes agissant en qualité d'auteur ou de complice, si elle est commise avec usage ou menace d'une arme, si elle est commise à raison de l'orientation sexuelle de la victime et enfin si elle est commise par une personne agissant en état d'ivresse manifeste ou sous l'emprise manifeste de produits stupéfiants[953]. La tentative de ces délits est punie des mêmes peines[954].

Le législateur punit sévèrement le crime du viol dont les sanctions en la matière sont très lourdes.

3 / LES SANCTIONS EN MATIERE DE VIOL

En matière de viol, la peine est de l'ordre de quinze ans (a), vingt ans (b) ou de trente ans de réclusion criminelle, voire une réclusion criminelle à perpétuité (c).

---

[952] Article 222-29 du code pénal
[953] Article 222-30 du code pénal
[954] Article 222-31 du code pénal

a / LA PEINE EST DE QUINZE ANS DE RECLUSION CRIMINELLE

Le viol est puni de quinze ans de réclusion criminelle[955]. La tentative de viol est passible d'une sanction. Ainsi, pour envoyer l'accusé devant la cour d'assises pour tentative de viol et pour attentat à la pudeur avec violences, l'arrêt attaqué retient que l'intéressé, après avoir mis un préservatif, aurait tenté de pénétrer la victime et que seule une déficience momentanée l'aurait contraint à abandonner son projet ; en cet état, les juges, qui ont répondu aux articulations essentielles du mémoire dont ils étaient saisis, ont caractérisé le commencement d'exécution et l'absence de désistement volontaire et ainsi justifié la mise en accusation et le renvoi devant la cour d'assises[956]. De même, justifie sa décision la chambre de l'instruction d'une cour d'appel qui, pour renvoyer l'accusé devant la cour d'assises sous l'accusation de tentative de viol aggravé, relève notamment que la victime, ayant peur de l'accusé, aurait cédé, sous la contrainte, à ses avances, mais se serait opposée physiquement à ce que ce dernier se livre sur sa personne à un acte de sodomie, ce qui aurait empêché l'auteur de réaliser son projet[957]. Les auteurs de viol encourent différentes peines complémentaires comme par exemple l'interdiction d'exercer une activité professionnelle, l'interdiction des droits civiques, civils et familiaux, l'affichage et la diffusion de la décision, la condamnation à un suivi sociojudiciaire.

b / LA PEINE EST DE VINGT ANS DE RECLUSION CRIMINELLE

En présence de certaines circonstances aggravantes, la peine est de vingt ans de réclusion criminelle[958]. Ainsi, le viol est puni de vingt ans de réclusion criminelle lorsqu'il entraîne une mutilation ou une

---

[955] Article 222-23 du code pénal
[956] Crim. 10 janv. 1996, RSC 1996, p. 656, obs. Mayaud
[957] Crim. 22 août 2001, D. 2002, Somm., p. 1803, obs. Gozzi
[958] Article 222-24 du code pénal

infirmité permanente, ou lorsqu'il est commis sur un mineur de quinze ans ou sur une personne dont la particulière vulnérabilité, due à son âge, à une maladie, à une infirmité, à une déficience physique ou psychique ou à un état de grossesse, est apparente ou connue de l'auteur. Si la victime est une mineure, l'élément intentionnel est difficile à apprécier lorsque l'auteur présumé prétend avoir été trompé sur l'âge de sa partenaire forcée, dans ce cas la Cour de cassation admet cette justification à condition que le coupable apporte la preuve de son erreur et que celle-ci soit plausible[959]. Il faut noter que la circonstance aggravante de vulnérabilité de la victime doit résulter d'un état préexistant aux faits objet de la poursuite, et non être la conséquence de ces faits eux-mêmes[960]. Ainsi, la vulnérabilité est apparente dans les cas suivants : en raison de l'hémiplégie d'une mineure victime de viol[961], dans le cas de viol d'une jeune arriérée mentale de seize ans[962], le viol d'une femme atteinte de troubles mentaux et dénuée de capacités de résistance[963], le viol imposé à une cliente par un radiesthésiste magnétiseur[964], le viol d'une femme en état d'ivresse[965].

La sanction est identique lorsqu'il est commis par une personne ayant autorité sur la victime, ou lorsqu'il est commis par une personne qui abuse de l'autorité que lui confèrent ses fonctions. En effet, ces viols reproduisent sur le plan moral un rapport de force dans les situations de viol. Le viol des femmes par le médecin[966] en est l'exemple. Il faut noter que la domination est renforcée par le rapport d'autorité lié à la différence d'âge ou de fonction. Ainsi, le coupable de viol qui vit en concubinage avec la mère de la victime mineure et a une habitation commune avec la mère et sa fille exerce sur cette dernière une autorité de fait constituant la circonstance aggravante[967].

---

[959] SOUTOUL J.H. et CHEVRANT-BRETON O., *Les agressions sexuelles de l'adulte et du mineur*, op. cit., p. 27
[960] Crim. 17 oct. 1984, Rev.Sc.Crim., 1985, p. 813, obs. Levasseur
[961] Crim. 11 déc. 1996, Bull. crim., N° 461
[962] Civ. 1re, 6 nov. 1961, D. 1961, p. 733, note Holleaux
[963] Crim., 4 janvier 1990, Gaz. Pal. 1990, II, p. 387
[964] Crim., 3 septembre 1991, Gaz. Pal. 1992, I, Somm., p. 38
[965] Crim., 18 décembre 1991, Gaz. Pal. 1992, I, Somm., p. 178
[966] BILLON B., *Viol et violeurs*, op. cit., p. 18
[967] Crim. 9 juin 1971, D. 1971, Somm. , p.154

La même durée de peine est applicable lorsque le viol est commis par plusieurs personnes agissant en qualité d'auteur ou de complice. La circonstance aggravante de viol commis par deux ou plusieurs auteurs ou complices est constituée même si l'un des deux coauteurs est demeuré inconnu[968]. Le viol est aggravé lorsqu'il a été commis par deux ou plusieurs auteurs ou complices[969]. Ainsi, lorsque deux accusés ont été déclarés coupables d'avoir commis chacun un ou plusieurs viols sur la personne d'une même victime, les viols commis par l'un et par l'autre n'en constituent pas moins des crimes distincts ; il s'ensuit que la circonstance aggravante de viol commis par deux ou plusieurs auteurs ou complices doit être posée de façon distincte pour chacun des accusés[970].

La peine est identique lorsque le viol est commis avec usage ou sous la menace d'une arme. Ainsi, la question par laquelle il est demandé à la cour et au jury si un viol a été commis sous la menace d'une arme est régulière, sans qu'il soit nécessaire de préciser la nature de l'arme[971]. En tenant compte de l'évolution de la société, la loi du 17 juin 1998[972] relative aux infractions sexuelles et protection des mineurs prévoit la réclusion criminelle de vingt ans lorsque la victime a été mise en contact avec l'auteur des faits grâce à l'utilisation, pour la diffusion de messages à destination d'un public non déterminé, d'un réseau de télécommunications. La loi du 18 mars 2003 relative à la sécurité intérieure prévoit une peine identique lorsque le viol a été commis à raison de l'orientation sexuelle de la victime. Il faut noter que les femmes ayant une attirance sexuelle pour les femmes ont plus souvent été victimes d'agressions sexuelles[973]. Les femmes ayant une vie sexuelle diversifiée, en termes de nombre de partenaires comme du sexe de ceux-ci, ont un risque élevé en matière d'agressions sexuelles : le non-respect de la norme sociale par les femmes semble être une conséquence en la matière. Cela ressemble à un contrôle social qui pèse

---

[968] Crim., 21 septembre 1993, Rev.Sc.Crim., 1994, p. 110, obs. Levasseur

[969] Crim., 24 juin 1987, Rev.Sc.Crim., 1988, p. 302, obs. Levasseur

[970] Crim., 9 janvier 1985, Bull. crim., N° 20

[971] Crim., 7 décembre 1988, Rev.Sc.Crim., 1989, p. 507, obs. Levasseur

[972] Loi N° 98-468 du 17 juin 1998 relative aux infractions sexuelles et protection des mineurs

[973] JASPARD M., *Les violences envers les femmes, une enquête nationale*, op. cit., p. 227

sur le corps de toutes les femmes. La loi du 12 décembre 2005[974] relative au traitement de la récidive des infractions pénales prévoit la même peine lorsque le viol est commis en concours avec un ou plusieurs autres viols commis sur d'autres victimes. La loi du 5 mars 2007[975] relative à la prévention de la délinquance prévoit une réclusion criminelle de vingt ans lorsque le viol est commis par une personne agissant en état d'ivresse manifeste ou sous l'emprise manifeste de produits stupéfiants[976].

c / LA PEINE EST DE TRENTE ANS OU UNE RECLUSION CRIMINELLE A PERPETUITE

Le viol est puni de trente ans de réclusion criminelle lorsqu'il a entraîné la mort de la victime[977]. Dans le cas des viols homicides, l'auteur cherche à se satisfaire par le sacrifice de sa victime. Le meurtre apparaît comme le prolongement du viol. Le meurtre peut être utilisé par l'auteur dans le but de faire disparaître les preuves du viol.

Le viol est puni de la réclusion criminelle à perpétuité lorsqu'il est précédé, accompagné ou suivi de tortures ou d'actes de barbarie[978]. Les tortures ou actes de barbarie supposent la démonstration, et d'un élément matériel consistant dans l'accomplissement d'un ou plusieurs actes d'une gravité exceptionnelle qui dépassent de simples violences et occasionnent à la victime une douleur ou une souffrance aiguë, et d'un élément moral consistant dans la volonté de nier dans la victime la dignité de la personne humaine[979]. Ainsi, constitue une aggravation de tentative de viol le fait d'imposer un accouplement avec un chien à une femme non consentante[980]. De même, le viol d'un détenu par un agent

[974] Loi N° 2005-1549 du 12 décembre 2005 relative au traitement de la récidive des infractions pénales
[975] Loi N° 2007-297 du 5 mars 2007 relative à la prévention de la délinquance
[976] Article 222-24-12° du code pénal
[977] Article 222-25 du code pénal
[978] Article 222-26 du code pénal
[979] Lyon, ch. acc., 19 janvier 1996, D. 1996, p. 258, note F.-L. Coste
[980] Douai, 10 oct. 1991, Rev.Sc.Crim., 1992, p. 69, obs. Vitu

de l'Etat doit être considéré comme une forme particulièrement grave et odieuse de mauvais traitements, compte tenu de la facilité avec laquelle l'agresseur peut abuser de la vulnérabilité de sa victime et de sa fragilité[981].

Le viol existe dans toutes les sociétés, en tous lieux. Pour protéger les victimes, les mesures préventives sont nécessaires.

§2 / LES MESURES PREVENTIVES

Les associations interviennent dans un rôle préventif (A), sans oublier l'existence du fichier national des empreintes génétiques (B).

A / LE ROLE DES ASSOCIATIONS

La prévention passe par l'amélioration du recueil épidémiologique des viols afin de mieux cerner le problème. Cette amélioration est possible en centralisant les données et en créant des réseaux de surveillance regroupant plusieurs services, à savoir la justice, la police, le service de la médecine légale, les services sociaux et les associations. Il faut en outre sensibiliser le public pour prévenir et écarter certains types de danger. En effet, la prise d'alcool ou de drogue par la victime facilite le fait de se trouver victime face aux agresseurs. Les associations jouent un rôle dans la prévention et la sensibilisation.

Il existe actuellement de nombreuses associations d'aide et d'écoute des victimes de viol. Ces associations jouent un rôle en matière de sensibilisation de l'opinion publique, de formation des personnels intervenants. Les associations de lutte contre les violences sexuelles déclarées depuis au moins cinq ans peuvent, avec l'accord de la victime, se constituer partie civile pour soutenir la victime dans sa démarche. De plus, les associations peuvent exercer une action en justice avec l'accord

---

[981] CEDH, 25 septembre 1997, Aydin c/ Turquie, JCP 1998, I, 107, obs. Sudre

de la victime. Ces associations jouent un rôle en informant le public sur les dangers. A ce titre, elles ont un rôle éducatif. La sensibilisation du public face au danger permet d'assurer une meilleure prévention. Et le fichier national des empreintes génétiques est en voie de construction.

B / L'EXISTENCE DU FICHIER NATIONAL DES EMPREINTES GENETIQUES

La loi du 15 novembre 2001 a permis de créer un fichier national automatisé pour permettre la centralisation des traces génétiques ainsi que les empreintes génétiques des personnes condamnées en matière d'infractions sexuelles en vue de faciliter l'identification et la recherche des auteurs d'infractions[982]. Ce fichier national automatisé des empreintes génétiques[983] centralise les traces et empreintes génétiques concernant les infractions de nature sexuelle ainsi que le recel de ces infractions[984]. Ce fichier est placé sous le contrôle d'un magistrat. Le traitement, au moyen du fichier national automatisé des empreintes génétiques, est mis en œuvre par la direction centrale de la police judiciaire du ministère de l'Intérieur[985]. Les résultats des analyses d'identification par empreintes génétiques des traces de matières biologiques issues de personnes inconnues, recueillies dans le cadre d'une enquête préliminaire, d'une enquête pour crime ou délit flagrant, ou d'une instruction préparatoire en matière d'infractions sexuelles, font l'objet d'un enregistrement au fichier[986]. De plus, les résultats des analyses d'identification des personnes définitivement condamnées en matière d'infractions sexuelles font l'objet d'un enregistrement au fichier. Et, ces informations enregistrées peuvent être conservées pour une durée de quarante ans[987].

---

982 Article 706-54 du code de procédure pénale

983 Les empreintes génétiques permettent d'obtenir des informations génétiques inscrites sur un segment d'ADN et propres à une personne. L'acide désoxyribonucléique ou ADN constituant des chromosomes, qui sert de support à l'information génétique et à sa transmission héréditaire.

984 Article 706-55 1° du code de procédure pénale

985 Article R 53-9 du code de procédure pénale

986 Article R 53-10 du code de procédure pénale

987 Article R 53-14 du code de procédure pénale

Le service de police ou de gendarmerie saisi de l'enquête fait parvenir des prélèvements de matière biologique effectués sur le lieu d'une infraction ou sur la victime à un laboratoire, qui établit le profil génétique de l'auteur et le transmet au siège du fichier national automatisé des empreintes génétiques ou FNAEG. Le but premier du FNAEG est d'identifier l'auteur d'un crime ou d'un délit. C'est ce qui s'est produit par exemple dans une affaire remontant à 1993. Dans cette affaire, une jeune femme avait été découverte violée et tuée dans le hall de son immeuble à Montpellier. Avant de classer le dossier, le juge d'instruction a décidé, en dernier ressort, de consulter le FNAEG. Le profil génétique de l'auteur a été établi grâce à un cheveu, du sperme et des morceaux de peau découverts sous les ongles de la victime. En entrant le code dans l'ordinateur, les opérateurs de la plate-forme ont eu la satisfaction de voir un rapprochement apparaître sur leur écran. Un homme incarcéré pour viol en Charente-Maritime, condamné en 1999, correspondait à l'individu recherché, qui a reconnu les faits lors de son audition.

Le fait pour une personne définitivement condamnée pour des infractions de nature sexuelle de refuser de se soumettre à un prélèvement biologique destiné à permettre l'analyse d'identification de son empreinte génétique est puni de six mois d'emprisonnement et de 7500 € d'amende. Lorsque la personne a été condamnée pour crime, la peine est de deux ans d'emprisonnement et 30 000 € d'amende[988]. Les empreintes génétiques des personnes condamnées à l'étranger pour infractions de nature sexuelle contre des mineurs ou pour atteinte à la vie ou à l'intégrité physique de la personne peuvent être inscrites dans le fichier national automatisé des empreintes génétiques[989]. Cette inscription ne sera possible que si la condamnation prononcée par une juridiction étrangère a fait l'objet, en application d'une convention ou d'un accord international, d'un avis aux autorités françaises ou a été exécutée en France à la suite du transfèrement de la personne condamnée ou de détention de l'intéressé. La recherche scientifique sur les violeurs permet d'assurer une prévention de la récidive.

---

[988] Article 706-56 du code de procédure pénale
[989] Article 706-56-1 du code de procédure pénale

Il faut noter que le viol en temps de guerre est un risque spécifique pour le corps des femmes.

CHAPITRE II / LE VIOL EN TEMPS DE GUERRE

La guerre est un phénomène social. Elle est la plus importante des relations entre les peuples[990]. La guerre semble être pour l'homme l'une de ses activités habituelles. En effet, l'histoire de l'humanité est marquée par de nombreux conflits. De plus, ces conflits constituent un repère du temps. Ils réveillent des sentiments de fierté ou d'humiliation, de joie ou de tristesse. Faire la guerre est un droit pour l'homme. L'évolution de la société et l'humanisme ont permis d'établir des règles pour fixer certaines limites en temps de guerre. Le droit de la guerre et le droit humanitaire interviennent pour protéger les civils victimes de conflits. De cette façon, la communauté humaine accepte la guerre puisqu'il existe actuellement un véritable droit de faire la guerre. Et, durant la guerre, tout est mis en œuvre pour déculpabiliser la conscience et la décharger. Ce qui permet de s'arroger le plein droit dans le but d'attribuer tous les torts à l'ennemi.

Il existe même aujourd'hui de nombreux conflits armés dans le monde. Certaines guerres sont internes ou guerres civiles et d'autres sont internationales. Il faut remarquer que certaines guerres sont très médiatisées alors que d'autres non, comme par exemple la guerre au Sri Lanka qui est d'actualité, où des centaines de Tamouls civils sont morts[991]. La guerre est probablement l'activité la plus agressive des êtres humains et certainement la plus destructrice.

Les guerres sont des périodes de violences redoublées contre les femmes, alors qu'elles engendrent et valorisent des codes d'héroïsme et de masculinité[992]. En temps de guerre, la situation d'inégalité persiste entre les hommes et les femmes. Le corps des femmes subit de nombreuses atteintes à l'intégrité physique, privant la femme du droit de disposer librement de son corps. En effet, le corps de la femme est un lieu de crime spécifique en temps de guerre (Section I). Face à cette

---

[990] TORRELLI M., *Le droit international humanitaire*, éd. PUF 1989, p. 4

[991] Pour plus d'informations, JULIA J-M., *Le génocide des tamouls au Sri Lanka*, éd. CIMADE 2000, p. 126

[992] ACCAD E., *Des femmes, des hommes et la guerre*, éd. Côté femmes 1993, p. 179

situation, la communauté humaine réagit pour protéger le corps des femmes face au viol en temps de guerre (Section II).

SECTION I / LE CORPS DES FEMMES DANS LA REALISATION D'UN CRIME SPECIFIQUE EN TEMPS DE GUERRE

Le viol demeure un acte courant en temps de guerre. Il a accompagné les guerres de Religion et aussi les révolutions. C'est une pratique habituelle lors des pillages des villes, au même titre que le massacre des hommes. Ce crime semble être un acte inévitable quand les hommes luttent entre eux. De plus, les femmes sont spectatrices passives des actions des hommes durant la guerre. Ce qui facilite l'accomplissement de ce type de crime. Le viol des femmes est parfois même un tribut accordé aux guerriers. Il faut remarquer que chez les Grecs de l'Antiquité, le viol était une conduite socialement acceptable et faisait partie des règles de la guerre[993].

L'anonymat entre l'auteur et la victime est un facteur favorisant le viol en temps de guerre. La clé de la désindividualisation serait l'anonymat[994] et le pouvoir de l'autorité facilite l'agression. En temps de guerre, il existe une situation d'anonymat entre la population d'un pays et les soldats étrangers. Ainsi, les viols et les pillages sont facilités et fréquents. L'attirance sexuelle a peu de chose à voir dans cette situation. Les femmes sont utilisées comme des objets inanimés. Une femme inconnue, souvent perçue comme la propriété de l'ennemi, est plus facilement dépouillée de son humanité. La mort était une peine infligée en cas de résistance de la victime ou des membres de sa famille. L'acceptation passive de viols, parfois répétitifs, constituait une vague chance de survie. De plus, le désordre total durant la guerre facilite tout type de comportement, souvent de nature criminelle puisque l'ordre public est perturbé.

Il existait peu de documentation sur le viol en temps de guerre avant la Première Guerre mondiale. Mais, avec les guerres mondiales, la documentation sur les cas de viol en temps de guerre a été conservée. Il existe actuellement une certaine quantité de documents en la matière.

---

[993] BROWNMILLER S., *Le viol*, op. cit., p. 45
[994] PAHLAVAN F., *Les conduites agressives*, op. cit., p. 69

L'historiographie progresse lentement sur ce sujet, du fait de la difficulté à obtenir des sources. Selon les études, il existe sans doute un usage abusif du corps des femmes comme moyen de réalisation des objectifs de guerre (§1), en tenant compte des conséquences particulières de ce type de viol pour les femmes victimes (§2).

§1 / L'USAGE DU CORPS DES FEMMES DANS LE BUT DE LA REALISATION DES OBJECTIFS DE GUERRE

Par l'usage du viol, les soldats ou les guerriers expriment le pouvoir et la domination. Il existe une volonté de destruction de l'ennemi à travers le corps des femmes (A). En effet, la spécificité du crime (B) en est la preuve.

A / LA VOLONTE DE DESTRUCTION DE L'ENNEMI A TRAVERS LE CORPS DES FEMMES

Le but important de la guerre est de détruire tous les biens de l'ennemi. Le viol paraît comme une arme de vengeance d'un groupe d'hommes ennemis. Une armée victorieuse pénétrant sur le territoire du peuple vaincu cherchera à conquérir le corps des femmes de l'ennemi défait. Le viol est l'acte d'un conquérant puisque la femme apparaît comme un bien de l'homme donc il faut bien que son corps soit conquis dans le but de la destruction de l'ennemi. C'est pourquoi le viol en temps de guerre continue de prospérer. Cela permet d'expliquer le but des hommes qui continuent à violer les femmes en temps de guerre. Il est possible de dégager certaines caractéristiques du viol en temps de guerre (1). Les femmes subissent également d'autres formes d'atteintes à l'intégrité physique (2).

1 / LES CARACTERISTIQUES DU VIOL EN TEMPS DE GUERRE

Selon les chercheurs, la guerre entraîne souvent des manifestations particulières d'anxiété. Certains individus tentent de concrétiser leurs désirs latents comme par exemple l'ivresse d'avant-guerre et l'hyperactivité sexuelle, dans une atmosphère apocalyptique de

« fin du monde »[995]. L'atmosphère de guerre crée un univers psychologique particulier. De ce fait, les concepts moraux, les notions de valeur, les normes sociales subissent des modifications de façon à rendre leurs représentations mentales et leur usage conformes aux besoins de la cause. Par exemple, la mort donnée à autrui ou le viol sont bannis en temps de paix, mais en temps de guerre deviennent permis, voire encouragés. Par conséquent, la guerre entraîne un viol de masse (a). Le viol est un crime systématique dans toutes les guerres (b).

a / L'EXISTENCE DU VIOL DE MASSE

Le viol en temps de guerre apparaît comme une stratégie des hommes pour atteindre d'autres hommes. Le motif de l'obtention d'une information devient toujours un prétexte pour violer une femme[996]. En temps de guerre, n'importe quel soldat ou guerrier peut se saisir d'une femme sous le prétexte qu'elle est suspecte. Il n'y a pas ou peu de recours légal pour la population dans l'immédiat. Le viol est également utilisé comme un instrument pour faire parler les prisonnières. Les viols durant la guerre n'ont pas été inaugurés pour la première fois en ex-Yougoslavie. Le viol a eu lieu durant la guerre au Vietnam, en Algérie, en Indochine, en Corée. Ce crime existe partout dans le monde où la guerre fait rage. Mais le thème du viol de guerre a été très médiatisé avec les événements survenus en Bosnie-Herzégovine. Durant le conflit de Bosnie, les femmes musulmanes en ont été les principales victimes et les principaux auteurs des viols furent des forces armées serbes.

Il faut remarquer que durant la Première Guerre mondiale, quand les Allemands envahirent la Belgique en août 1914, le viol fut soudain mis en avant et devint sur le plan international l'image de l'humiliation belge. De nombreuses femmes furent violées par des soldats allemands ; même des mineures furent violées et tuées durant la Première Guerre mondiale en France et en Belgique.

---

[995] ALBERNHE T., *Criminologie et psychiatrie*, op. cit., p. 132
[996] BROWNMILLER S., *Le viol*, op. cit., p. 111

Pendant la Seconde Guerre mondiale, les Allemands ont utilisé le viol comme une arme de guerre pour établir la suprématie de la race. Durant la Seconde Guerre mondiale, l'armée allemande choisissait les jeunes filles juives pour les torturer et les violer souvent devant leurs parents. Les fascistes violèrent toutes les femmes et les jeunes filles dans un village ukrainien et dans d'autres régions. Durant la Seconde Guerre mondiale, les soldats pénétrèrent également dans les salles de maternité et violèrent les femmes enceintes et celles qui venaient d'accoucher. Les viols collectifs étaient également fréquents. Les soldats soviétiques participèrent également aux viols des femmes. A la fin de la Seconde Guerre mondiale, le nombre de viols perpétrés par des soldats russes sur des femmes allemandes a été considérable. Pendant la chute du Troisième Reich en 1945, le nombre de femmes allemandes violées par l'armée russe a été estimé à deux millions. 17 000 viols ont été commis par les G.I's au Royaume-Uni, en France et en Allemagne[997]. En 1937, les soldats japonais occupant la ville de Nanking ont commis des viols massifs, ont violé les femmes chinoises. Pendant la guerre d'indépendance du Bangladesh contre le Pakistan en 1971, de nombreuses femmes bengalis sont violées. Des viols sont également commis durant les guerres coloniales françaises en Algérie et au Vietnam. En Bosnie-Herzégovine, une femme était violée toutes les demi-heures[998]. Dans certains villages du Kosovo, 30 à 50% des femmes en âge d'avoir des enfants ont été violées par des hommes serbes. Au Rwanda, des milliers de femmes ont été violées durant le génocide de 1994. Durant la guerre en Irak, les femmes ont été violées à Bagdad. Le viol massif est une pratique systématique durant toutes les guerres.

b / UN CRIME SYSTEMATIQUE DE TOUTES LES GUERRES

En tant que membres les plus vulnérables de la société, les femmes sont particulièrement touchées par les horreurs de la guerre.

[997] Pour plus d'informations, voir, ROBERT L.J., *La face cachée des G.I's : Les viols commis par des soldats américains en France, en Angleterre et en Allemagne pendant la Seconde Guerre mondiale*, éd. Payot et Rivages 2003

[998] DAYRAS M., *Les femmes et violences dans le monde*, op. cit., p. 107

Parmi les atrocités des guerres, le viol des femmes occupe une place importante. Le viol devient le moyen de la conquête victorieuse de l'homme sur l'être féminin, malgré les protestations et la résistance physique de celle-ci. Un crime commis contre le corps de la femme devient un crime contre le bien de l'homme, le bien d'un pays ou d'un groupe. Le viol des femmes est la meilleure façon d'humilier le vaincu. C'est un acte de domination du vainqueur sur le vaincu. Le fait de violer une culture et les coutumes d'un pays conduit à la destruction de l'homme dans son intégrité en détruisant son identité. De ce fait, le viol en temps de guerre continue d'être perpétré comme un privilège de pouvoir.

Les violations des droits de la femme sont beaucoup plus nombreuses en temps de guerre par les ennemis qui s'attaquent à la fierté de la nation des hommes ennemis. Ce crime a été récemment médiatisé parce que les femmes ont eu la liberté de s'exprimer. Les femmes sont dans l'obligation de surmonter leur honte pour faire valoir leurs droits. En effet, elles disposent de plus en plus de droits même en temps de guerre. Les femmes peuvent ainsi dénoncer les viols et toutes autres formes d'atteintes à l'intégrité physique.

2 / LES AUTRES FORMES D'ATTEINTES SUR LE CORPS DES FEMMES

Ces atteintes permettent de détruire efficacement l'ennemi. Elles prolongent le viol pour produire des conséquences sur la communauté humaine. Ainsi, il est fréquent de constater l'existence de la grossesse forcée (a) et de la prostitution forcée (b) en temps de guerre.

a / L'EXISTENCE DE LA GROSSESSE FORCEE

Le viol de guerre est un instrument d'épuration ethnique. De nombreuses naissances suite au viol brisent la cohésion ethnique du groupe victime. En gardant les femmes prisonnières le temps nécessaire pour empêcher tout avortement, le viol et la mise au monde imposée d'enfants nés par effraction deviennent une véritable attaque de la filiation et touchent l'organisation de la transmission généalogique. Certaines femmes ont été soignées et avortées secrètement grâce à l'aide de médecins durant les guerres. Les grossesses forcées sont des attaques contre la matrice affective. Il s'agit d'atteindre dans la longue durée les transmissions intergénérationnelles. Le nombre de grossesses forcées a été estimé entre 2000 et 5000 par l'Office national de la population du Rwanda[999]. Les naissances ont eu lieu souvent dans des conditions difficiles.

Dans le conflit de l'ex-Yougoslavie, les actes de viol avaient pour objectif de faire enfanter des enfants serbes à des femmes musulmanes[1000]. Les femmes musulmanes sont violées par des Serbes et les femmes serbes sont violées par des musulmans. En Bosnie, 20 000 femmes au moins ont été violées par des soldats serbes, la plupart dans des *camps bordels*[1001]. Certaines femmes sont tombées enceintes et, dans le but d'empêcher la victime d'avorter, ces femmes victimes ont été gardées jusqu'à la naissance de l'enfant dit « serbe ». La grossesse forcée suite au viol est utilisée comme l'instrument d'une stratégie militaire dans le but de désagréger la communauté adverse. C'est la raison pour laquelle les Serbes ont empêché les femmes violées d'avorter, en les gardant enfermées[1002]. Dans cet optique, il n'y a aucun respect pour le corps des femmes. Elles sont doublement niées : violées, les femmes non serbes enfanteront des enfants serbes. Ceci dans le but d'une purification ethnique. De nombreuses femmes musulmanes sont victimes de ce type de violences. Les nazis parlaient de pureté raciale. Ce type de réaction conduisait à la fois à la stérilisation eugénique et à procréation forcée des femmes. La prostitution forcée est une autre façon de porter atteinte à l'intégrité du corps des femmes.

---

[999] DORAY B., *L'inhumanitaire ou le cannibalisme guerrier à l'ère néolibérale*, éd. La dispute 2000, p. 107

[1000] TPIY, 22 février 2001, D. 2001, Somm., p. 2357, obs. Gozzi M-H.

[1001] DAYRAS M., *Femmes et violences dans le monde*, op. cit., p. 28

[1002] Ibid., p. 109

b / L'EXISTENCE DE LA PROSTITUTION FORCEE

Durant les guerres, les cas de prostitution restent une pratique perpétrée conjointement à toutes les autres formes d'atteintes à l'intégrité physique des femmes. Ces dernières sont parfois obligées de se prostituer. La prostitution forcée durant la guerre a été dénoncée pour le cas du Vietnam. La multiplication des bordels est fréquente. Ces bordels sont alimentés par les rapts de femmes d'une ethnie réputée sous-humaine. En temps de guerre, le viol et la prostitution ne peuvent être clairement tracés puisque les soldats essayent de transformer un viol en prostitution pour échapper au crime de viol. En temps de guerre, les femmes sont sujettes à l'exploitation sexuelle dans les camps de réfugiés, à la fois par leurs propres compatriotes et par les hommes de la société hôte[1003]. La fin des guerres ne signifie pas la fin des violences militaires à l'égard des femmes. En effet, ces violences sont liées aux bases militaires implantées dans le pays étranger[1004], ce qui favorise la poursuite des violences sur le corps des femmes.

En 2003, un rapport du ministère de la Défense américain reconnaissait que les soldats américains avaient encouragé la traite des femmes aux fins de la prostitution en Corée[1005]. En effet, il existait un silence total sur le viol des femmes vivant autour des bases militaires, en particulier autour des bases américaines en Asie. Les violences sur le corps des femmes redoublèrent avec la guerre du Vietnam au cours de laquelle ces dernières bases, installées aux Philippines, en Corée, en Thaïlande et à Okinawa, servirent de zones de repos et de récréation aux militaires américains en congé[1006]. Les femmes philippines chassées de leurs terres par l'établissement de ces bases militaires furent amenées à se prostituer pour survivre. Aux Philippines, ces violences ont fait l'objet d'une enquête approfondie auprès des prostituées. La dégradation du corps des femmes par les viols ou la prostitution forcée était une pratique habituelle. La diffusion rampante de la gonorrhée et du sida était fréquente parce que les militaires américains refusaient d'utiliser

---

[1003]DAYRAS M., *Femmes et violences dans le monde*, op. cit., p. 54
[1004] Ibid., p. 47
[1005] POULIN RICHARD, *La mondialisation des industries du sexe*, op. cit., p. 53
[1006] DAYRAS M., *Femmes et violences dans le monde*, op. cit., p. 44

des préservatifs[1007]. Les ravages du sida constituent un désastre pour les femmes vivant autour des bases militaires puisqu'elles n'ont pas l'espoir d'être soignées. De plus, il y a eu des milliers de naissances d'enfants. Ces enfants nés d'un viol ont été abandonnés par les pères qui retournent aux Etats-Unis. L'action collective des femmes philippines impulsée par les mouvements féministes a permis le démantèlement de ces bases. Mais celles-ci ont été transférées dans l'île de Guam où de nouvelles femmes subissent les mêmes violences. Selon les chercheurs, la prostitution militaire dans le Pacifique existera aussi longtemps que les flottes américaines, anglaises ou françaises continueront à y disposer de bases navales. La prostitution forcée est un viol, mais le fait de donner une somme d'argent à la femme permet aux militaires d'échapper au crime de viol.

Il est possible de constater certaines spécificités du crime de viol en temps de guerre.

B / LA SPECIFICITE DU CRIME DE VIOL EN TEMPS DE GUERRE

Le viol des femmes permet de commettre un crime généalogique (1) qui porte atteinte à la communauté tout entière. Dans ce but, le viol constitue une tactique de destruction de l'ennemi (2). Les violences sexuelles sont souvent programmées (3) et la planification des viols est fréquente par les autorités en situation de guerre (4).

1 / UN CRIME GENEALOGIQUE

Le viol en temps de guerre est une volonté assumée tout en étant conscient de réduire, de dominer, d'humilier et d'imposer à la femme une définition unique, à savoir celle de procréatrice, de réceptacle destiné à l'usage sans conditions par les hommes. Ce qui constitue un

---

[1007] DAYRAS M., *Femmes et violences dans le monde*, op. cit., p. 47

acte de perversion. La purification ethnique est une autre dimension du viol des femmes durant les guerres[1008]. Le but des viols massifs est souvent la transmission d'une identité aux enfants[1009]. Le viol permet de faire porter des enfants de la nationalité du violeur, de son ethnie, de sa race ou de sa religion. Le viol, ainsi, produit une classe de mères et d'enfants parias : ce sort frappe toute femme identifiée comme étant membre du groupe qui a perdu la guerre. Le problème de l'ex-Yougoslavie en est un exemple. En Bosnie, les viols ont été systématiques dans la stratégie idéologique de l'épuration ethnique. Il y a une colonisation, une appropriation invasive du territoire de l'autre par le viol du corps de la femme. L'effraction dépasse donc l'aspect déjà dramatique du viol individuel en devenant aussi une effraction groupale du schéma traditionnel de la transmission. En effet, l'organisation de la parentalité est souvent patrilinéaire dans toutes les sociétés. Si cette filiation passe par la mère, l'intrusion par le sperme ne modifiera pas la filiation. Ceci a pu protéger les juifs chez qui la filiation est matrilinéaire. Ce qui a permis d'éviter cette forme de génocide pendant la Shoah.

Les naissances suite aux viols constituent un crime généalogique délibéré qui vise particulièrement une communauté. Par conséquent, il y a perturbation des lignées dans la communauté des victimes à travers les femmes. A ce titre, les viols en temps de guerre sont donc des crimes à la fois contre les femmes et contre leur communauté d'appartenance. L'enfant né du viol est un enfant de la honte et de l'ambigu. En ensemençant du tchetnik serbe, ils ensemencent de la graine de confusion dans le corps de la femme bosniaque violée, et en conséquence dans le corps psychique communautaire. En attaquant la filiation, il est possible de porter atteinte à la structuration traditionnelle d'une communauté. Le viol apparaît ainsi être une humiliation ethnique. Ceci est très visible dans les guerres modernes du XXe siècle. Le viol est perçu comme une punition biologique. En effet, ce sont les femmes qui sont à l'origine de l'existence d'une communauté. De ce fait, le viol des femmes est utilisé pour atteindre spécifiquement l'identité d'un

---

1008 DAYRAS M., *Femmes et violences dans le monde*, op. cit., p. 61

1009 JURISTES SANS FRONTIERES, *Le tribunal pénal international de La Haye*, éd. L'Harmattan 2000, p. 34

groupe[1010]. Le viol systématique est un outil de purification ethnique. Le viol des femmes produit, du point de vue identitaire d'une communauté, une véritable atteinte de la transmission. Il y a une contamination transgénérationnelle. Cette contamination permet la diffusion d'une honte à travers les générations. En effet, le groupe est atteint dans son intégrité et dans son identité[1011]. Cet acte est semblable à la destruction des lieux de culte, des bibliothèques, des archives et plus particulièrement des cimetières et des sépultures. Selon les chercheurs, c'est une forme de génocide identitaire par attaque de contenant groupal et non plus seulement de contenu. Cette dimension génocidaire, au-delà d'un crime de guerre, est un véritable crime imprescriptible contre l'humanité[1012]. Le viol porte atteinte aux fondements d'une société et par là affaiblit ses défenses. En tenant compte de ces effets, le viol est utilisé comme une tactique de destruction de l'ennemi.

2 / LE VIOL COMME TACTIQUE DE DESTRUCTION DE L'ENNEMI

Le viol est une arme de guerre utilisée pour répandre la terreur, c'est une forme de torture. Il est perpétré pour remonter le moral des soldats et nourrir leur haine de l'ennemi. Ce qui permet d'affirmer leur complexe de supériorité. Les viols collectifs publics terrorisent et humilient les femmes. Le viol des femmes permet également de provoquer un adversaire lorsque le conflit est latent. Ce crime prend pour cible les femmes parce qu'elles permettent à la population civile de continuer à assurer ses fonctions dans la société. Le corps des femmes est visé en tant que membre d'un groupe ethnique, religieux ou politique et parce que ce sont les femmes qui assurent le fonctionnement de la société civile. A ce titre, elles sont essentielles à sa continuité. C'est sur la femme que repose la continuité physique et sociale d'un groupe de populations. Par conséquent, le viol est conçu pour éloigner les femmes

---

[1010] VIGARELLO G., *L'histoire du viol : XVIe –XXe siècle*, éd. Seuil 2000, p. 270
[1011] BROQUEN M., GERNEZ J.-C., (ss la dir.de), *L'effraction par-delà le trauma*, éd. L'Harmattan 1997, p. 155
[1012]Ibid., p. 156

de leur foyer, ce qui permet de mettre fin à leur aptitude à procréer pour leur communauté. L'organisation de la communauté est ainsi perturbée.

L'auteur du viol sait parfaitement que la femme violée est rejetée par la société patriarcale. Les femmes sont violées par les forces du gouvernement comme punition pour avoir caché les membres de l'opposition. Elles sont aussi violées par les groupes d'opposition qui soupçonnent qu'elles dénoncent les rebelles au gouvernement. Le viol apparaît ainsi comme une tactique d'intimidation et de répression contre une population suspectée de dénoncer des activités aux autorités ou aux groupes d'opposition. Le viol a été une tactique délibérée de l'armée allemande durant les quelques premiers mois de la guerre. L'armée allemande a utilisé le viol des femmes comme un instrument militaire. En effet, les soldats utilisaient le viol de femmes pour déstabiliser l'ennemi. Ainsi, l'ennemi était incapable de se battre. L'utilisation du viol comme arme de guerre par les Allemands a diminué avec la modernisation de la guerre vers la fin de 1914. Mais les violences sexuelles constituent toujours une arme dans les guerres contemporaines. Il existe des viols massifs dont l'objet est de briser psychologiquement, moralement et démographiquement une population. Le viol incestueux est employé comme méthode psychologique spéciale de destruction de la volonté, de la résistance, de dégradation et de destruction de l'identité[1013]. Le viol constitue une arme efficace et il existe une programmation des violences sexuelles en temps de guerre.

3 / UNE PROGRAMMATION DES VIOLENCES SEXUELLES PAR LES AUTORITES

La violence sur le corps des femme continue à être une des formes de violence durant la guerre. Les violences sexuelles sont programmées par la hiérarchie pour introduire la terreur. Le viol des femmes est utilisé par l'armée et les groupes paramilitaires lors de la conquête des villages. Il est utilisé comme arme de guerre dans le but de terroriser la population et de traumatiser les victimes pour leur faire quitter les lieux. Au titre de la « supériorité de la race », les atrocités

---

[1013] DAYRAS M., *Femmes et violences dans le monde*, op. cit., p. 109

commises par les nazis pendant la Seconde Guerre mondiale se sont accompagnées aussi des viols de masse parfaitement programmés[1014]. Ce crime demeure un signe de succès dans la bataille. Le viol est l'acte essentiel par lequel un homme démontre à une femme qu'elle est conquise. Il constitue la preuve d'une victoire puisque les hommes de la nation conquise ont traditionnellement ressenti le viol de leurs femmes comme humiliation. Le viol est considéré par le peuple vaincu comme partie intégrante de l'effort conscient de l'ennemi pour le détruire.

Par tradition, les hommes assimilent le viol de leurs femmes à leur propre angoisse de la défaite. Le viol par un conquérant est une preuve de l'état d'impuissance masculine du vaincu. En effet, les hommes doivent défendre les femmes de leur communauté dans le but de leur assurer la protection et la sécurité. Il est très habituel, en temps de guerre, que le conjoint ou le père soit obligé d'assister au viol. Ainsi, le viol d'une femme en temps de guerre peut être à la fois un acte dirigé contre son conjoint ou son père et un acte contre le corps de la femme. Le viol en temps de guerre n'est pas un acte de pulsion mais un acte de planification par la hiérarchie ou les autorités.

4 / UNE PLANIFICATION DES VIOLS PAR LES AUTORITES EN SITUATION DE GUERRE

Le procès de Nuremberg a permis d'établir que le viol des femmes russes faisait partie d'un plan délibéré de l'état-major nazi pour semer la terreur. Les consignes officielles sont données par les responsables politiques de violer le plus grand nombre de femmes. Récemment, des viols systématiques organisés et planifiés ont été pratiqués par exemple en ex-Yougoslavie. Ce crime dans les conflits armés sert à conquérir et à contrôler les femmes et leur entourage. C'est une forme de torture. Il est employé pour obtenir des informations et aussi pour punir. Le mépris affiché à l'égard de l'ennemi et des femmes se traduit par des viols et d'autres formes de violences sexuelles. En effet, la femme représente l'honneur du groupe. Toute attaque contre

---

[1014] AUDET J., KATZ J.F., *Précis de victimologie*, op. cit., p. 155

une femme est perçue comme une attaque contre tout le groupe. Pour renforcer leur sentiment de honte, les femmes sont violées devant leurs proches. Lorsqu'elles sont prises pour cibles parce qu'elles portent en elles les générations futures, leur corps est mutilé et leur fœtus est tué.

Lors du premier procès pour crimes de guerre en Bosnie, le soldat Borislav Herak a relaté devant le Tribunal pénal international les pratiques inhumaines contre les femmes. Ledit soldat, avec ses compagnons, avait effectué neuf visites en août et septembre 1992 dans la prison de Vogosca, où étaient détenues des femmes musulmanes. A chaque visite, une femme était sélectionnée, violée collectivement, puis emmenée dans les bois et assassinée. Selon lui, chacun des cent cinquante soldats de son unité se rendait dans cette prison environ tous les trois jours. De plus, il a répondu qu'il ne prenait pas plaisir aux viols, mais c'était une obligation[1015]. Il est possible de conclure que ces pratiques sont destinées à déshumaniser à la fois les bourreaux et les victimes. Ces dernières ont des conséquences très particulières suite au viol en temps de guerre.

§2 / LES CONSEQUENCES PARTICULIERES DE CE TYPE DU CRIME POUR LES FEMMES VICTIMES

L'amputation des membres, l'éventration des femmes enceintes, les mutilations génitales des vierges, les brûlures avec des matières plastique fondues, l'ablation des oreilles et du nez sont fréquentes lors des conflits[1016]. De nombreuses mutilations sexuelles et viols ont été commis durant la guerre du Vietnam par les soldats américains[1017]. Certaines femmes se sont suicidées, soit par peur d'être violées, soit par honte de l'avoir été. De plus, les victimes de viol ont souvent une maladie vénérienne. La femme est particulièrement vulnérable face au

---

1015 DORAY B., *L'inhumanitaire ou le cannibalisme guerrier à l'ère néolibérale*, op. cit., p. 229

1016 RAMBERG I., *La violence à l'égard des jeunes femmes en Europe*, op. cit., p. 134

1017 BROWNMILLER S., *Le viol*, op. cit., p. 134

virus du sida[1018]. Durant la guerre au Rwanda, les viols collectifs sont pratiqués systématiquement et par conséquent le taux de séropositivité au VIH est en augmentation. Les suites du viol durant les guerres sont d'abord l'augmentation considérable du nombre des avortements, des suicides et des infanticides.

Les chercheurs condamnent particulièrement les viols des femmes en période de guerre pour leurs effets immédiats sur celles-ci, aussi bien sur le plan physique que sur le plan mental : blessures, état de choc, peur paralysante, maladies transmises sexuellement, y compris l'infection par le virus du sida et le risque de grossesse. Sans oublier les autres effets qui affectent la vie des femmes et de la communauté en général. De plus, la prise en charge immédiate des victimes est souvent impossible. Le viol n'est jamais pris en charge en urgence. Les graves conséquences psychologiques, médicales et obstétricales risquent d'évoluer défavorablement sans traitement. La prolongation de la situation en état de victime entraîne de profonds réaménagements défensifs pour aboutir à une exclusion symbolique progressive hors de la communauté humaine. De plus, les barrières culturelles, religieuses et linguistiques augmentent la difficulté de la prise en charge. Le syndrome des torturés qui associe la honte, le sentiment de culpabilité, l'insomnie, les problèmes sexuels, l'incapacité à se concentrer peut se surajouter[1019]. Le viol durant la guerre entraîne de graves conséquences dans des domaines très divers.

Il faut savoir que la tension engendrée par les guerres a des répercussions sur la santé mentale et physique des femmes. Les malaises diffus, la nervosité, les douleurs indéfinissables, la faiblesse et la fatigue en sont des exemples. Les effets ne s'arrêtent pas là. En effet, il existe des conséquences graves dans le domaine de la vie familiale (A) et sociale (B) des femmes victimes de viol en temps de guerre.

[1018]Supra., Partie II, Titre II, Chapitre I

[1019] SOUTOUL J.H. et CHEVRANT-BRETON O., *Les agressions sexuelles de l'adulte et du mineur*, op. cit., p. 56

A / LES EFFETS DU VIOL SUR LA VIE FAMILIALE DES FEMMES VICTIMES

Les femmes victimes ont des sentiments de peur, de douleur, de deuil, de culpabilité, d'angoisse, de répulsion, de haine, de perte de dignité et de tristesse. Ces sentiments sont associés à l'éclatement de la vie sociale, à la perte de la langue et des valeurs culturelles, au bouleversement de la vie quotidienne, de la vie familiale et de la vie communautaire surtout en Afrique. Après le viol, souvent les conjoints se détournent avec répulsion de leurs femmes violées, par exemple le rejet massif des femmes violées au Bangladesh. C'est une société traditionnelle où la femme est considérée comme le bien de l'homme. Et les conséquences sont graves quand les droits sacrés de propriété ont été lésés. Le viol a pour conséquence le rejet de la femme par sa famille. Elles ont une vie perturbée. Les femmes âgées indiquent que le viol par de jeunes garçons est particulièrement humiliant. En effet, dans certains pays, comme par exemple en Afrique, les jeunes témoignent par tradition un grand respect aux personnes âgées. Mais cet aspect n'est plus tenu par le climat de tensions qu'engendre la guerre. Le viol induit des conséquences graves dans le domaine familial des femmes victimes, ce qui entraîne des perturbations dans le domaine social.

B / LES EFFETS DU VIOL DANS LE DOMAINE SOCIAL DES FEMMES VICTIMES

La situation de guerre est une circonstance exceptionnelle dans un pays. La guerre entraîne souvent la perte de proches parents et de toutes les possessions. La dislocation familiale, les maladies non soignées et les blessures causées par la guerre ont des effets sur vie sociale des femmes. Dans les conflits armés, le viol des femmes par l'ennemi peut faire partie des lois de la guerre, être perçu comme une récompense pour le vainqueur et comme une humiliation pour le vaincu[1020]. Par conséquent, la communauté perçoit la victime de viol

---

[1020] VERON J., *Le monde des femmes*, op. cit., p. 108

comme la mémoire de la honte, de l'humiliation infligée à sa famille et la collectivité par l'ennemi. Les femmes peuvent tenter de pratiquer elles-mêmes leur avortement par diverses méthodes et risquent ainsi la mort ou des complications médicales. Les mutilations sexuelles ou mutilations de certaines parties du corps sont également fréquentes et s'accompagnent du viol. Ces atteintes produisent des conséquences dans la vie sociale des femmes. La guerre entraîne des effets spécifiques pour les femmes de certaines communautés (1), la spécificité est présente également en cas de guerre civile (2).

1 / LES EFFETS SPECIFIQUES POUR CERTAINES COMMUNAUTES

La réponse qu'apporte la société conditionne l'expérience du viol pour la femme. En ce sens, le viol est une expérience socialement construite. Dans des sociétés où les femmes ne peuvent pas parler de viol de peur d'être stigmatisées par la communauté, le traumatisme sexuel est souvent mêlé des sentiments d'humiliation, de honte et de culpabilité. Dans une société plus libérale, l'impact psychosocial du viol peut être atténué. Dans certaines communautés traditionnelles, le viol entraîne la perte d'une vie harmonieuse pour les femmes. En Afrique, les familles poussent leurs filles jeunes à se marier dans l'espoir de les protéger contre le viol. Les veuves victimes de viol et qui ont des enfants sont tenues à l'écart. La guerre accentue l'isolement des femmes. Les assistants sociaux au Rwanda déclarent que les femmes souffrent de dépression grave, de cauchemars et dans certains cas de tendances compulsives à la violence dirigées contre les bébés. En effet, les femmes rwandaises ont été rejetées et isolées par leur communauté. Elles doivent élever seules les enfants issus du viol. A noter que l'avortement était illégal au Rwanda. Certaines pensent souvent à se suicider. Au Rwanda, les maladies sexuellement transmissibles notamment le sida sont un fléau. Ce sont les femmes qui sont les plus touchées par ce fléau en conséquence du viol durant la guerre. La guerre civile a changé les rôles des femmes au Rwanda. Elles assument des responsabilités qui étaient traditionnellement du ressort des hommes. Dans certaines coutumes, une veuve qui met au monde un enfant après un rapport contraint perd tous ses droits sur les biens de sa belle-famille.

Les victimes d'un viol vivent souvent dans l'angoisse d'un autre problème : c'est le drame de la défloration et de la grossesse. A noter que dans le système patriarcal, la femme violée perd de sa valeur puisque le corps de la femme est considéré comme un outil reproductif à usage exclusivement réservé au propriétaire. Ainsi, les réactions des jeunes filles violées en Bosnie sont beaucoup plus dramatiques à cause de la blessure physique et psychologique provoquée par la perte de leur virginité[1021]. En effet, ce traumatisme est grave parce qu'elles appartiennent à une société où la virginité avant le mariage est indispensable. La virginité a une place importante dans la tradition. La majorité des femmes violées ne portent pas plainte et gardent le silence dans le but d'organiser leur survie psychique. En effet, dans la société ayant un code de l'honneur, se plaindre d'un viol revient à avouer des relations sexuelles illicites. De ce fait, les plaintes des victimes sont fréquemment retournées contre elles en accusation d'adultère ou de prostitution[1022]. Durant la guerre au Bangladesh 200 000 à 400 000 femmes bengalis avaient été violées par les soldats pakistanais durant les neuf mois de conflit[1023]. Il faut savoir que dans la société du village bengali traditionnel, les femmes vivent cloîtrées. Par conséquent, le viol par l'ennemi est inacceptable et les victimes de viol sont souvent frappées d'ostracisme. Des milliers de femmes violées s'étaient trouvées enceintes. Et, par tradition, aucun mari ne reprend sa femme violée. Les autorités du Bangladesh prirent des mesures pour briser cette tradition. La vie de femmes innocentes a été détruite par la guerre et totalement détruite par leur propre mari. Parfois, les femmes risquent le viol pendant leur fuite, aux frontières et dans les camps. Ainsi, des centaines de Somaliennes qui passèrent au Kenya du 1991 à 1993 afin d'échapper à la violence et au viol retrouvèrent le viol dans les camps où elles cherchaient un refuge. Celles qui avaient été excisées eurent souvent

---

[1021] DESFORTS J., *Violences et corps des femmes du tiers-monde*, op. cit., p. 163

[1022] TURSHEN M., TWAGIRAMARIYA C., *Ce que font les femmes en temps de guerre*, éd. L'Harmattan 2001, p. 12

[1023] BROWNMILLER S., *Le viol*, éd. L'étincelle 1980, p.99

l'ouverture du vagin déchirée ou coupée par les auteurs du viol[1024]. Ce sont les féministes qui ont attiré l'attention des autorités sur la détresse des femmes dans les camps de réfugiés puisque les agences de secours ne tenaient pas compte du sexe des réfugiés. Mais, à présent, il existe des directives concernant la prévention des violences sexuelles contre les réfugiées en Afrique. Les guerres civiles ont également de conséquences spécifiques sur les femmes.

2 / LES CONSEQUENCES SPECIFIQUES DES GUERRES CIVILES

Dans le cas des conflits civils, des communautés autrefois unies peuvent se scinder selon des critères d'identité raciale, ethnique ou religieuse, ou d'appartenance politique. Cette situation peut favoriser les viols des femmes. Par là, les groupes d'hommes affirment leur pouvoir sur d'autres groupes d'hommes en violant leurs femmes. Tout changement de structuration d'une société entraîne des conséquences spécifiques pour les femmes. Dans certains conflits, les auteurs de viol sont souvent connus par leurs victimes et par leur famille puisqu'ils vivent à proximité. Ces auteurs conservent souvent le statut d'autorité dans le village. Cette situation inhibe toute action en justice par peur des représailles.

Ce sont les féministes qui ont attiré l'attention internationale en divulguant l'utilisation du viol pendant la guerre civile yougoslave comme élément d'une stratégie d'agression délibérée. Selon les estimations, durant la guerre civile yougoslave, entre vingt mille et cinquante mille femmes ont été violées. Durant la guerre civile au Rwanda, cent cinquante mille à deux cent mille femmes ont été violées. Selon les féministes, les médias parlent peu des crimes commis contre les femmes. Ainsi, le viol collectif des femmes en Bosnie, exécuté dans l'intérêt de la purification ethnique, a été rapporté dans les médias internationaux après l'intervention des féministes. En effet, les

---

[1024] TURSHEN M., TWAGIRAMARIYA C., *Ce que font les femmes en temps de guerre*, op. cit., p. 21

publications féministes ont dénoncé ce scandale. Ce qui a permis la réaction de la communauté internationale face au viol en temps de guerre.

SECTION II / LA REACTION DE LA COMMUNAUTE INTERNATIONALE FACE AU VIOL EN TEMPS DE GUERRE

La militarisation aboutit à la privation des droits. Elle conduit à l'affaiblissement politique, économique, voire physique. Les forces armées étatiques aussi bien que les combattants rebelles font usage de la terreur. Leurs cibles sont les civils plutôt que les soldats. Ils exercent un contrôle sur la population dans le but d'exercer une domination. Cette situation est source d'une insécurité supplémentaire pour le corps des femmes. En effet, le risque de subir des sévices, d'être victimes d'obscénités, les menaces de viol, d'enlèvement et le meurtre à leur encontre sont des risques très fréquents. Il semble qu'il est plus facile de traiter quelqu'un de façon brutale si on lui enlève toute dignité et tout ce qui lui reste d'humanité. Ainsi, les victimes ne sont plus des êtres humains aux yeux de l'agresseur. Le respect de la dignité impose le respect de certaines règles. Mais, en temps de guerre, la notion du respect n'existe plus.

Les violences sexuelles envers les femmes en temps de guerre méritent une attention particulière en raison de leur gravité et de leur systématicité. Le crime et le coupable doivent être nommés pour que la victime soit reconnue. Ainsi, la victime retrouve toute sa dignité. Le viol en temps de guerre est un acte grave et inhumain. Mais il a fallu attendre la fin de la Seconde Guerre mondiale pour que l'expérience cruciale de l'inhumain prenne fin en laissant la place à la notion de dignité humaine. Ce qui a permis l'évolution de la reconnaissance des droits des femmes, même en temps de guerre. La loi internationale et la loi nationale interdisent les atteintes à l'intégrité physique envers les femmes et refusent l'impunité en la matière. A ce titre, le viol en temps de guerre est devenu un acte inacceptable. La mobilisation de la communauté internationale contre le viol massif (§1) a entraîné la création des instances juridictionnelles internationales (§2) ; ce qui permet de mettre fin à l'impunité.

§1 / LA MOBILISATION DE LA COMMUNAUTE INTERNATIONALE CONTRE LE VIOL MASSIF

Après la Seconde Guerre mondiale, la mobilisation sans cesse de la communauté internationale contre les atrocités de guerre a permis l'évolution du droit international en temps de guerre. Les textes internationaux (A) sont nombreux dans le but de garantir une protection à la population civile, particulièrement aux femmes. La violation de ces textes internationaux produit également des effets (B).

A / LES TEXTES INTERNATIONAUX GARANTISSANT LA PROTECTION DE L'INTEGRITE FEMININE

Il est intéressant d'étudier le contenu des textes internationaux (1) et le système de surveillance sur le non-respect de ces traités (2).

1 / LE CONTENU DES TEXTES

Le droit international humanitaire a une importance particulière en temps de guerre. C'est un frein à la violence en temps de guerre et en conséquence il protège l'intégrité physique des femmes. Le droit humanitaire au sens strict, à savoir le droit de Genève, est étroitement associé à d'autres branches du droit international : le droit de la guerre ou le droit de La Haye qui fixe les règles que doivent observer les belligérants dans la conduite des hostilités. Le droit de Genève et le droit de La Haye forment aujourd'hui un tout indissociable. Et le droit international des droits de l'homme qui depuis 1945 cherche à protéger l'homme en toutes circonstances, au besoin même contre son Etat. La Convention de Genève de 1949 et les protocoles de 1977 introduisent le droit humanitaire. Le droit humanitaire s'efforce de limiter les effets des hostilités au profit de la population tout entière.

La Convention de Genève de 1949 et les protocoles additionnels élargissent les champs d'application et affinent les mécanismes de protection. Les mécanismes de protection sont fondés sur la dignité et la valeur de la personne humaine. Ces textes énoncent les prescriptions qui régissent le traitement dû à toute personne au cours des conflits armés en y associant la protection des civils. Le droit international humanitaire s'applique dans les situations des conflits armés : la situation de guerre entre les Etats ou la situation des conflits armés entre les autorités d'un pays et des groupes armés. La Convention de Genève énonce que dans le cas des conflits armés ne présentant pas de caractère international, les personnes qui ne participent pas directement aux hostilités seront traitées avec humanité[1025]. Le protocole additionnel II énonce que les atteintes portées à la vie et à l'intégrité corporelle, physique ou mentale, notamment le meurtre et les traitements cruels comme les tortures, les mutilations ou les atteintes à la dignité des personnes, en particulier les traitements humiliants et dégradants, le viol, la contrainte à la prostitution et tout attentat à la pudeur, sont prohibées à tout moment et en tout lieu.

La Déclaration des principes fondamentaux de justice relative aux victimes de la criminalité et aux victimes d'abus de pouvoir, adoptée par l'Assemblée générale des Nations unies et les principes fondamentaux et directives concernant le droit à un recours et à la réparation des victimes de violations flagrantes du droit international relatif aux droits de l'homme et de violations graves du droit international humanitaire, adoptés par la Commission des droits de l'homme, reconnaissent la souffrance morale comme une forme de préjudice. « Nul ne peut être soumis à la torture ni à des peines ou des traitements inhumains ou dégradants », cet interdit est formulé par la Convention européenne des droits de l'homme[1026]. Ces termes sont repris par la Charte des droits fondamentaux de l'Union européenne[1027]. Cet interdit est posé dans de nombreux autres textes comme par exemple le Pacte relatif aux droits civils et politiques de 1966[1028], la Convention de l'ONU de 1984 contre la torture et autres peines ou traitements

---

[1025] Article 3 de la Convention de Genève

[1026] Article 2 de la Convention européenne des droits de l'homme

[1027] Article 4 de la Charte des droits fondamentaux de l'Union européenne

[1028] Article 7 du Pacte relatif aux droits civils et politiques de 1966

cruels, inhumains ou dégradants[1029] ou encore la Convention interaméricaine des droits de l'homme de 1969[1030].

La Convention de l'ONU de 1984 définit la torture comme « l'acte par lequel une douleur ou des souffrances aiguës, physiques ou mentales, sont intentionnellement infligées à une personne aux fins notamment d'obtenir d'elle ou d'une tierce personne des renseignements ou des aveux, de la punir d'un acte qu'elle ou une tierce personne a commis ou est soupçonnée d'avoir commis, de l'intimider ou de faire pression sur elle ou d'intimider ou de faire pression sur une tierce personne, ou pour tout autre motif fondé sur une forme de discrimination quelle qu'elle soit, lorsqu'une telle douleur ou de telles souffrances sont infligées par un agent de la Fonction publique ou toute autre personne agissant à titre officiel ou à son instigation ou avec son consentement exprès ou tacite »[1031]. Le viol en temps de guerre est commis souvent dans le but de torturer les femmes. Le prétexte est souvent l'obtention des informations.

Il faut noter que le droit international régit les relations entre les Etats. Il fixe, sous forme de traité, de convention, de charte ou de protocole, les responsabilités des gouvernements pour leurs actes et pour leurs omissions. Les Etats qui ratifient un texte sont en principe tenus de modifier leur législation de manière à ce que les principes édictés soient respectés et exécutés. La protection des droits humains au niveau international est assurée par un processus de ratification. Ce qui permet une protection des droits des femmes en matière de violences physiques. Il existe un système de surveillance sur l'application de ces traités.

[1029] En vigueur en France depuis le 26 juillet 1987.

[1030] Article 5 de la Convention interaméricaine des droits de l'homme de 1969

[1031] Article 1er de la Convention de l'ONU de 1984

2 / LE SYSTEME DE SURVEILLANCE EN MATIERE DE NON-RESPECT DES TRAITES INTERNATIONAUX

Pour faire respecter les dispositions internationales, particulièrement en temps de guerre, le rôle des organes de surveillance de l'application des traités est indispensable. L'Etat, personne morale, peut être assigné devant les organes de surveillance de l'application des traités. Il s'agit pour l'essentiel du comité des droits de l'homme ou du comité contre la torture ou du comité pour l'élimination de la discrimination raciale. L'Etat doit répondre de tout manquement à l'obligation volontairement contractée et doit assurer les garanties essentielles des droits et libertés dus aux personnes qui en sont privées.

Depuis 1999, il existe une possibilité de soumettre les plaintes concernant des violations de la Convention au comité pour l'élimination de la discrimination à l'égard des femmes. Ce qui offre la possibilité aux victimes de violations ou aux personnes qui agissent en leur nom de déposer une plainte auprès du comité lorsque toutes les voies de recours sur le plan national ont été épuisées ou inefficaces. Cette possibilité est offerte également pour les organisations non gouvernementales. Ce comité, après une enquête, peut formuler des observations générales ou des recommandations générales. Cette structure ne dispose pas de moyens de sanction.

La résolution 1325 du Conseil de sécurité des Nations unies adoptée en octobre 2000 réaffirme le droit des femmes à la protection pendant les conflits armés et impose à toutes les parties à un conflit de prendre des mesures spéciales à cet effet. En conséquence, les Etats sont dans l'obligation de respecter et de protéger les droits humains, en particulier le droit des femmes. Il est donc interdit de commettre des actes de violences contre les femmes. Les Etats doivent prendre des mesures efficaces pour empêcher que des individus ou groupes violent le droit des femmes à l'intégrité et à la liberté. Les Etats sont dans l'obligation d'instaurer des lois, des politiques et des pratiques protégeant les victimes de violences : en fournissant les réparations appropriées et en traduisant les auteurs d'actes délictueux en justice. Si ces obligations ne sont pas respectées, les tribunaux pénaux internationaux spécifiques interviennent pour sanctionner le non-respect. Le Tribunal international de Nuremberg a joué un rôle en matière de qualification des crimes.

B / LE ROLE DU TRIBUNAL INTERNATIONAL DE NUREMBERG

La notion d'humanité cherche à unir les peuples, les individus et en conséquence les Etats auxquels ils appartiennent. Cette notion a fait son entrée dans le droit international pour imposer des obligations impératives, particulièrement en temps de guerre. Le non-respect du droit international humanitaire est sanctionné par le Tribunal de Nuremberg. En effet, à la fin de la Seconde Guerre mondiale, les puissances alliées vont créer les tribunaux internationaux de Nuremberg et de Tokyo pour juger les responsables de crimes contre la paix, de crimes de guerre et de crimes contre l'humanité. La première définition des crimes contre l'humanité est apparue dans l'Accord de Londres portant statut du Tribunal militaire international de Nuremberg du 8 août 1945. Le Tribunal international de Nuremberg a défini des crimes contre la paix, des crimes de guerre et une nouvelle incrimination qui est le crime contre l'humanité. C'est la haine qui est à l'œuvre dans l'inhumain[1032]. La protection de l'humanité est assurée à travers l'incrimination des crimes contre l'humanité. Ce crime a fait son apparition comme norme de droit positif après la Seconde Guerre mondiale pour réprimer les violences graves. Ce crime est aujourd'hui incriminé tant en droit pénal français qu'en droit pénal international.

Le crime contre humanité se définit comme la volonté de nier dans un individu l'idée même d'humanité par des traitements inhumains ou des persécutions pour des motifs raciaux ou religieux[1033]. Dans un rapport sur les aspects cliniques des crimes contre l'humanité, il est démontré les états psychotraumatiques provoqués chez les victimes de

---

[1032] SEVELY C., « Réflexion sur l'inhumain et le droit ; le droit en quête d'humanité », Rev.Sc.Crim. 2005, p. 493

[1033] Crim., 20 déc. 1985, JCP 1986, II, 20655

ces crimes dont les conséquences peuvent aussi s'observer chez les descendants des victimes directes[1034]. Ce qui a permis de dégager les aspects de crimes contre l'humanité. En 1947, l'Assemblée générale des Nations unies a essayé de faire adopter un code des crimes contre la paix et la sécurité de l'humanité. Pour le Tribunal militaire international de Nuremberg, certains crimes sont imprescriptibles notamment les crimes contre l'humanité[1035]. Ce sont des crimes de guerre, des actes inhumains et des persécutions qui, au nom d'un Etat pratiquant une politique d'hégémonie idéologique, ont été commis de façon systématique, non seulement contre des personnes en raison de leur appartenance à une collectivité raciale ou religieuse, mais aussi contre les adversaires de cette politique, quelle que soit la forme de leur opposition[1036]. Il faut remarquer que l'inhumanité durant la guerre a un aspect organisé et systématique.

Selon le statut du Tribunal militaire international du 8 août 1945 et la résolution des Nations unies du 13 février 1946, les personnes soupçonnées d'être les auteurs de crimes contre l'humanité doivent être renvoyées dans les pays où ces crimes ont été commis pour y être jugées, sans que soit nécessairement utilisée la procédure d'extradition. Ces dispositions sont conformes aux principes généraux du droit reconnus par l'ensemble des nations, auxquels se réfèrent le Pacte international relatif aux droits civils et politiques ainsi que la Convention européenne des droits de l'homme. En France, ces dispositions sont régulièrement intégrées à l'ordre juridique interne où elles bénéficient d'une autorité supérieure à celle des lois, en vertu de l'article 55 de la Constitution[1037].

Le Tribunal international de Nuremberg et le Tribunal de Tokyo n'ont pas émis de condamnations spécifiques pour le viol en temps de guerre. Les guerres récentes ont remis en cause le droit international humanitaire en pratiquant massivement le viol contre les femmes. De ce

---

[1034] MOUTIN P., SCHWEITZER M., « A propos des bourreaux : criminels de guerre et criminels contre l'humanité », Rev.Sc.Crim. n° 4, 1993, p. 832

[1035] Article 6 du statut du Tribunal militaire international de Nuremberg

[1036] Crim., 20 déc. 1985, JCP 1986, II, 20655, Rapp. Le Gunehec, concl. Dontenwille

[1037] Crim., 6 oct. 1983, JCP 1983, II, 20107, rapp. Le Gunehec

fait, les instances juridictionnelles internationales actuelles répriment sévèrement les cas de viol en temps de guerre.

§2 / LA REPRESSION DES ATTEINTES PHYSIQUES ENVERS LES FEMMES PAR LES INSTANCES JURIDICTIONNELLES INTERNATIONALES

Le viol est crime de droit commun devant les juridictions internes. Mais ce crime est qualifié de crime international par le juge international en raison du contexte dans lequel il est commis. Les juridictions internationales peuvent juger les personnes présumées responsables de violations graves du droit international humanitaire qui comprend des règles de droit conventionnel et de droit coutumier. Le viol et les violences sexuelles peuvent être poursuivis en tant qu'infractions graves aux Conventions de Genève de 1949[1038] ou en tant que violation des lois et coutumes de la guerre. La Convention de Genève impose aux membres des groupes armés, qu'ils soient ou non alliés à l'Etat, de respecter certains principes. Ils sont également passibles de poursuites selon le droit pénal international pour crimes de guerre et crimes contre l'humanité. En effet, le non-respect du droit international est réprimé après les guerres par les tribunaux pénaux internationaux (A) comme par exemple par le tribunal pénal international pour l'ex-Yougoslavie ou pour le Rwanda. Il existe également une structure permanente qui est la Cour pénale internationale (B). Les cours régionales des droits de l'homme comme par exemple la Cour européenne des droits de l'homme, la Commission interaméricaine, la Commission africaine sont également sollicitées en la matière.

[1038] Droit international humanitaire regroupant quatre conventions de Genève du 12 août 1949 pour la protection des victimes de guerre

A / LE ROLE DES TRIBUNAUX PENAUX INTERNATIONAUX APRES LA GUERRE

Le viol a toujours été une arme de guerre et constitue une tactique militaire utilisée par toutes les armées. Les réfugiés et les victimes de guerre ont fréquemment été victimes de viols. Le viol en temps de guerre est un crime très grave selon la Convention de la Haye puisque c'est une arme de guerre non seulement contre la femme mais aussi contre la communauté. Les coupables des viols ne sont en général pas punis. Il existe une difficulté de prouver le caractère massif, planifié et répété des viols. De ce fait, l'impunité reste importante. Les viols jusque là ont été considérés comme un dommage collatéral universel des guerres. Mais la pratique systématique des viols pendant la guerre en ex-Yougoslavie, de 1991 à 1995, a permis de caractériser cette violence spécifique. Le droit de la guerre interdit certes le viol, mais les conflits récents de Bosnie et du Rwanda attestent que cette pratique reste tragiquement actuelle. De ce fait, la nécessité de la création des tribunaux pénaux internationaux après-guerre (1) s'impose aux Nations unies. Les compétences de ces tribunaux en matière de viol sont définies dans un statut spécifique (2).

1 / LA NECESSITE DE LA CREATION DES TRIBUNAUX PENAUX INTERNATIONAUX

En vertu de la Convention de Genève, les Etats sont dans l'obligation de poursuivre et de juger les auteurs du viol, quels que soient leur nationalité ou le lieu de l'infraction. L'Etat a le devoir de prévenir et de sanctionner les actes de violences à l'égard des femmes commis par n'importe quel citoyen. Ainsi, l'homme qui viole une femme reste pénalement responsable et doit être poursuivi devant la justice. L'Etat est également tenu responsable pour n'avoir pas prévenu les faits et par conséquent l'Etat défaillant peut être poursuivi par une juridiction internationale. Le renforcement de la répression nationale est accru par la création des tribunaux pénaux internationaux. Ainsi, les tribunaux pénaux internationaux pour juger les crimes commis dans l'ex-Yougoslavie ou TPIY[1039] et au Rwanda ou TPIR[1040] ont été mis en place par le Conseil de sécurité de l'Organisation des Nations unies. Les TPIY et TPIR sont des instances instaurées *a posteriori*, après les conflits.

La priorité donnée par le procureur à la poursuite des viols et des violences sexuelles commis au cours des conflits en ex-Yougoslavie et au Rwanda fait de la création du tribunal un effort en vue de supprimer le recours à la violence sexuelle comme instrument de guerre et plus précisément de nettoyage ethnique[1041]. Le corps des femmes est utilisé dans le but de destruction d'une communauté humaine. A ce titre, les femmes ont subi de nombreuses violences physiques portant atteinte au droit de disposer librement de leur corps. Ceci dans le but de réalisation des objectifs de guerre.

2 / LES COMPETENCES DE CES TRIBUNAUX EN MATIERE DE VIOL

Ces deux tribunaux ont eu le rôle de juger des cas de viols en temps de guerre. Les jugements font jurisprudence. Ainsi, ces tribunaux classent le viol au rang de crimes contre l'humanité. Il peut reconnaître, le cas échéant, le viol, l'esclavage sexuel, les grossesses forcées, la prostitution forcée, les mutilations sexuelles à la suite du viol comme des crimes contre l'humanité. Les viols systématiques durant les guerres interethniques sont reconnus comme crimes contre l'humanité. Les motivations pour cette sanction sont d'une part que ces viols constituent

---

[1039] Résolution 827 du Conseil de sécurité créant le tribunal international annoncé dans la résolution 808, New York, 25 mai 1993.

[1040] La résolution 955 du Conseil de sécurité des Nations unies instituant un tribunal international en vue de juger les personnes présumées responsables d'actes de génocide ou d'autres violations graves du droit international humanitaire commis en 1994 sur le territoire du Rwanda, s'agissant des citoyens rwandais, sur le territoire d'Etats voisins, la résolution 1165 adoptée par le Conseil de sécurité le 30 avril 1998 créant un tribunal international annoncé dans la résolution 955 pour Rwanda

[1041] JURISTES SANS FRONTIERES, *Le tribunal pénal international de La Haye*, op. cit., p. 58

une attaque contre les femmes et d'autre part qu'ils ont une dimension génocidaire.

Le TPIY est habilité à juger les personnes présumées responsables des violations graves du droit international humanitaire commises sur le territoire de l'ex-Yougoslavie depuis 1991[1042]. Ledit tribunal est habilité à juger les personnes présumées responsables des crimes de viol lorsqu'ils ont été commis au cours d'un conflit armé, de caractère international ou interne puisque le viol est considéré comme un crime contre l'humanité[1043]. En effet, la mobilisation internationale avec ce conflit a conduit une qualification sévère du viol, à savoir crime contre l'humanité. Ledit crime est imprescriptible. Durant le conflit yougoslave, toutes les parties avaient commis des viols, mais les Serbes étaient les principaux responsables[1044].

Le TPIY dans son jugement du 20 novembre 1996 précise que les actes de crimes contre l'humanité ne touchent pas les intérêts d'un seul Etat mais heurtent la conscience universelle[1045]. En effet, ce sont des crimes reconnus en droit international comme des violations graves du droit international humanitaire. Sont déclarés coupables les accusés, d'origine serbe, d'une part, de viols et tortures, en tant qu'ils constituent à la fois une violation des lois ou coutumes de la guerre et un crime contre l'humanité, et, d'autre part, de réduction en esclavage et d'atteintes à la dignité des personnes en tant qu'elles constituent, quant à elles, un crime contre l'humanité[1046]. En l'espèce trois anciens officiers serbes de Bosnie de la police militaire ont été jugés par ledit tribunal. Il leur est reproché d'avoir ordonné, encouragé, laissé faire ou participé à des viols systématiques, collectifs et répétés de femmes et enfants musulmans dans la municipalité de Foca à partir de l'été 1992. La définition juridique du viol varie d'un pays à l'autre et d'un contexte à l'autre. Le tribunal pénal international pour l'ex-Yougoslavie définit le viol en termes de violences exercées par l'auteur du crime et non en termes de résistance offerte par la

[1042] Article 1 du statut du tribunal international pour ex-Yougoslavie
[1043] Article 5 du statut du tribunal international pour ex-Yougoslavie
[1044] MASSON S., « Le viol en temps de guerre : crime ou bavure ? Avancées et résistances de la condamnation du viol contre les femmes », *N.Q.F.* N°3, 1999, p. 67
[1045] TPIY, 22 février 2001, D. 2001, Somm., p. 2357, obs. Gozzi M-H
[1046] TPIY, 22 février 2001, D. 2001, Somm., p. 2357, obs. Gozzi

victime. La corroboration du témoignage de la victime n'est pas requise et son comportement sexuel antérieur ne peut être invoqué comme moyen de défense. Le tribunal international pour le Rwanda est habilité à juger les violations du droit international humanitaire commises sur le territoire du Rwanda et les citoyens rwandais présumés responsables de telles violations commises sur le territoire d'Etats voisins entre le 1er janvier et le 31 décembre 1994[1047].

Il a fallu des milliers d'années pour que ces agressions considérées comme de banales conséquences des guerres soient enfin condamnées par la communauté internationale. Les associations de veuves, de femmes survivantes jouent un rôle important pour soutenir l'accès des femmes à une justice. En effet, l'accès est difficile pour des paysannes souvent analphabètes et soumises dans une société traditionnelle. Le tribunal international et les juridictions nationales sont concurremment compétents pour juger les personnes présumées responsables de viols sur le territoire de l'ex-Yougoslavie ou du Rwanda. Toutefois, le Tribunal international a la primauté sur les juridictions nationales et par conséquent, à tout stade de la procédure, le procureur peut demander officiellement aux juridictions nationales de se dessaisir en faveur du Tribunal pénal international. La coopération internationale permet d'arrêter les coupables sur leur territoire et de procéder à l'extradition à la demande des juridictions internationales.

La coopération judiciaire facilite la poursuite des coupables pour faire valoir les droits des femmes victimes. La France a assuré une coopération en la matière en introduisant une loi le 2 janvier 1995[1048]. Cette loi a permis d'adapter la législation française avec la législation internationale afin de pouvoir arrêter les criminels réfugiés sur son territoire. Les juridictions françaises ne peuvent poursuivre et juger que si elles ont trouvé en France les auteurs ou complices des crimes définis par la loi française qui constituent, au sens du statut du Tribunal

---

[1047] Article 1er du statut du tribunal international pour le Rwanda

[1048] Loi N° 95-1 du 2 janvier 1995 modifiée par loi N° 96-432 du 22 mai 1996 portant adaptation de la législation française aux dispositions de la résolution 827 du Conseil de sécurité des Nations unies instituant un tribunal international en vue de juger les personnes présumées responsables de violations graves du droit international humanitaire commises sur le territoire de l'ex-Yougoslavie depuis 1991

international, des infractions graves aux Conventions de Genève du 12 août 1949, à savoir des violations des lois ou des coutumes de la guerre, un génocide ou des crimes contre l'humanité. La présence en France des victimes de telles infractions ne saurait à elle seule justifier la mise en mouvement de l'action publique, dès lors que les auteurs ou complices soupçonnés de ces infractions n'ont pas été découverts sur le territoire français[1049].

De nombreux conflits armés montrent que la poursuite des criminels de guerre n'est pas facile. Pour garantir la sécurité en permanence et pour lutter contre l'impunité de façon permanente, la Cour pénale internationale est entrée en fonction.

B / LA COUR PENALE INTERNATIONALE : UNE INSTANCE PERMANENTE DE REPRESSION EN MATIERE D'ATTEINTES PHYSIQUES ENVERS LES FEMMES EN TEMPS DE GUERRE

La création de cette Cour (1) et ses compétences (2) sont prévues dans un statut. La ratification de ce statut a des effets sur le droit interne (3). Ainsi, la France a introduit des mesures nouvelles dans le code pénal.

1 / LA CREATION D'UNE COUR PENALE INTERNATIONALE

Le statut de la Cour pénale internationale adopté le 17 juillet 1998 remet le code des crimes contre la paix et la sécurité de l'humanité sur la scène internationale. La Cour est liée aux Nations unies par un accord qui doit être approuvé par l'assemblée des Etats parties au statut de la CPI[1050]. La Cour a son siège à La Haye, aux Pays-Bas. Son statut

[1049] Crim., 26 mars 1996, Rev.Sc.Crim. 1996, p. 684, obs. Dintilhac
[1050] Article 2 du statut de la CPI

est entré en vigueur le 1er juillet 2002. Ledit statut a été ratifié par 100 Etats[1051]. Le statut de la Cour pénale internationale donne un droit d'accès général des victimes à la procédure devant la Cour. La participation des victimes au stade de l'enquête est importante pour la poursuite des auteurs. Cette participation des victimes à la procédure a un but répressif parce que le statut confère aux victimes le droit de participer contre l'impunité[1052]. Ledit statut ne prévoit pas la possibilité d'une réparation pour les victimes sans des poursuites et une condamnation préalables. L'instance civile en réparation est totalement dépendante de l'instance pénale[1053]. Ce qui permet aux victimes d'avoir accès aux réparations. A noter qu'il est très difficile pour les victimes d'avoir accès à la Cour, du fait de l'éloignement de la Cour avec le pays d'origine des victimes. Par conséquent, l'aide des organisations non gouvernementales est indispensable. Ainsi, récemment, les six premières demandes de participation des victimes ont été déposées en mai 2005 grâce à l'aide apportée aux victimes par la Fédération internationale des droits de l'homme[1054].

2 / LES COMPETENCES DE LA COUR PENALE INTERNATIONALE EN MATIERE DE VIOL

La compétence matérielle de la Cour est limitée aux crimes les plus graves touchant l'ensemble de la communauté internationale[1055]. Par conséquent, sa compétence s'exerce à l'égard des crimes de guerre, crimes contre l'humanité, crimes de génocide et crimes d'agression[1056]. Le viol, l'esclavage sexuel, la prostitution forcée, la grossesse forcée et la violence sexuelle sont reconnus comme crimes de guerre et crimes contre l'humanité[1057]. Pour que ces crimes soient considérés comme des

---

[1051] Situation jusqu'à mai 2006
[1052] L'article 68, paragraphe 3 du statut de la Cour pénale internationale
[1053] BITTI G., « Chronique de jurisprudence de la Cour pénale internationale », *Rev.Sc.Crim.* 2006, p. 702
[1054] Ibid., p. 700
[1055] Article 17, paragraphe 1 du statut de la CPI
[1056] Article 5 du statut de la CPI
[1057] Article 7 du statut de la CPI

crimes de guerre, ils doivent avoir été commis sous deux conditions. La première condition est que le crime doit être systématique ou doit être survenu à grande échelle. La deuxième condition suppose que les crimes aient été préparés et dirigés à l'instigation d'un gouvernement, d'une organisation ou d'un groupe[1058]. Le statut de la CPI rappelle la responsabilité pénale individuelle des coupables. Dans toute exécution, il y a une décision et un consentement. Ce consentement rend possible et fonde l'imputation, l'aptitude à répondre de ses actes. L'obéissance ne dispense jamais de la responsabilité individuelle de l'auteur des faits. Toutefois, cette responsabilité individuelle ne saurait exonérer l'Etat de sa propre responsabilité[1059], en vertu du droit international public. La qualité officielle de l'auteur d'un crime, même s'il a agi en qualité de chef d'Etat ou de gouvernement, ne l'exonère pas de sa responsabilité pénale. En effet, de nombreux criminels de guerre, se cachant derrière leur statut diplomatique ou exerçant les plus hautes fonctions de l'Etat, ne seront donc plus protégés. Est tenu responsable d'un crime contre l'humanité tout individu qui non seulement commet intentionnellement un tel crime, mais qui l'ordonne, omet de l'empêcher, participe à sa planification ou à une entente en vue de commettre un tel crime ou tente de commettre un tel crime. La responsabilité du chef militaire est rappelée à la fois dans le code[1060] et dans le statut de la CPI[1061]. Ainsi, le supérieur est responsable pour ses subordonnés, s'il savait ou avait des raisons de supposer que son subordonné allait commettre une infraction ou qu'il n'a pas pris toutes les mesures pour l'en empêcher. Dans ce cas, le supérieur et le subordonné seront sanctionnés. C'est une disposition classique en droit militaire.

Le statut de la Cour pénale internationale est fondé sur le principe de complémentarité. La CPI jugera une affaire recevable lorsque les Etats seront incapables ou n'auront pas la volonté de mener une véritable enquête ou des poursuites[1062]. Ainsi, la CPI a une compétence d'exception. En effet, si un Etat souhaite juger un criminel

---

[1058] BESSON DE VEZAC M-P., « La Cour pénale internationale et le code des crimes contre la paix et la sécurité de l'humanité », *P.A.* 1999, p. 22

[1059] Article 4 du code des crimes contre la paix et la sécurité de l'humanité

[1060] Article 6 du code des crimes

[1061] Article 28 du statut de la CPI

[1062] Article 17 du statut de la CPI

de guerre dans les conditions ordinaires de justice, il pourra le faire et dans ce cas, la CPI se déclarera incompétente. La CPI peut prononcer contre une personne déclarée coupable d'un crime les peines suivantes : une peine d'emprisonnement de trente ans ou à perpétuité. La Cour peut ajouter une amende, confiscation des profits, des biens[1063]. Un fonds est créé sur décision de l'assemblée des Etats parties, au profit des victimes de crimes relevant de la compétence de la Cour et de leurs familles[1064]. Le statut de la CPI prévoit que les Etats parties coopèrent pleinement avec la Cour dans les enquêtes et poursuites qu'elle mène pour les crimes relevant de sa compétence[1065].

Le code des crimes prévoit que chaque Etat partie doit prendre les mesures nécessaires pour établir sa compétence aux fins de connaître les crimes contre l'humanité en matière de viol. L'Etat partie sur le territoire duquel l'auteur présumé des crimes est découvert devra extrader ou poursuivre ce dernier[1066]. En cas d'absence de traité d'extradition, un Etat partie a la faculté de considérer le code des crimes comme la base juridique de l'extradition en matière des crimes. Tout individu responsable d'un crime contre la paix et la sécurité de l'humanité est passible d'une sanction proportionnelle au caractère et à la gravité du crime. Aucune forme de peine n'est exclue. Le code laisse le choix de la sanction à la juridiction interne. Par conséquent, si le droit interne de l'Etat n'a pas aboli la peine de mort, c'est la peine maximale qui peut être décidée, sinon c'est la perpétuité.

La ratification du statut de la Cour pénale internationale a imposé à la France d'introduire des nouvelles mesures en droit interne.

[1063] Article 77 du statut de la CPI

[1064] Article 79 du statut de la CPI

[1065] Article 86 du statut de la CPI

[1066] Article 9 du code des crimes

3 / LES EFFETS DE L'EXISTENCE DE LA COUR PENALE INTERNATIONALE SUR LE DROIT FRANCAIS

Un décret[1067] a permis la publication de la Convention portant statut de la Cour pénale internationale, adoptée à Rome le 17 juillet 1998. Pour faciliter la coopération et l'entraide judiciaires, la loi du 6 août 2004[1068] introduit la notion de crimes contre l'humanité et contre l'espèce humaine. La loi définit le crime de génocide comme le fait, en exécution d'un plan concerté tendant à la destruction totale ou partielle d'un groupe national, ethnique, racial ou religieux, ou d'un groupe déterminé à partir de tout autre critère arbitraire, de commettre ou de faire commettre, à l'encontre de membres de ce groupe, l'un des actes suivants : atteinte volontaire à la vie, atteinte grave à l'intégrité physique ou psychique, soumission à des conditions d'existence de nature à entraîner la destruction totale ou partielle du groupe, mesures visant à entraver les naissances, transfert forcé d'enfants[1069]. Le génocide est puni de la réclusion criminelle à perpétuité[1070].

La loi qualifie de crimes contre humanité les faits suivants : la déportation, la réduction en esclavage ou la pratique massive et systématique d'exécutions sommaires, d'enlèvements de personnes suivis de leur disparition, de la torture ou d'actes inhumains inspirées par des motifs politiques, philosophiques, raciaux ou religieux et organisées en exécution d'un plan concerté à l'encontre d'un groupe de populations civiles[1071]. Ces faits de crime contre l'humanité sont punis de la réclusion criminelle à perpétuité[1072]. Les personnes physiques coupables des infractions encourent également les peines suivantes : l'interdiction des droits civiques, civils et de famille, l'interdiction d'exercer une fonction publique, l'interdiction de séjour, la confiscation

---

[1067] Décret N° 2002-925 du 6 juin 2002
[1068] Loi N° 2004-800 du 6 août 2004 relative à la bioéthique
[1069] Article 211-1 du code pénal
[1070] Ibid.
[1071] Article 212-1 du code pénal
[1072] Ibid.

de tout ou partie de leurs biens[1073]. Les personnes morales peuvent également être déclarées responsables pénalement en matière de crimes contre l'humanité[1074]. L'auteur ou le complice d'un crime ne peut être exonéré de sa responsabilité du seul fait qu'il a accompli un acte prescrit ou autorisé par des dispositions législatives ou réglementaires ou un acte commandé par l'autorité légitime. Toutefois, la juridiction tient compte de cette circonstance dans la détermination des peines[1075]. La loi prévoit que l'action publique relative aux crimes contre l'humanité ainsi que les peines prononcées sont imprescriptibles[1076]. Ainsi, bien que commis plus de trente ans avant, la mise en mouvement de l'action publique des crimes contre l'humanité n'est pas couverte par la prescription[1077]. A noter aussi qu'en France, en cas de guerre, les tribunaux des forces armées sont immédiatement établis[1078]. Lesdits tribunaux sont compétents pour juger les membres de la force armée.

[1073] Article 213-1 du code pénal
[1074] Article 213-3 du code pénal
[1075] Article 213-4 du code pénal
[1076] Article 213-5 du code pénal
[1077] Crim. 26 janvier 1984, JCP 1984, II, 20197, rapp. Le Gunehec
[1078] Article 699 du code de procédure pénale

CONCLUSION DE LA DEUXIEME PARTIE

Les femmes fréquentent de plus en plus les lieux publics. De ce fait, le risque des atteintes volontaires à l'intégrité physique existe partout. Dans le cadre de la vie en société, le corps des femmes subit des violences spécifiques, de nature sexuelle. Certaine faiblesse ou vulnérabilité facilite le risque de ces atteintes. Les lois actuelles sont de plus en plus sévères. Il existe une réelle volonté de protéger le corps des femmes dans les espaces publics pour favoriser l'égalité des sexes. Le législateur est intervenu à de nombreuses reprises ces dernières années pour réprimer sévèrement toute atteinte au droit de disposer librement de son corps par la femme, en tenant compte des différentes circonstances aggravantes. Il est indispensable de recourir à la loi pour marquer un interdit. La loi conceptualise les interdits. Mais la recherche de preuve reste souvent difficile. Il faut aussi remarquer que si la parole suffit, la justice peut devenir dangereuse pour la liberté du citoyen. Dans la vie en société, la femme a besoin d'un entraînement sur le plan de l'autodéfense pour avoir une autonomie.

Les agressions sexuelles ont des conséquences lourdes pour les victimes. Le viol apparaît comme le plus dommageable. L'importance des conséquences à la suite d'un viol et la sanction pénale le condamnant de façon très sévère démontrent la gravité de cette violence. L'infraction à caractère sexuel marque bien plus que les autres agressions à l'intégrité physique. Pour protéger les victimes, il faut prendre en charge les auteurs des faits. De nombreuses mesures comme par exemple l'injonction au soin, le suivi sociojudiciaire, un suivi médico-social sont nécessaires[1079]. Actuellement, de plus en plus de femmes dénoncent les faits. Elles font appel à une autorité ou une institution compétente. Les femmes victimes des atteintes à l'intégrité physique déposent de plus en plus une plainte auprès d'un commissariat ou de la gendarmerie. La saisie directe du procureur de la République n'est pas absente. Elles font aussi appel à un médecin. Les agressions les plus graves sont dénoncées plus facilement. En effet, la preuve de la réalité des faits peut être directement apportée.

[1079] LAVIELLE B., « Surveiller et soigner les agresseurs sexuels : un des défis posés par la loi du 17 juin 1998 », *Rev. Sc.crim.* N°1, 1999, p. 41

CONCLUSION GENERALE

Certaines violences à l'intégrité physique touchent particulièrement voire exclusivement les femmes. Ces atteintes au corps de la femme sont un phénomène social. Ce type de phénomène ne peut être dissocié des comportements violents inhérents à la nature humaine et au statut social de la femme tout au long des siècles dans le monde entier. Les atteintes à l'intégrité corporelle de la femme sont liées à une discrimination qui se fonde sur l'appartenance sexuelle. La construction sociale fondée sur le sexe a favorisé les inégalités et ces atteintes ont pour effet de priver la femme de son droit de disposer librement de son corps. Elles constituent une violation des libertés et des droits fondamentaux des femmes. Ce type d'atteintes est un obstacle pour faire respecter le principe d'égalité entre les sexes. De plus, ces atteintes au corps féminin engendrent des traumatismes et des perturbations de l'état de santé des femmes victimes. A ce titre, ces atteintes spécifiques envers le corps des femmes posent un véritable problème de santé publique. En termes de dépense publique, les atteintes au corps féminin ont un coût : un coût dû aux enquêtes et aux poursuites civiles et pénales, aux dépenses de santé, aux journées de travail perdues. Ces atteintes parfois portent préjudice à la scolarité et par conséquent à l'avenir professionnel des enfants. L'éradication de ce type d'acte permettra de faire des économies assez importantes. La prévention de ces atteintes permettra de maîtriser en conséquence les dépenses de santé.

D'une façon plus générale, il faut changer les schémas de pensée inégalitaires au sein de la société pour mettre fin aux inégalités. En effet, les lois ne sont pas suffisantes pour faire cesser un état de fait. Il y a tout un travail d'éducation à faire sur la place assignée aux femmes et aux hommes dans la société et sur les difficultés que cela engendre, pour les filles comme pour les garçons. Il faut modifier les schémas et modèles de comportements socioculturels de l'homme et de la femme. Il faut changer les habitudes discriminatoires, revaloriser l'image de la femme, aider les femmes à s'enrichir. D'une façon générale, il faut leur enseigner l'acceptation de la différence et de l'autorité, la tolérance, le respect des règles. Les femmes sont encore perçues comme des objets. La femme est considérée par certains comme inférieure. Pour mettre fin à ces considérations, il faut trouver une solution, il faut faire évoluer les mentalités notamment celles des jeunes, il faut travailler surtout dans les écoles. L'image de la femme doit être véhiculée à travers les livres scolaires. Les médias ont également un rôle pour faire évoluer les mentalités. La télévision doit avoir un code de conduite adoptant des dispositions visant à favoriser une image positive de la femme[1080]. Il faut noter aussi que l'inégalité des femmes devant l'instruction est aujourd'hui extrême. Toutes les femmes sont alphabétisées dans les pays développés et la scolarisation des filles est aujourd'hui plus forte. Mais, dans les pays en développement, il existe une inégalité de scolarisation selon le sexe au détriment des filles et elle est croissante avec le niveau des études[1081].

Cependant, la fin du XXe siècle a vu de grands progrès dans la situation des femmes dans la société : la femme est devenue citoyenne, autonome, à l'égal de l'homme. Au cours des vingt dernières années, de nombreux pays ont adopté de nouvelles lois en vue de faire progresser l'égalité entre les sexes, d'éliminer toutes les formes de discrimination fondées sur le sexe. La loi s'oppose à l'arbitraire, elle a une valeur de convention intersubjective et elle fonde les obligations entre les citoyens, dans un Etat de droit[1082]. Ainsi, la loi est égale pour tous les hommes et toutes les femmes. De ce fait, la femme a réussi à se réapproprier son corps en se révoltant face aux atteintes à l'intégrité physique intervenant contre sa volonté. Il faut remarquer que les guerres et les traditions tenaces ont un rôle important dans la situation des femmes.

Une politique en faveur de la construction nouvelle de la personnalité féminine a joué un rôle remarquable durant ces dernières années. Grâce à l'intervention du législateur, la condition de la femme moderne est devenue un véritable statut, par la reconnaissance revendiquée et conquise de son autonomie. La femme n'est plus victime comme avant mais aussi actrice dans la société actuelle. En effet, le vingtième siècle est marqué par de profondes modifications tant législatives que sociales, voire comportementales en ce qui concerne les

---

[1080] LANG J., *Enquête sur la situation des femmes dans le monde*, op. cit., p.53
[1081] VERON J., *Le monde des femmes*, op. cit., p. 133
[1082] ALBERNHE T. (ss la dir. de), *Criminologie et psychiatrie*, op. cit., p. 82

délits et les crimes à caractère sexuel. Ces transformations ont été rendues possibles sous l'impulsion des associations de victimes, des mouvements d'aide aux victimes, des organisations féministes mais aussi par la formation des personnels de police et de la gendarmerie. A noter que le législateur ne prend pas directement en considération la situation des femmes victimes pour exercer une répression sauf en présence d'un état de grossesse. Ce qui permet de favoriser l'égalité des sexes. Dans un premier temps, l'égalité des sexes a permis de se réapproprier son corps par la femme. Mais il est intéressant de favoriser dans un deuxième temps une égalité des sexes dans la différence. Ce qui permettra une vie harmonieuse entre les hommes et les femmes au sein de la société. Actuellement, le droit ne considère pas la femme en tant que telle, la femme est assimilée à un homme. Ce qui est préjudiciable pour l'évolution de la société. Dans un deuxième temps, il faut accepter certaines réalités en accordant une égalité des sexes dans la différence. Il faut accepter la réalité selon laquelle le viol d'un homme est impossible par une femme et que le viol d'un homme n'a pas les mêmes conséquences que le viol d'une femme par un homme, pour d'évidentes raisons d'ordre anatomique. Ce qui permettra de faire vivre harmonieusement les hommes et les femmes au sein de la société. De façon plus générale, les discriminations et les conflits au sein d'une société sont des obstacles à l'évolution de ladite société et portent préjudice en matière d'économie.

Toute personne victime d'un acte délictueux ou criminel peut se constituer partie civile. De cette façon, la victime peut demander des dommages et intérêts. La constitution en partie civile n'a pas pour objet de punir un coupable, mais de dédommager la victime de ses préjudices. La réparation est possible par la saisine de la commission d'indemnisation des victimes d'infractions[1083]. La commission d'indemnisation des victimes d'infractions permet l'indemnisation des victimes d'infractions pénales lorsque l'auteur est inconnu ou insolvable. Ladite commission existe dans chaque tribunal de grande instance. Ainsi, le droit actuel indemnise les victimes. Ainsi toute personne ayant subi un préjudice résultant de faits volontaires qui présentent un caractère matériel d'une infraction peut obtenir la réparation intégrale

[1083] CARIO R., « L'évolution de l'aide aux victimes en France », *P.A.*, 22 avril 2005, p. 7

des dommages qui résultent des atteintes à la personne[1084]. Les victimes indirectes, à savoir toutes les personnes qui subissent un préjudice personnel en lien avec les faits, peuvent réclamer indemnisation auprès de la commission d'indemnisation des victimes d'infractions. Les proches de la victime comme par exemple le mari, l'enfant[1085], la grand-mère[1086] d'une infraction sont recevables à rapporter la preuve d'un dommage dont ils ont personnellement souffert et qui découle des faits, objet de la poursuite. Il en est ainsi de l'enfant né du viol de sa mère, son préjudice moral constitué par le caractère nécessairement douloureux que prendra l'évocation de sa conception et de sa naissance, étant personnel, certain et en lien avec les faits[1087]. La victime est fondée à obtenir la réparation de son préjudice moral sur le fondement de l'article 1382 du code civil. Ainsi, la victime de viols et d'agressions sexuelles commis lors de sa minorité peut obtenir réparation sur le fondement dudit article, dès lors qu'elle rapporte la preuve d'une faute de son ex-beau-père[1088].

Malgré des avancées en termes de prise de conscience et de décisions politiques, il reste des lacunes à combler. Certes, l'évolution du droit et la réponse judiciaire restent indispensables. En effet, il est une charge importante pour la société de donner des moyens aux femmes victimes de dénoncer, de se protéger et de protéger leurs enfants. C'est indispensable pour construire une société future qui soit beaucoup plus saine qu'aujourd'hui. Il est aussi important de modifier les valeurs sociales afin de construire une société plus égalitaire et plus respectueuse. Pour mener une action dans le bon sens, l'enquête nationale sur les violences envers les femmes en France a été réalisée en 2000 à la demande du service des droits des femmes du secrétariat d'Etat aux Droits des femmes et à la Formation professionnelle. C'est la première enquête nationale sur ce thème programmée en France. Il s'agit d'une enquête quantitative, faite par téléphone, auprès d'un échantillon représentatif de 6970 femmes âgées de vingt à cinquante-neuf ans. L'entretien durait quarante-cinq minutes et l'enquêteur ne devait utiliser

---

[1084] Article 706-3 alinéa 1 du code de procédure pénale
[1085] Crim. 4 février 1998, RSC 1998, p. 579, obs. Dintilhac
[1086] Crim. 16 juin 1998, Bull. crim., n° 191
[1087] Caen, 7 nov. 2000, JCP 2002, II, 10001, note Sériaux
[1088] Pau, 29 juin 2005, JCP 2006, IV, 1571

ni le mot « violence » ni le mot « agression ». Il s'agissait de mieux cerner les divers types de violences personnelles qui s'exercent envers les femmes à l'âge adulte, quels que soient les auteurs des violences, d'analyser les réactions des femmes aux violences subies, leurs recours auprès des membres de leur entourage et des services institutionnels, d'analyser le contexte socio-économique des situations de violences, d'appréhender les conséquences de la violence sur le plan de la santé physique et mentale[1089]. Il faut souligner que les femmes ont souvent une mauvaise connaissance de leurs droits.

La lutte contre les violences dépend en grande partie de la volonté de dénonciation des faits par les femmes victimes, d'une part parce que ces faits sont considérés comme relevant de la sphère privée et d'autre part parce que les victimes subissent le plus souvent leur sort en silence. L'absence de réactions peut être liée à la honte de se présenter comme une victime ou à la peur de l'auteur des violences ou la réaction de l'entourage. Les femmes sont habituées à avoir honte quand elles sont victimes d'atteintes à l'intégrité physique, souvent de nature sexuelle. Elles refusent souvent de dénoncer les faits devant les autorités compétentes ou la justice. Ce comportement des femmes donne aux auteurs des violences une sécurité d'action. Les femmes dénoncent plus difficilement les violences qui se produisent dans le privé que dans un espace public ou sur leur lieu de travail. De plus, les femmes victimes sont obligées de prouver les faits, une étape difficile à franchir pour faire valoir ses droits. La difficulté d'apporter des preuves est un obstacle majeur dans le domaine des atteintes à l'intégrité féminine.

Toutefois, de nos jours, de plus en plus de femmes s'affirment comme sujet en revendiquant le droit de choisir son destin et refusent de subir les violences. Les campagnes publiques de sensibilisation ont contribué à faire évoluer les pratiques de dénonciation de ces infractions[1090]. La dénonciation est indispensable pour mettre fin aux violences dans la société. Toutefois, la répression ne protège pas véritablement le corps des femmes dans la mesure où elle n'intervient qu'après l'accomplissement de l'infraction. Du moins, elle est nécessaire

---

[1089] HIRIGOYEN M-F., *Femmes sous emprise*, op. cit., p. 284

[1090] KLOPP A.M., « La répression des infractions à caractère sexuel en Allemagne », *Rev.Sc.Crim.*, N° 3, 2002, p. 571

pour limiter le phénomène par son effet intimidant. En effet, la crainte de voir les faits dévoilés au public peut freiner les infractions. La répression permet aussi de libérer les victimes. En effet, selon les chercheurs, seule la reconnaissance par la société de la culpabilité de l'auteur permet aux victimes de se libérer du traumatisme vécu, d'échapper au sentiment de culpabilité qui les oppresse[1091]. La sanction est une méthode réparatrice, ce qui permet à la victime de retrouver un juste équilibre et une identité : identité de victime et non coupable ou complice. En effet, la sanction du coupable restitue aux victimes leur dignité[1092]. La répression permet de rompre la spirale de la reproduction sociale des violences. Mais la meilleure protection consisterait en une prévention efficace. Les femmes aujourd'hui disposent d'associations spécialisées pour leur venir en aide et bénéficient également d'une plus grande attention de la part de la police et de la justice. La création depuis 1982 de nombreuses associations d'aide aux victimes résulte de la prise de conscience de la réalité des problèmes posés aux victimes d'infractions[1093]. Les femmes victimes ont de nombreuses structures associatives pour leur venir en aide selon la nature des troubles. Les associations ont un but commun à savoir l'aide aux victimes d'infractions, tout en poursuivant des objectifs distincts avec des structures variables. Il faut prendre en charge les auteurs pour éviter la récidive. Il faut apprendre aux auteurs à contrôler leur comportement déviant. Les études démontrent que chez les délinquants sexuels, la probabilité de récidives sexuelles augmente avec le nombre de délits sexuels antérieurs[1094]. Et, en conséquence, le taux de récidives est parfois utilisé pour évaluer l'efficacité des traitements. En ce qui concerne les agressions sexuelles, le rôle des facteurs dispositionnels comme par exemple la personnalité et les attitudes semble être d'une grande importance[1095]. L'évaluation de la récidive et un suivi postcarcéral sont assurés pour les auteurs des violences. Actuellement, certains progrès ont été réalisés dans le but de traiter la pathologie des abuseurs sexuels : thérapies de groupe, chimiothérapie, techniques

---

[1091] NERAC-CROISIER R. (ss la dir. de), *Le mineur et le droit pénal*, op. cit., p. 16

[1092] BIGOURDAN P., *Le viol à domicile : la loi de silence*, op. cit., p. 159

[1093] DESDEVISES M.C., « Les associations d'aide aux victimes », *Rev.Sc. Crim.*, n° 3, 1985, p. 544

[1094] MORMONT Ch. (ss la dir. de), *Les délinquants sexuels*, éd. Frison Roche 2003, p. 73

[1095] PAHLAVAN F., *Les conduites agressives*, op. cit., p. 163

cognitives et comportementales, suivi psychiatrique en sont des exemples[1096].

L'évolution législative ne cesse de progresser en faveur des femmes. La loi du 4 avril 2006 s'inscrit dans un renforcement de la protection des droits fondamentaux de la femme. Au XXIe siècle, les femmes sont pourvues de tous les droits civils et politiques, elles sont citoyennes à part entière, pleinement responsables de leur santé et de leur destin mais doivent également chercher à assurer leur sécurité. L'augmentation de la violence que l'on observe dans les sociétés occidentales quels que soient l'âge et le contexte social est peut-être à mettre en relation avec une incapacité de plus en plus grande à supporter la contrainte des devoirs et une propension inquiétante à confondre droits universels et désirs individuels. Certains évoquent le féminisme victimiste, à savoir la réduction de la femme au rôle de victime. En effet, il faudra également encourager les femmes à se défendre elles-mêmes plutôt que de les considérer comme des êtres sans défense et vulnérables. La passivité, l'inaptitude totale à se défendre, le manque d'imagination et d'intelligence sont les caractéristiques constantes des personnages féminins et il faut mettre fin à toutes ces attitudes. En effet, il ne servira pas à grand-chose de modifier les lois tant que la société restera persuadée que les femmes sont par nature craintives et vulnérables. Il faut savoir que la victime est une personne qui subit et qui souffre des agissements d'autrui, de ce fait il est facile de considérer que la victime est un sujet passif, par opposition au sujet actif[1097]. Il faut qu'il y ait un changement dans la construction des identités et dans les relations pour ne plus voir la notion de domination et de soumission, mais une égalité en tenant compte de la différence. Il faut qu'il y ait une acceptation réciproque des différences pour garantir l'harmonie dans l'avenir. Il faut sans cesse lutter pour que l'égalité entre les sexes proclamée dans le droit soit une égalité pratiquée dans la vie. Les inégalités et les disparités entre les femmes et les hommes en matière de

---

[1096] DARBEDA P., « L'expertise de prélibération de l'article 722 du code de procédure pénale et le processus d'évaluation et de soins des auteurs d'infractions à caractère sexuel », *Rev.Sc.Crim.* N° 4, 1996, p.923

[1097] ALT-MAES F., « Le concept de victime en droit civil et en droit pénal », *Rev.Sc.Crim.* N° 1, 1994, p.35

droits de la personne humaine sont contraires aux principes d'une véritable démocratie.

BIBLIOGRAPHIE

OUVRAGES GENERAUX

AUDET J., KATZ J.F., *Précis de victimologie générale*, éd. Dunod 1999, 570 p.

BENABENT A., *Droit civil : les obligations*, éd. Montchrestien 2007, 713 p.

BESSOLES P., MORMONT C. (ss la dir. de), *Victimologie et criminologie*, éd. du champ social 2004, 169 p.

CARBONNIER J., *Droit civil : Introduction, les personnes, la famille, l'enfant et le couple*, éd. PUF 2004, 1496 p.

CLEMENT J.M., *Les grands principes du droit de la santé*, éd. Les études hospitalières 2005, 212 p.
Cours de droit hospitalier, tome 1, éd. Les études hospitalières 2004, 472 p.

CLEMENT J.M., CLEMENT C., *Cours de droit hospitalier*, tome 2, éd. Les études hospitalières 2004, 296 p.

COLLIARD C.A., LETTERON R., *Libertés publiques*, éd. Précis Dalloz 2005, 569 p.

CONTE P., *Droit pénal spécial*, éd. Litec 2007, 432 p.

CORNU G., *Vocabulaire juridique*, éd. PUF 2005, 970 p.

COURBE P., *Droit de la famille*, éd. Armand Colin 2005, 516 p.

DAUM M.F. (ss la dir. de), *Le grand livre de la santé*, éd. France loisirs 2000, 988 p.

DELECOURT N., ESPANA A.S., *Tutelle et curatelle : le droit des majeurs et des mineurs protégés*, éd. Du puits fleuri 2005, 202 p.

DEMICHEL A., *Le droit de la santé*, éd. Les études hospitalières 1998, 138 p.

DEMICHEL A., *Responsabilité médicale*, coll. Guide essentiels, éd. L'Hermès 1997, 128 p.

DEMICHEL A., *Droit médical*, éd. Berger-Levrault 1983, 179 p.

DEMICHEL A., *Le secret médical*, coll. essentiel, éd. Les études hospitalières 2001, 92 p.

DEMICHEL F., *Libre propos d'une juriste sur la médicalisation de la vie*, éd. Les études hospitalières 2006, 280 p.

FAVOREU L. (ss la dir. de), *Droit constitutionnel*, éd. Précis Dalloz 2007, 988 p.

GASTON S., LEVASSEUR G., BOULOC B., *Droit pénal général*, éd. Précis Dalloz 2006, 710 p.

HAMON F., TROPER M., *Droit constitutionnel*, éd. LGDJ 2007, 908 p.

HEYMANN-DOAT A., CALVES G., *Libertés publiques et droits de l'homme*, éd. LGDJ 2005, 284 p.

JEAN J., JEAN A., *Mieux comprendre la tutelle et la curatelle*, éd. Vuibert 2008, 255 p.

KOLB P., LETURMY L., *L'essentiel du droit pénal général : les grands principes, la responsabilité pénale, les peines*, éd. Gualino 2008, 113 p.

LAGADEC J., *Nouveau guide pratique du droit*, éd. France loisirs 2006, 678 p.

LARGUIER J., CONTE P., LARGUIER A-M., *Droit pénal spécial*, éd. Dalloz 2007, 391 p.

LEBRETON G., *Libertés publiques et droits de l'homme*, éd. Armand Colin 2005, 551 p.

LOPEZ G., *Victimologie clinique*, éd. Maloine 1995, 332 p.
Victimes et victimologie, éd. PUF 1995, 128 p.

MALABAT V., *Droit pénal spécial*, éd. Dalloz hypercours 2007, 621 p.

MALINVAUD P., *Droit des obligations*, éd. Litec 2007, 649 p.

MEMETEAU G., *Cours de droit hospitalier*, éd. Les études hospitalières 2003, 548 p.

PAULIN C., *Droit pénal général*, éd. Litec 2007, 148 p.

PELISSIER J., SUPIOT A., JEAMMAUD A., *Droit du travail*, éd. Précis Dalloz 2006, 1387 p.

PIN X., *Droit pénal général*, éd. Dalloz 2007, 397 p.

PRADEL J., *Droit pénal général*, éd. Cujas 2000, 733 p.

RASSAT M.L., *Droit pénal spécial*, éd. Précis Dalloz 2006, 724 p.
Les infractions contre les biens et les personnes dans le nouveau code pénal, éd. Dalloz 1995, 360 p.

ROGIER A. (ss. la dir. de), *Responsabilité médicale*, coll. dommage corporel-expertise médicale, éd. ESKA 2005, 886 p.

SOYER J.C., *Droit pénal et procédure pénale*, éd. LGDJ 2006, 445 p.

TERRE F., LASZLO-FENOUILLET D., *Droit civil : les personnes, la famille, les incapacités,* éd. Dalloz 2005, 1382 p.

TEYSSIE B., *Droit civil : les personnes*, éd. Litec 2007, 429 p.

TOULET V., *Droit civil : obligations et responsabilité civile*, éd. Paradigme publications universitaires 2007, 405 p.

VINCENT J., GUINCHARD S., *Procédure civile*, éd. Précis Dalloz 2003, 1235 p.

OUVRAGES SPECIAUX

ABDELHAMID, DALENDA LARGUECHE, *Marginales en terre d'Islam*, éd. Tunis : Cérès 1992, 185 p.

ACCAD E., *Des femmes, des hommes et la guerre : fiction et réalité*, éd. Côté-femmes 1993, 235 p.

ACTION CATHOLIQUE GENERALE FEMININE, *Les violences envers les femmes*, éd. Bayard 2003, 132 p.

AGENCE POUR LE DEVELOPPEMENT DES RELATIONS INTERCULTURELLES, *Les violences exercées sur les jeunes filles dans les familles d'origine étrangère et de culture musulmane : le développement des capacités de négociation interculturelle et de la prévention (Allemagne, Belgique, France)*, éd. ADRI 2001, 106 p.

ALBERNHE T. (ss la dir. de), *Criminologie et psychiatrie*, éd. Ellipses 1997, 752 p.

ALDEEP ABU-SAHLIEH S.A., *Circoncision masculine, circoncision féminine*, éd. L'Harmattan 2001, 537 p.
Circoncision : le complot de silence, éd. L'Harmattan 2003, 243 p.

ALFORT P., *J'ai défendu Patrice Alègre*, éd. Seuil 2005, 187 p.

AMNESTY INTERNATIONAL, Section française, *Les violences faites aux femmes en France : une affaire d'Etat*, éd. Autrement 2006, 201 p.
Armes à feu, les femmes en danger, éd. Amnesty International francophones 2005, 88 p.

AMNESTY INTERNATIONAL, *France, patrie des droits humains ?*, éd. Amnesty international, section française 2004, 151 p.
Mettre fin à la violence contre les femmes : un combat aujourd'hui, éd. Francophones d'Amnesty international 2004, 156 p.
Pakistan : femmes et jeunes filles tuées pour des questions d'honneur, éd. Francophones d'Amnesty international 1999, 25 p.
Mutilations génitales féminines en Afrique : dossier d'information, éd. Francophones d'Amnesty international 1997, 42 p.
Bosnie-Herzégovine : une nouvelle barbarie, éd. Francophones d'Amnesty international 1993, 111 p.
Les femmes aussi, éd. Francophones d'Amnesty international 1991, 103 p.

ANTONOWICZ G., *agressions sexuelles : la réponse judiciaire*, éd. O. Jacob 2002, 273 p.

ARCHER F., *Le consentement en droit pénal de la vie humaine*, éd. L'Harmattan 2003, 618 p.

ARNOUX I., *Les droits de l'être humain sur son corps*, éd. Presse universitaire de Bordeaux 1995, 575 p.

Association des psychiatres de secteur infanto-juvénile, *atteintes sexuelles sur enfants mineurs*, Tome 1, éd. Passage piéton 2001, 222 p .; tome 2, éd. Passage piéton 2005, 149 p.

Association européenne contre les violences faites aux femmes au travail, *De l'abus de pouvoir sexuel : le harcèlement sexuel au travail*, éd. La découverte 1990, 258 p.

AUBUT J., *Les agresseurs sexuels : théorie, évaluation et traitement*, éd. Maloine 1993, 328 p.

AUDET E., *Prostitution : perspectives féministes*, éd. Sisyphe 2005, 120 p.

AUDOIN-ROUZEAU S., *L'enfant de l'ennemi : viol, avortement, infanticide pendant la guerre*, éd. Aubier 1995, 222 p.

AUTAIN C., *Les droits des femmes*, éd. Les essentiels Milan 2003, 63 p.

BADINTER E., *L'un et l'autre*, éd. Odile Jacob 1986, 361 p.
Fausse route, éd. Odile Jacob 2003, 315 p.

BALIER C., *Psychanalyse des comportements sexuels violents : une pathologie de l'inachèvement*, éd. PUF 1999, 253 p.

BARILLON J., BENSUSSAN P., *Le désir criminel*, éd. Odile Jacob 2004, 228 p.

BARRY K., *L'esclavage sexuel de la femme*, éd. Stock 1982, 424 p.

BAUD J.P., *L'affaire de la main volée : une histoire juridique du corps*, éd. Seuil 1993, 243 p.

BEAUMONT A.M., GERARDIN J., JOURDAN C., *Les violences faites aux femmes : briser le silence*, éd. Action catholique féminine 2000, 143 p.

BEIGNIER B., *L'honneur et le droit*, éd. LGDJ 1995, 660 p.

BJELICA JELENA, *Prostitution : l'esclavage des filles de l'Est*, éd. Paris-Méditerranée 2005, 185 p.

BENSADON N., *Les droits de la femme des origines à nos jours*, coll. Que sais-je ?, éd. PUF 1999, 128 p.

BERGERET J., *La violence fondamentale*, éd. Dunod 1984, 251 p.

BERLOTTI E.G., *Du côté des petites filles*, éd. Des femmes 1974, 255 p.

BESSOLES P., *Le meurtre du féminin : clinique du viol*, éd. Théétète 2000, 115 p.

BESSOLES P., *Viol et identité : un génocide individuel*, éd. MJW édition 2008, coll. Criminologie et anthropologie, 172 p.

BIGOURDAN P., *Viol à domicile, la loi du silence*, coll. L'homme et ses problèmes, éd. Delachaux et Niestlé 1989, 219 p.

BILLON B., *Viol et violeurs*, éd. C.N.R.S. 1984, 91 p.

BIN-HENG M., CHERBIT F., LOMBARDI E., *Traiter la violence conjugale : parcours pour une alternative*, éd. L'Harmattan 1996, 204 p.

BLOSS T., FRICKEY A., *La femme dans la société française*, coll. Que sais-je ?, éd. PUF 2003, 128 p.

BOAS A., LAMBERT J.(ss la dir. de), *La violence conjugale*, éd. Bruylant 2004, 296 p.

BOLYA B., *La profanation des vagins : le viol, arme de destruction massive*, éd. Le serpent à la plumes 2005, 201 p.

BONNET G., *Les perversions sexuelles*, coll. Que sais-je, éd. PUF 2001, 128 p.

BORDEAUX M., HAZO B., LORVELLEC S., *Qualifié viol*, éd. Médecine et hygiène, Meridiens Klincksieck 1990, 232 p.

BOULDING E., *Les femmes et la violence : la violence et ses causes*, éd. UNESCO 1980, 287 p.

BOURGEOIS D., *Les droits de la femme*, éd. De Vecchi 2003, 95 p.

BOURGOIN S., *L'étrangleur de Boston*, éd. Méréal 1998, 239 p.

BRENOT P., *L'éducation sexuelle*, coll. Que sais-je ?, éd. PUF 1996, 128 p.

BROQUEN M., GERNEZ J-C.(ss la dir. de), *L'effraction par-delà le trauma*, éd. L'Harmattan 1997, 205 p.

BROWNMILLER S., *Le viol*, éd. L'étincelle 1980, 558 p.

BUTALIA S., *The gift of a daughter : encounters with victims of dowry*, éd. New Delhi India : Penguin books India, 170 p.

CABRAL G. V., *La traite des êtres humains : réalités de l'esclavage contemporain*, éd. La découverte 2006, 260 p.

CADOR P., *Le traitement juridique des violences conjugales*, éd. L'Harmattan 2005, 300 p.

CARIO R., HERAUT J.C. (ss la dir.de), *Les abuseurs sexuels : quels traitements ?*, éd. L'Harmattan 1998, 128 p.

CARIO R., *Femmes et criminelles*, éd. Eres 1992, 330 p.
Les femmes résistent au crime, éd. L'Harmattan 1997, 191 p.
Victimologie : de l'effraction du lien intersubjectif à la restauration sociale, coll. Traité des sciences criminelles, éd. L'Harmattan 2000, 256 p.
La prévention précoce des comportements criminels, éd. L'Harmattan 2004, 110 p.

CARIO R., MBANZOULOU P. (ss la dir. de), *La victime est-elle coupable ?*, éd. L'Harmattan 2004, 122 p.

CATTORI M., HURTER N., KAREMERA I., *Maux à mots : la violence conjugale au masculin*, coll. Annales du centre de recherche sociale, éd. I.E.S. Genève 1993, 132 p.

CAZALS A., *Prostitution et proxénétisme en Europe*, éd. La documentation française 1995, 128 p.

Centre pour le développement social et les affaires humanitaires, *La violence contre les femmes dans la famille*, éd. New York : Nations unies 1989, 124 p.

CHETCUTI N., JASPARD M., Les *violences envers les femmes : trois pas en avant deux pas en arrière*, éd. L'Harmattan 2007, 319 p.

CHLEBOWSKA K., *Savoir et pouvoir : une alphabétisation pour les femmes*, éd. UNESCO 1992, 79 p.

CHRISTEN M., HEIM C., SILVESTRE M., VASSELIER-NOVELLI C., *Vivre sans violence : dans les couples, les institutions, les écoles*, coll. Relations, éd. Erès 2004, 223 p.

CIAVALDINI A. (ss la dir. de), *Violences sexuelles : le soin sous contrôle judiciaire*, éd. In press 2003, 148 p.
Psychopathologie des agresseurs sexuels, éd. Masson 2001, 255 p.

CIAVALDINI A., BALIER C., *Agressions sexuelles : pathologies, suivis thérapeutiques et cadre judiciaire*, éd. Masson 2000, 250 p.

CLARK L., *Viol et pouvoir*, éd. Coop Albert St. Martin (Montréal) 1983, 207 p.

COENEN M.T. (ss la dir. de), *Corps de femme : sexualité et contrôle social*, coll. Politique et histoire, éd. De Boeck université 2002, 216 p.

COORDINATION DE L'ECOLE DES PARENTS ET DES EDUCATEURS D'ILE-DE-FRANCE, *Le praticien face aux violences sexuelles*, éd. Ministère de l'Emploi et de la Solidarité 2000, 102 p.

COQUART E., HUET P., *Le livre noir de la prostitution*, éd. Albin Michel 2000, 302 p.

CORBIN A., *Violences sexuelles*, coll. Mentalités : histoire des cultures et des sociétés, éd. Imago 1989, 165 p.

CORMON V., *Viol et renaissance, comment faire d'un traumatisme une œuvre humaine ?*, éd. L'Archipel 2004, 154 p.

CORNET J. P., GIOVANNANGELI D., MORMONT C., *Les délinquants sexuels, théories, évaluation et traitements*, éd. Frison-Roche 2003, 210 p.

COUCHARD F., *L'excision*, coll. Que sais-je, éd. PUF 2003, 128 p.

COUCHARD F., *Emprise et violence maternelles : étude d'anthropologie psychanalytique*, éd. Dunod 1991, 224 p.
Le fantasme de séduction dans la culture musulmane, éd. PUF 1994, 320 p.

COUET C., *Les femmes, portrait social*, coll. Contours et caractères, service des droits des femmes, éd. INSEE 1995, 217 p.

COUTANCEAU R., *Vivre après l'inceste*, Coll. médecine, éd. Desclée de Brouwer 2004, 320 p.

DALIGAND L., *L'enfant et le diable : accueillir et soigner les victimes de violences*, éd. L'archipel 2004, 381 p.

DALLAIRE Y., *La violence faite aux hommes : une réalité taboue et complexe*, coll. mise au point, éd. Option santé Québec Canada 2002, 63 p.

DALLAYRAC D., *Pulsion de viol*, éd. Laffont 1983, 235 p.

DARVES-BORNOZ J-M., *Problématique féminine en psychiatrie*, éd. Masson 2000, 263 p.

DAUPHIN C., FARGE A. (ss la dir. de), *De la violence et des femmes*, éd. Albin Michel 1997, 201 p.

DAYRAS M. (ss la dir. de), *Femmes et violences dans le monde*, éd. L'Harmattan 1995, 327 p.

DEKEUWER-DEFOSSEZ F., *L'égalité des sexes*, éd. Dalloz 1998, 101 p.

DELFOUR M. F., *Inceste et langage : l'agir hors de la loi*, coll. Emergences, éd. L'Harmattan 1999, 155 p.

DESCHAMPS C., *Le sexe et l'argent des trottoirs*, éd. Hachette littératures 2006, 238 p.

DESFORTS J., *Violence et corps des femmes du tiers-monde*, éd. L'Harmattan 2001, 268 p.

DE VILAINE A. M., GAVARINI L., LECOADIC M., *La maternité en mouvement*, éd. Saint-Martin 1986, 244 p.

DORAY B., *L'inhumanitaire ou le cannibalisme guerrier à l'ère néolibérale*, éd. La Dispute 2000, 285 p.

D'ORNANO J.A., *Essai sur l'origine de la violence contemporaine*, éd. F.-X. De Guibert 2003, 109 p.

DUBE BHATNAGAR R., DUBE R., DUBE R., *Female infanticide in India : a feminist cultural history*, éd. Albany: State University of New York Press 2005, 320 p.

DUGUET A.M. (ss la dir. de), *Séminaire d'actualité de droit médical : le respect du corps humain pendant la vie et après la mort*, éd. Les études hospitalières 2005, 291 p.

DUPONT B., *Fille ou garçon : la même éducation ?*, éd.UNESCO 1980, 92 p.

DUSCH S., *Le trafic d'êtres humains*, coll. Criminalité internationale, éd. PUF 2002, 313 p.

DUTTON D. G., GOLANT S.K., *De la violence dans le couple*, coll. Psychologie, éd. Bayard 1996, 232 p.

ELLROY J., *Destination morgue*, éd. Payot 2004, 289 p.

ERLICH M., *La femme blessée, essai sur les mutilations sexuelles féminines*, éd. L'Harmattan 1995, 321 p.
Les mutilations sexuelles, coll. Que sais-je ?, éd. PUF 1991, 128 p.

FACULTE DE DROIT ET DE SCIENCE POLITIQUE D'AIX-MARSEILLE, *Le droit, la médecine et l'être humain*, éd. Presses universitaires d'Aix-Marseille 1996, 269 p.

FARGE A., DAUPHIN C. (ss la dir. de), *De la violence et des femmes*, éd. Paris Pocket 1999, 221 p.

FARGIER M.O., *Le viol*, éd. Grasset 1976, 221 p.

FAUCONNEY J., *Histoire de la femme*, éd. Côté-femmes 1989, 213 p.

FAYNER E., *Violences, féminin pluriel : les violences envers les femmes dans le monde contemporain*, coll. Librio, éd. EJL 2006, 93 p.

FERRET M., *Violences conjugales : une assistante sociale raconte*, éd. L'Harmattan 2005, 172 p.

FEUGLET P., DEVEZE F., MALICIER D. (ss la dir. de), *Le secret médical : le dossier médical, la communication des pièces, les informations du malade*, éd. ESKA 2004, 143 p.

FIORENZA E. S., *La violence envers les femmes*, éd. Beauchesne 1994, 161 p.

FONTANAUD D., *La criminalité organisée*, éd. La documentation française 2002, 140 p.

FOUGEYROLLAS-SCHWEBEL D., HIRATA H.S., SENOTIER D., *La violence, les mots, le corps*, éd. L'Harmattan 2003, 282 p.

FOUQUE A., *Il y a deux sexes : essai de féminologie*, éd. Gallimard 2004, 297 p.

FRENCH M., *La guerre contre les femmes*, éd. L'Archipel 1992, 295 p.

GABEL M. (ss la dir. de), *Les enfants victimes d'abus sexuels*, coll. Psychiatrie de l'enfant, éd. PUF 1992, 285 p.

GABEL M., LEBOVICI S., MAZET P., *Le traumatisme de l'inceste*, éd. PUF 1997, 254 p.

GAUSSOT M., ZELENSKY A., *Le harcèlement sexuel, scandales et réalité*, éd. Garancière 1986, 201 p.

GAUTHIER D., *L'enfant victime d'abus sexuels*, éd. PUF 1994, 123 p.

GAUTHIER S., *La violence conjugale devant la justice : conditions et contraintes de l'application de la loi*, coll. Logiques sociales, éd. L'Harmattan 2001, 191 p.

GETTNER C., *Le livre noir de la prostitution*, éd. Saint-Mandé : la pieuvre noir 2005, 253 p.

GILLETTE I., *La polygamie et l'excision dans l'immigration africaine en France, analysées sous l'angle de la souffrance sociale des femmes*, thèse de doctorat : lettres, sciences sociales et humaines 1997, Université Paris VII, coll. thèse à la carte, éd. Presse universitaire du Septentrion 1998, 356 p.

GILLIOZ L., PUY J., DUCRET V., GUISAN I., *Domination et violence envers la femme dans le couple*, éd. Payot Lausanne 1997, 269 p.

GILLIOZ L., *Voir et agir : responsabilités des professionnelles de la santé en matière de violence à l'égard des femmes*, coll. Cahiers médico-sociaux, éd. Médecine et hygiène 2003, 320 p.

GOVINDAMA Y., ROSENBLAT C., SANSON M., *Itinéraires des abuseurs sexuels*, éd. L'Harmattan 1999, 210 p.

GRUSLIN A., *Les fondements ultimes de la violence et des déviances sexuelles : le passage à l'acte agressif et sexuel à la lumière de l'hypothèse périnatale et transpersonnelle*, éd. L'Harmattan 2003, 383 p.

GRUYER F., FADIER-NISSE M., SABOURIN P., *La violence impensable, inceste et maltraitance*, éd. Nathan 1996, 263 p.

GUENIVET K., *Violences sexuelles : la nouvelle arme de guerre*, éd. Michalon 2001, 206 p.

GUYENOT L., *Le livre noir de l'industrie rose, de la pornographie à la criminalité sexuelle*, éd. Imago 2000, 192 p.

HAESEVOETS Y-H.L., *L'enfant victime d'inceste, de la séduction traumatique à la violence sexuelle*, éd. De Boeck 2003, 289 p.

HALIMI G., *Viol : le procès d'Aix-en-Provence*, éd. Gallimard 1978, 417 p.

HAMON F., *Délinquance sexuelle et crimes sexuels*, éd. Masson 1999, 142 p.

HANDMAN M.E., *Femmes violentées, femmes violentes*, éd. Jean-Michel Place 2003, 132 p.

HANDMAN M-E., MOSSUZ-LAVAU J., *La prostitution à Paris*, éd. De la Martinière 2005, 414 p.

HANSA R., LAPOUGE G., *Les femmes, la pornographie, l'érotisme*, éd. Seuil 1978, 390 p.

HAZO B., LORVELLEC S., BORDEAUX M., *Qualifié viol*, coll. Déviance et société, éd. Médecine et hygiène 1990, 232 p.

HENNETTE-VAUCHEZ S., GIRARD C. (ss la dir. de), *La dignité de la personne humaine : recherche sur un processus de juridisation*, éd. PUF 2005, 318 p.

HENNION P., *Preuve pénale et droit de l'Homme*, thèse de doctorat de droit privé et sciences criminelles 1999, Université de Nice, coll. Septentrion, éd. PUF 2000, 471 p.

HIRIGOYEN M.F., *Femmes sous emprise : les ressorts de la violence dans le couple*, éd. Oh ! éditions 2005, 300 p.

HORASSIUS-JARRIE N., MAZET P., *Conséquences des maltraitances sexuelles : reconnaître, soigner, prévenir*, éd. Fédération française de psychiatrie 2004, 595 p.

HOUEL A., MERCADER P., SOBOTA H., *Crime passionnel, crime ordinaire*, éd. PUF 2003, 190 p.

HUREAU J., POITOUT D.G. (ss la dir. de), *L'expertise médicale en responsabilité médicale et en réparation du préjudice corporel*, éd. Masson 2005, 398 p.

IACUB M., *Le crime était presque sexuel*, éd. Flammarion 2003, 375 p.

JACQUES A., *La sexualité féminine*, coll. Que sais-je, éd. PUF 2003, 128 p.

JASPARD M., BROWN E. CONDON S., *Les violences envers les femmes en France, une enquête nationale*, coll. droits des femmes, éd. La documentation française 2003, 370 p.

JASPARD M., *Les violences contre les femmes*, éd. La découverte 2005, 122 p.

JONAS C., SENON J.L., THORET Y., *Responsabilité médicale et droit du patient en psychiatrie*, éd. Elsevier 2004, 87 p.

JULIA J-M., *Le génocide des Tamouls au Sri Lanka*, éd. CIMADE 2000, 126 p.

JURISTES SANS FRONTIERES, *Tribunal pénal international de La Haye : le droit à l'épreuve de la purification ethnique*, éd. L'Harmattan 2000, 348 p.

KACZMAREK S., *La violence au foyer, itinéraires des femmes battues*, éd. Imago 1990, 162 p.

KATZ C., *Victimes de harcèlement sexuel : se défendre*, éd. Le bord de l'eau 2007, 211 p.

KAUFMANN J.C., *Sociologie du couple*, coll. Que sais-je ?, éd. PUF 2003, 128 p.

KAVEMANN B., LOHSTOTER I., *Les pères criminels : la violence sexuelle contre les petites filles*, éd. Des femmes 1985, 183 p.

KOEPPEL B., *De la pénitence à la sexologie*, éd. Le Sycomore 1982, 138 p.

KOH BELA A-J., *La prostitution africaine en Occident : vérités, mensonges, esclavage : la face cachée de la prostitution des Africains en Europe*, éd. CCINIA Communication 2005, 153 p.

LAMEYRE X., *La criminalité sexuelle*, éd. Flammarion 2000, 128 p.
Les violences sexuelles, éd. Milan 2001, 63 p.

LANNOY J.D., FEYERENSEIN P., *Inceste*, coll. Que sais-je, éd. PUF 1998, 128 p.

LEFEVRE-LEANDRI D., *L'enfance maltraitée accueillie à l'hôpital*, éd. Les études hospitalières 1998, 161 p.

LEGARDINIER C., *Les trafics du sexe*, éd. Les essentiels Milan 2002, 63 p.

LEGARDINIER C., *La prostitution*, éd. Les essentiels Milan 2002, 63 p.

LEGARDINIER C., *Prostitution : les clients en question, étude sociologique et enquête d'opinion publique*, éd. Mouvement du Nid 2004, 72 p.

LEMAIRE J-C., *La prostitution : pour ou contre la légalisation*, éd. Espace de libertés 2004, 145 p.

LE QUENTREC Y., RIEU A., *Femmes : engagements publics et vie privée*, éd. Syllepse 2003, 139 p.

LEULLIETTE P., *Le viol des viols*, éd. R. Laffont 1980, 347 p.

LOPEZ G., FILIZZOLA G., *Le viol*, coll. Que sais-je, éd. PUF 1996, 126 p.

LOPEZ G., *Violences sexuelles sur les enfants*, coll. Que sais-je, éd. PUF 1999, 128 p.

LOPEZ G., PORTELLI S., CLEMENT S., *Les droits des victimes : victimologie et psychotraumatologie*, coll. états de droits, éd. Dalloz 2003, 391 p.

MACKELLAR J., *Le viol : l'appât et le piège*, éd. Payot 1978, 243 p.

MACKINNON C., *Le féminisme irréductible : conférence sur la vie et le droit*, éd. Des femmes-Antoinette-Fouque 2005, 298 p.

MAILLOUX P., BEAULIEU J., *Au secours des femmes*, éd. Québecor Québec 2001, 149 p.

MACKINNON C., *Le féminisme irréductible*, éd. Des femmes-Antoinette Fouque 2005, 298 p.

MANASSEIN M., *De l'égalité des sexes*, éd. Centre national de documentation pédagogique 1995, 317 p.

MARCHAL G., *Connaissance du corps humain*, éd. Epigones 1990, 430 p.

MARISSAL J.P. et CHEVALLEY C., *Evaluation des répercussions économiques des violences conjugales en France*, éd. Documentation française 2007, 126 p.

MARQUET J.(ss la dir. de), *Normes et conduites sexuelles : approches sociologiques et ouvertures pluridisciplinaires*, éd. Bruylant Academia 2004, 222 p.

MATTEI J.F., *Les droits de la vie*, éd. O. Jacob 1996, 198 p.

MEDEA A., THOMPSON K., *Contre le viol : un livre pour les femmes : comment éviter le viol et comment le surmonter*, éd. P. Horay 1976, 173 p.

MICHAUD Y., *La violence*, coll. Que sais-je ?, éd. PUF 1999, 128 p.

MICHEL A., *Non aux stéréotypes : vaincre le sexisme dans les livres pour enfants et les manuels scolaires*, éd. Unesco 1986, 113 p.
Le féminisme, coll. Que sais-je ?, éd. PUF 2003, 128 p.

MILLER A., *L'enfant sous la terreur*, éd. Aubier 1981, 380 p.

MILLET E., *Pour en finir avec les violences conjugales*, éd. Marabout 2005, 318 p.

MORELLI A., CHARLES S., LEMAIRE J., *Les religions et la violence*, éd. De l'Université de Bruxelles 1998, 130 p.

MORHAIN D'YVES ET MARTINEAU J.P. (ss la dir. de), *Violences familiales*, éd. L'Harmattan 2003, 237 p.

MOSSUZ-LAVAU J., *Les lois de l'amour : les politique de la sexualité en France de 1950 à nos jours*, coll. Documents Payot, éd. Payot 1991, 346 p.

MUCCHIELLI L., *Le scandale des tournantes : dérives médiatiques contre enquête sociologique*, éd. La découverte 2005, 124 p.

NEIRINCK C., *La protection de la personne de l'enfant contre ses parents*, éd. Librairie générale de droit et de jurisprudence 1984, 453 p.

NERAC-CROISIER R. (ss la dir. de), *Le mineur et le droit pénal*, éd. L'Harmattan 1997, 271 p.

NGALIKPIMA M. (ss la dir. de), *L'esclavage sexuel : un défi à l'Europe*, éd. de Paris-Fondation Scelles 2005, 280 p.

NOR M., *La prostitution*, Coll. idées reçues, éd. Le Cavalier bleu 2001, 128 p.

NOSSINTCHOUK RONALD M., *L'extase et la blessure*, éd. Plon 1993, 291 p.

NYANO E., *Revisiter l'excision : une apologie de Hawa Greou*, coll. Défis, éd. PUF 2005, 127 p.

OATES J.C., *Viol*, éd. Seuil 2007, 182 p.

O.M.S., *Les mutilations sexuelles féminines : aperçu du problème*, éd. OMS 1998, 78 p.

O.M.S., UNICEF, FNUAP, *Les mutilations sexuelles féminines : déclaration commune OMS, UNICEF, FNUAP*, éd. Genève O.M.S. 1997, 20 p.

OUVRARD L., *La prostitution, analyse juridique et choix de politique criminelle*, coll. Sciences criminelles, éd. L'Harmattan 2000, 256 p.

PAHLAVAN F., *Les conduites agressives*, éd. Armand Colin 2003, 204 p.

PARAT H., *Inceste*, coll. Que sais-je, éd. PUF 2004, 128 p.

PARENT-DUCHATELET A-J-B, *La prostitution à Paris au XIX*è *siècle*, éd. Seuil 2008, 238 p.

PICAT J., *Violences meurtrières et sexuelles, essai d'approche psycho-pathologique*, éd. PUF 1982, 123 p.

PIN X., *Le consentement en matière pénale*, éd. LGDJ 2002, 724 p.

PISIER E., *Le droit des femmes*, éd. Dalloz 2007, 142 p.

POISSON J.F., *La dignité humaine*, éd. Les études hospitalières 2004, 126 p.

PORCHY M.P., *Les silences de la loi : un juge face à l'inceste*, éd. Hachette littérature 2003, 178 p.

POULIN R., *La mondialisation des industries du sexe*, éd. Imago 2005, 248 p.

POULIN R., *La mondialisation incarnée : points de vue du sud*, éd. Syllepse 2005, 239 p.

PRIEUR S., *La disposition par l'individu de son corps*, thèse de doctorat de droit privé, coll. thèses, éd. Les études hospitalières 1999, 453 p.

PRIGENT Y., *La cruauté ordinaire : où est le mal ?,* Coll. Psychologie, éd. Desclée de Brouwer 2003, 260 p.

PROLONGEAU H., *Victoire sur l'excision : Pierre Foldes, le chirurgien qui redonne l'espoir aux femmes mutilées*, éd. Albin Michel 2006, 233 p.

PY B., *Le sexe et le droit*, coll. Que sais-je, éd. PUF 1999, 127 p.

RAMONET I., *Femmes, le mauvais genre ?,* coll. manière de voir, éd. Le Monde diplomatique 1999, 98 p.

RAMONVILLE-St-Agne, *De la violence conjugale à la violence parentale - femmes en détresse, enfants en souffrance*, Coll. Fondation pour l'enfance, éd. Erès 2001, 87 p.

RAYMOND G., BARRETEAU-RAYMOND C., *Droit de l'enfance et de l'adolescence*, éd. Litec 2003, 474 p.

REID S., *Prévention de la violence à l'égard des femmes, une perspective européenne*, éd. La Documentation française 2003, 116 p.

REPORTERS SANS FRONTIERES, *Le nouvel observateur, le livre noir de l'ex-Yougoslavie : purification ethnique et crime de guerre*, éd. Seuil 1993, 485 p.

REYNALDO P., NANNINI M., *Violence et abus sexuels dans la famille, une approche systématique et communicationnelle*, éd. ESF 2000, 160 p.

ROCCO A., *Pourquoi les hommes frappent les femmes : violences conjugales*, éd. Alban 2006, 189 p.

ROBERT L.J., *La face cachée des G.I's : Les viols commis par des soldats américains en France, en Angleterre et en Allemagne pendant la Seconde Guerre mondiale (1942-1945)*, éd. Payot et Rivages 2003, 371 p.

ROBERT P., LAMBERT T., FAUGERON C., *Image du viol collectif et reconstruction d'objet*, éd. Masson 1976, 176 p.

ROMANO H., *La prise en charge des élèves victimes d'abus sexuels*, éd. Hachette éducation 2004, 142 p.

ROUSSILLON A., *Femmes dans le monde arabe*, éd. La Documentation française 2004, 144 p.

RUSH F., *Le secret le mieux gardé : l'exploitation sexuelle des enfants*, éd. Denoël de Gonthier 1983, 286 p.

SALAS D. (ss la dir. de), *Victimes de guerre en quête de justice : faire entendre leurs voix et les pérenniser dans l'histoire*, éd. L'Harmattan 2004, 196 p.

SALOME J., *Si on en parlait... trouver une issue à la violence conjugale*, éd. Jouvence 2003, 97 p.

SAUREL R., *Bouches cousues : les mutilations sexuelles féminines et le milieu médical*, éd. Tierce 1985, 365 p.
L'enterrée vive : essai sur les mutilations sexuelles féminines, éd. Slatkine 1981, 310 p.

SCHAFF C., *Prostitution en France : l'enquête*, éd. de la Lagune 2007, 215 p.

SENAT (Service des études juridiques, division des études de législation comparée), *La lutte contre les violences conjugales*, Coll. Les documents de travail du Sénat, série législation comparée, éd. Sénat 2005, 49 p.

SIROHI S., *Sita's curse : stories of dowry victims*, éd. New Delhi : Harpercollins publishers 2003, 292 p.

SKITTECATE L.A., *Les silences de Jocaste, essai sur l'inconscient féminin*, éd. Imago 1995, 224 p.

SOLAL E., *L'autre guerre*, éd. Syllepse 2003, 70 p.

SOUFFRON K., *Les violences conjugales*, coll. Les essentiels Milan, éd. Milan 2007, 63 p.

SOUTOUL J-H., CHEVRANT-BRETON O., *Les agressions sexuelles de l'adulte et du mineur*, éd. Ellipses 1994, 254 p.

THOMAS H., *Les refus de la réalité*, éd. Imago 2005, 184 p.

TICHANE G., *Coupable à tout prix*, éd. La découverte 1986, 214 p.

TISSOT O., *La liberté sexuelle et la loi*, éd. Ballant 1984, 359 p.

TORDJMAN G., *La violence, le sexe et l'amour*, éd. R. Laffont 1979, 295 p.

TORRELLI M., *Le droit international humanitaire*, éd. PUF 1989, 128 p.

TORRENTE J., *La maltraitance, regards pluridisciplinaires*, éd. Hommes et Perspectives 2001, 245 p.

TORTORA G.J., ANAGNOSTAKOS N.P., *Principes d'anatomie et de physiologie*, éd. Frison-Roche 1988, 888 p.

TURSHEN M., TWAGIRAMARIYA C., *Ce que font les femmes en temps de guerre*, éd. L'Harmattan 2001, 234 p.

TYRODE Y., BOURCET S., *Sévices sur mineurs*, éd. Ellipses 2001, 144 p.

VERON J., *Le monde des femmes : inégalité des sexes, inégalité des sociétés,* éd. Seuil 1997, 205 p.

VIGARELLO G., *Histoire du viol : XVIe-XXe siècle*, éd. Seuil 2000, 364 p.

WELZER-LANG D., *Le viol au masculin*, éd. L'Harmattan 1988, 253 p.
Les hommes violents, éd. Payot et Rivages 2005, 455 p.

WELZER-LANG D., MATHIEU L., FAURE M., *Sexualités et violences en prison : ces abus qu'on dit sexuels*, éd. Observatoire international des prisons 1997, 280 p.

WERNER M., *South asians and the dowry problem*, éd. Vistaar publications New Delhi 1998, 262 p.

WIEVIORKA M., *Violence en France*, éd. Seuil 1999, 344 p.

ZEBRINSKA N., *La guerre secrète : vaincre la violence conjugale*, Coll. sexualité humaine, éd. L'Harmattan 2003, 142 p.

RAPPORTS

AUBIN C., GISSEROT H., Service des droits des femmes et de l'égalité (France), *Les femmes en France 1985-1995 : rapport pour l'ONU*, éd. La documentation française 1994, 149 p.

BARBET-GIRAUDON C., BENOIT G., LOCQUET D., *Viol et crédibilité : rapport de médecine légale*, éd. Masson 1983, 238 p.

BERANGER J.G., Sénat, Délégation aux droits des femmes et à l'égalité des chances entre les hommes et les femmes, *Rapport d'information fait au nom de la délégation du Sénat aux droits des femmes et à l'égalité des chances entre les hommes et les femmes sur les propositions de loi n° 62 (2004/2005) présentées par M. Roland COURTEAU et plusieurs de ses collègues tendant à lutter contre les violences à l'égard des femmes et notamment au sein des couples par un dispositif global de prévention, d'aide aux victimes et de répression et n°95 (2004/2005) présenté par Mme. Nicole BORVO COHEN-SEAT et plusieurs de ses collègues relatif à la lutte contre les violences au sein des couples*, coll. Les rapports du Sénat, éd. Sénat 2005, 218 p.

COTTA M., *Femmes dans les lieux de décision,* avis et rapports du conseil économique et social, éd. Les éditions des Journaux officiels 2000, 205 p.

DELORS J. (ss la dir. de), *L'éducation, un trésor est caché dedans : rapport à l'UNESCO de la commission internationale sur l'éducation pour le vingt et unième siècle*, éd. O. Jacob 1996, 311 p.

GRESY B., *L'image des femmes dans la publicité*, coll. Rapports officiels, éd. La documentation française 2002, 188 p.

HENRION R. (ss la présidence du prof.), *Les femmes victimes de violences conjugales, le rôle des professionnels de santé*, coll. Rapports officiels, éd. La documentation française 2001, 81 p.

KRUG E. G.(ss la dir. de), *Rapport mondial sur la violence et la santé*, éd. OMS 2002, 376 p.

LANG J., *Enquête sur la situation des femmes dans le monde*, rapport d'information, coll. Les documents d'information, éd. Assemblée nationale 1998, 478 p.

RAMBERG I., *La violence à l'égard des jeunes femmes en Europe*, éd. Conseil de l'Europe 2001, 196 p.

SPIRA A., BAJOS N., *Les comportements sexuels en France*, éd. La Documentation française 1993, 351 p.

UNESCO, *Rapport mondiale sur l'éducation*, éd. Unesco 1998, 173 p.

COLLOQUES

DUGUET A.M., FILIPPI I., *Le respect du corps humain pendant la vie et après la mort*, actes du colloque, éd. Les études hospitalières 2005, 294 p.

LEMAIRE CH. J. (ss la dir. de), *La prostitution pour ou contre la législation*, coll. La pensée et les hommes, éd. Espace de Libertés 2004, 145 p.

MARQUET J. (ss la dir. de), *Normes et conduites sexuelles*, éd. Bruylant-Academia 2004, 222 p.

BASSINO E., BESSOLES P., *L'agresseur sexuel, problématiques et prises en charge : actes de colloque de victimologie clinique de Montpellier*, Victime-agresseur, tome 2, éd. du champ social 2002, 209 p.

LIGUE FRANCAISE POUR LA SANTE MENTALE, *L'amour trahi : violences conjugales, familiales, sexuelles ; se séparer ou pardonner ?*, éd. Ligue française pour la santé mentale 2002, 83 p.

BASS H.P. et collaborateurs, *D'un siècle à l'autre : la violence en héritage*, colloque du collège international de psychanalyse et d'anthropologie 20 et 21 octobre 2001, coll. Explorations psychanalytiques, éd. in Press 2002, 161 p.

AZZOUG M., *La violence à l'encontre des femmes et le droit en France : Actes de colloque national*, éd. ARISTEE 2001, 190 p.

BASSINO E., BESSOLES P. (ss la dir. de), *Le traumatisme sexuel et ses devenirs*, Victime-agresseur, tome 1, éd. Les éditions du champ social 2001, 326 p.

FEDERATION FRANCAISE DE PSYCHIATRIE, AGENCE NATIONALE D'ACCREDITATION ET D'EVALUATION EN SANTE, *La psychopathologie et les traitements actuels des auteurs d'agression sexuelle*, éd. Fédération française de psychiatrie 2001, 581 p.

DUMOUCHEL P. (ss la dir. de), *Comprendre pour agir : violences, victimes et vengeances*, Actes du colloque organisé par la société de philosophie du Québec et la fondation des victimes du 6 décembre contre la violence, éd. L'Harmattan 2000, 232 p.

CHANOIT P. F., VERBIZIER J. (ss la dir. de), *Les sévices sexuels sur les enfants*, coll. Psychiatrie et société, éd. Erès 1999, 272 p.

FONDATION POUR ENFANCE, ASSOCIATION FRANCAISE D'INFORMATION ET DE RECHERCHE SUR L'ENFANCE MALTRAITEE, SERVICE SOCIAL DE L'ENFANCE, *Inceste et justice : actes du colloque national*, 2 février 1996, éd. UNESCO 1996, 165 p.

PHILIPPE H.J. (ss la dir. de), *Médecine légale et gynécologie*, colloque : journée parisienne de gynécologie, éd. ESKA 1996, 110 p.

COLLECTIF FEMINISTE CONTRE LE VIOL, *Le viol : un crime, vivre après : actes du colloque*, samedi 14 janvier 1995 à l'Ecole nationale de la magistrature, éd. Collectif féministe contre le viol 1995, 127 p.

EPHESIA, Conseil scientifique, *La place des femmes*, éd. La découverte 1995, 740 p.

MARA N., *Lecture de la différence sexuelle : actes du colloque*, coll. Essai, éd. Des femmes 1994, 316 p.

SOUTOUL J.H., CHEVRANT-BRETON O., *Les agressions sexuelles de l'adulte et du mineur*, éd. Ellipses 1994, 254 p.

BERTHOUD G., BUSINO G., *Les formes de la violence*, IXe colloque annuel du groupe d'étude, pratiques, sociales et théories, éd. Librairie droz 1992, 176 p.

ARTICLES, CHRONIQUES, DOCTRINES

ALDEEB ABU-SAHLIEH S. A., « L'éthique sexuelle en droit musulman et arabe, cas de l'Egypte, passé, présent et avenir », *Rev.sc.crim. et de droit pénal comparé* 1999, n° 1, p. 49-67

ALT-MAES F., « Le concept de victime en droit civil et en droit pénal », *Rev.sc.crim. et de droit pénal comparé* 1994, n° 1, p. 35-52

APFELBAUM E., « La psychologie sociale à l'épreuve des femmes : l'impense des rapports de domination », *R.I.P.S.* 1997, tome 10, n° 2, p. 153-169

BARRY K., « La politique internationale et l'esclavage sexuel des femmes », *N.Q.F.* 1984, n° 8, p. 27-39
« La théorie, les preuves et l'analyse de l'esclavage sexuel », *N.Q.F.* 1984, n° 8, p. 41-59

BATTEUR A., « L'interdit de l'inceste, principe fondateur du droit de la famille », *R.T.D.Civ.* 2000, N° 4, p. 759-78O

BAUDIER M., « De l'amour à l'enfer domestique », *Sociologie santé*, n° 18, déc. 1998, p. 117-130

BELLEAU M.C., « Les théories féministes : droit et différence sexuelle », *R.T.D.civ.* 2001, n° 1, p. 1-39

BEN KEMOUN L., « La confiance violée de l'enfant : refonder la norme pénale », Point de vue, *D.* 2002, p. 491-492

BERENI L., LEPINARD E., LIEBER M., « Contre le harcèlement et les violences sexuelles dans l'enseignement supérieur : quelles réponses politiques et institutionnelles ? », *N.Q.F. 2003*, vol. 22, n° 1, p. 134-137

BERTIN-GELIBERT F., « Les enfants de parents violents », *Sociologie santé*, n°18, déc. 1998, p. 69-72

BESSON DE VEZAC M.-P., « La Cour pénale internationale et le code des crimes contre la paix et la sécurité de l'humanité », *P. A.* 1999, n° 133, p. 21-27

BITTI G., « Chronique de jurisprudence de la Cour pénale internationale », *Rev.Sc.Crim.* et de droit pénal comparé 2006, p. 694-708

BLIN A-V, GIFFO-LEVASSEUR A-M, « Violences conjugales : une sociologie des recours », *Cahiers de la sécurité intérieure*, n° 35 du 1er janvier 1999, p. 75-89

BOUIX M., « Relations de couple et violence, quelques modèles sociologiques », *Sociologie Santé* 1998, n° 18, p. 15-18

BOURBIS R.Y., GAGNON A., COLE R., « Sexe et pouvoir, une recherche de terrain sur un cas de ségrégation sexuelle de deux syndicats au Canada », *R.I.P.S.* 1997, tome 10, n° 2, p. 109-133

BOURGOIN N., « Le suicide en prison, l'exemple du criminel contre un proche », Chr., *Rev.sc.crim. et de droit pénal comparé* 1993, n° 3, p. 575-580

BOURRIE–QUENILLET M., « Le préjudice sexuel : preuve, nature juridique et indemnisation », *J.C.P.*1996, I, n° 3986, p. 495-502

BRIDEL R., « Le trafic des enfants », *N.Q.F.* 1984, n° 8, p. 105-110

BROCHIER C., « Le travail des prostituées à Rio de Janeiro », *revue française de sociologie*, n° 46-1, janv.-Mars 2005, p. 75-113

BUNCH C., CASTLEY S., « Introduction », *N.Q.F.* 1984, n° 8, p. 11-18 « Stratégies et organisation du réseau contre l'esclavage sexuel », *N.Q.F.* 1984, n° 8, p. 61-75

BUNSTER X., « La torture des prisonnières politiques », *N.Q.F.* 1984, n° 8, p. 111-120

BURGUIERE A., « L'histoire de la violence conjugale », *Sociologie santé*, n° 18, déc. 1998, p. 59-67

CANTIN S., « Violence conjugale : la recherche au cœur de nouvelles solutions », *Sociologie Santé 1998*, n° 18, p. 41-46

CANTO-SPERBER M., « Séparer le droit et pensée morale, la question de l'avortement », coll. Philosophie et sciences humaines, éd. *PUF Res publica*, Hors série n°1, oct. 2002, p. 22-25

CARIO R., « L'évolution de l'aide aux victimes en France », *P.A.* n° 80 du 22 avril 2005, p. 3-11

CHARBONNEAU C. et PANSIER F-G., « Présentation de la loi du 18 mars 2003 pour la sécurité intérieure : de la LSQ à la LSI », *JCP* 2003, p. 2-16

COLLIN F., « Le corps v(i)olé, le corps des femmes », coll. les cahiers du Grief, éd. *Complexe* 1992, p. 21-44

CONDAMIN-POUVELLE C., « Traumatisme incestueux, mort psychique et dissociation mentale », *Le journal des psychologues*, n° 207, mai 2003, p. 38-43

CONDON S., LIEBER M., MAILLOCHON F., « Insécurité dans les espaces publics : comprendre les peurs féminines », *Revue française de sociologie*, n° 46-2, avril-juin 2005, p. 265-294

CORPART I., « L'entrée en vigueur du nouveau nom de famille : de la loi au décret », *P.A.* n° 122 du 21 juin 2005, p. 5-8

CRETIN T., « La preuve impossible ? De la difficulté d'administrer la preuve des infractions dont sont victimes les mineurs : attentats à la pudeur, violences et mauvais traitements », *Rev.sc.crim. et de droit pénal comparé* 1992, n° 1, p. 53-58

DARBEDA P., « L'injonction de soins et le suivi sociojudiciaire », chr. de l'exécution des peines, *Rev.sc.crim. et de droit comparé* 2001, n°3, p. 625-638
« L'expertise de prélibération de l'article 722 du code de procédure pénale et le processus d'évaluation et de soins des auteurs d'infractions à caractère sexuel », *Rev.sc.crim. et de droit pénal comparé* 1996, n° 4, p. 919-929

DEFFERRARD F., « La provocation », doctrine, *Rev.sc.crim.et de droit pénal comparé* 2002, n° 2, p. 233-244

DEKEUWER-DEFOSSEZ F., « Le harcèlement sexuel en droit français : discrimination ou atteinte à la liberté ? », *JCP* 1993, I, n° 3662, p. 137-141

DELPHY C., « Par où attaquer le partage inégal du travail ménager ? », *N.Q.F.* 2003, vol.22, n° 3, p. 47-71

DESCHAMPS C., « Clandestinité et partage de territoire, la prostitution de rue à Paris », *Revue semestrielle d'histoire et d'archives de l'anthropologie 2003, Gradhiva* n° 33, p. 103-109

DESDEVISES M.C., « Les associations d'aide aux victimes », *Rev.sc.crim. et de droit pénal comparé* 1985, n° 3, p. 541-547

DHAVERNAS O., « Violeurs acquittés : viol légalisé », *N.Q.F.* 1982, n° 4, p. 97-103
« Entrave à l'interruption volontaire de grossesse, esquisse d'un bilan », *Rev.sc.crim. et de droit pénal comparé* 1997, n° 4, p. 821-825

DURAND-DELVIGNE A., « Positions hiérarchiques, contextes professionnels et expressions du genre », *R.I.P.S.* 1997, tome 10, n°2, p. 31-47

ENDREO G., « Bigamie et double ménage », *R.T.D.Civ.*, N° 2, 1991, p. 263-282

ERLICH M., « Observation ethnopsychiatrique de l'infibulation des femmes en Somalie », *Revue d'ethnopsychiatrie* 1981, p. 15-36

GIL F., « De la prostitution », *Revue semestrielle d'histoire et d'archives de l'anthropologie 2003, Gradhiva* n° 33, p. 111-118

GIRAULT C., « Difficile preuve de la violence conjugale », *AJDP* 2006, p. 264-264

GISSEROT F., « Le nouveau domicile de la femme mariée » (loi du 11 juillet 1975), *R.T.D.Civ.* 1979, p. 724-746

GOGNALONS-NICOLET M., « Voir et agir ; Responsabilités des professionnel-le-s de la santé en matière de violence à l'égard des femmes », R.I.F., *N.Q.F.* 2004, vol. 23, n° 1, p. 127-131

GOURDET G., « De l'égalité des époux dans le régime légal », *R.T.D.Civ.* 1981, p. 752-784

GUEVEL D., « La famille incestueuse », *Gaz. Pal.* 2004, Doctrine, p. 2-14

GUILLAIS J., « Emergence du crime passionnel au XIXe siècle », *Rev.sc.crim. et de droit pénal comparé* 1985, n° 3, p. 549-565

HAMEL C., « Faire tourner les meufs, les viols collectifs, discours des médias et des agresseurs », *Revue semestrielle d'histoire et d'archives de l'anthropologie 2003, Gradhiva* n° 33, p. 85-92

HANDMAN M.E., « Femmes violentées, femmes violentes », *Revue semestrielle d'histoire et d'archives de l'anthropologie 2003, Gradhiva* n° 33, p. 73-76

HANMER J., LEONARD D., « Le DHSS et la recherche sur la violence conjugale », *N.Q.F.* 1984, n° 6-7, p. 177-198

JASPARD M., BROWN E. et collègue, « Violence vécues, fantasmes et simulacres. Comment analyser les violences envers les femmes ? » R.I.F., *N.Q.F.* 2003, vol. 22, n° 3, p. 72-81

KLOPP A. M., « La répression des infractions à caractère sexuel en Allemagne », *Rev.sc.crim. et de droit pénal comparé* 2002, n° 3, p. 565-579

KRAUS C., BARD C., CHAUVAUD F., PERROT M., PETIT G-J., « Femmes et justice pénale XIXe-XXe siècle », R.I.F., *N.Q.F.* 2003, vol. 22, n° 3, p. 140-143

LABBEE X., « La personne, l'âme et le corps », *P.A.*, 5 déc. 2002, N° 243, p. 5-8

LABBEE P., « Le couple en crise », *P. A.*, 20 déc. 2007, N° 254, p. 23

LAMEYRE X., « Du régime pénal spécial appliqué en France aux auteurs d'infractions sexuelles », *Rev.sc.crim. et de droit pénal comparé* 2002, n° 3, p. 547-563

LAVIELLE B., « Surveiller et soigner les agresseurs sexuels : un des défis posés par la loi du 17 juin 1998 », Etudes, variétés et documents, *Rev.sc.crim. et de droit pénal comparé* 1999, n° 1, p. 35-48

LAZERGES C., DELESALLE H., « Les enjeux d'une nouvelle politique criminelle en matière de lutte contre l'esclavage », chr. de politique criminelle, 1ère partie, *Rev.sc.crim et de droit pénal comparé* 2002, n°1, p. 169-187
2ème partie, *Rev.sc.crim et de droit pénal comparé* 2002, n° 2, p. 428-438

LAZERGES C., « Processus de socialisation et apprentissage de la règle de droit », Chr., *Rev.sc.crim. et de droit pénal comparé* 1993, n° 3, p. 593-598

LABBEE X., « Le juge civil ne vient pas au secours de la concubine battue », *D.* 2006, Jurisp., p. 1350-1352

LE PENNEC J.J., « Violences », *Sociologie santé*, n° 18, déc. 1998, p. 7-13

LOBE-LOBAS M., « La prévention et la répression des violences commises au sein du couple ou contre les mineurs », *P.A.* du 13 juillet 2006, n° 139, p. 5-11

LORENZI-CIOLDI F., « Professions au masculin et au féminin : un moyen terme entre le masculin et le féminin ? », *R.I.P.S.*1997, tome 10, n° 2, p. 135-152

LOUIS M.V., « A propos des violences masculines sur les femmes : ébauche d'une analyse féministe du nouveau code pénal français », *P.F.* 1994, n° 3, p. 40-69

MARTY F., « Festen : violence contre violence », *Le journal des psychologues*, n° 207, mai 2003, p. 44-49

MACKINNON A.C., « A propos de la torture : une perspective féministe sur les droits de l'homme », *P.F.* 1994, n° 3, p. 3-16

MALAURIE P., « La dignité de la personne humaine, la liberté sexuelle et la Cour européenne des droits de l'homme », *P.A.* du 1er août 2006, n° 152, p. 6-8

MARCUS M., « Vers une politique européenne de la prévention », Chr., *Rev.sc.crim. et de droit pénal comparé* 1994, n° 3, p. 621-625

MASSON-MARET H., « Evaluation sociale et différence des sexes : une étude socio-normative au sein d'une organisation administrative », *R.I.P.S.*1997, tome 10, n° 2, p. 49-62

MASSON S., « Le viol en temps de guerre : crime ou bavure ? Avancées et résistances de la condamnation du viol contre les femmes », R.I.F., *N.Q.F.*1999, vol. 20, n°3, p.63-80

MATSUI Y., « Pourquoi je m'oppose aux kisaeng-tours », *N.Q.F.*1984, n° 8, p. 77-86

MAYER D., « La pudeur du droit face à l'inceste », Chr., *D.* 1988, p. 213-215

MAYER D., « Le nouvel éclairage donné au viol par la réforme du 23 déc. 1980 », Chr., *D.* 1981, p. 283-285

MCCLINTOCK F.H., « La violence à l'intérieur de la famille, problèmes de justice pénale et de politique criminelle », *Rev.sc.crim.et de droit pénal* 1978, n° 3, p. 571-591

MEKKI M., « Les fonctions de la responsabilité civile à l'épreuve des fonds d'indemnisation des dommages corporels », *P.A.* n° 8 du 12 janvier 2005, p. 3-18

MESNIL DU BUISSON G., « Entre le juge et le thérapeute, quelle place pour le condamné transgresseur sexuel ? Pour une réponse interdisciplinaire aux violences sexuelles lors de l'application de la peine », *Rev.sc.crim. et de droit pénal comparé* 1996, n° 3, p. 935-942

MICHEL C., « Kristina Schulz : les années 70, le mouvement des femmes en France et en Allemagne », R.I.F., *N.Q.F.* 2004, vol. 23, n° 1, p. 132-135

MONNIER V., « Du côté des victimes », *Sociologie santé*, n° 18, déc. 1998, p. 47-54

MORAND-DEVILLER J., « Les humeurs du droit pénal au sujet de l'humour et du rire », *P.A.* N° 98, 17 mai 2006, p. 19-20

MOUJOUD N., « Partir seules : heurs et malheurs de Marocaines en France », *Revue semestrielle d'histoire et d'archives de l'anthropologie 2003, Gradhiva* n° 33, p. 93-101

MOUTIN P., SCHWEITZER M., « A propos des bourreaux : criminels de guerre et criminels contre l'humanité », Chr., *Rev.sc.crim. et de droit pénal comparé* 1993, n° 4, p. 831-837

MUCCHIELLI L., « L'évolution de la délinquance juvénile en France (1980-2000) », *Rev.Sc.Crim. et de droit pénal comparé* 2004, n° 53, p. 101- 134

NORMANDEAU A., « Le sentiment d'insécurité des femmes face à la criminalité », Chr., *Rev.sc.crim. et de droit pénal comparé* 1994, n° 4, p. 805-811

NUTTENS J.D., « La loi portant adaptation de la justice aux évolutions de la criminalité », *Regards sur l'actualité* 2004, n° 300, p. 5-17

OTTENHOF R., « La criminalité des femmes : mythes et réalités », *Rev.sc.crim. et de droit pénal comparé* 1985, n° 4, p. 633-637

PARISOLI L., « Liberté d'expression, égalité et protection juridique, politique du droit et pollution pornographique », *Revue politique de la pornographie*, éd. PUF 2003, p. 111-128

POUCHET A-M., « L'intervention de la loi : approche civile », *Sociologie santé*, n° 18, déc. 1998, p. 112-115

POURETTE D., « Des mots aux maux, les violences conjugales en Polynésie française », *Revue semestrielle d'histoire et d'archives de l'anthropologie 2003, Gradhiva* n° 33, p. 77-83

PRADEL J., « Le renforcement de la lutte contre le proxénétisme », Chr., *D.* 1976, p. 31-38

RAKOTOMAHANINA L., GREGOIRE B., AUBERT M., CARNINO F., FORNES P., SOUSSY A., « Réflexion sur l'efficacité de la médiation pénale dans les violences conjugales faites aux femmes », Doctrine, *Gaz. Pal.*, déc. 2005, n° 365, p. 5-9

RAO A., « Droits de l'homme et vie privée : Perspectives théoriques féministes sur les conventions internationales traitant des droits de l'homme », *P.F.* 1994, n° 3, p. 17-39

RENAULT M-H, « Ordre public et prostitution, une vieille histoire ou les contradictions du système abolitionniste », *Revue pénitentiaire de droit pénal* 2004, N° 2, p. 337-352

RICORDEAU G., « Enquête sur l'homosexualité et les violences sexuelles en détention », *Déviance et société* 2004, vol.28, n° 2, p.233-253

ROETS D., « L'inquiétante métamorphose du délit de harcèlement sexuel », Point de vue, *D.* 2002, p. 2059-2061

ROMITO P., « Les attaques contre les enquêtes sur les violences envers les femmes ou qui a peur des chiffres sur les violences commises par les hommes », R.I.F., *N.Q.F.* 2003, vol. 22, n°3, p. 82-87

ROSENDE M., PERRIN C., ROUX P., GILLIOZ L., « Sursaut antiféministe dans les salons parisiens », R.I.F., *N.Q.F.* 2003, vol. 22, n° 3, p. 88-100

ROJOU DE BOUBEE G., THIERRY G., GOZZI M-H, « Panorama de droit pénal », *D.* 2006, Somm. Commentés, p. 1649-1660

ROTHE O., « L'intervention de la loi : approche pénale », *Sociologie santé*, n° 18, déc. 1998, p. 107-111

SEVELY C., « Réflexions sur l'inhumain et le droit, le droit en quête d'humanité », Doctrine, *Rev.Sc.Crim. et de droit pénal comparé* 2005, p. 483-507

SEVERAC N., « Comment évaluer les violences conjugales ? L'approche compréhensive », *Cahiers de la sécurité intérieure*, n° 28 du 1er avril 1997, p. 59-67

SASSOLI M., « La première décision de la chambre d'appel du tribunal pénal international pour l'ex-Yougoslavie », *Revue générale de droit international public* 1996, N° 1, p. 101-134

TCHEN V., « La loi sur la sécurité intérieure : aspects de droit administratif », *Droit administratif* 2003, N° 6, p. 10-19

THOMAS J.P., « Du corps humain et de l'imaginaire », *P.A.* n° 113 du 8 juin 2005, p. 21

VIRIOT- BARRIAL D., « Commentaire de la loi n° 2006-399 du 4 avril 2006 renforçant la prévention et la répression des violences au sein du couple ou commises contre les mineurs », *D.* 2006, Chron., p. 2350-2359

ZARKA Y.C., « De la liberté à la servitude sexuelle », *Revue politique de la pornographie*, n° 15, éd. PUF 2003, p. 3-6

NOTES, CONCLUSIONS, OBSERVATIONS

SOUS-TRIBUNAL ADMINISTRATIF, COUR ADMINISTRATIVE D'APPEL, CONSEIL D'ETAT

FOURTEAU H., note ss TA de Lyon, 6ème ch., 12 juin 1996, CONDE, P. A. du 18 oct. 1996, p. 18-24

LECUCQ O., note ss CE, 29 juin 2005 et CAA de Lyon, 12 juillet 2005, AJDA 2006, n° 3 du 23 janvier 2006, p. 155-158

SILVA I., note ss 24 mai 2006, AJDA 2006, p. 1507-1510

SOUS-COUR D'APPEL

DUMAINE L., obs. ss CA de Douai, 11 mai 2000, D. 2001, Jurisprudence, p. 2871-2872

GARE T., note ss CA de Douai, 10 septembre 1997, JCP 1998, II, n°10037, p. 445-446

MISTRETTA P., note ss CA de Lyon, 26 novembre 1998, JCP 1999, II, n° 10145, p. 1525-1529

NERAC P., note ss CA de PAU, 22 octobre 1997, P.A. du 3 août 1998, n° 92, p. 23-27

ROUJOU DE BOUBEE G., note ss CA de Grenoble, 26 septembre 1974, D. 1975, Jurisprudence, p. 560-562

ROY-LOUSTAUNAU C., note ss CA d'Aix-en-Provence, 4 janvier 1995, JCP 1996, II, n° 22624, p. 174-176

SOUS-COUR DE CASSATION

ANGEVIN H., note ss cass.crim., 5 septembre 1990, D. 1991, p. 13-15

BOREL C., note ss cass.crim., 17 février 1976, 2 mars 1976, 12 avril 1976, D. 1976, J., p. 424-429

DAILLE-DUCLOS B., note ss cass.crim., 25 juin 2002, P.A. du 10 septembre 2002, n° 181, p. 7-14

GARE T., note ss cass.crim., 11juin 1992, JCP 1993, II, n° 22043, p. 171-172

GOZZI M.H., obs. ss cass.crim., 22 août 2001, D. 2002, Jurisprudence, p. 1803-1804

MAYER D., note ss cass.crim., 16 décembre 1997, JCP 1998, II, n° 10074, p. 823-824
note ss cass.crim., 27 novembre 1984, D. 1985, Jurisprudence, p. 241-243
note ss cass.crim., 17 juillet 1984, D. 1985, Jurisprudence, p. 7-9

MAYAUD Y., note ss cass.crim., 21octobre 1998, D. 1999, Jurisprudence, p. 75-78

MONNET Y., note ss cass. crim., 11 mai 2005, Gaz. Pal. 2005, p. 14-16

MONNET Y., note ss cass.crim., 07 déc. 2005, Gaz. Pal. 2005, p. 20-21

RASSAT M.L., obs. ss cass.crim., 5 septembre 1990, JCP 1991, II, n° 21629, p. 38-41

QUETANT G-P., note ss cass. soc., 23 mai 2007, Répertoire du notariat Defrénois 2007, p. 1614-1619

ARTICLES DE PRESSE ET DOCUMENTS INTERNET

AREZKI A.L., En Algérie, 60% des femmes mariées sont battues par leur conjoint, *Figaro* du mardi 27 avril 2004, p. 9

BADINTER E., La vérité sur les violences conjugales, *L'express* du 20 juin 2005, p. 94-98

JACOB A., En Suède, le combat pour l'égalité des sexes est une constante politique, *Le Monde* du mercredi 9 mars 2005, p. 6

MARION G., Un nouveau crime d'honneur scandalise l'Allemagne, *Le Monde* du mardi 8 mars 2005, p. 7

MINISTERE DE LA JUSTICE, Dossier de presse, la lutte contre les violences du couple, mars 2005, www. Justice.gouv.fr

Direction des affaires criminelles et des grâces, « La lutte contre les violences au sein du couple : guide de l'action publique » éd. Ministère de la Justice, direction des affaires criminelles et des grâces 2004, 165 p.

OMS, Les mutilations sexuelles féminines, aide-mémoire, n° 241, juin 2000, 2 p., disponible sur le site www.who.int

OMS, « La violence par des partenaires intimes », documents, 40 p., disponible sur le site www.who.int

MINISTERE DU TRAVAIL ET DES AFFAIRES SOCIALES, Plaquette d'information « Protégeons nos petites filles contre l'excision »,
8 p., disponible sur www.femmes-égalité.gouv.fr

Service des droits des femmes et de l'égalité avec le concours de la direction générale de l'action sociale et de la fédération nationale solidarité femmes,

- Les femmes victimes de violences conjugales : le rôle des intervenants sociaux, brochure, 43 p.
- Les femmes victime de violences conjugales : le rôle de la gendarmerie, brochure, 31 p.
- Les femmes victimes de violences conjugales : le rôle de la police, brochure, 39 p.
- Les femmes victimes de violences conjugales : le rôle des professionnels de santé, brochure, 39 p.

Disponible sur le site www.charente-maritime.pref.gouv.fr ou www.droits-femmes.gouv.fr

INDEX ALPHABETIQUE

E

F

G

H

I

J

TABLE DES MATIERES

L'HARMATTAN, ITALIA
Via Degli Artisti 15 ; 10124 Torino

L'HARMATTAN HONGRIE
Könyvesbolt ; Kossuth L. u. 14-16
1053 Budapest

L'HARMATTAN BURKINA FASO
Rue 15.167 Route du Pô Patte d'oie
12 BP 226 Ouagadougou 12
(00226) 76 59 79 86

ESPACE L'HARMATTAN KINSHASA
Faculté des Sciences Sociales,
Politiques et Administratives
BP243, KIN XI ; Université de Kinshasa

L'HARMATTAN GUINEE
Almamya Rue KA 028 en face du restaurant le cèdre
OKB agency BP 3470 Conakry
(00224) 60 20 85 08
harmattanguinee@yahoo.fr

L'HARMATTAN COTE D'IVOIRE
M. Etien N'dah Ahmon
Résidence Karl / cité des arts
Abidjan-Cocody 03 BP 1588 Abidjan 03
(00225) 05 77 87 31

L'HARMATTAN MAURITANIE
Espace El Kettab du livre francophone
N° 472 avenue Palais des Congrès
BP 316 Nouakchott
(00222) 63 25 980

L'HARMATTAN CAMEROUN
Immeuble Olympia face à la Camair
BP 11486 Yaoundé
(237) 458.67.00/976.61.66
harmattancam@yahoo.fr

L'HARMATTAN SENEGAL
« Villa Rose », rue de Diourbel X G, Point E
BP 45034 Dakar FANN
(00221) 33 825 98 58 / 77 242 25 08
senharmattan@gmail.com

575792 - Septembre 2014
Achevé d'imprimer par

1livre.com
du rêve à la réalité !

www.ingramcontent.com/pod-product-compliance
Lightning Source LLC
LaVergne TN
LVHW021140061026
849535LV00002B/306
* 9 7 8 2 2 9 6 1 0 5 5 8 4 *